TOMI UNGERER

it's all about freedom

Deichtorhallen Hamburg
Sammlung Falckenberg / Falckenberg Collection

TOMI UNGERER

In Kooperation mit dem / In cooperation with
Musée Tomi Ungerer – Centre international de l'Illustration
und dem / and
Tomi Ungerer Estate

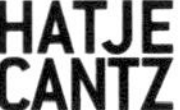

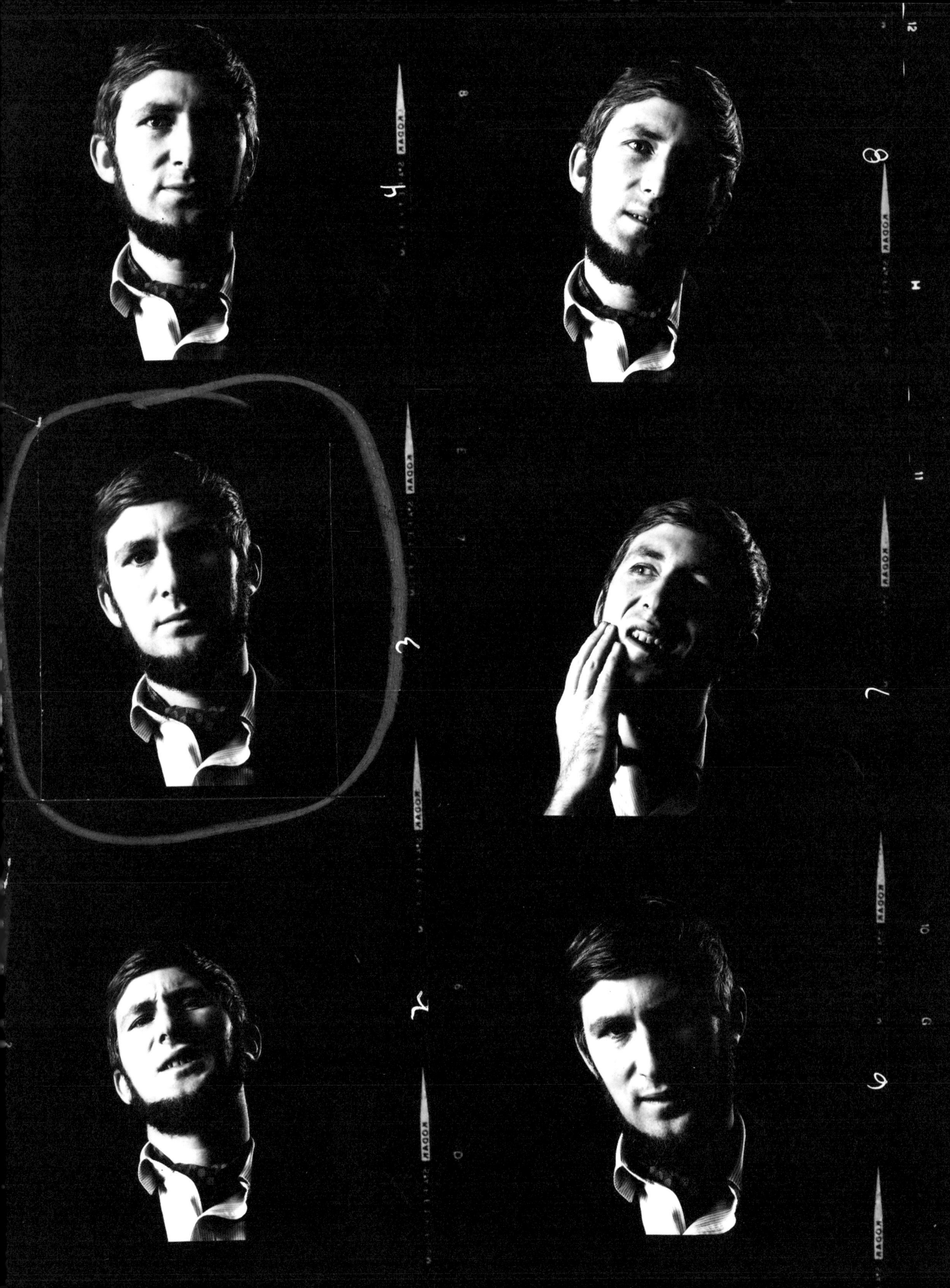

DIRK LUCKOW · HARALD FALCKENBERG 7 Vorwort
235 Foreword

THÉRÈSE WILLER 11 Tomi Ungerer – von Straßburg nach New York
237 Tomi Ungerer—from Strasbourg to New York

21 **Frühwerk / Early Works**

51 **New York**

THOMAS DAVID 57 »What's up around town?« Tomi Ungerer und New York – Fragmente eines amerikanischen Traums
241 "What's up around town?" Tomi Ungerer and New York—Fragments of an American Dream

70 **Satirische Gesellschaftsbetrachtungen / Social Satire and Observations**
The Underground Sketchbook
The Hamptons
Sports
The Party
Plakate / Posters

122 **Auflösung und Verfallserscheinungen / Dissolution and Degeneration**
Babylon
Rigor Mortis
Reflexionen über Sexualität / Reflections on Sexuality
Heute hier, morgen fort
Slow Agony

ARIA UNGERER 180 Tomis Atelier – Eine Brutstätte für Ideen
247 Tomi's Studio—A Breeding Ground for Ideas

186 **Im Herzen ein Kind / A Child at Heart**
Der Nebelmann
Otto

204 **Späte Jahre / Later Life**
Collagen / Collages
Objekte / Objects

BELINDA GRACE GARDNER 227 Wegkreuzung Gleichgesinnter in einer absurden Welt: Tomi Ungerer zu Gast in der Sammlung Falckenberg
250 Crossing Paths in an Absurd World—Tomi Ungerer at the Falckenberg Collection

256 Biografie / Biography
260 Leihgeber / Lenders
260 Bildnachweise / Credits
262 Impressum / Colophon

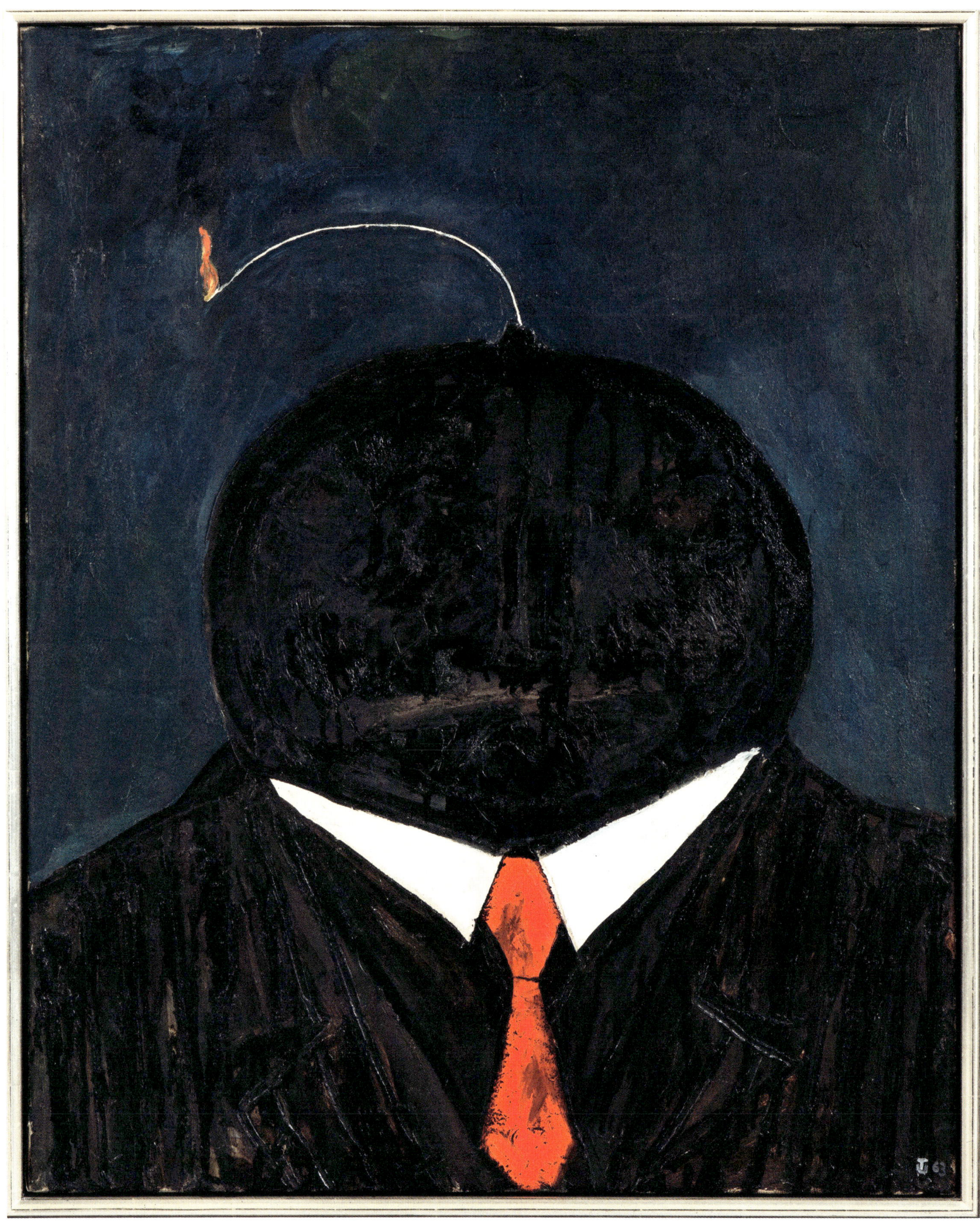

Mounting Anger, 1963, Öl auf Leinwand / oil on canvas, 102 × 84 cm

Vorwort

Tomi Ungerer (1931–2019) gilt als einer der international einflussreichsten Zeichner, Illustratoren und Kinderbuchautoren. Publikationen wie *Die drei Räuber* (1961), *Heute hier, morgen fort* (1983) und *Der Nebelmann* (2012) machten ihn weltberühmt. Zugleich entwarf Ungerer in New York Plakate gegen den Vietnamkrieg, betrieb Milieustudien in der Hamburger Herbertstraße, verarbeitete zeichnerisch traumatische Kriegserfahrungen in seiner Heimatstadt Straßburg und schuf Großcollagen, in denen montierte Bildausschnitte die Schrecken der Welt darstellen. In seinen Werken sind die Grenzen zwischen angewandter, illustrierender und freier Kunst gleichsam aufgehoben, und der für Ungerer typische doppelbödige, radikal pessimistische Humor scheint auf.

Da, wo die scharfe Trennung zwischen den Kunstgattungen sich verliert, setzt die Ausstellung *Tomi Ungerer – it's all about freedom* in der Sammlung Falckenberg ein. Sie zeigt einen umfassenden, neun Jahrzehnte umspannenden Querschnitt durch das Schaffen des elsässischen Künstlers – von Kinderzeichnungen aus den 1930er-Jahren über Werbegrafiken der 1950er-, politische Plakate der 1960er- und 1980er- bis hin zu Objekten aus den 2010er-Jahren. Die Ausstellung, die zum 90. Geburtstag von Tomi Ungerer eröffnet wird, ist in enger Zusammenarbeit mit dem Tomi Ungerer Estate in Cork, Irland, und dem Musée Tomi Ungerer – Centre international de l'Illustration entstanden.

Die Schau wirft mit knapp 400 Exponaten ein neues Licht auf Tomi Ungerer. Sie sensibilisiert mit zahlreichen bisher unveröffentlichten Arbeiten für die künstlerische Dimension seines umfangreichen Werkes, das etwa Bezüge zu Otto Dix, Lyonel Feininger und John Heartfield, aber auch zu Martin Kippenberger und Martha Rosler aufweist. Und sie verdeutlicht, dass die Frage nach der Conditio humana den roten Faden in seinen Werken bildet. Sie zeigt Ungerer als »freewheeling artist«, der bei der Schaffung seiner Arbeiten ungebunden, spontan und improvisierend vorging, sich seine Ideen und sein Material holte, wo sie sich ihm boten, zumeist aus der Fülle der Anregungen seines Ateliers. Seine Werke wirken, als probten sie etwas, sie erscheinen mühelos, forschend-untersuchend, leichtfüßig charmant und doch gar nicht gefällig, um den beobachteten Szenen einen tieferen humanen Aspekt abzugewinnen. An dem intimen Ort des Ateliers ist es jeweils nur ein kleiner Schritt vom Star der Kinderbuchszene hin zum Bürgerschreck, der etwa in der Serie *Symptomatics* von 1982 der Ungerechtigkeit in der Welt ein Gesicht gibt, oder vom warmherzigen Humanisten und Familienmenschen, der in hinreißender Weise die *Abenteuer der Familie Mellops* inszeniert, respektive zum die menschliche Dekadenz anklagenden Mahner wie etwa in der Werkgruppe *The Party* (1966).

Über Ungerers hintersinnigen Witz hinaus macht die Ausstellung die politischen und stilistischen Linien und Brüche in seinem Werk nachvollziehbar, von expressionistischen Kriegsdarstellungen bis hin zu seinem Faible für Technicolor, fürs Kulissenhafte und Dekorative. Ein thematischer Strang der Schau spürt dem Realismus von Motiven aus Ungerers Kinderbüchern und solchen aus seinen gesellschaftspolitischen und stärker biografischen Büchern nach, etwa anhand der erstmals gezeigten Vorstudien für den Band *Der Nebelmann*. Während die Kinderbücher häufig ein Gefühl für die Ambivalenz von Freiheit vermitteln – ein speziell für Kinder und Jugendliche eingerichteter Raum präsentiert den besonderen Ausdrucksreichtum von Ungerers Kinderbuchwelten –, stehen in den Publikationen, Skizzen und freien Werkgruppen für Erwachsene die Gewalt, Verlorenheit und Bigotterie der Menschen im Fokus, pointiert überzeichnet etwa in *Babylon* von 1979 oder *Rigor Mortis* von 1983. Immer wieder zeigt sich in Ungerers Schaffen die Leidenschaft für das Experiment. Zeit- und stilbrechend bewegt es sich zwischen Zeichnung, Collage und Assemblage. Dabei ist Ungerer nie in eine Schublade zu pressen; stets scheint sich, was in der jeweiligen Zeit an Verheißungen oder auch Desillusionierung in der Luft lag, in seinen Werken spannungsvoll zu entladen. Darin liegt auch ein wichtiger Bezug zu den Beständen der Sammlung Falckenberg, die zeitgleich zur Ungerer-Ausstellung präsentiert werden.

Ungerers Œuvre ist stark beeinflusst von den politischen Ereignissen seiner Zeit. Während der deutschen Besatzung im Zweiten Weltkrieg und nach Kriegsende erlebte er die gegenseitigen Sprachverbote der deutschen und der französischen Regierung in Straßburg. Hier in der Grenzregion aufwachsend, erfuhr er den Verlust kultureller und gesellschaftlicher Zugehörigkeit. 1956 ging Ungerer nach New York, wo er die erlebten Widersprüche in freien und Auftragsarbeiten verarbeitete und überwand. In dieser Zeit fertigte er unter anderem eine Serie von Plakaten für die *New York Times* an und schuf das *Underground Sketchbook* (1964) mit kritischen, karikierenden Darstellungen der amerikanischen Gesellschaft. In weiteren Plakatillustrationen prangerte er den alltäglichen Rassismus an.

Ungerers Kritik an der US-amerikanischen Gesellschaft und Politik, wie er sie besonders in dem satirischen Zeichnungsband *The Party* übte, stieß jedoch auf wenig Akzeptanz. Das veranlasste ihn 1971 mit seiner Familie nach Kanada zu ziehen. Auch hier war er von den politischen Verhältnissen enttäuscht und empfand das soziale Umfeld zunehmend als ernüchternd. Die Morbidität, der langsame Verfall und die Schwermut, von denen sich Ungerer in Kanada umgeben sah, spiegeln sich unter anderem in seinem Buch *Slow Agony* (1983) wider. 1976 schließlich siedelte er mit seiner Frau Yvonne Wright und den gemeinsamen Kindern auf eine Farm in Südirland um, wo er – unterbrochen von einem mehrmonatigen Aufenthalt in Hamburg für sein Buch *Schutzengel der Hölle* (1986) – bis zu seinem Tod lebte und arbeitete.

Die für den Katalog ausgewählten Werke laufen überwiegend entlang der Chronologie im Leben Tomi Ungerers. Dazu bewegen sich die zwischen die Werkgruppen eingestreuten Texte von Thérèse Willer, Thomas David, Aria Ungerer und Belinda Grace Gardner von der Kindheit des Künstlers bis hinein in die Anbindung seiner Werke an die der Sammlung Falckenberg, die in ihrem rabenschwarzen Humor und ihrer Ironie zum Vergleich einladen. Während der Text von Thérèse Willer auf das Frühwerk Ungerers eingeht, das sie unter anderem zwischen Saul Steinberg, Georges Rouault und dem französischen Plakatkünstler Savignac einordnet, ist Thomas Davids Blick als Biograf von Tomi Ungerer episodenhaft auf die prägenden Jahre in New York mit anspielungsreichen Werken auf das amerikanische Umfeld Ungerers gerichtet. Aria Ungerers Beitrag wiederum gewährt uns einen atmosphärisch verdichteten Einblick hinter die Kulissen im Leben Ungerers, führt in das Making-of eines gigantischen Œuvres ein, das sich unablässig weiter entfaltet hat, während Belinda Grace Gardner über die Bezüge zur Sammlung Falckenberg auf die große Aktualität, Präsenz und herausragende Qualität von Tomi Ungerers Werken im Kontext zeitgenössischer Kunst verweist. Ausdrücklich danken wir den Autor*innen, die Themen und Hintergründe von Ungerers Werken wie ein großes Mosaik aus seiner Biografie zwischen Straßburg, New York, Nova Scotia und Cork an der Atlantikküste sowie seinem Aufenthalt in Hamburg 1984 heraus beleuchten und ausdeuten.

Die Ausstellung, der eine über zweijährige Vorbereitungszeit vorausging, wurde gemeinsam mit dem Tomi Ungerer Estate in Cork und dem Musée Tomi Ungerer – Centre international de l'Illustration konzipiert. Von Anfang an in das Projekt mit eingebunden war die Tochter Tomi Ungerers, Aria Ungerer, die den Estate leitet und uns Zugang ins Archiv ihres Vaters gewährte. Sie war an allen wichtigen kuratorischen Entscheidungen maßgeblich beteiligt, ebenso wie

Thérèse Willer, Direktorin des Ungerer Museums, eine versierte Kennerin von Ungerers Werk. Ausstellung und Katalog hätten selbstverständlich nicht ohne das beidseitige große Vertrauen und unermüdliche Engagement in dieser überzeugenden Form verwirklicht werden können. Beide waren als substanzielle Gesprächspartnerinnen in jeder Phase des Projekts überaus hilfreich. Entsprechend groß ist unser Dank an sie!

Sowohl der Tomi Ungerer Estate als auch das Musée Tomi Ungerer stellten uns für die Ausstellung in Hamburg etliche wichtige Werke des Künstlers aus ihren Beständen zur Verfügung. Deshalb sei an dieser Stelle Yvonne Ungerer, der Witwe Tomi Ungerers, wie auch dem Generaldirektor der Museen der Stadt Straßburg, Paul Lang, für ihre Begeisterung, ihren Zuspruch und besonderen Rückhalt dieser international angelegten Kooperation sehr gedankt. Beiden danken wir auch herzlich für ihre Gastfreundschaft bei unseren Besuchen in Straßburg und Cork. Die Kooperation unterstreicht einmal mehr die langjährige partnerschaftliche Verbundenheit beider Städte. Ebenso großen Dank schulden wir dem Archivar des Estate, Herman Baily, der sowohl in produktionstechnischer Hinsicht als auch beratend wesentlich dazu beitrug, dass dieses Projekt erfolgreich realisiert werden konnte. Des Weiteren danken wir der Galerie Vallois in Paris und der Michael Fuchs Galerie in Berlin für die Bereitstellung wichtiger Leihgaben für die Ausstellung in Hamburg. Ebenfalls wollen wir Percy und Eleonore Adlon unseren ganz herzlichen Dank aussprechen für ihre außergewöhnlichen Dokumentarfilme über ihren Freund Tomi Ungerer, die sie der Ausstellung zur Verfügung stellten. Ganz besonders danken wir auch dem Förderkreis der Deichtorhallen Hamburg für seine wichtige finanzielle Unterstützung der Schau in Harburg. Gedankt sei außerdem dem Hatje Cantz Verlag, namentlich Nicola von Velsen und Richard Viktor Hagemann für die exzellente Zusammenarbeit bei der Entstehung des Katalogs sowie den Grafikern Lena Mozer und Ernst Georg Kühle für die ausgezeichnete Gestaltung.

Nicht zuletzt gebührt dem dieses Vorwort mitunterzeichnenden Harald Falckenberg großer Dank, der über einen Nachruf auf Ungerer von Andreas Platthaus im Jahr 2019 auf die so vielschichtige Künstlerpersönlichkeit Ungerers stieß und den ersten grundlegenden Impuls zur Ausstellung gab. Sein Interesse für diese Art der Karikatur zwischen Satire und bitterem Ernst, für das Zwischen-den-Stühlen-Sitzen der Figur Ungerer, der sich um keine Konvention scherte und sich so zornig wie amüsiert als Wandler zwischen den Kulturen bewegte, war hierfür ausschlaggebend.

Organisiert wurde die Ausstellung von den Deichtorhallen Hamburg. Hier danken wir vor allem dem kaufmännischen Direktor Bert Antonius Kaufmann, der das ambitionierte Projekt wie stets umsichtig und bravourös mitbetreute. Das Gelingen der Ausstellung ist darüber hinaus vor allem dem großen Einsatz bei der komplexen Vorbereitung der Ausstellung durch den Projektmanager der Sammlung Falckenberg, Goesta Diercks, der in zentraler Weise kuratorisch in alle Schritte eingebunden war, und der kuratorischen Assistentin, Clara Brandt, zu verdanken. Ebenso herzlich danken wir Elaine Progscha und Alexa Gieseler für ihre in vielerlei Hinsicht unterstützende und sorgfältige Arbeit. Nicht zuletzt möchten wir ganz herzlich allen Mitarbeiter*innen der Teams sowohl der Sammlung Falckenberg als auch der Deichtorhallen Hamburg danken, wofür stellvertretend Matthias Schönebäumer und Dominik Nürenberg für die Presse- und Öffentlichkeitsarbeit sowie Isabel Abele für die Kulturelle Bildung genannt seien.

DIRK LUCKOW
Intendant der Deichtorhallen Hamburg

HARALD FALCKENBERG
Sammler

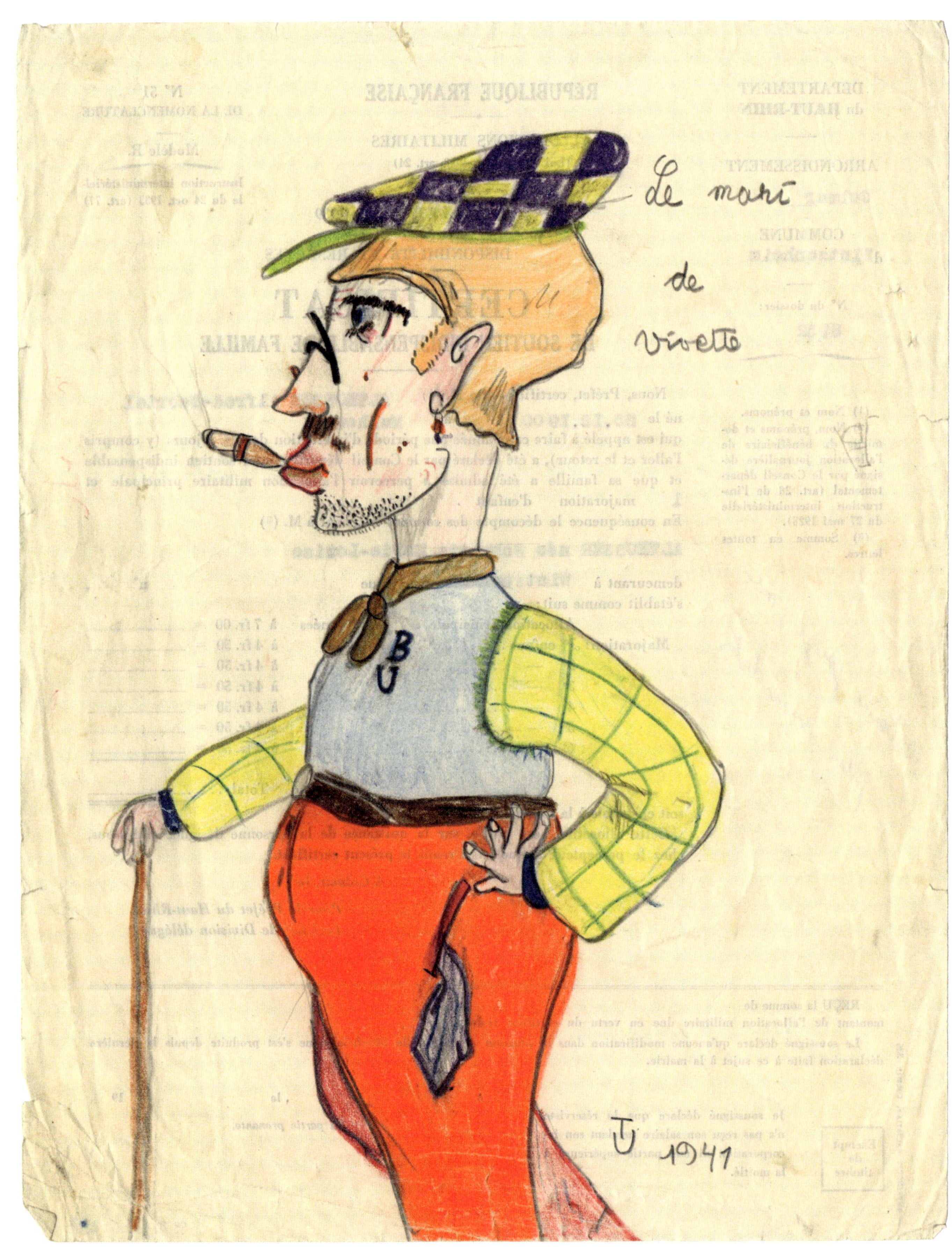

Le mari de Vivette, 1941, Bleistift und Buntstift auf der Rückseite eines bedruckten Papiers / pencil and colored pencil on the reverse of printed paper, 26,9 × 21,1 cm

THÉRÈSE WILLER

Tomi Ungerer – von Straßburg nach New York

Kindheits- und Jugendjahre (1931–1956)[1]

Jean-Thomas, genannt Tomi Ungerer wurde am 28. November 1931 in Straßburg geboren, zu einer Zeit, als das Elsass nach 47 Jahren deutscher Annektierung wieder französisch geworden war. Er stammte aus einer elsässischen Familie und wuchs in streng konservativen, bürgerlich-protestantischen Verhältnissen auf. Die Ungerers gehörten väterlicherseits einer Dynastie von Uhrmachern und Turmuhrfabrikanten an, die seit mehreren Generationen in Straßburg sesshaft war; mütterlicherseits waren die Esslers Angehörige einer Textilindustriellenfamilie aus dem Département Haut-Rhin.

Der Vater Théodore hatte das Familienunternehmen übernommen und war im Schriftstellern und Zeichnen talentiert. Unter anderem konstruierte er die astronomische Uhr für den Dom von Messina. Die Mutter Alice hegte eine Vorliebe dafür, ihre Briefe in Alexandrinern zu verfassen und war hochmusikalisch.[2] Tomi, das jüngste von vier Geschwistern, wurde schon im Alter von nicht einmal vier Jahren mit dem ersten tragischen Ereignis seines Lebens konfrontiert, als sein Vater im September 1935 an den Folgen einer Blutvergiftung starb. Erst im fortgeschrittenen Alter sollte er mit dem ihm eigenen Gespür für Formulierungen erklären: »Ich bin mit dem Tod zur Welt gekommen.«[3] Tatsächlich hat er sich von diesem Trauma nie erholt, und der Tod wurde zu einem der Hauptthemen in seinem Werk. Der Tod des Familienoberhaupts hatte für Alice Ungerer und ihre Kinder auch wirtschaftliche Folgen. 1936 sahen sie sich gezwungen aus Straßburg wegzuziehen, wo sie im Tivoli-Viertel in einem Haus gelebt hatten, dessen Entwurf von Théodore Ungerer selbst stammte.[4] Die Familie ließ sich in Legelbach, einem Industrievorort von Colmar, nieder.[5] Dort sollte die künstlerische Persönlichkeit des künftigen Zeichners Gestalt annehmen.

Der Junge hatte seine Feinsinnigkeit auf diesem Gebiet von den Eltern geerbt und begann schon sehr früh, um 1935, zu zeichnen. Dank seiner Mutter, die alles sorgfältig gesammelt und aufgehoben hat, konnten diese Zeichnungen vor dem Vergessen bewahrt werden: »Meine Mutter warf nichts weg. Ich auch nicht. Und so habe ich meine Kinderzeichnungen, meine Tagebücher, Briefe, Schulhefte, Zeugnisse unversehrt wiedergefunden«,[6] hielt Tomi Ungerer fest. Dank einer Schenkung des Künstlers bilden sie heute ein außergewöhnliches Ensemble von 600 Zeichnungen im Stadtmuseum Straßburg.[7] Sie sind Zeitzeugen unter anderem der Jahre zwischen 1935 und 1945 und machen Tomi Ungerers erste künstlerische Einflüsse sichtbar. Vor Kriegsbeginn 1939[8] las der Junge Micky-Maus-Hefte – trotz des Verbots seines Onkels, der Pastor war und die karikaturhafte Darstellung des Menschen verabscheute. Tomi faszinierte diese Comicfigur aus Amerika, die in den Publikationen für Kinder und Jugendliche in Europa damals allgegenwärtig war. Die Hefte waren Inspiration für eine ganze Reihe seiner Zeichnungen, die er sich anlässlich aktueller Ereignisse zeichnerisch anverwandelte (Abb. S. 13, 56, 133f.).[9] Mit der Besetzung des Elsass 1940 wurde Tomi Ungerer im Alter von neun Jahren, wie alle Elsässer, zum Deutschen. Als das Elsass im Juni 1941 vom Deutschen Reich erneut annektiert wurde, war er auch gezwungen, die deutsche Sprache zu sprechen. In der Matthias-Grünewald-Schule in Colmar,[10] die er besuchte, trug er den offiziellen Vornamen Hans Thomas oder Johann,[11] und seine Schulhefte dokumentieren, dass der Unterricht inhaltlich und sprachlich auf die Verhältnisse in Nazi-Deutschland umgestellt wurde.[12] Er war kein brillanter Schüler, doch seine Lehrer erkannten sein zeichnerisches Talent.[13] Der angehende Künstler sollte während dieser Jahre die Ereignisse seiner Jugendzeit durchgängig in Illustrationen festhalten und dabei die persönlichen Erlebnisse mit den historischen Ereignissen mischen. So hielt er verschiedene Kriegsepisoden fest und illustrierte bespielsweise »[…] *la drôle de guerre* (Der Sitzkrieg), der Einmarsch der Deutschen, der Colmarer Brückenkopf, die Befreiung, die Befreiung von den Befreiern […]«,[14] wie er dies in seinen eigenen Worten schilderte. Eindrücke während der Bombardierung, militärische Angriffe, Verhaftungen durch die Gestapo und Beschreibungen des Lebensalltags reihten sich im Laufe der Jahre aneinander.[15] Diese munteren Kinderskizzen zeugen von einer frühen Beobachtungsgabe, die rückblickend in gewisser Weise die satirischen Werke aus dem Erwachsenenalter schon erahnen lässt. So sind die deutsche Wehrmacht und die deutschen Besatzer stark karikaturhaft dargestellt: Sind einige der Zeichnungen von aktuellen Zeitungsfotos inspiriert, so stehen sie vor allem unter dem Einfluss der Bücher des Elsässer Zeichners Hansi (eigentlich Jean-Jacques Waltz, 1873–1951). Der hatte sich schon in den 1910er-Jahren als so ausgeprägt kritisch gegenüber den Deutschen erwiesen, dass man ihn zu einer Gefängnisstrafe verurteilte und seine Veröffentlichungen verboten wurden.[16] Wie er die Deutschen in seiner *L'Histoire d'Alsace racontée aux petits enfants de France et d'Alsace par l'Oncle Hansi* (Die Geschichte des Elsass, den Kindern Frankreichs und des Elsass erzählt von Onkel Hansi)[17] dargestellt hat, prägte den jungen Tomi so sehr, dass er nach ihrem Einmarsch 1940 sehr erstaunt war, dass sie so gar nicht den wilden Hunnen ähnelten, die der Ältere gemalt hatte.[18] Ungerers Darstellung des deutschen Soldaten mit seinem Marschgepäck und seinem Anteil an der Kriegsbeute (Abb. S. 27)[19] entspricht haargenau der von Hansi aus der Zeit des Ersten Weltkriegs.[20]

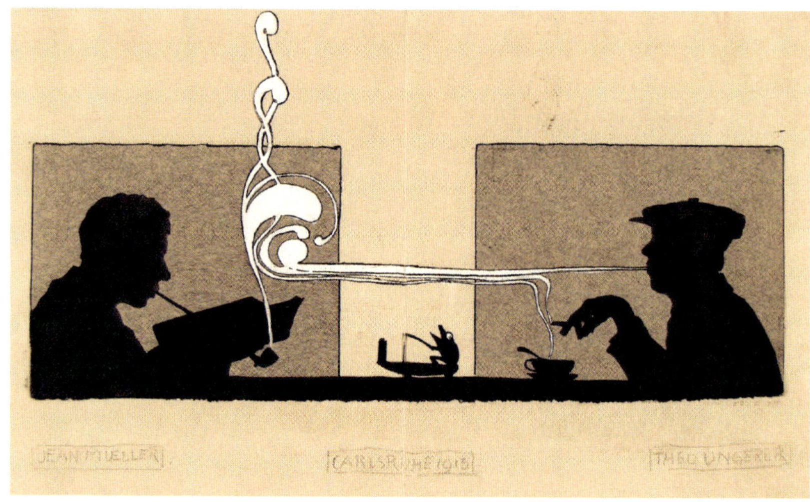

Théodore Ungerer
Carlsruhe, 1913, Tusche auf Pantograf, Collage und weiße Gouache auf Papier / ink on pantograph, collage and white gouache on paper, 24 × 39,4 cm, Coll. Musée Tomi Ungerer – Centre international de l'Illustration, Schenkung Familie Ungerer / Donation Ungerer family, 2020

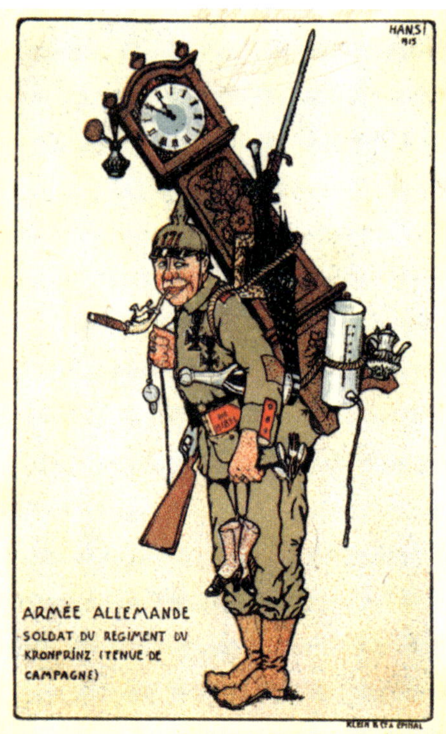

»Fraglos hasste ich die Deutschen mit Inbrust, die Nazis voller Abscheu, schauen Sie sich die Bilder an«,[21] erinnerte sich Tomi Ungerer später. Tatsächlich lebte er in einer Familie, die trotz der Verbote und einiger Denunziationen entschieden frankophil blieb. Zu Hause wurde auf Wunsch von Alice Ungerer nur Französisch gesprochen.[22] Der junge Tomi seinerseits erfand eine Schrift, in der er in aller Seelenruhe niederschreiben konnte, was er dachte. Sein Tagebuch, das er zwischen dem 2. Mai 1943 und dem 15. Februar 1944 führte, verfasste er auf Französisch, obwohl er nach drei Schuljahren in Deutsch keine Praxis im Schriftlichen mehr hatte. »Mein Tagebuch« schrieb er tagtäglich in ein Schulheft und mischte dabei Erlebnisse des täglichen Lebens mit historischen Ereignissen: Der Junge führte gewissermaßen den Gegenentwurf zum offiziellen Kriegstagebuch, zu dem die

Hansi (Jean-Jacques Waltz) *Soldat du régiment du Kronprinz (Tenue de campagne)*, Postkartenserie »L'armée allemande«, publiziert bei / edited by Klein & Cie, 1915, in: *Le grand livre de l'oncle Hansi*, Paris, Herscher, 1982

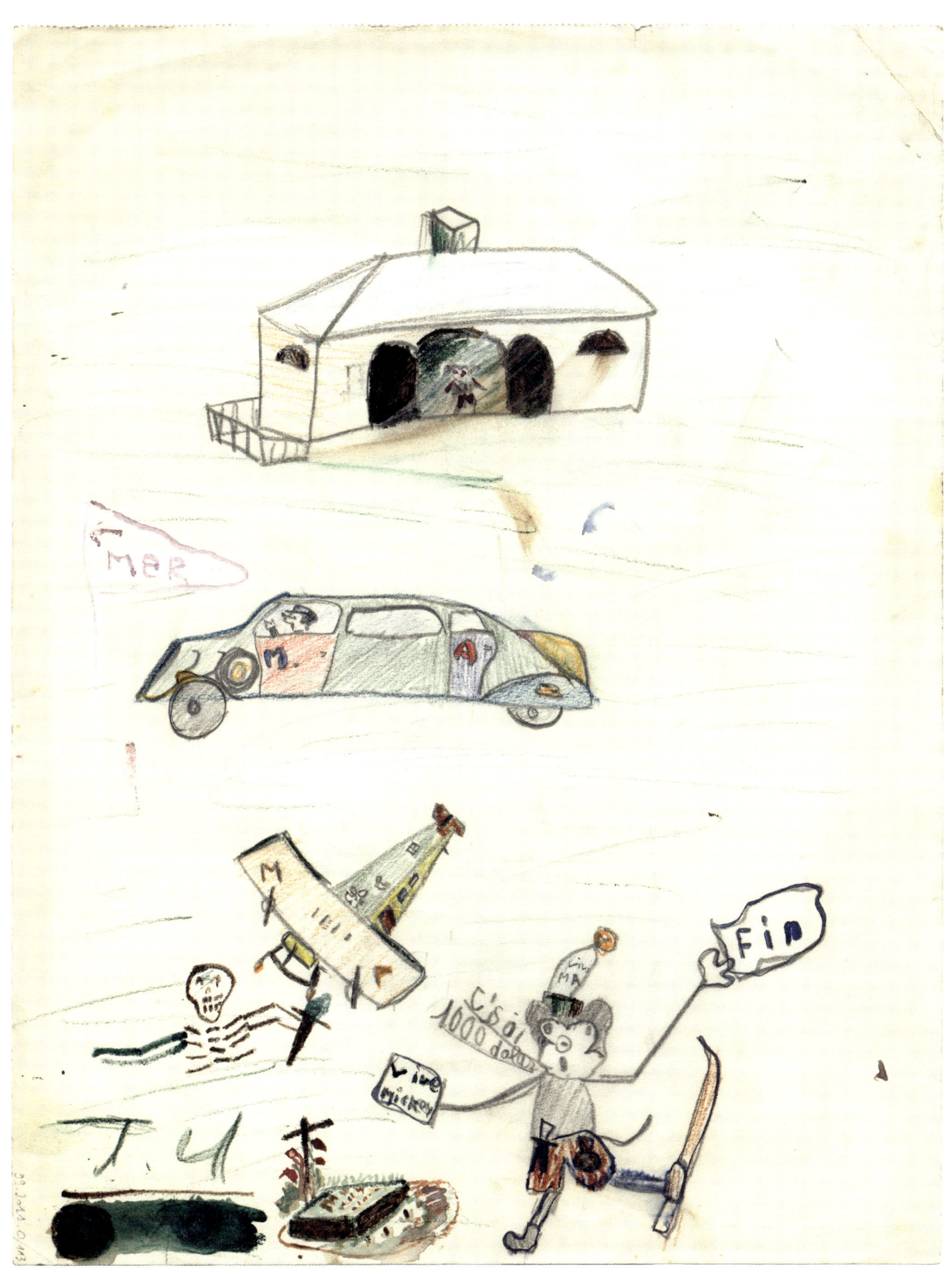

Ohne Titel / Untitled, n. d., Bleistift auf der Rückseite von Bristol-Papier / pencil on the back of Bristol paper, 26 × 33,7 cm

Nazilehrer ihre Schüler im Unterricht anhielten. Ungerers handschriftliche Notizen waren am linken Heftrand illustriert, zuweilen auch mitten im Text, wie in alten Buchilluminationen. So entstand über die Zeit eine Chronik in Bildern. In den Jahren nach dem Krieg sollten Hefte oder Blocks für den Künstler zum bevorzugten Bildträger werden. Während des Krieges jedoch zeichnete er gern auf der Rückseite von bedrucktem Papier, vor allem auf Formularen.[23] Er verwendete zumeist Bleistift und Buntstifte, später auch Aquarellfarben, und legte beim gewählten Verfahren einige Erfindungsgabe an den Tag: Er fertigte zum Beispiel Schattenrisse an (Abb. S. 26),[24] ein Erbe der deutschen Grafik seit dem 18. Jahrhundert, mit dem sein Vater Théodore sich auch wiederholte Male beschäftigt hatte (Abb. S. 12).[25] Die Welt des jungen Tomi war allerdings mit ganz anderen Themen bevölkert. So galt seine Vorliebe wie bei allen Jungs seines Alters Geschichten mit Indianern und Cowboys, die in seinen Zeichnungen auftauchen. Ihre Abenteuer las er in den Büchern von Karl May.[26] Auch seine familiäre Umgebung im Alltag skizzierte er lebensecht, zum Beispiel seinen Onkel Wilsdorf, und ohne Bedenken griff er dabei auf einen karikaturhaften und sehr humorigen Stil zurück.[27]

Zweifellos prägte diese erste Zeit seines Lebens Tomi Ungerer stark. Wie viele in seiner Generation war er Opfer des hocheffizienten Systems der Nazipropaganda. »Tägliche, systematische Indoktrinierung«[28] verfestigte durchaus bestimmte Vorstellungen vom Leben in ihm, was belegt, dass die Unterdrücker in gewisser Weise doch ihr Ziel erreicht hatten.[29] Zugleich rührt aus der Kriegszeit seine Abscheu gegenüber jeder Form von Faschismus und Gewalt, die in seinem späteren Werk zum Ausdruck kommen sollte. Beispiele hierfür, wie das Kinderbuch *Otto*[30] und das Plakat *Pig Heil!* (Abb. S. 121),[31] bezeugen dies gleichermaßen, selbst wenn das zeichnerische Repertoire sehr unterschiedlich ausfällt.

Das Ende des Zweiten Weltkriegs markiert zugleich das Ende von Tomi Ungerers Kindheit. Für den jungen Mann, der sich nicht dazu entschließen konnte, das Familienunternehmen der Turmuhrfabrikaten weiterzuführen, war es eine unruhige Zeit, die eine Menge Unsicherheiten mit sich brachte. Die Nachkriegsjahre waren geprägt von seinen Paris-Aufenthalten, seinem Militärdienst in Algerien, dem Leben in Straßburg[32] und von Reisen durch Europa. Ein Besuch von kurzer Dauer an der städtischen Kunstgewerbeschule und die erfolglose Bewerbung an der École des beaux-arts, der berühmten Kunstakademie in Paris, säten Zweifel an einer künstlerischen Karriere. Dennoch machte er weiter mit dem Zeichnen, beeinflusst vom Geist des Existenzialismus und Surrealismus, immer mit denselben Themen. Elend, Einsamkeit, die Frau und das urbane Leben kehren leitmotivartig in seinen freigeistigen Zeichnungen dieser Zeit wieder, in denen der Einfluss des Malers Georges Rouault spürbar ist. Diese Phase seines Werkes war zwar sicherlich keine entscheidende Etappe, ihr kam trotzdem das Verdienst zu, dass sich in ihr zukünftige Themen andeuteten. Denn es handelte sich um Sujets, die in seiner Gesellschaftskritik der 1960er-Jahre in Erscheinung treten sollten, auch wenn der zeichnerische Stil dann ein ganz anderer ist.

Die Künstlerpersönlichkeit von Tomi Ungerer wird endgültig erkennbar, als er um 1953/54, noch während seines Studiums in Straßburg, begann, in der Werbung zu arbeiten. Das erste bemerkenswerte Plakat zeichnete er im Auftrag des Papierherstellers Schwindenhammer aus dem Département Haut-Rhin für die Corona-Schulhefte.[33] Allerdings sind noch etliche andere Projekte aus jener Zeit erhalten geblieben, die er für Elsässer Unternehmen entworfen hat, wie für Feyel-Gänseleber und die Elsässer

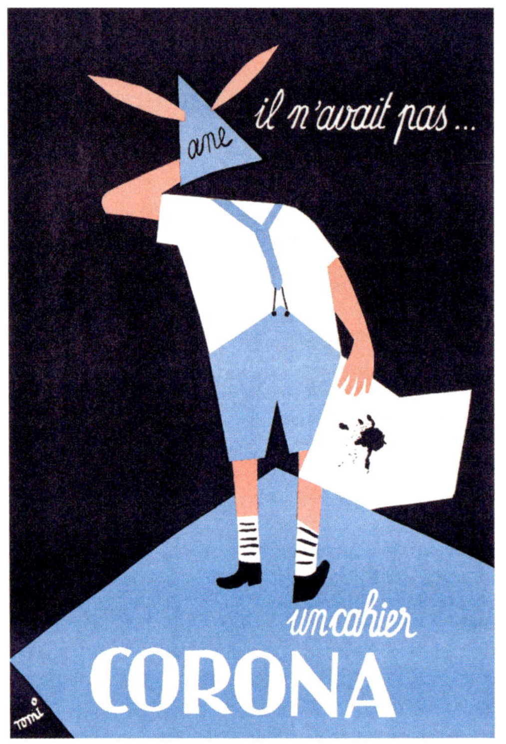

Tomi Ungerer
Il n'avait pas ... un cahier Corona, Reklame für die Papierfabrik / advertisement for the paper mill Schwindenhammer, 1954, Offsetdruck / Offset print, 120 × 80 cm, Coll. Musée Tomi Ungerer – Centre international de l'Illustration

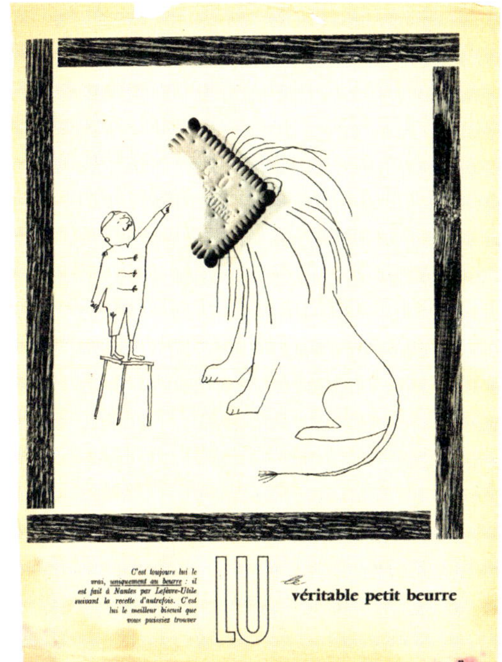

Tomi Ungerer
Beilage für / supplement for *Paris Match*, ca. 1956, Archives du Musée Tomi Ungerer – Centre international de l'Illustration

Dopff-Weine. In ihnen setzte Tomi Ungerer die gestalterischen Prinzipien des französischen Plakatdesigners Savignac um, den er während seines Studiums entdeckt hatte. Dieser bekräftigte insbesondere, eine Werbegrafik müsse mittels mehrerer Faktoren einen visuellen Schock beim Betrachter auslösen: beispielsweise durch ein unschickliches Thema, die Komposition der Zeichnung oder den Kontrast zwischen einem schwarzen Hintergrund und lebhaften Farben. In dieser Zeit war der junge Mann häufiger Besucher im amerikanischen Kulturzentrum der Stadt Straßburg, wo er sich mit einigen Fulbright-Stipendiat*innen anfreundete, unter anderen mit Nancy White und Burton Pike, und er entdeckte auf den Seiten des *New Yorker* die Zeichnungen von Saul Steinberg und von Cartoonisten wie Chas (eigentlich Charles Addams) und James Thurber. Die Einflüsse des amerikanischen Grafikdesigns auf sein Werk sollten sich als sehr bedeutend erweisen und seine ersten satirischen Arbeiten prägen.

Die Jahre in New York (1956–1971)

In den Jahren 1943/44 hatte der junge Tomi ein Kartenspiel gezeichnet, in dem er die verschiedenen Kriegsakteure auftreten ließ, darunter Hitler als Schwarzen Peter. Auf einer der Karten ist im Hintergrund die Freiheitsstatue zu sehen, eine Art bildnerisches Vorzeichen für seinen Aufbruch nach New York.[34] Tatsächlich zeigte sich der junge Künstler enttäuscht davon, dass ihn niemand veröffentlichen wollte, und entschloss sich Europa zu verlassen und nach New York zu gehen. Dank seiner Freundin Nancy erhielt er 1956 eine Aufenthaltsbewilligung für die Vereinigten Staaten. Er nahm seine Zeichnungen mit, die er zuvor erfolglos an französische, deutsche und englische Zeitungen geschickt hatte. Die traditionsreiche Münchner Satirezeitschrift *Simplicissimus* hatte 1955 nur eine einzige Zeichnung aus einer Serie mit Engeln[35] angenommen, die in London herausgegebene satirische Zeitschrift *Punch* hatte seinem Ersuchen gar nicht entsprochen. Zu der Zeit arbeitete er mit Feder und Tusche, seine Zeichnungen, die vom minimalistischen Stil eines Saul Steinberg inspiriert sind, warf er schnell aufs Papier. Sie erinnern jedoch auch an die Bilder von Sempé und rufen ganz allgemein den grafischen Stil der 1950er-Jahre in Erinnerung. Nach Ablauf von sechs Monaten war Tomi Ungerer zunächst gezwungen nach Frankreich zurückzukehren, begann jedoch eine Reihe von Projekten, die einen regelmäßigen Austausch mit New York bekunden. Vor allem für die LU-Kekse zeichnete er im Auftrag der französischen Filiale der amerikanischen Werbeagentur J. Walter Thompson Reklame, die in *Paris Match* veröffentlicht wurde.[36] Nach seiner Heirat mit Nancy White zog er nach New York. Aller Anfang ist bekanntlich schwer, doch die Werbeaufträge für die Burroughs-Rechen-

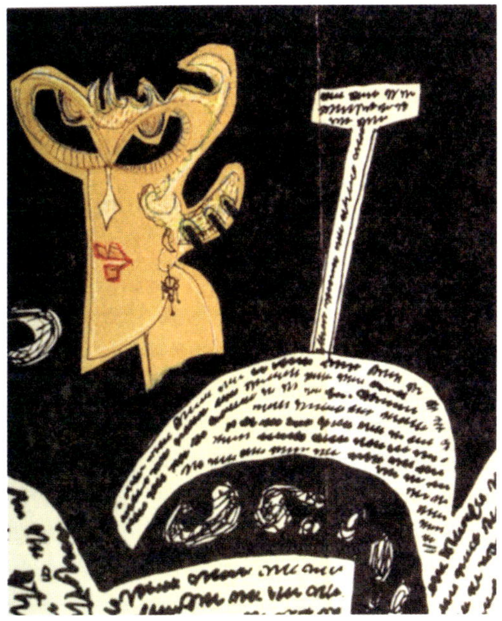

Saul Steinberg
Detail aus / detail from *The Americans. Cocktail Party*, 1958, in: *Saul Steinberg. The Americans*, Köln, Snoeck Verlag, 2013

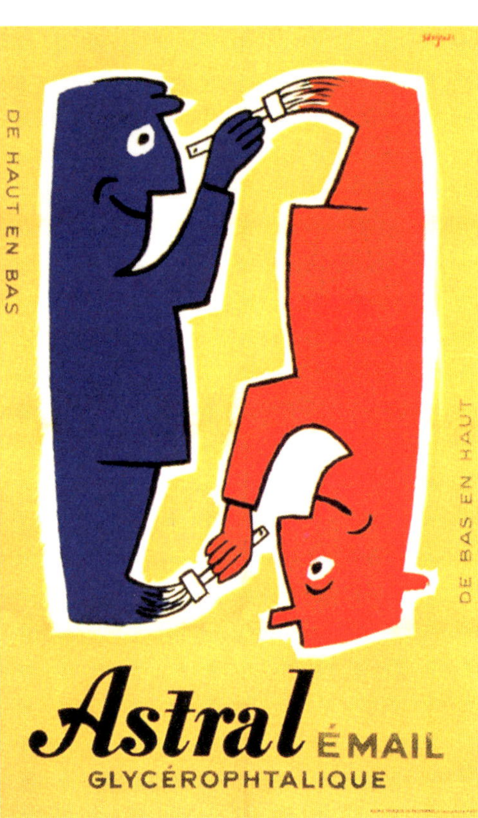

Raymond Savignac
Reklame für/ advertisement for *Astral Peinture Email*, 1949–1952,
in: Thérèse Willer, *Tomi Ungerer. Graphic art, Strasbourg*, éditions du Rocher, 2008

maschinen, die er von Dione Guffey erhielt, der künstlerischen Direktorin von J. Walter Thompson in New York, verhalfen ihm zum Durchbruch. Von nun an löste er bei Art-Direktoren und Verlegern Begeisterungsstürme aus und zog sämtliche grafische Register, die ihm zur Verfügung standen:[37] Humor und Satire, Werbegrafik und Kinderzeichnungen. Der zeichnerische Stil von Tomi Ungerer entwickelte und entfaltete sich entsprechend dem jeweiligen Thema, wobei er immer auch auf die anderen Ausdrucksweisen zurückgreifen konnte. So zieht sich beispielsweise durch seine Kinderbücher wie ein roter Faden ein satirischer Tonfall, der angefangen mit den Abenteuern der Familie *Mellops* bis zu *Allumette* immer vernehmbarer wurde.[38] Dasselbe ist bei seinen Werbearbeiten zu beobachten, die schon Ende der 1950er-Jahre zuweilen dem Inhalt, den sie eigentlich anpreisen sollten, gleichsam in den Rücken fallen. Die Sammlung *Horrible (Tomi Ungerer's Weltschmerz)*, eine Zusammenstellung von Zeichnungscollagen, die amerikanische Firmen bewerben sollten, trägt einen Untertitel, der kein Geheimnis aus ihrem Inhalt macht: *An Account of the Sad Achievements of Progress* (Eine Bilanz der traurigen Errungenschaften des Fortschritts).[39] Sie ähneln zuweilen den Bildern aus *The Underground Sketchbook* (Abb. S. 71ff.),[40] die der Satire im engeren Sinne zuzurechnen sind. In einem ungeschönten Porträt der modernen Welt zeigt der Band mit seinen Illustrationen, die stark von Steinbergs *One Line Drawing* geprägt sind, eine fortschreitende Mechanisierung der Gesellschaft, die Macht der Armee, den Krieg und den Konflikt zwischen den Geschlechtern. Fraglos einen der Gipfel seiner Kunst erreichte Tomi Ungerer allerdings mit *The Party*, einer Satire auf die High Society von New York. Mit kritischer Distanz beobachtete er diese ihm wohlbekannte Szene des New Yorker Lebens, in die ihn seine zweite Ehefrau Miriam Strandquest eingeführt hatte. Er gab das kleinformatige Papier auf, mit dem er bislang gearbeitet hatte, und verwendete nun größere Bildträger, die seinen Tuschzeichnungen eine neue Dimension verleihen (Abb. S. 101). Um zeichnerisch nochmals einen neuen Akzent zu setzen, griff er auf ein bewährtes Verfahren der Satire zurück, das schon in der Antike bekannt war: die Verschmelzung von menschlichen mit tierischen Figuren. Der Einfluss von Otto Dix, George Grosz und Saul Steinberg ist in *The Party* jeweils deutlich erkennbar (Abb. S. 105),[41] wenngleich der Stil, den Tomi Ungerer für sich fand, ein sehr individueller ist.[42] Mit der Grausamkeit seiner Illustrationen ging er sehr weit, und in Bildunterschriften, die von der Prominentenpresse inspiriert waren, verfremdete er durch Wortspiele Namen real existierender Personen, wie zum Beispiel »Senator Rockfester [sic!]«.[43] Er sah es auf nicht weniger als auf die gesamte amerikanische Gesellschaft ab: *America*, sein amerikanischer Nachlass, bildet die Frau und den Mann auf der Straße ab, er machte keinen Unterschied und hielt allen Milieus und allen Konfessionen den Spiegel vor. Tomi Ungerer gab sich als Soziologe und nahm mit seinem Stift jedermanns Eigenschaften und Schwächen aufs Korn (Abb. S. 61).

Neben seinen satirischen Arbeiten widmete der Künstler sich auch weiterhin der Werbung. Seine Kampagne für die *New York Times*, deren großformatige Arbeiten als Plakate für die U-Bahn konzipiert waren, repräsentiert seine künstlerische Produktion dieser Jahre wohl am besten. Tomi Ungerer brachte seine Grundsätze in Sachen Reklame in einem Slogan zum Ausdruck, den er für die New York Lottery schrieb, *Expect the Unexpected* (Erwarten Sie das Unerwartetete), und erhob ihn zum Motto all seiner Werke. Auf seinen Werbeplakten für die New

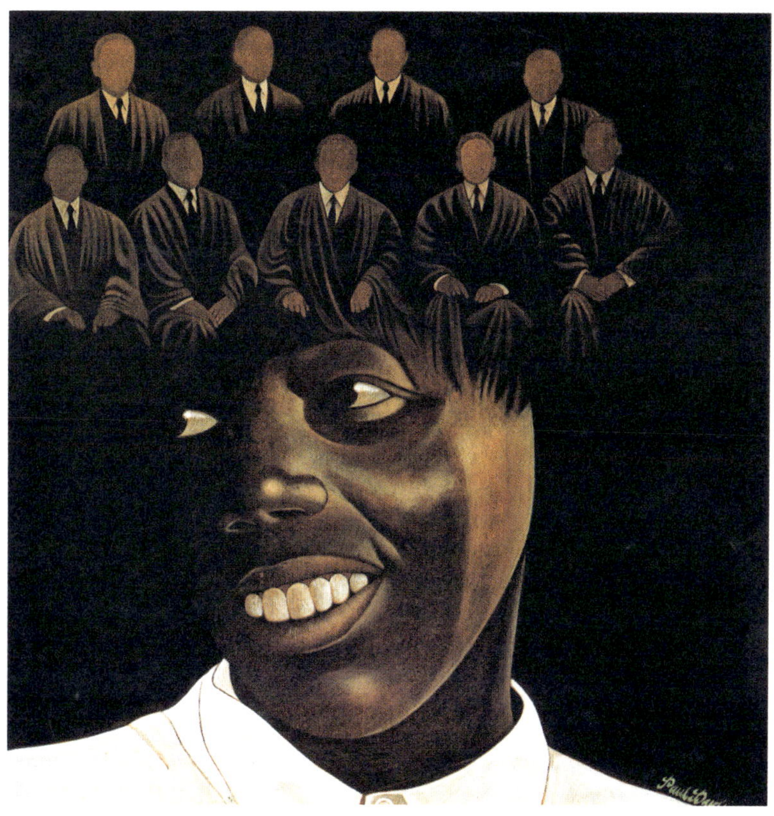

Paul Davis
1954 Supreme Court Decision, Zeichnung für / drawing for *Look Magazine*, 1966, in *L'âge d'or de l'illustration*, Paris, Éditions du Collectionneur, 1997

Yorker Disko »The Electric Circus«[44] präsentierte er das Thema Elektrizität in Gestalt von Glühbirnen, Lampen und elektrischen Haushaltsgeräten und schmuggelte hier und da Mann und Frau in gewagten Umständen hinein, was seinerzeit Kontroversen auslöste (Abb. S. 118f.). Die Grafik ist nicht farbig, sondern mit schwarzem Strich ausgeführt – ein seltener Fall im Bereich der Werbegrafik, in der doch die Farbe im Allgemeinen eine wesentliche Rolle spielt. In einigen Fällen kam es auch dazu, dass aufgrund von Ungerers kritischer Sicht der Dinge bestimmte Projekte aufgegeben wurden, allen voran das Filmplakat zu Stanley Kubricks Film *Dr. Seltsam oder: Wie ich lernte die Bombe zu lieben*. In seinen Pressegrafiken konnte er seinen Stil ganz im Gegenteil unverhohlen durchscheinen lassen.

Selbst wenn die Karikatur nicht zu seinen gewohnten zeichnerischen Verfahren zählte, so zeichnete Ungerer auch satirische Porträts zweier amerikanischer Präsidenten: Lyndon B. Johnson und Richard M. Nixon (Abb. S. 112). Es sind allerdings *Posters of Protest*, und sie zeigen auf sehr explosive Weise seine politische Parteinahme während der 1960er-Jahre. Die Plakate gegen den Vietnamkrieg und die Rassentrennung sind neben den Bildern von Paul Davis, Seymour Chwast und Milton Glaser zu Ikonen ihres Genres geworden.

Führten der Druck, den das FBI aufgrund einiger Zeichnungen auf Tomi Ungerer ausübte, zusammen mit seinem wachsenden Desinteresse am Leben in der Megacity New York dazu? Wie dem auch sei, im Jahr 1971 entschied der Künstler gemeinsam mit seiner dritten Ehefrau Yvonne, New York zu verlassen und nach Nova Scotia (Neuschottland) in Kanada auszuwandern. Hier nahm eine weitere Existenz ihren Anfang, fern der Städte und geprägt von weiten Landschaften. Auch für den künstlerische Weg von Ungerer sollte hier ein neues Kapitel beginnen, mit einem ganzen Schwung an Entdeckungen und grafischen Innovationen.

1 Vgl. den autobiografischen Text von Tomi Ungerer, *Die Gedanken sind frei. Meine Kindheit im Elsass*, Zürich 1993 (zuerst u. d. T. *A la guerre comme à la guerre. Dessins et souvenirs d'enfance*, Strasbourg 1991).
2 Für die Tomi Ungerers Eltern betreffenden biografischen Details siehe *Es war einmal mein Vater*, Zürich 2003 (zuerst u. d. T. *De père en fils*, Strasbourg 2002).
3 Vgl. die im französischen Fernsehen ausgestrahlte Sendung *Libre et Change* von Michel Polac, 1988.
4 Sie wohnten im Tivoli-Viertel in einem Haus, das Théodore Ungerer selbst entworfen hatte.
5 Alice Ungerers Vater war technischer Direktor der Textilfabriken Haussmann gewesen und sie war dort aufgewachsen.
6 Ungerer 1993 (wie Anm. 1), S. 11.
7 Vgl. zu diesem Thema *L'art de l'enfance. Tomi Ungerer 1935–1953*, hrsg. von Thérèse Willer, Ausst.-Kat. Musées de la Ville de Strasbourg, Strasbourg 2017.
8 Tomi Ungerer war Schüler an der Volksschule von Colmar und besuchte danach das Lycée Bartholdi.
9 Vgl. Abb. S. 56.
10 So wurde das Lycée Bartholdi von den Deutschen umbenannt.
11 Ungerer 1993 (wie Anm. 1), S. 48.
12 In den Heften von vor 1940 stehen Schreibübungen auf Französisch, wie das Gedicht »Vive la France, vive L'Alsace et la Lorraine« (Es lebe Frankreich, das Elsass und Lothringen), das mit kleinen Personen in volkstümlicher Tracht mit Kokarde und Trikolore illustriert ist, Musée Tomi Ungerer – Centre international de l'Illustration, Strasbourg.
13 »Ich war kein guter Schüler, aber ich konnte zeichnen." In: Ungerer 1993 (wie Anm. 1), S. 57.
14 Ebd., S. 11.
15 Vgl. Abb. S. 22, 27, 201.
16 Jean-Jacques Waltz, genannt Hansi (Colmar, 1873–1951). Konnte es ein Zufall sein, dass seine Klassenkameraden den jungen Tomi »Hansi« nannten?
17 Jean-Jacques Waltz, gennant Hansi, *L'Histoire d'Alsace racontée aux petits enfants de France et d'Alsace par l'Oncle Hansi*, Paris 1912, S. 5.
18 Ungerer 1993 (wie Anm. 1), S. 37.
19 Hansi, *Deutsche Armee. Soldat des Kronprinzen-Regiments (Kampfbekleidung)*, n. d., Postkarte, Epinal, Klein et Cie.
20 Vgl. Abb. S. 27.
21 Waltz 1912 (wie Anm. 17), S. 5.
22 Ebd., S. 83.
23 Seine Schwester Geneviève hatte ihm von der Präfektur, wo sie vor dem Krieg gearbeitet hatte, Formulare für Vermietungen an Familien der Rekrutierten mitgebracht. Vgl. z. B. Abb. S. 22.
24 Vgl. Abb. S. 26.
25 Vgl. Abb. S. 12, oben.
26 Vgl. Abb. S. 25.
27 Vgl. Abb. S. 10.
28 Ungerer 1993 (wie Anm. 1), S. 56.
29 Auf einer Pressekonferenz in Ostberlin löste Tomi Ungerer 1989, zwei Wochen vor dem Mauerfall, einen Skandal aus, als er Göbbels' Formulierung »Kraft durch Freude«, die traurige Berühmtheit erlangt hatte, verwendete, um zu erläutern, was ihn im Leben antrieb. Hiermit erlaubte er sich dabei einen Rückverweis auf seine Indoktrinierung während der Nazizeit.
30 Vgl. Abb. S. 197ff.
31 Vgl. Abb. S. 121.
32 1953 kehrt Tomi Ungerer in Begleitung seiner Mutter zum Studium wieder nach Straßburg zurück.
33 Vgl. Abb. S. 14.
34 *Ohne Titel, Kartenspiel*, 1943/44, Bleistift, Tusche und Aquarellfarbe auf Papier, 10 × 6,2 cm, Musée Tomi Ungerer – Centre international de l'Illustration, Strasbourg.
35 Davon sind zahlreiche Fassungen erhalten geblieben, vgl. Musée Tomi Ungerer – Centre international de l'Illustration, Strasbourg. Einige Zeichnungen wurden in der Zeitschrift *Yugen. A new consciousness in arts and letters*, Nr. 1, New York 1958 abgedruckt.
36 Vgl. Abb. S. 15.
37 Tomi Ungerers Erfolg in New York wurde von seinen verlegerischen Anfängen in Europa unterstützt. Daniel Keel, der Gründer des Diogenes Verlags, veröffentlichte ihn schon Ende der 1950er-Jahre in seiner Reihe Diogenes Tabu.
38 Dieses Buch, wie auch einige andere, erschien noch in New York, als Tomi Ungerer schon in Kanada lebte.
39 Vgl. Abb. S. 41, *Horrible. An Account of the Sad Achievements of Progress*, New York, Atheneum Publishers, 1960.
40 Vgl. Abb. S. 71ff.
41 Von Letzterem waren die monumentalen Wandbilder *The Americans*, die für die Weltausstellung in Brüssel 1958 entstanden sind, für Tomi Ungerer Inspirationsquelle.
42 Vgl. Abb. S. 101ff.
43 *The Party*, 1966, Tusche und Tusche laviert auf Papier, 45,8 × 45,6 cm, Musée Tomi Ungerer – Centre international de l'Illustration, Strasbourg, 77.979.17.304.
44 Der Titel der Werbekampagne fasste es noch genauer: »The Ultimate Legal Entertainment Experience« (Das ultimative legale Entertainment- Erlebnis). Vgl. Abb. S. 118f.

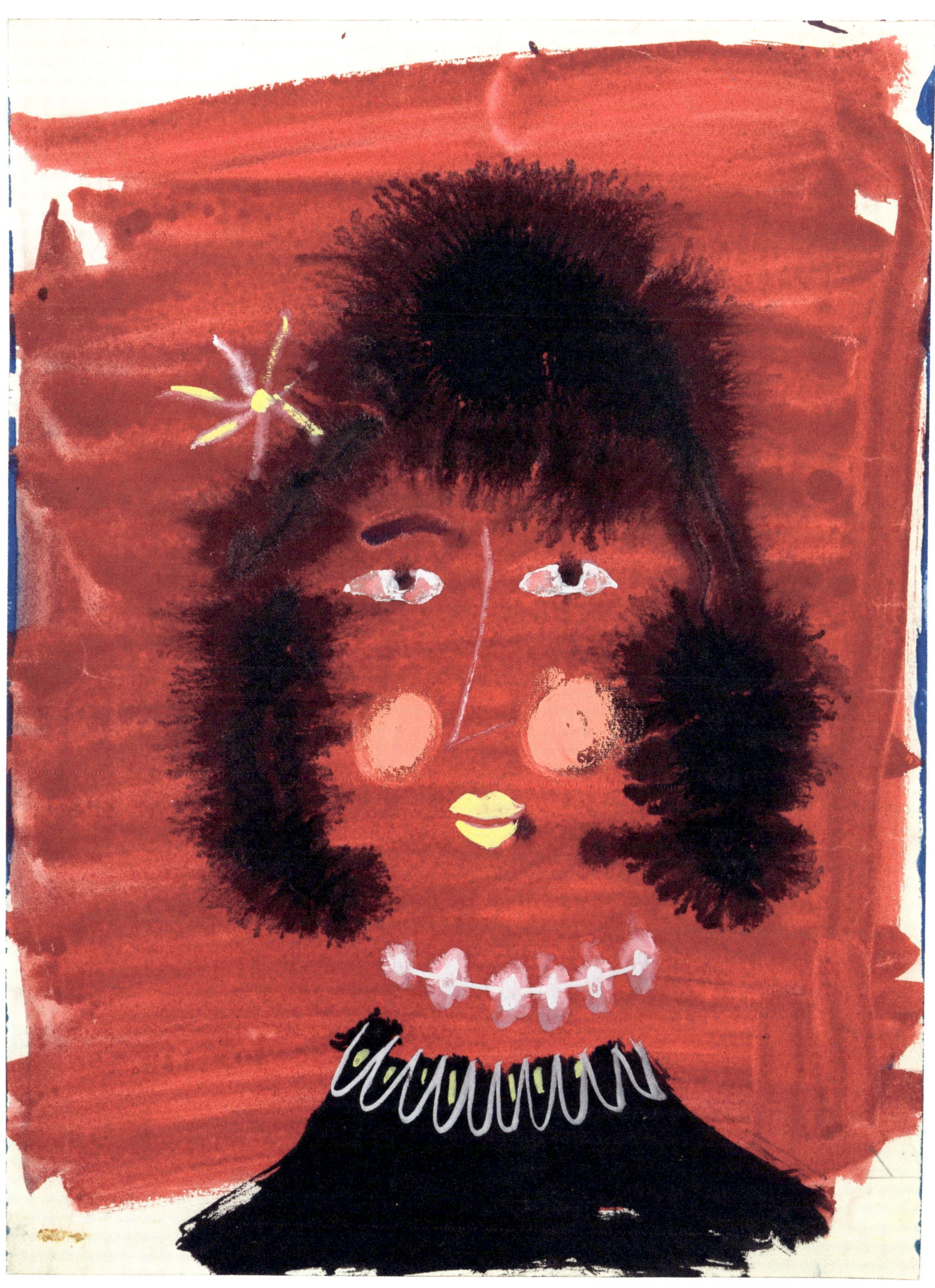

Ohne Titel / Untitled, 1950er / 1950s, Gouache auf Papier / gouache on paper, 32 × 24 cm

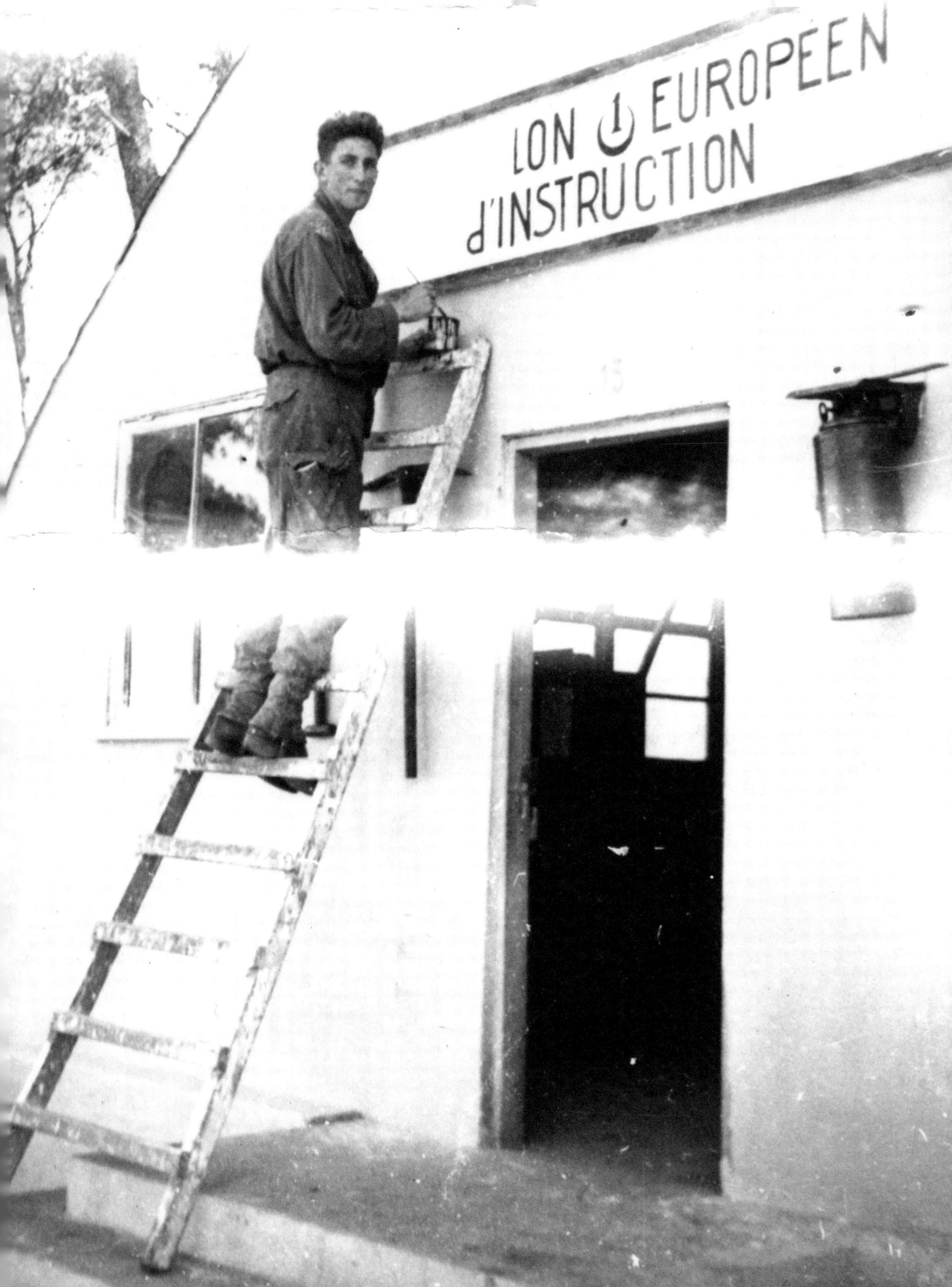
LON EUROPEEN
d'INSTRUCTION

Frühwerk

Early Works

Tomi während seiner Zeit in der französischen Armee / Tomi during his time in the French army, 1952/53, Algerien / Algeria

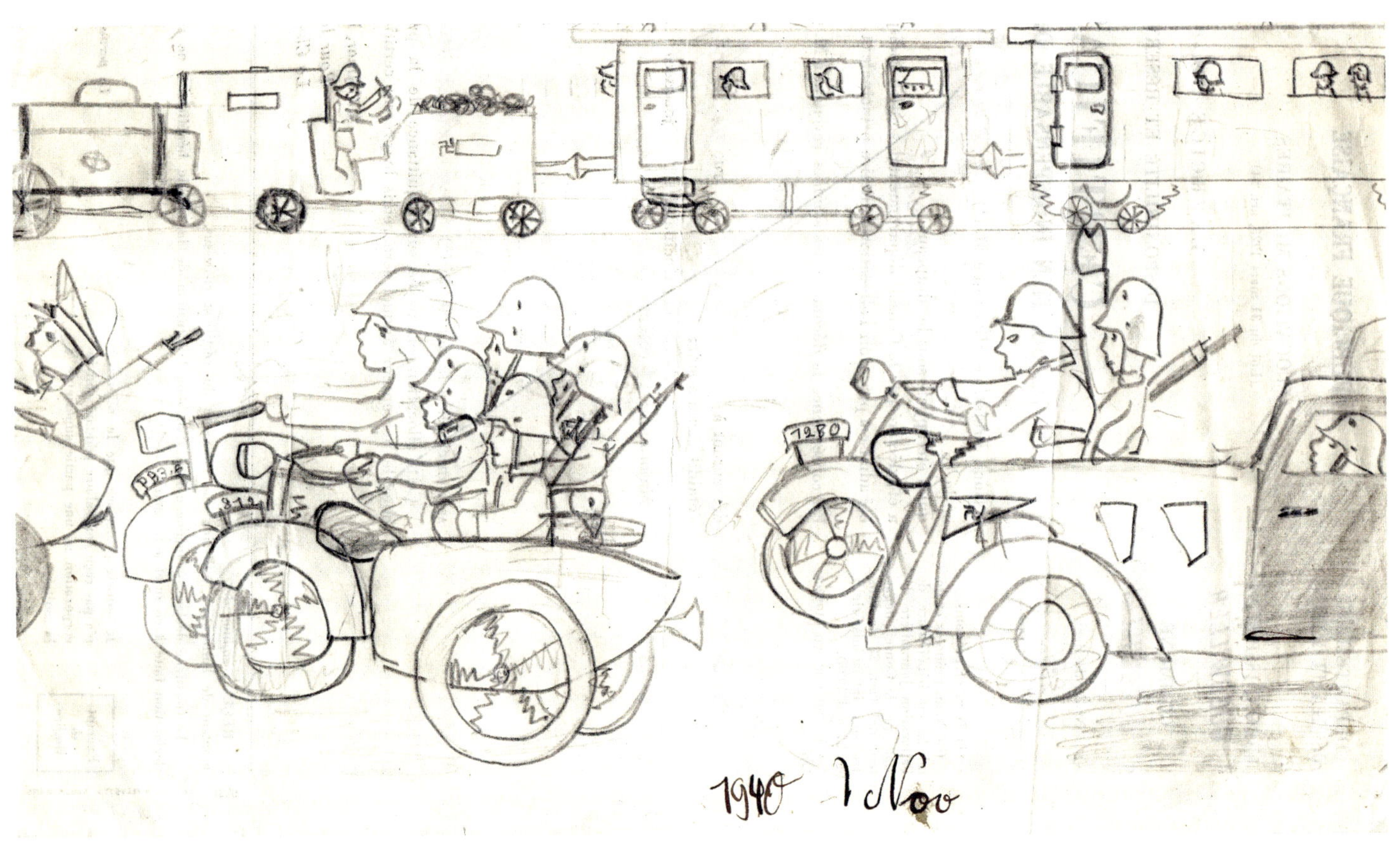

Ohne Titel / Untitled, 1940, Bleistift auf der Rückseite eines bedruckten Papiers / pencil on the reverse of printed paper, 15,2 × 27 cm

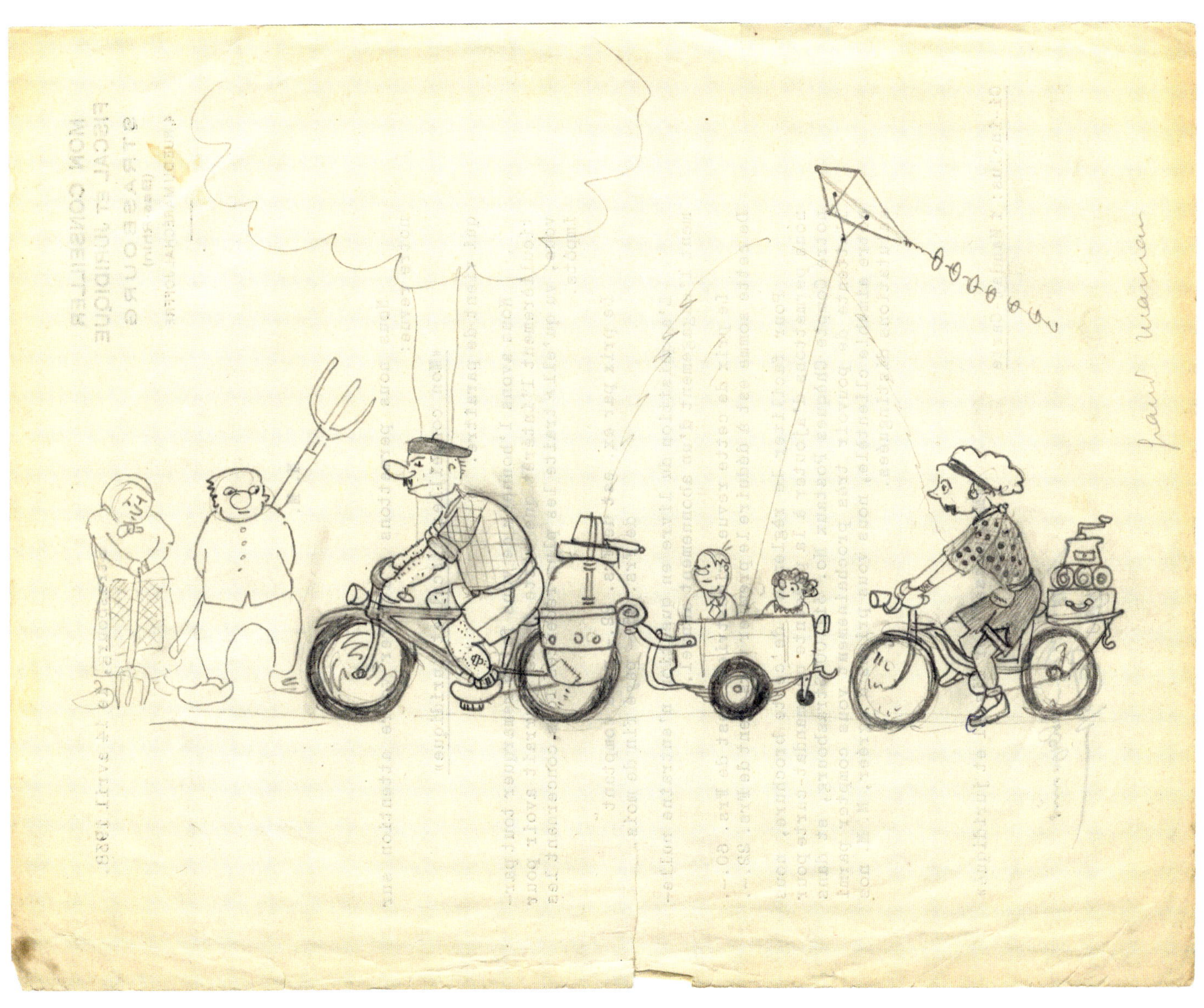

Ohne Titel / Untitled, n. d., Bleistift auf der Rückseite eines bedruckten Papiers / pencil on the reverse of printed paper, 21,5 × 27,5 cm

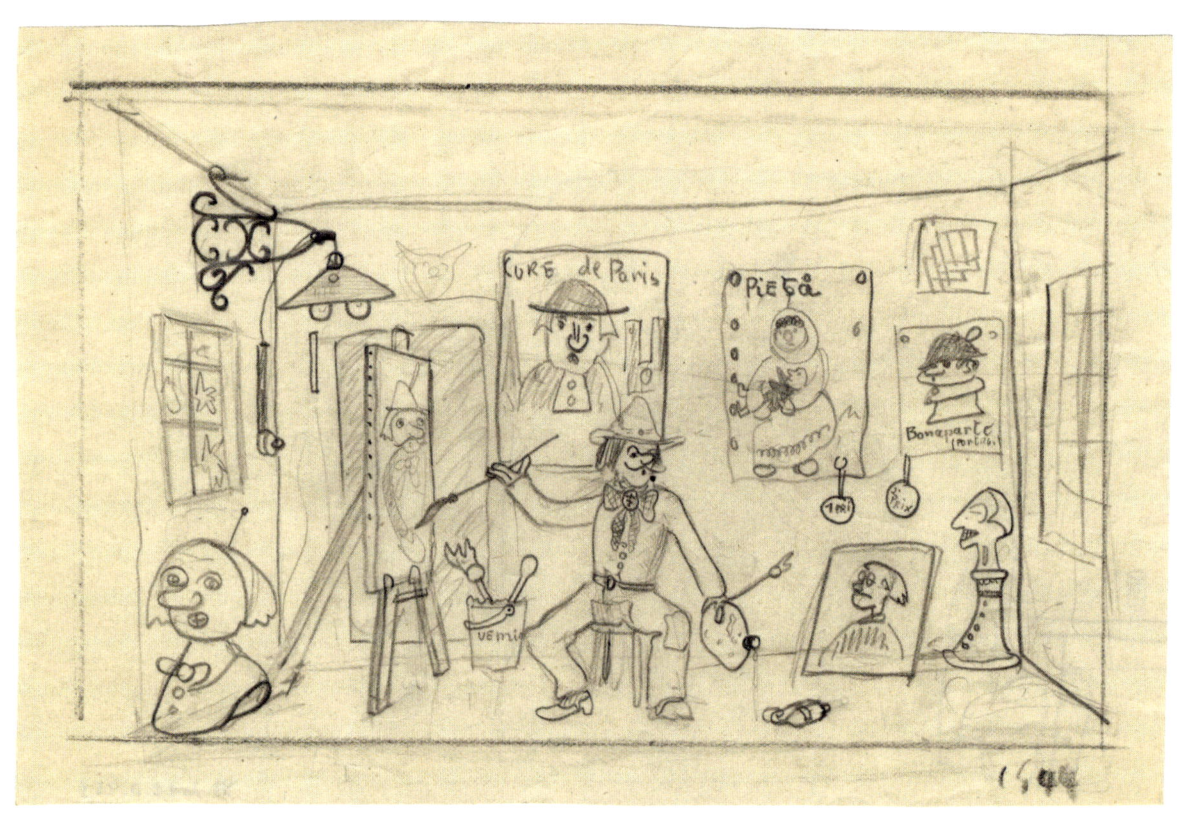

Ohne Titel / *Untitled*, 1944, Bleistift auf Papier / pencil on paper, 13,3 × 20,4 cm

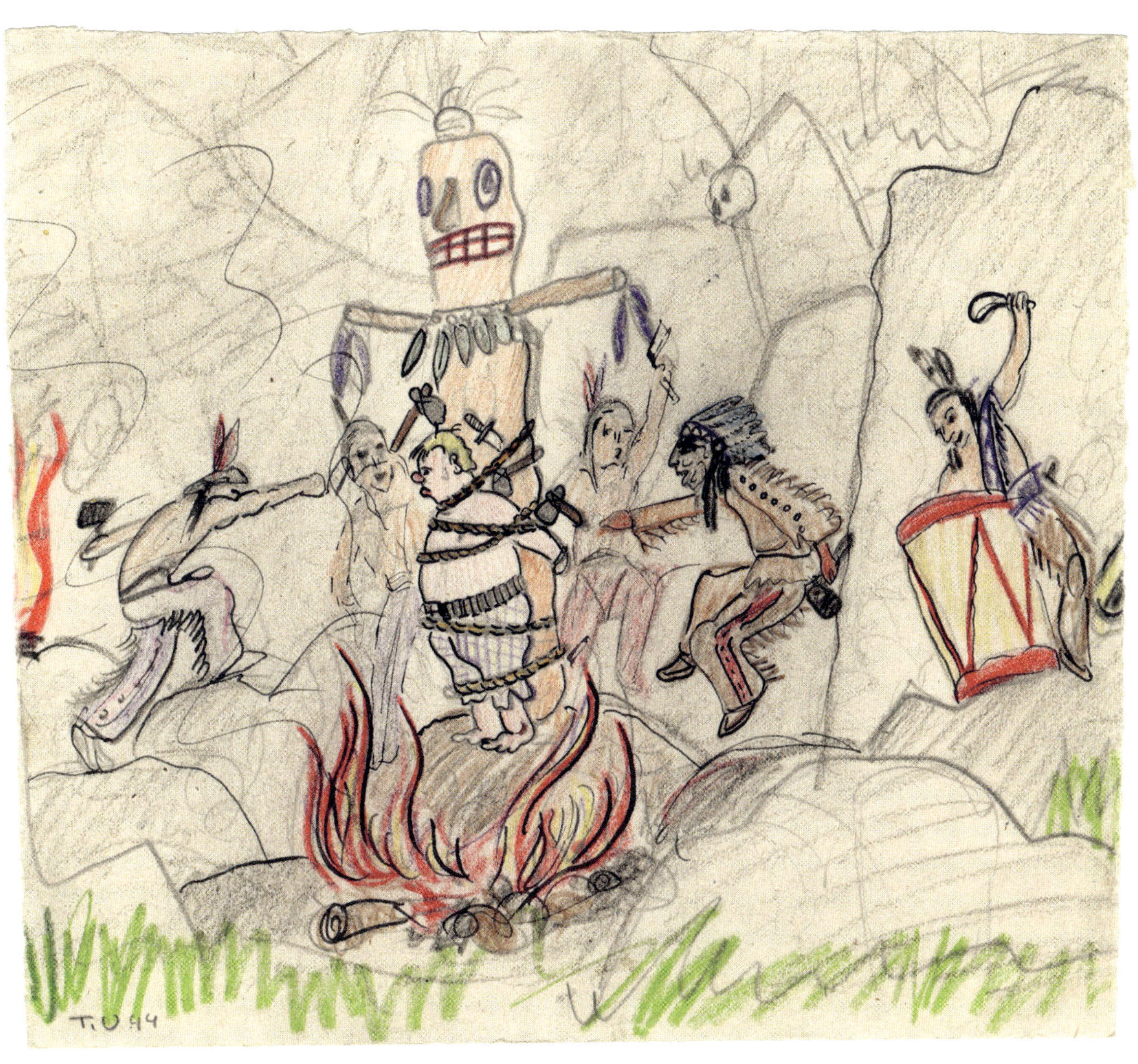

Ohne Titel / *Untitled*, 1944, Bleistift und Buntstift auf Papier / pencil and colored pencil on paper, 17,2 × 20,1 cm

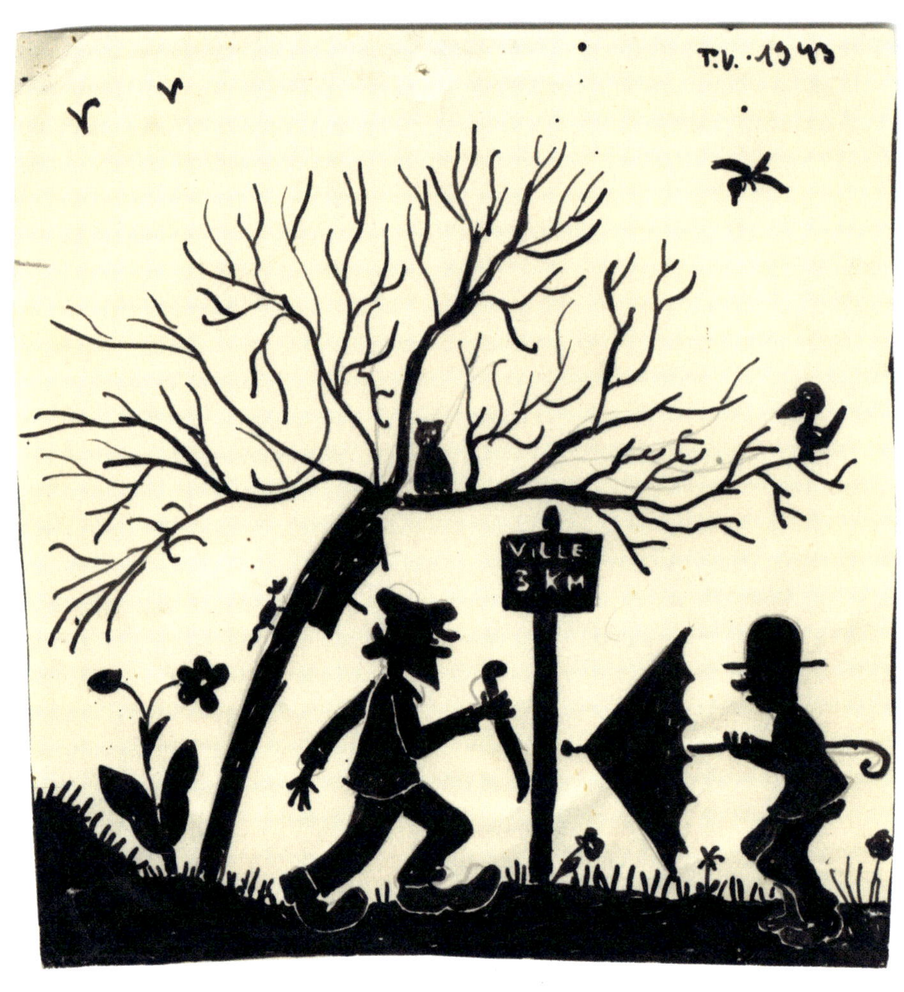

Ohne Titel / Untitled, 1943,
Schwarze Tinte auf Papier, aufgeklebt auf Karton / black ink on paper, pasted on cardboard, 14,6 × 14,1 cm

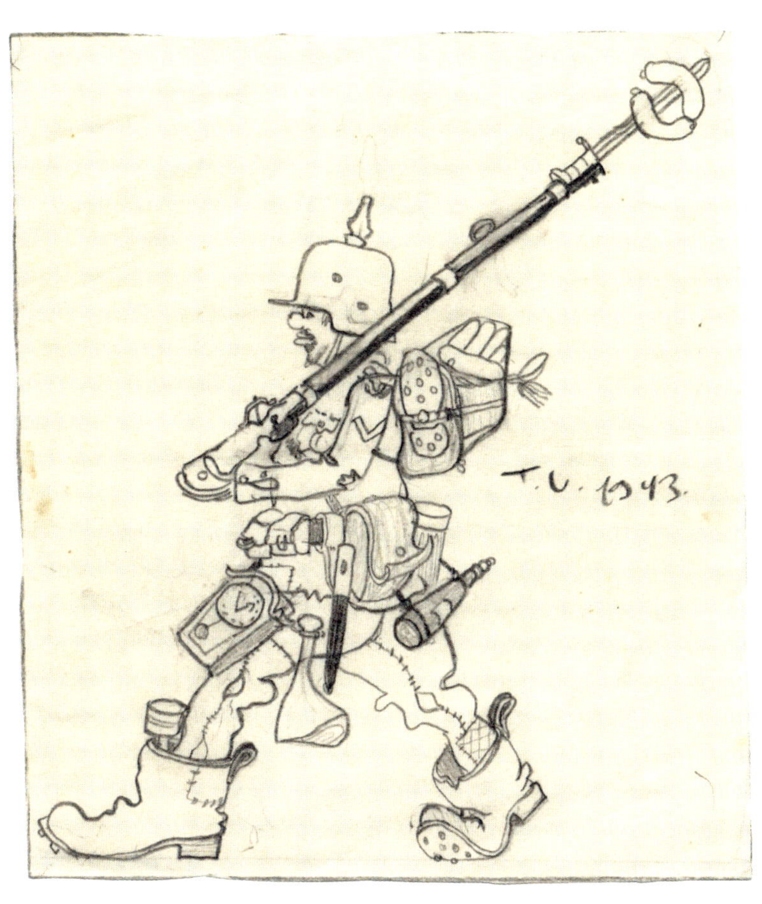

Ohne Titel / Untitled, 1943,
Bleistift auf Papier / pencil on paper, 12,6 × 11,1 cm

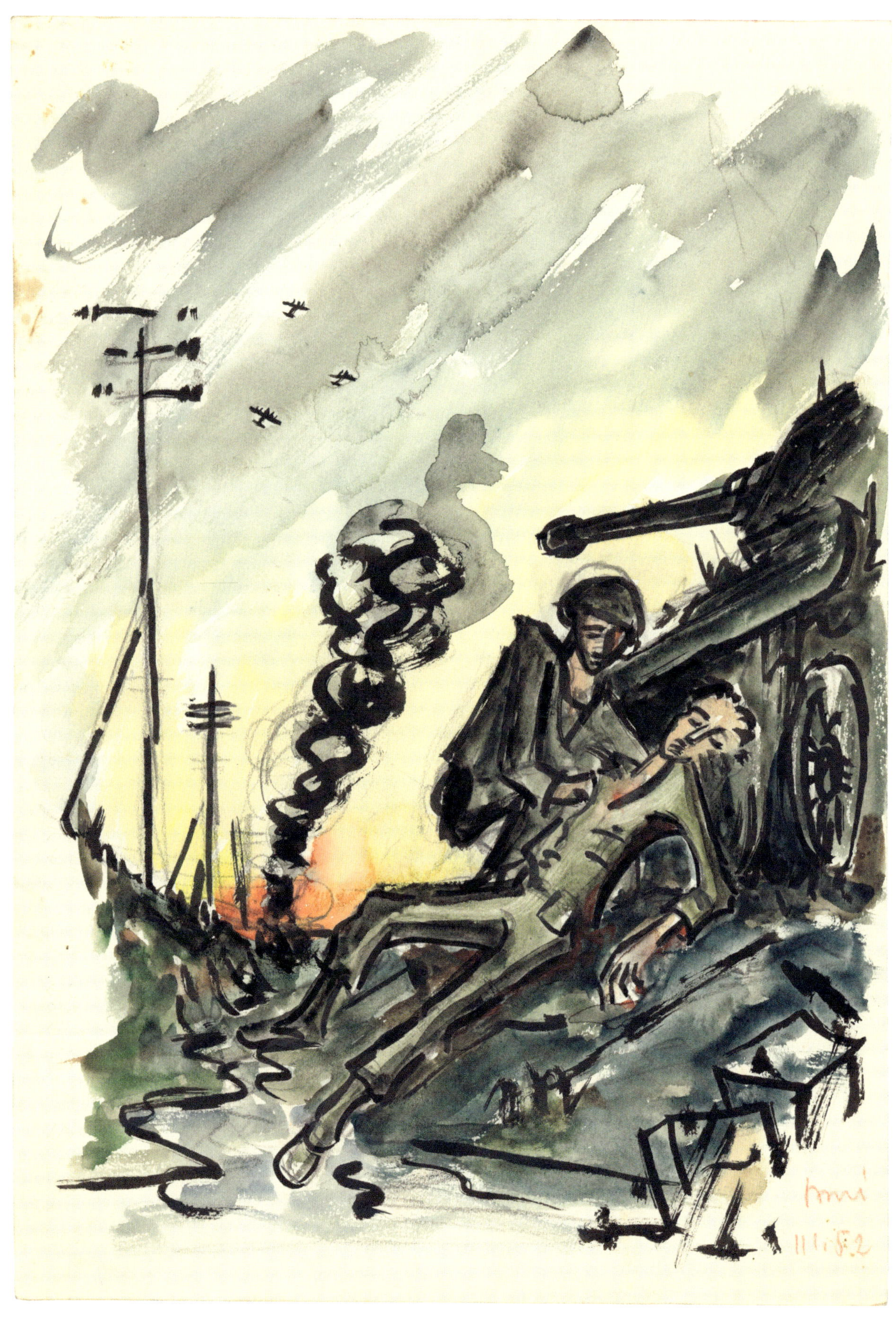

Ohne Titel / Untitled, 1952, Gouache, Wasserfarbe auf Papier / gouache, watercolor on paper, 30 × 21 cm

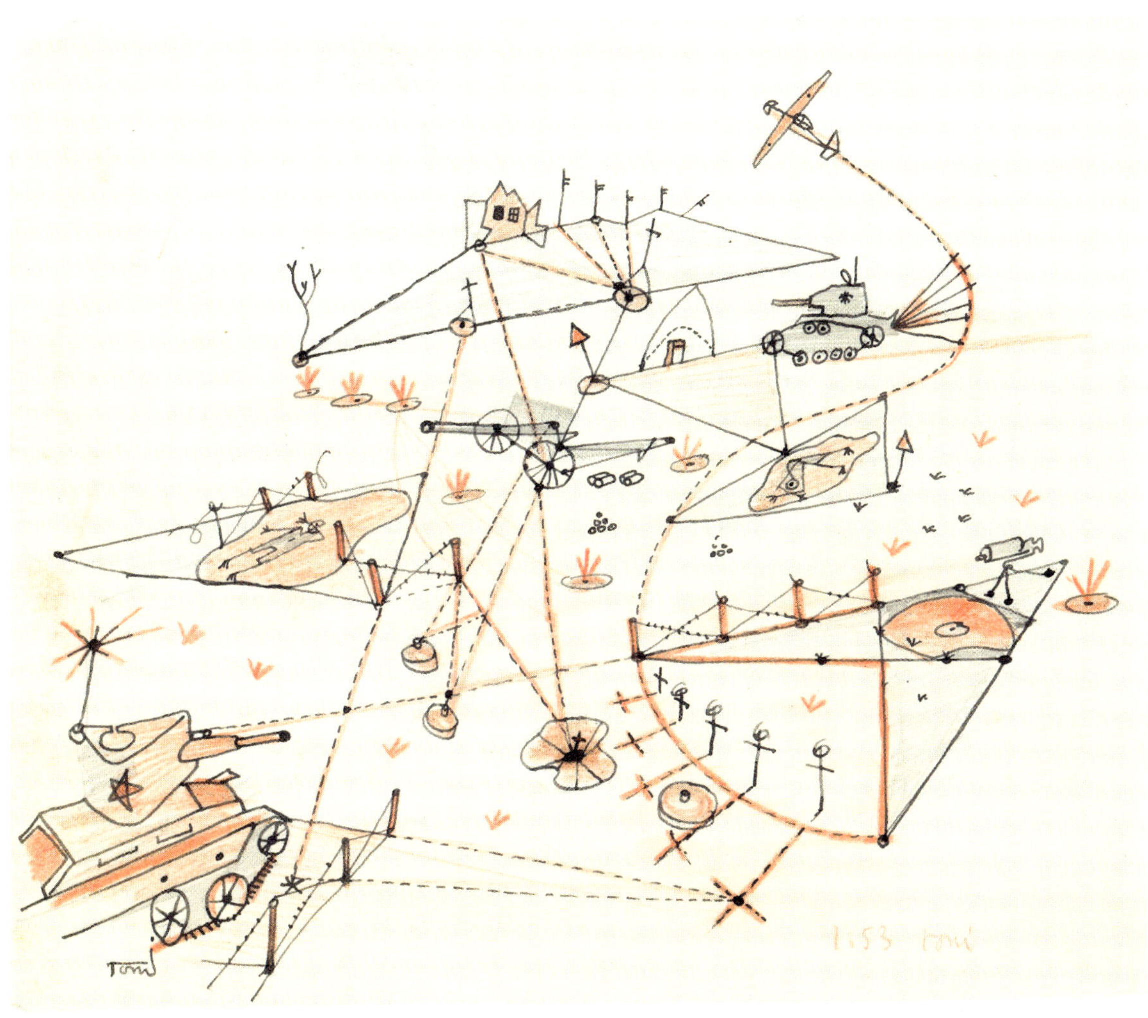

Ohne Titel / Untitled, 1950er / 1950s, Tintenstift und Buntstift auf Papier / ink pen and colored pencil on paper, 18 × 21,5 cm

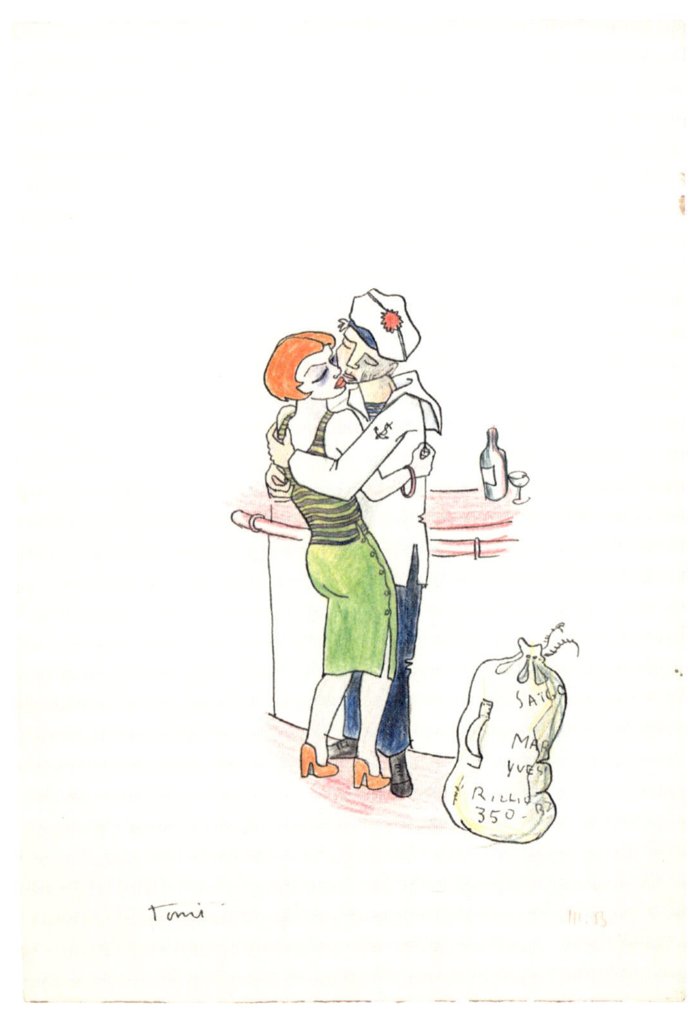

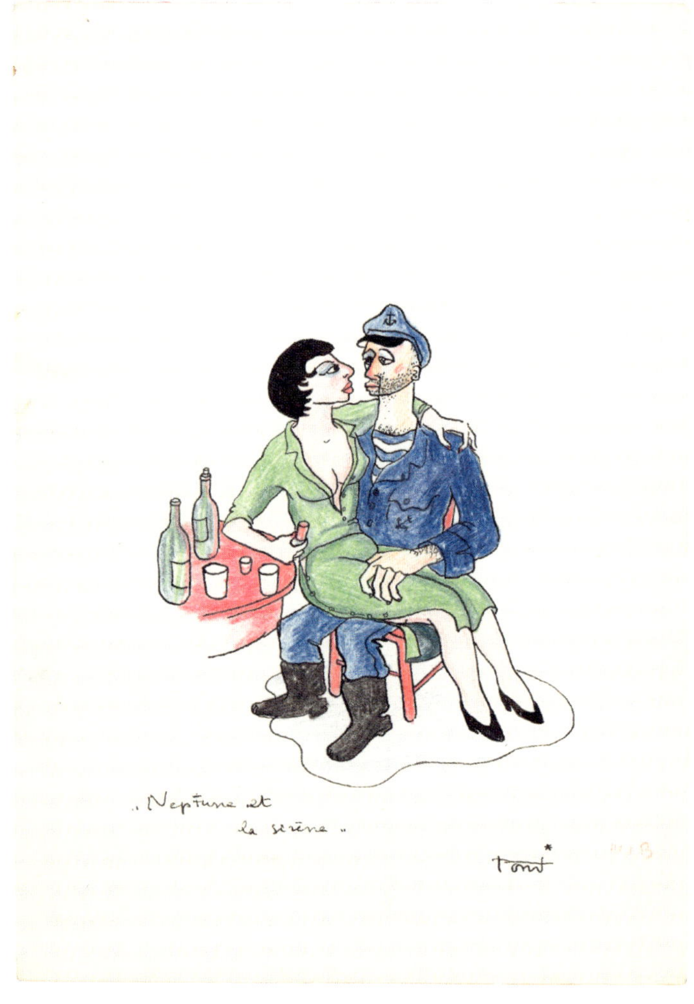

Ohne Titel / Untitled, 1953, Tintenstift und Buntstift auf Papier / ink pen and colored pen on paper, 30 × 21 cm
Neptune et la sirène, 1950, Tintenstift und Buntstift auf Papier / ink pen and colored pen on paper, 30 × 21 cm

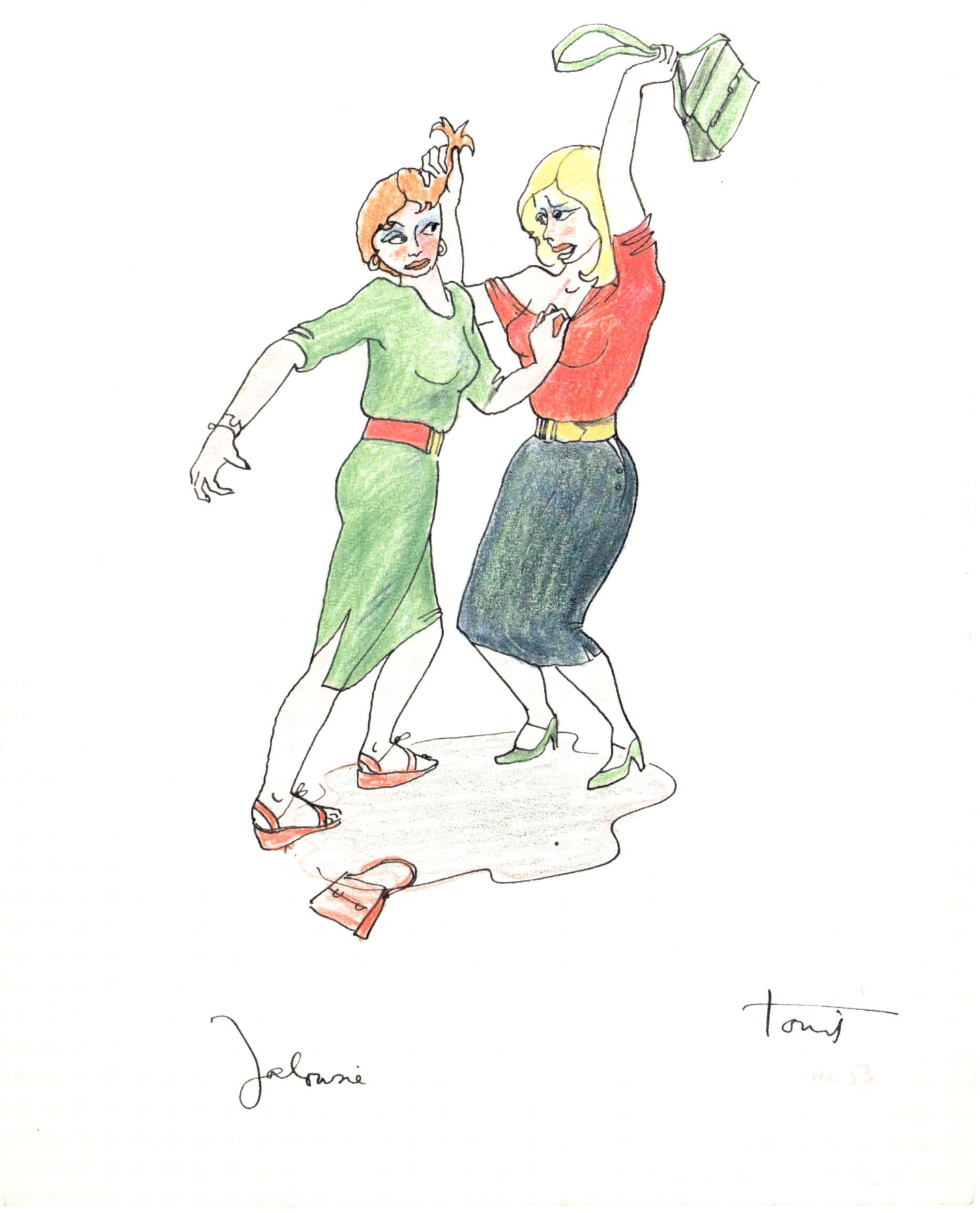

Jalousie, 1953, Tintenstift und Buntstift auf Papier / ink pen and colored pen on paper, 30 × 21 cm

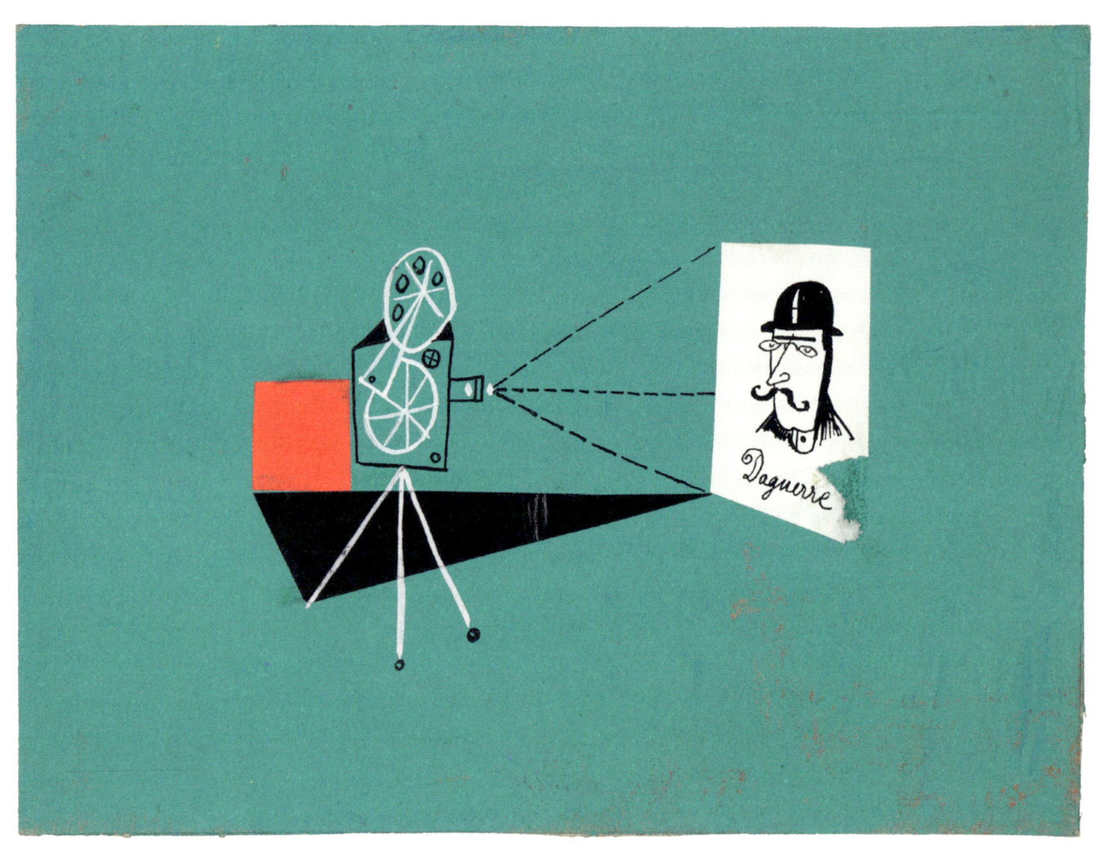

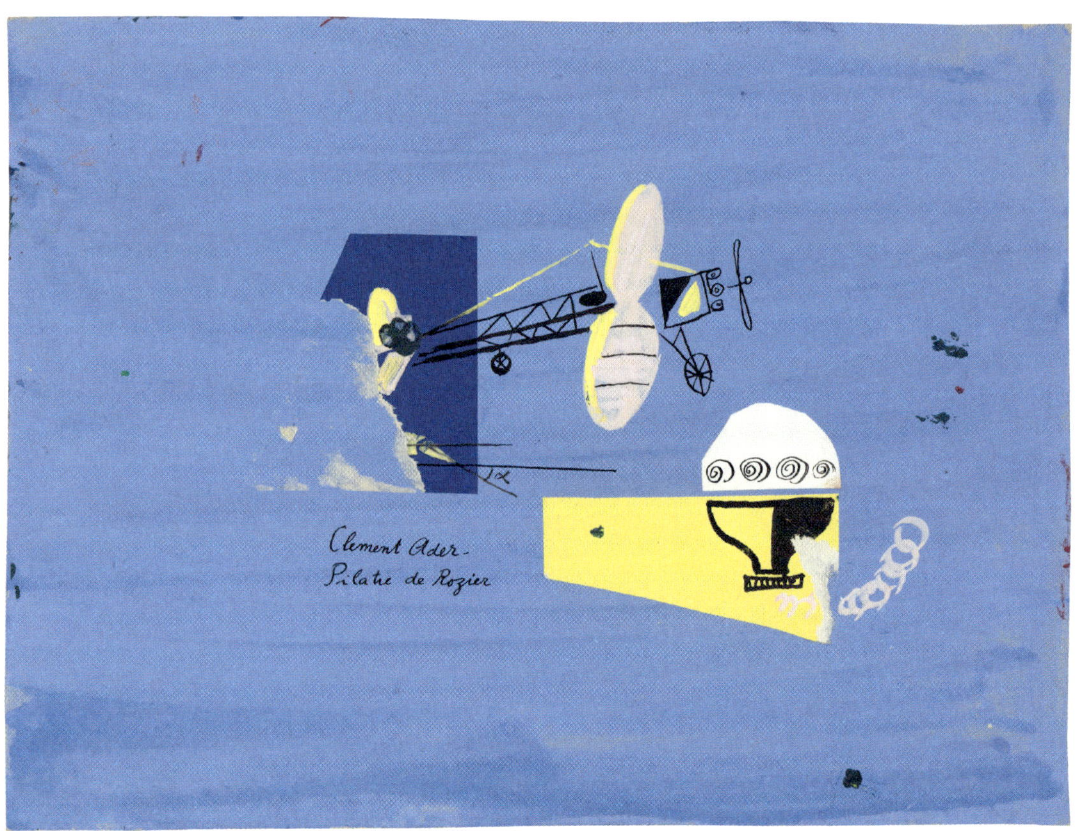

Daguerre, 1950er / 1950s, Tinte, Gouache und Collage auf Karton / ink, gouache and collage on cardboard, 24 × 32 cm
Clément Ader, 1950er / 1950s, Tinte, Gouache und Collage auf Karton / ink, gouache and collage on cardboard, 24 × 32 cm

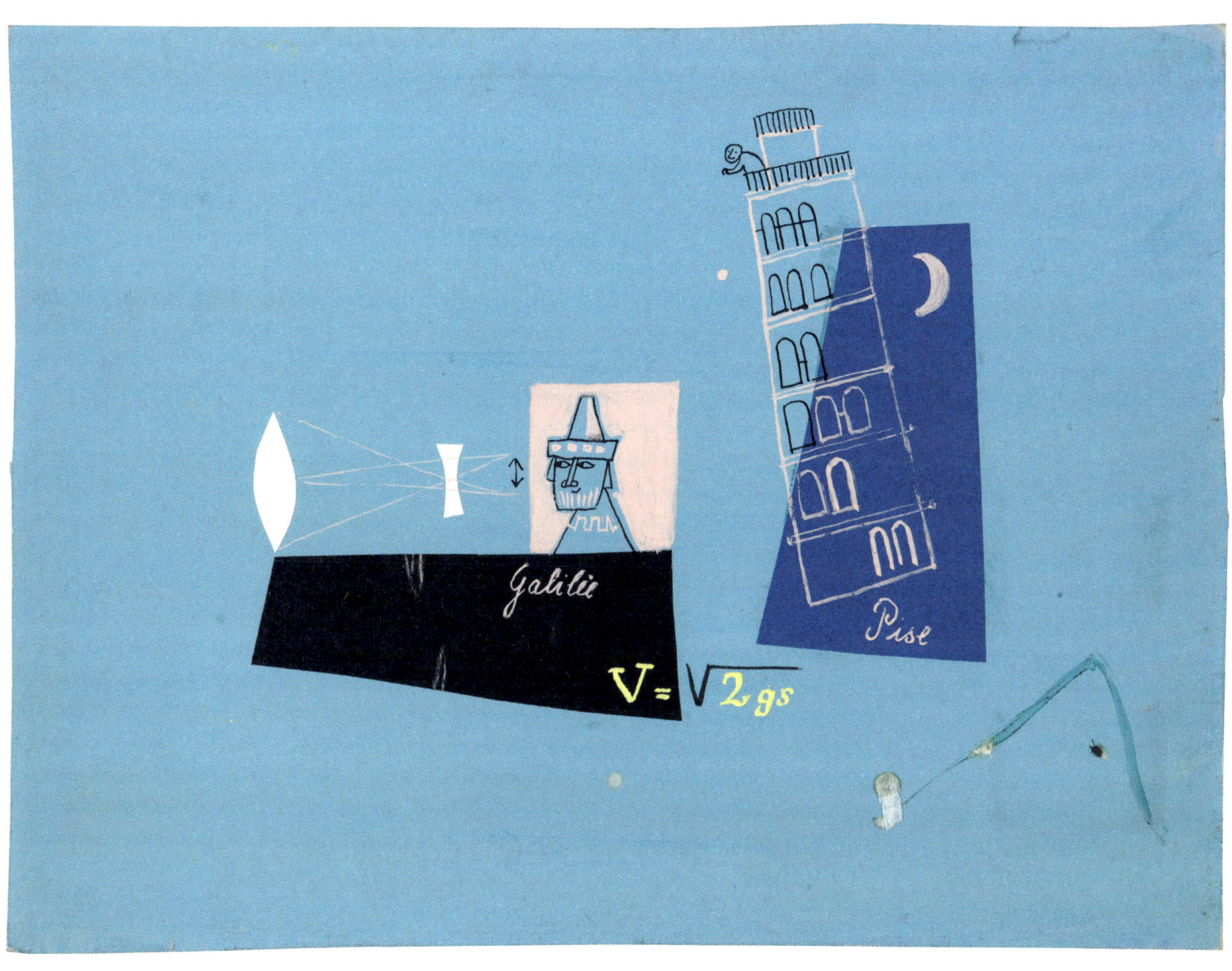

Galilée, 1950er / 1950s, Tinte, Gouache und Collage auf Karton / ink, gouache and collage on cardboard, 24 × 32 cm

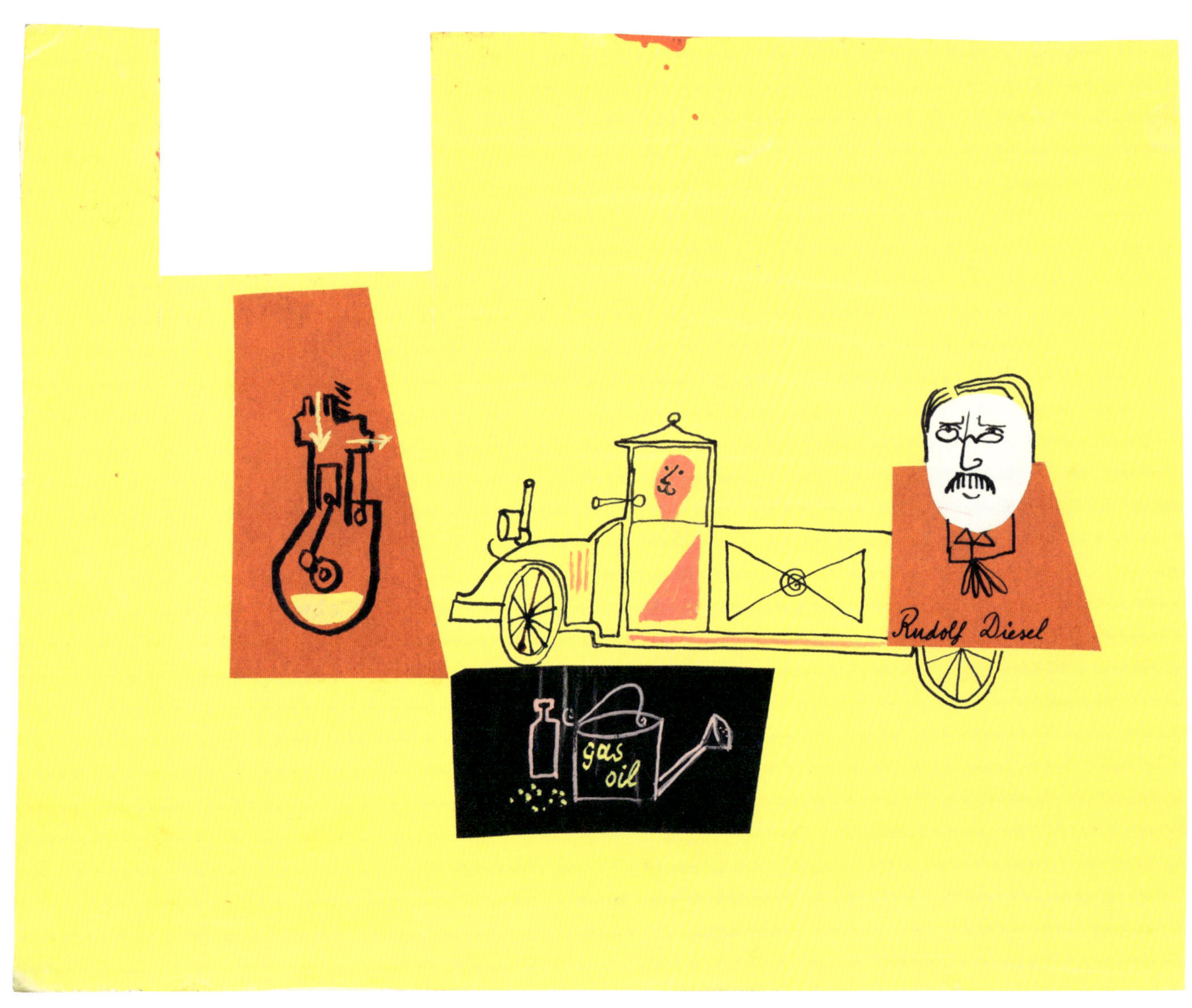

Rudolf Diesel, 1950er / 1950s, Tinte, Gouache und Collage auf Karton / ink, gouache and collage on cardboard, 24 × 30 cm

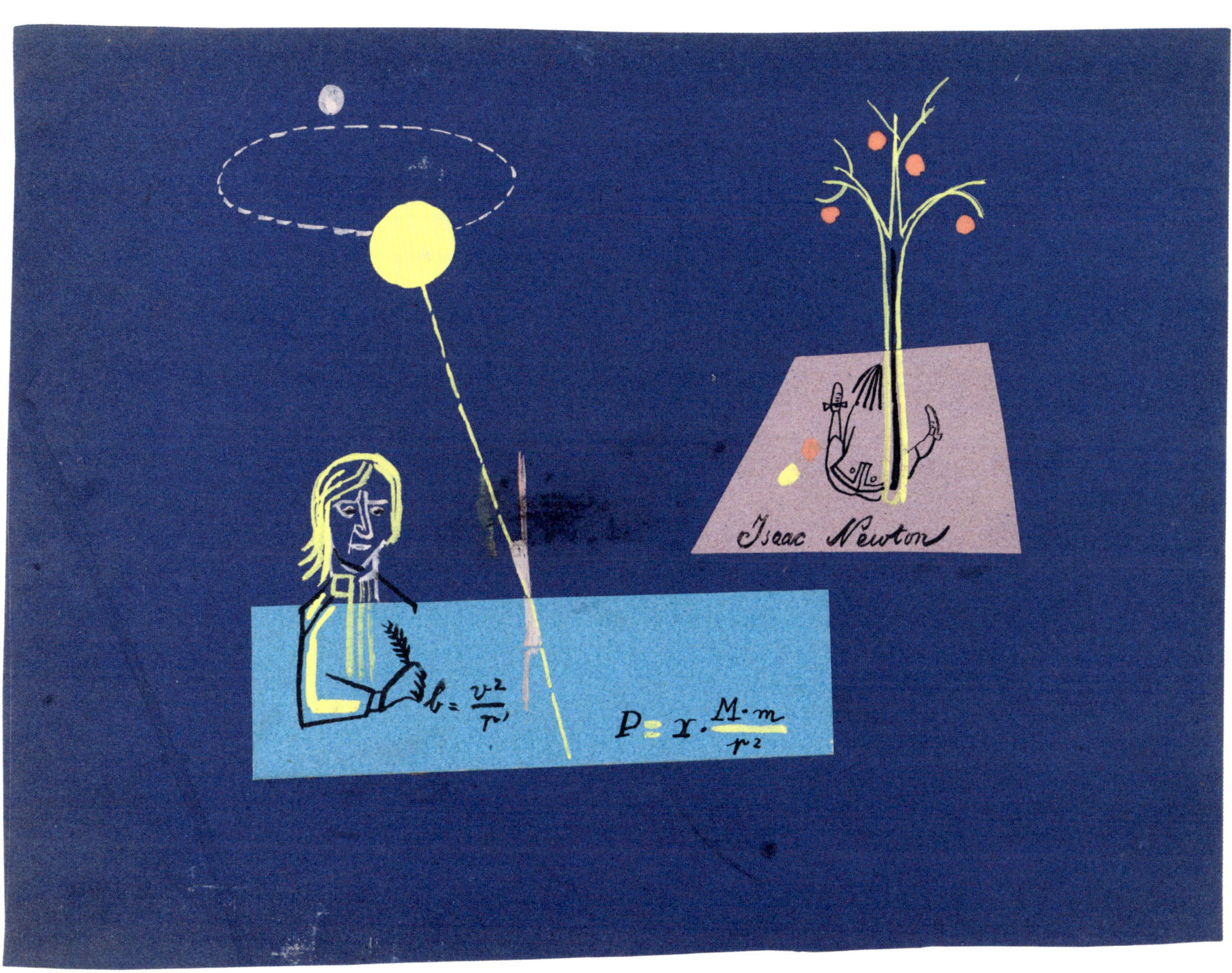

Isaac Newton, 1950er / 1950s, Tusche, Gouache und Collage auf Karton / ink, gouache and collage on cardboard, 24,5 × 32 cm

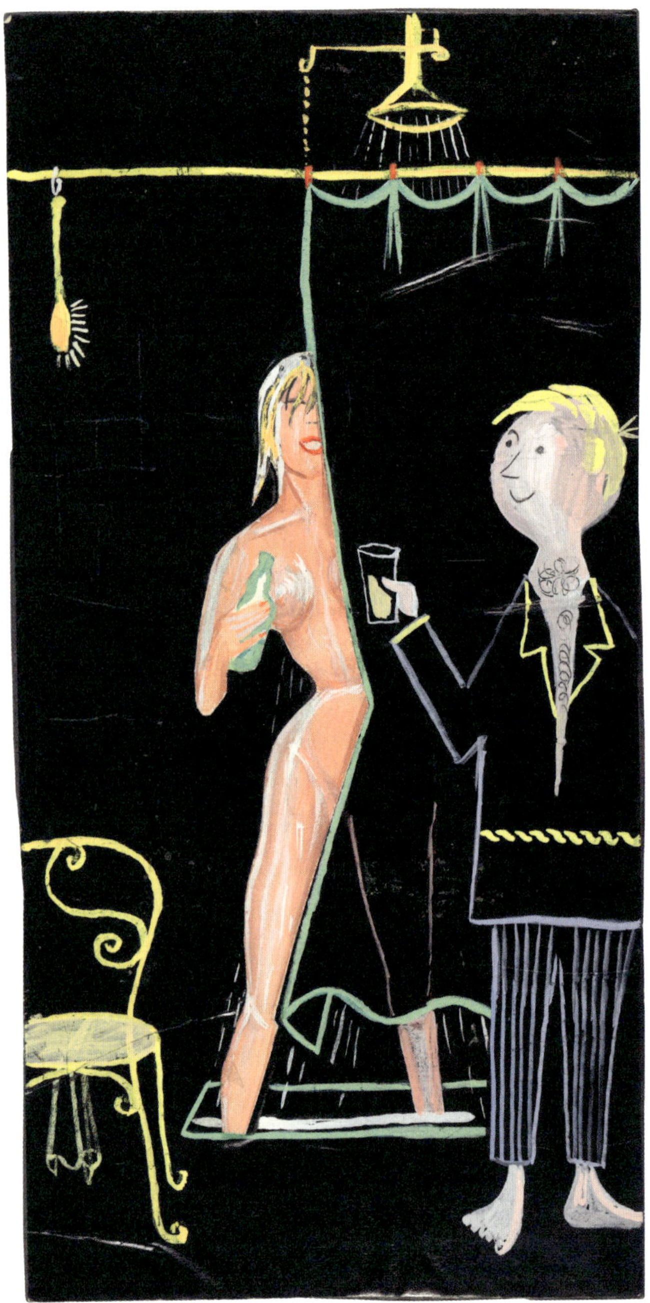

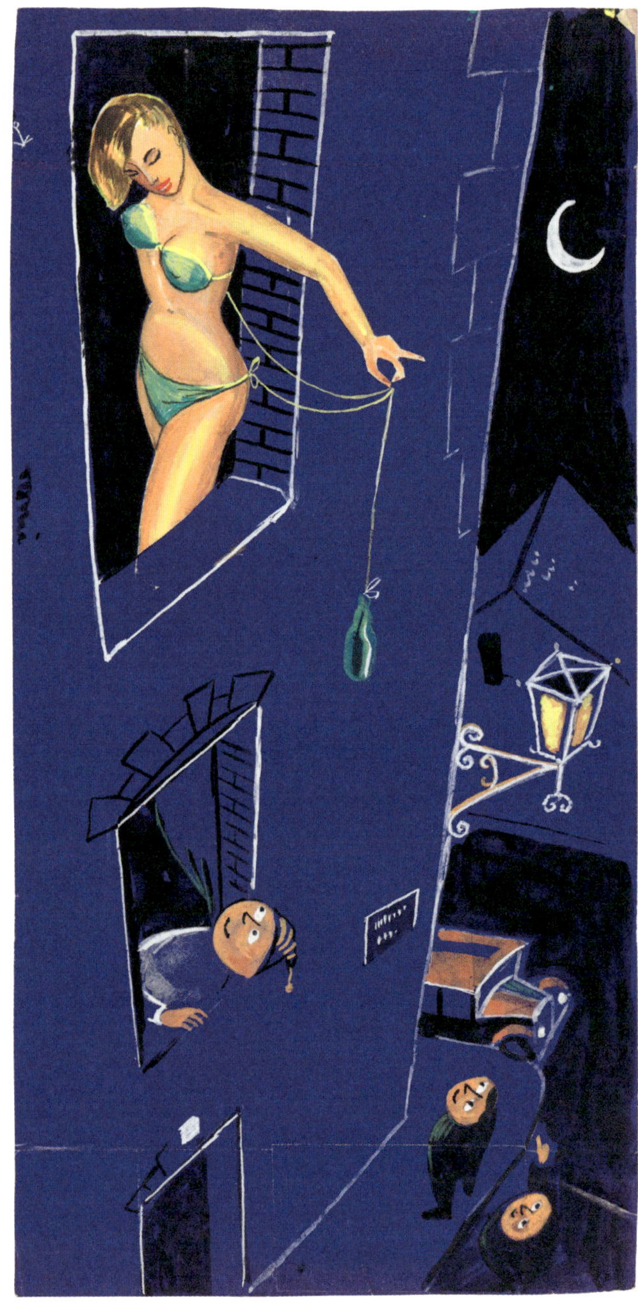

Ohne Titel / Untitled, 1953, Gouache und Buntstift auf Papier / gouache and colored pencil on paper, 40 × 20,2 cm
Ohne Titel / Untitled, 1953, Tusche und Gouache auf Karton / ink and gouache on cardboard, 40 × 20 cm

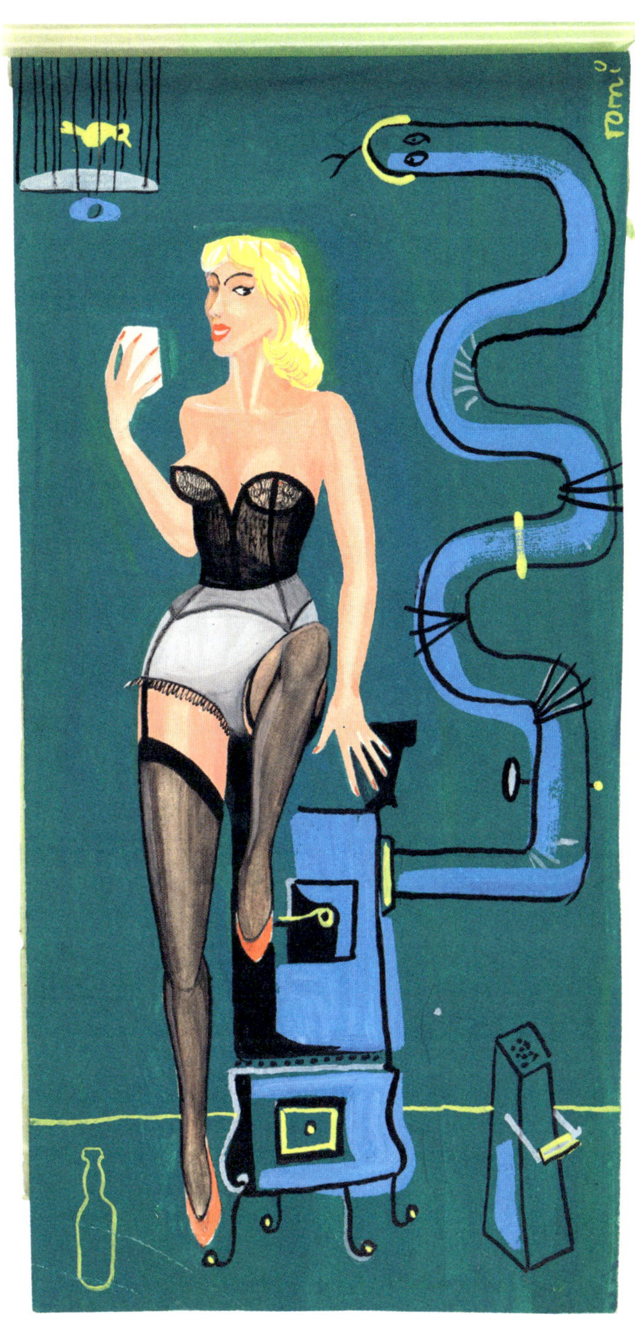

Ohne Titel / Untitled, 1953, Transparentpapier, Tusche und Gouache auf Karton / translucent paper, ink and gouache on cardboard, 39,5 × 20 cm

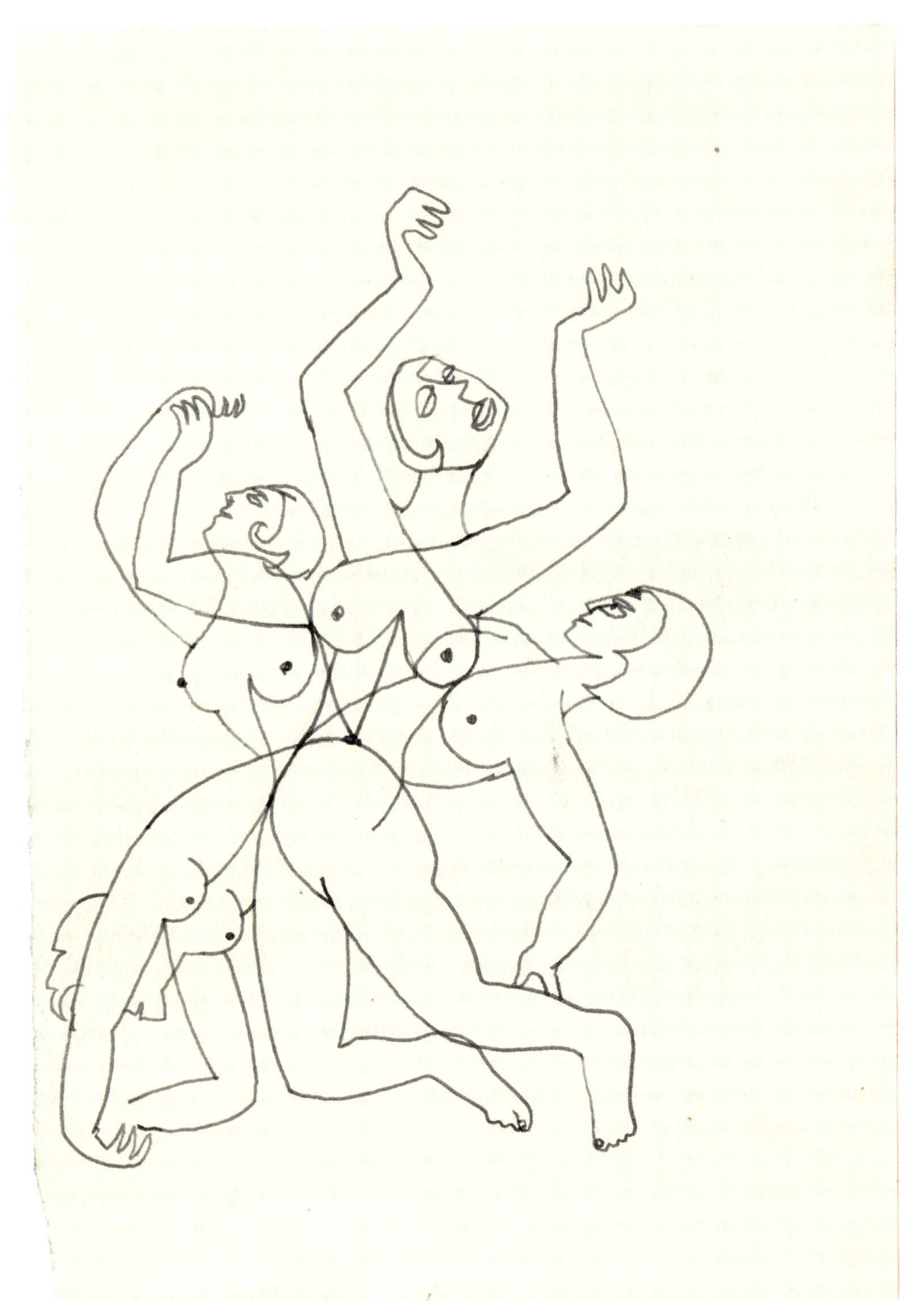

Ohne Titel / Untitled, n. d., Tintenstift auf Papier / ink pen on paper, 21 × 15 cm

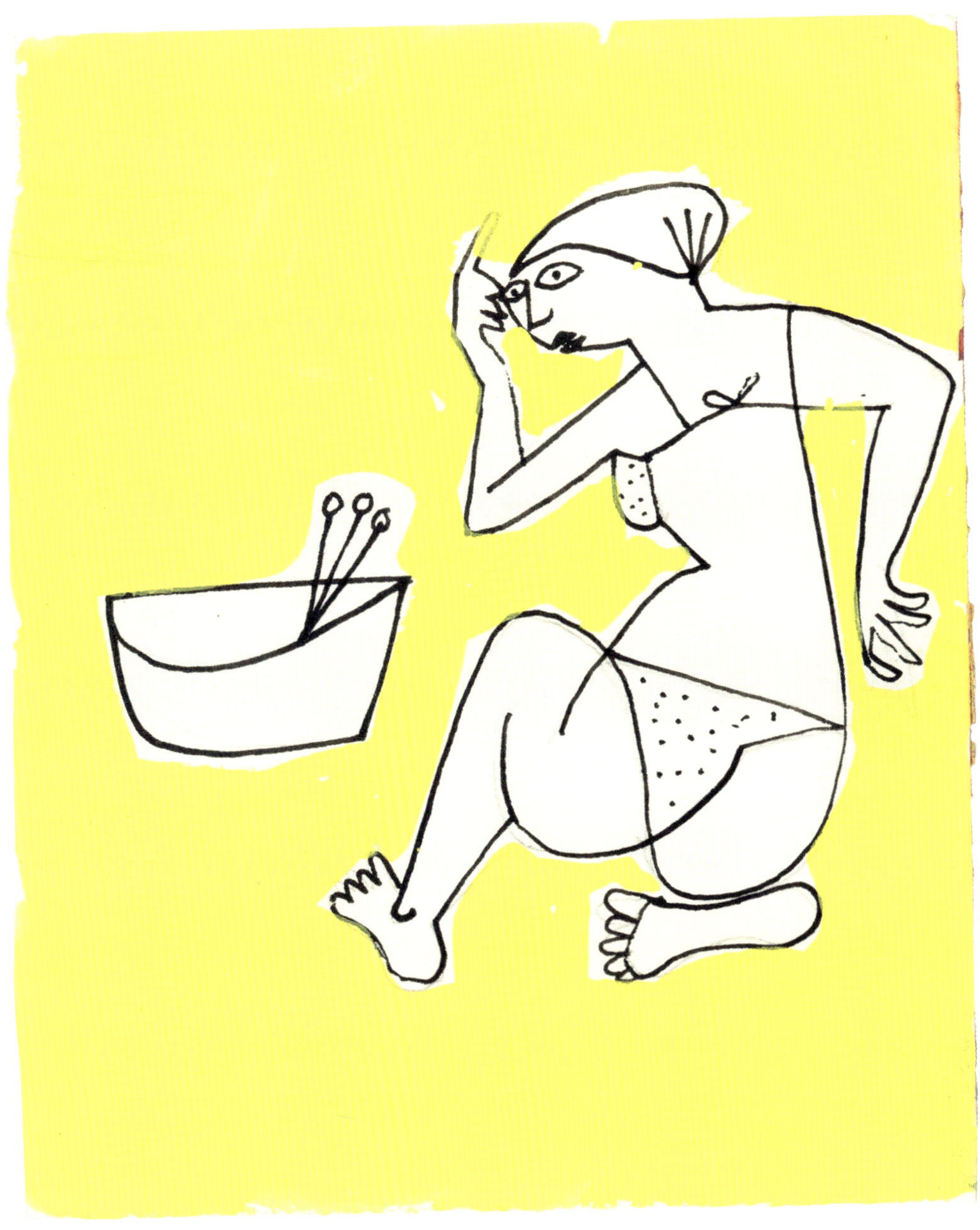

Ohne Titel / Untitled, n. d., Gouache und Tintenstift auf Karton / gouache and ink pen on cardboard, 13,5 × 11 cm

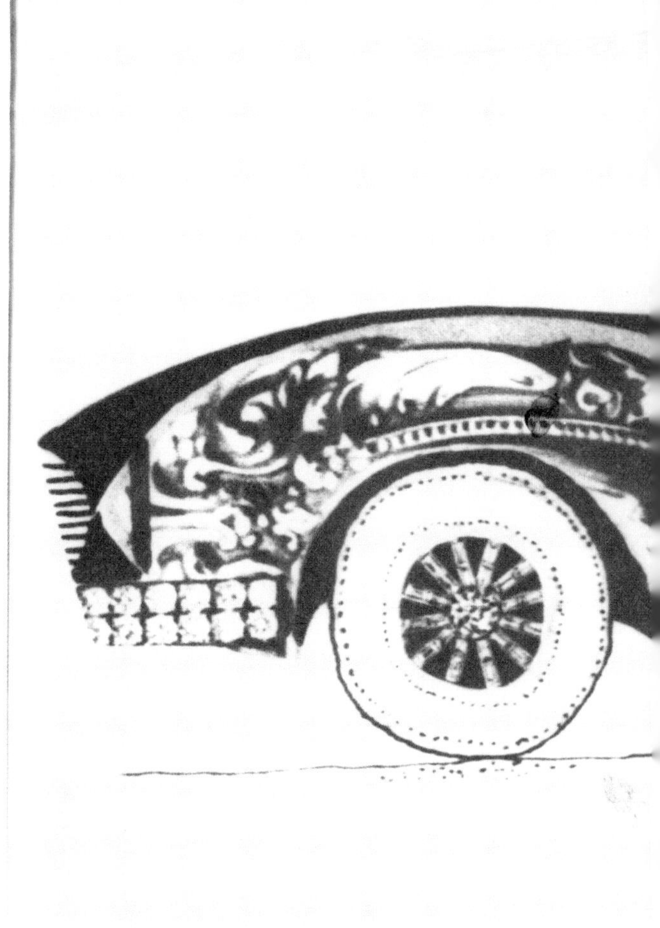

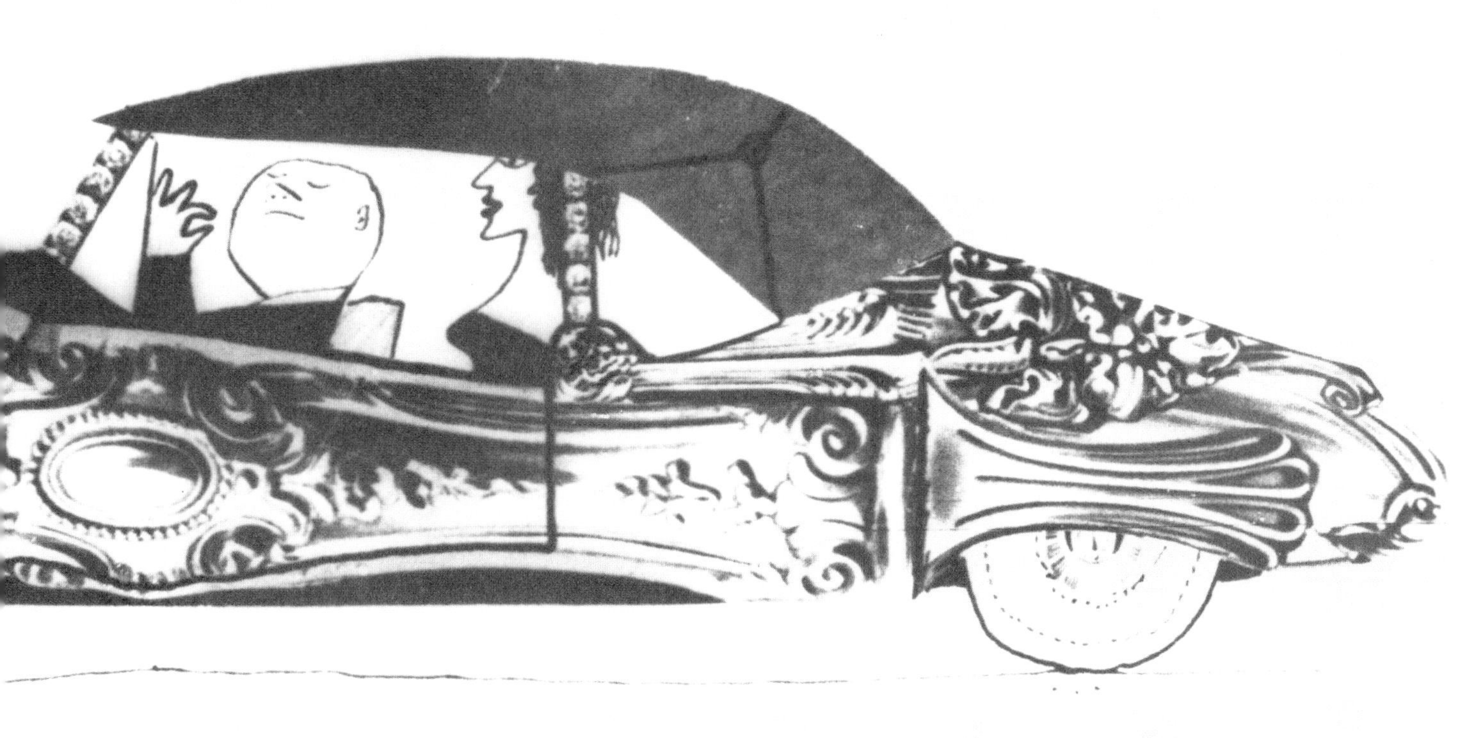

Ohne Titel / Untitled, Anfang 1960er / early 1960s, Fotokopierte Zeichnung, Collage auf Papier / photocopy of a drawing, collage on paper, 14 × 27 cm

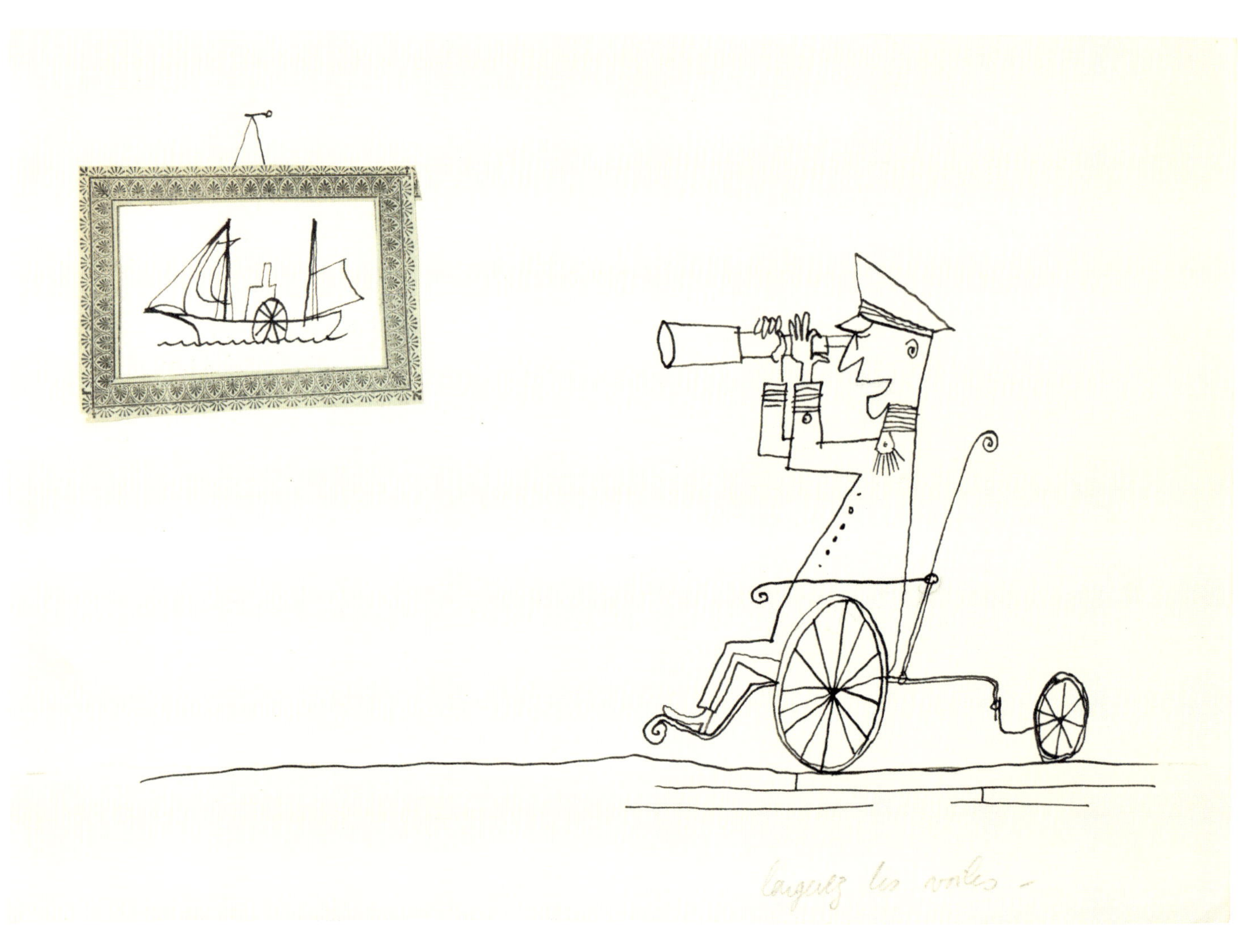

Larguez les voiles!, 1950er / 1950s, Tintenstift und Collage auf Papier / ink pen and collage on paper, 21 × 30 cm

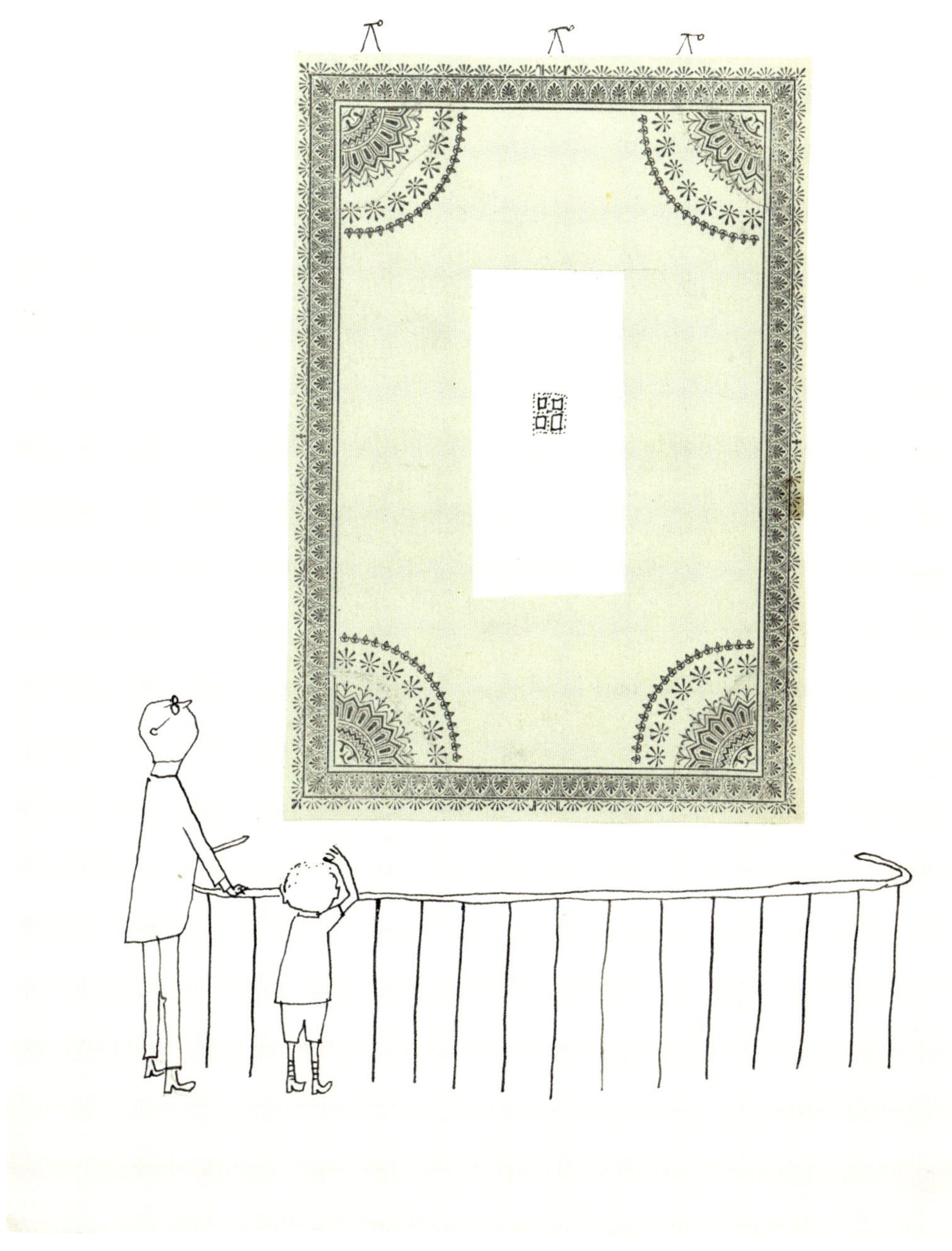

Ohne Titel / Untitled, ca. 1950, Tintenstift und Collage auf Papier / ink pen and collage on paper, 29,8 × 21 cm

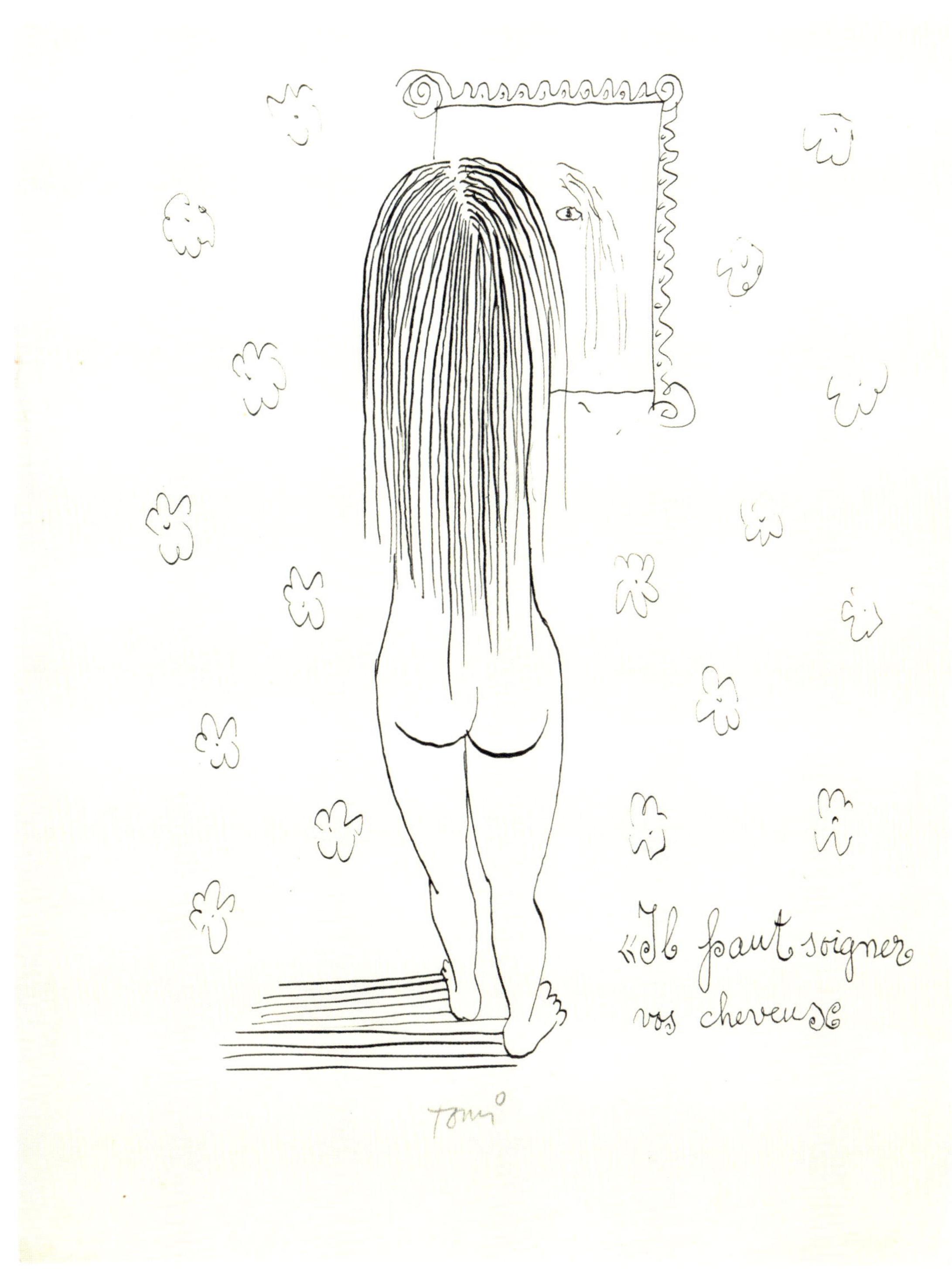

Il faut soigner vos cheveux, Ende der 1950er / late 1950s, Tusche auf Papier / ink on paper, 27 × 21 cm

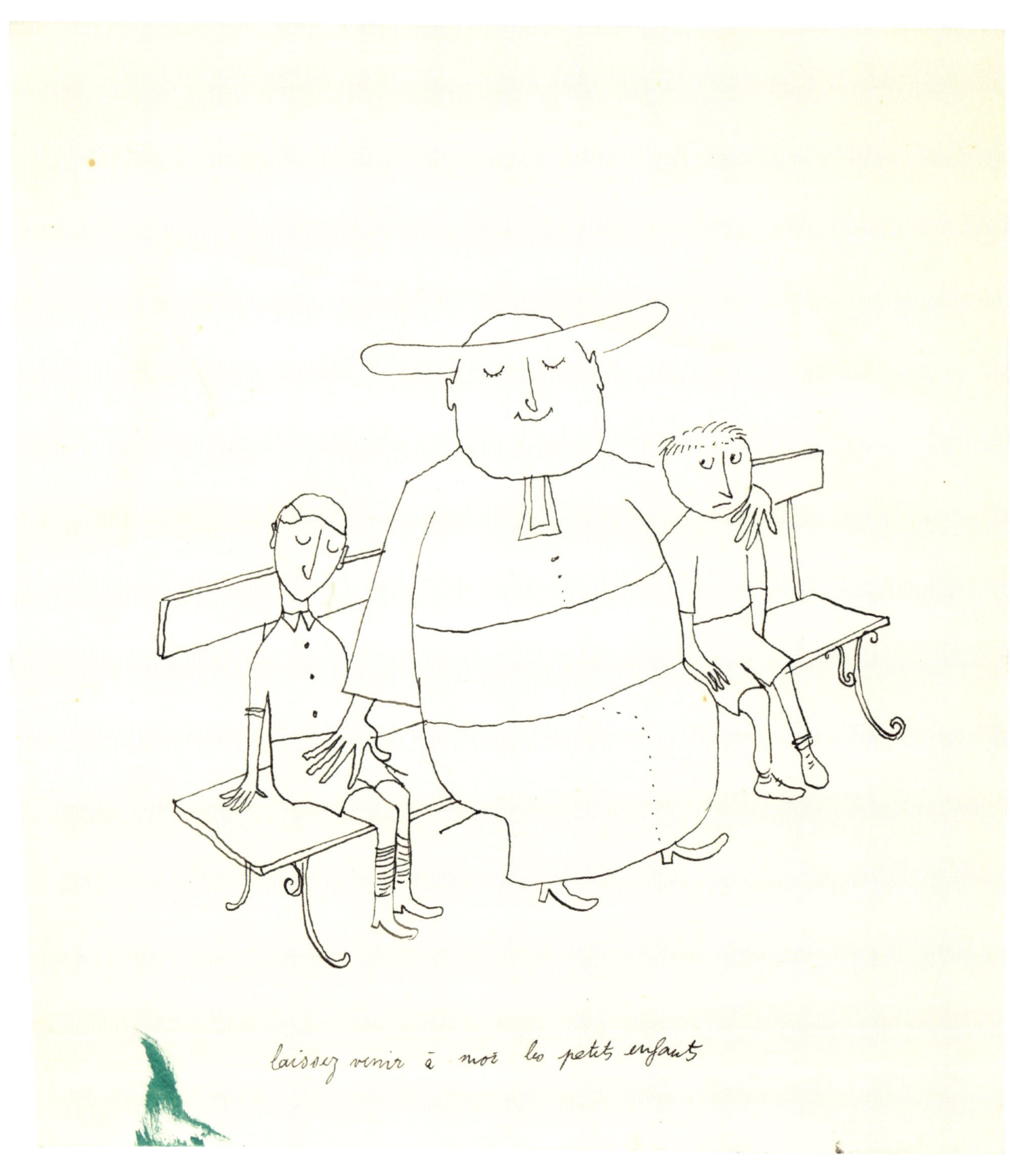

laissez venir à moi les petits enfants, 1950er / 1950s, Tintenstift auf Papier / ink pen on paper, 21 × 19,5 cm

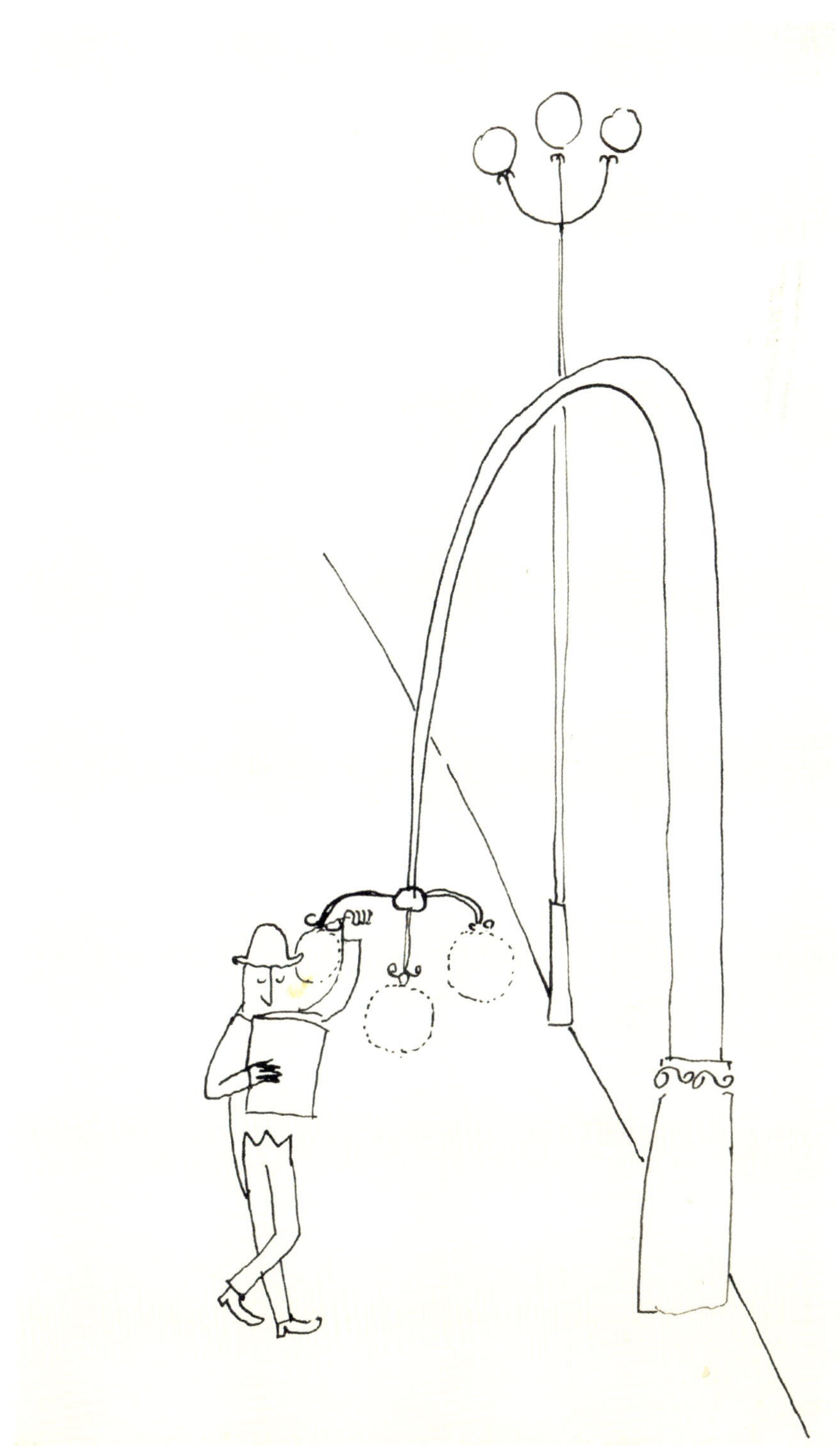

Ohne Titel / Untitled, 1950er / 1950s, Tintenstift auf Papier / ink pen on paper, 21 × 13 cm

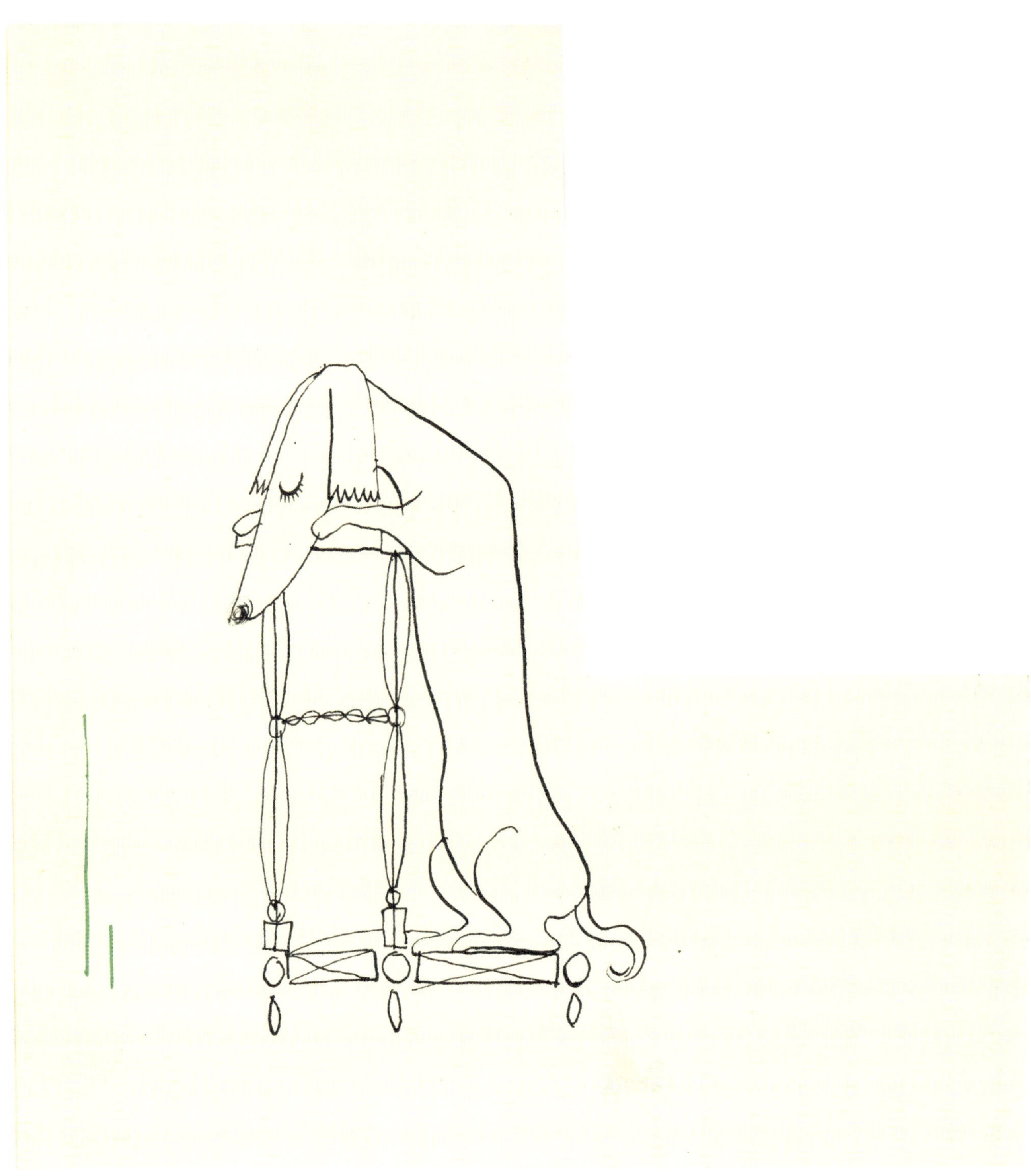

Ohne Titel / Untitled, Anfang 1950er / early 1950s, Tintenstift auf Papier / ink pen on paper, 21 × 19,5 cm

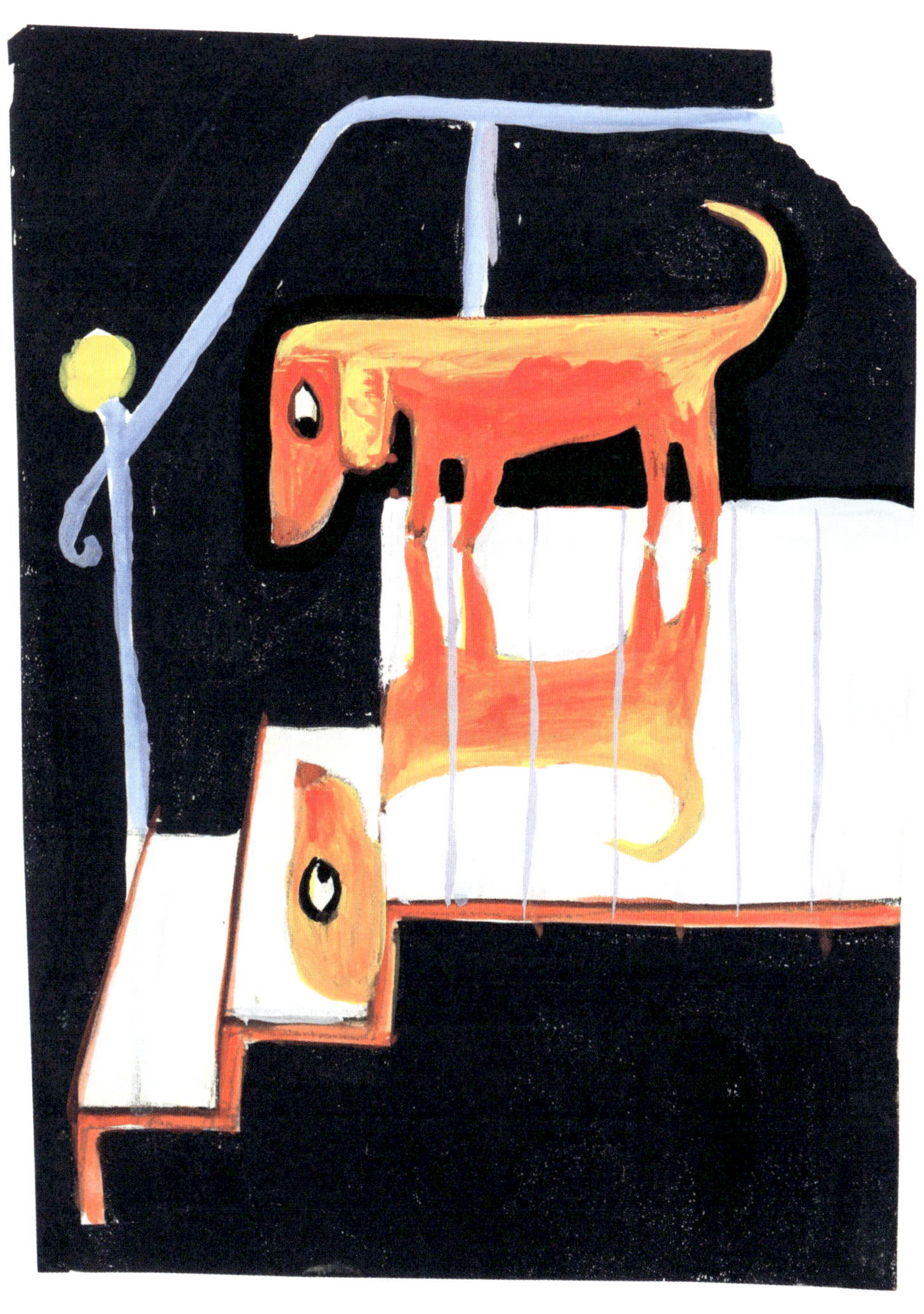

Ohne Titel / Untitled, 1950er / 1950s, Gouache auf Karton / gouache on cardboard, 17 × 12,5 cm

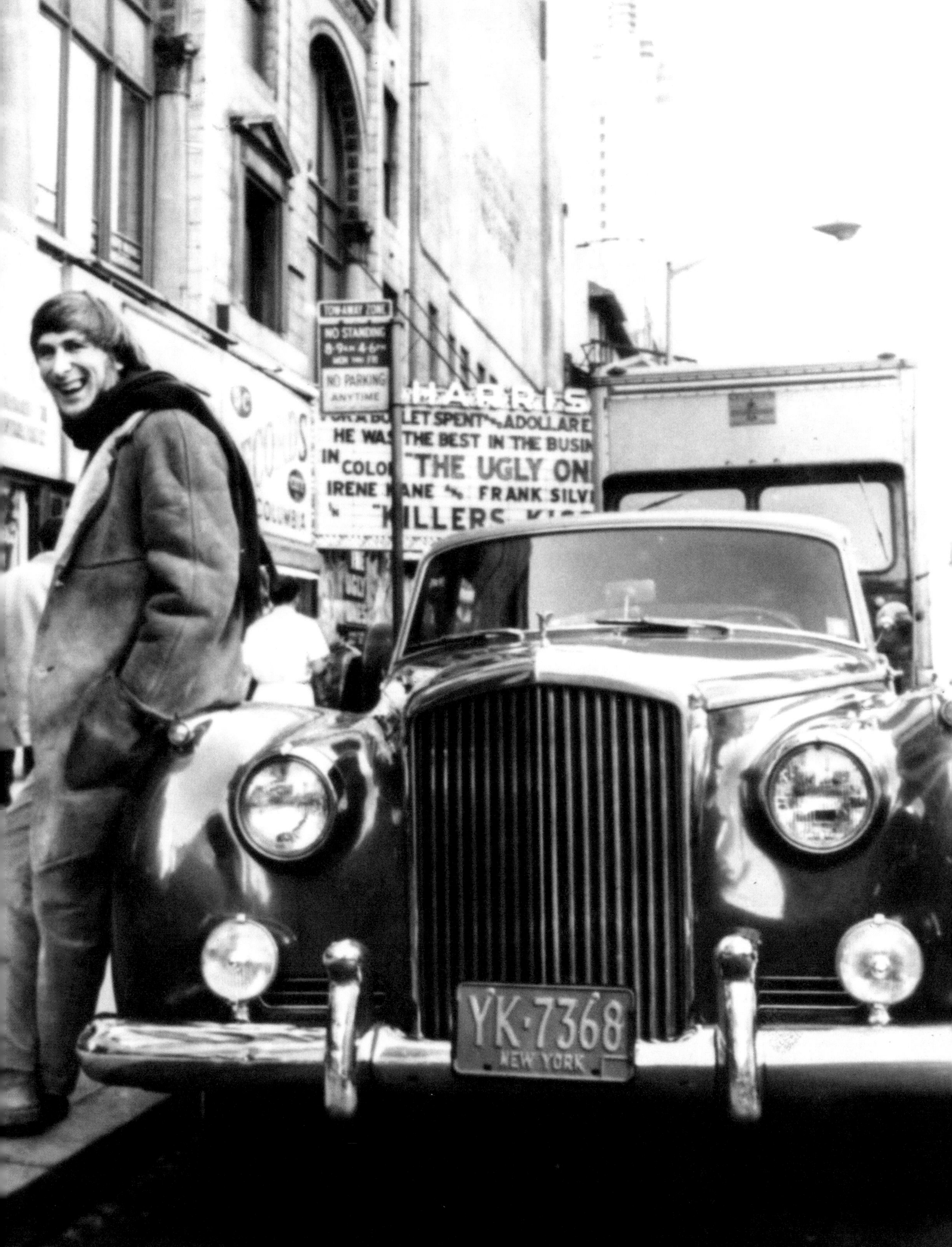
NO STANDING
NO PARKING
ANYTIME
HARRIS
HE WAS THE BEST IN THE BUSIN
THE UGLY ON
IRENE KANE
FRANK SILVE
YK-7368
NEW YORK

New York

Tomi Ungerer und sein Cadillac /
and his Cadillac, New York, 1960er / 1960s

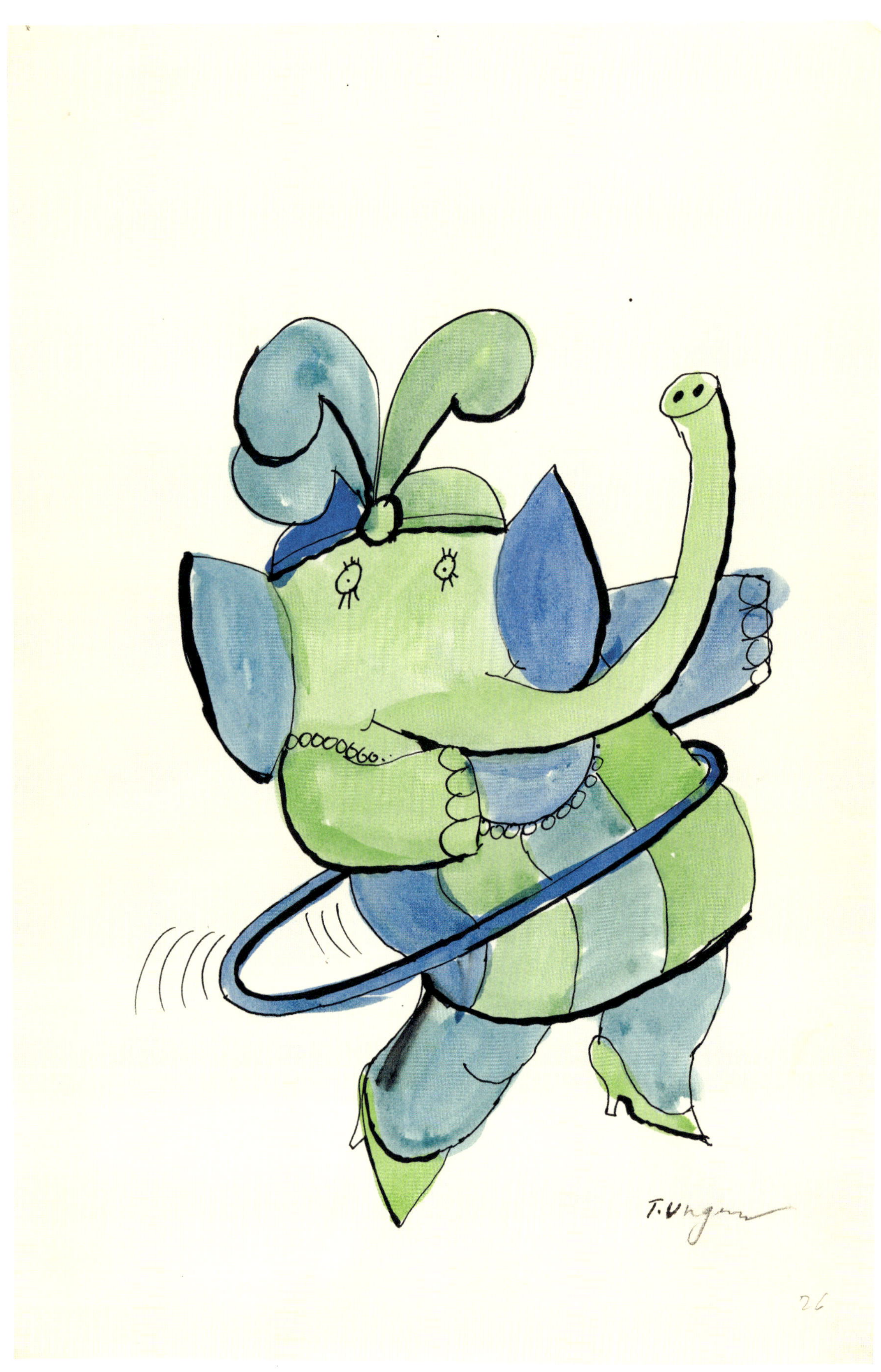

Ohne Titel / Untitled, 1960er / 1960s, Tusche und Wasserfarbe auf Papier / ink and watercolor on paper, 46 × 30,5 cm

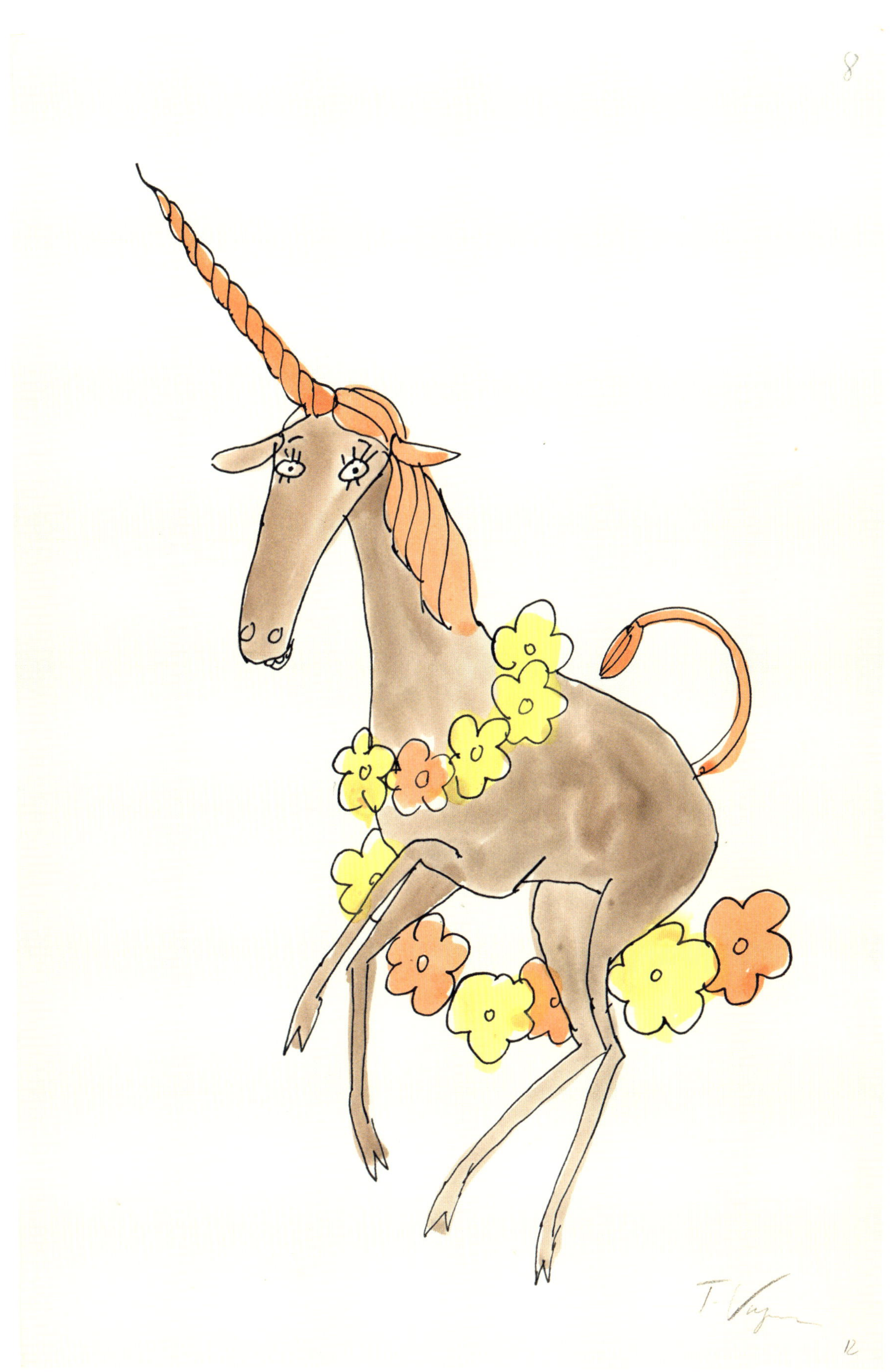

Ohne Titel / Untitled, 1960er / 1960s, Tusche und Wasserfarbe auf Papier / ink and watercolor on paper, 46 × 30,5 cm

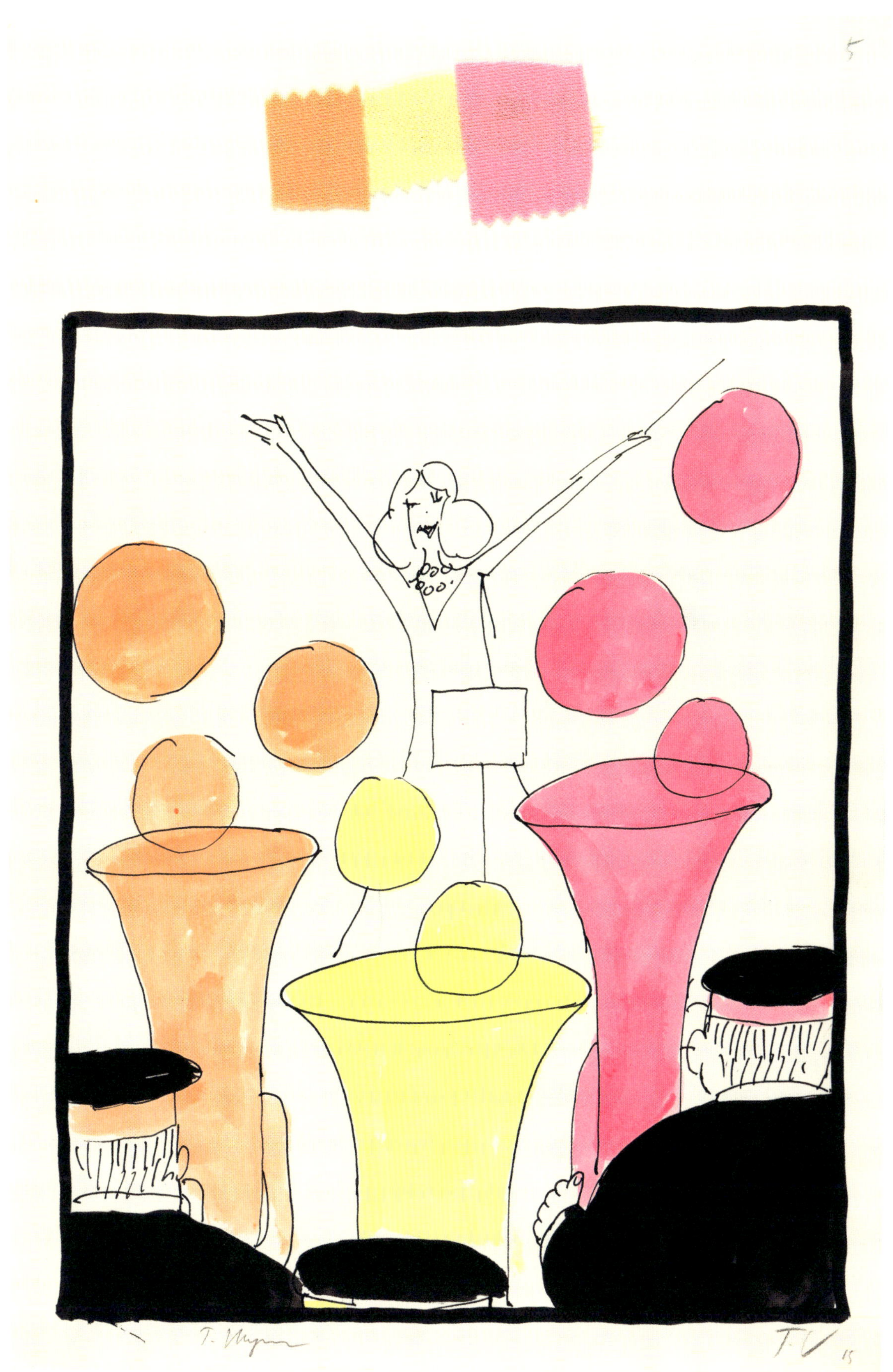

Ohne Titel / Untitled, 1960er / 1960s,
Tusche, Wasserfarbe und Stoff auf Papier / ink, watercolor and fabric on paper, 46 × 30,5 cm

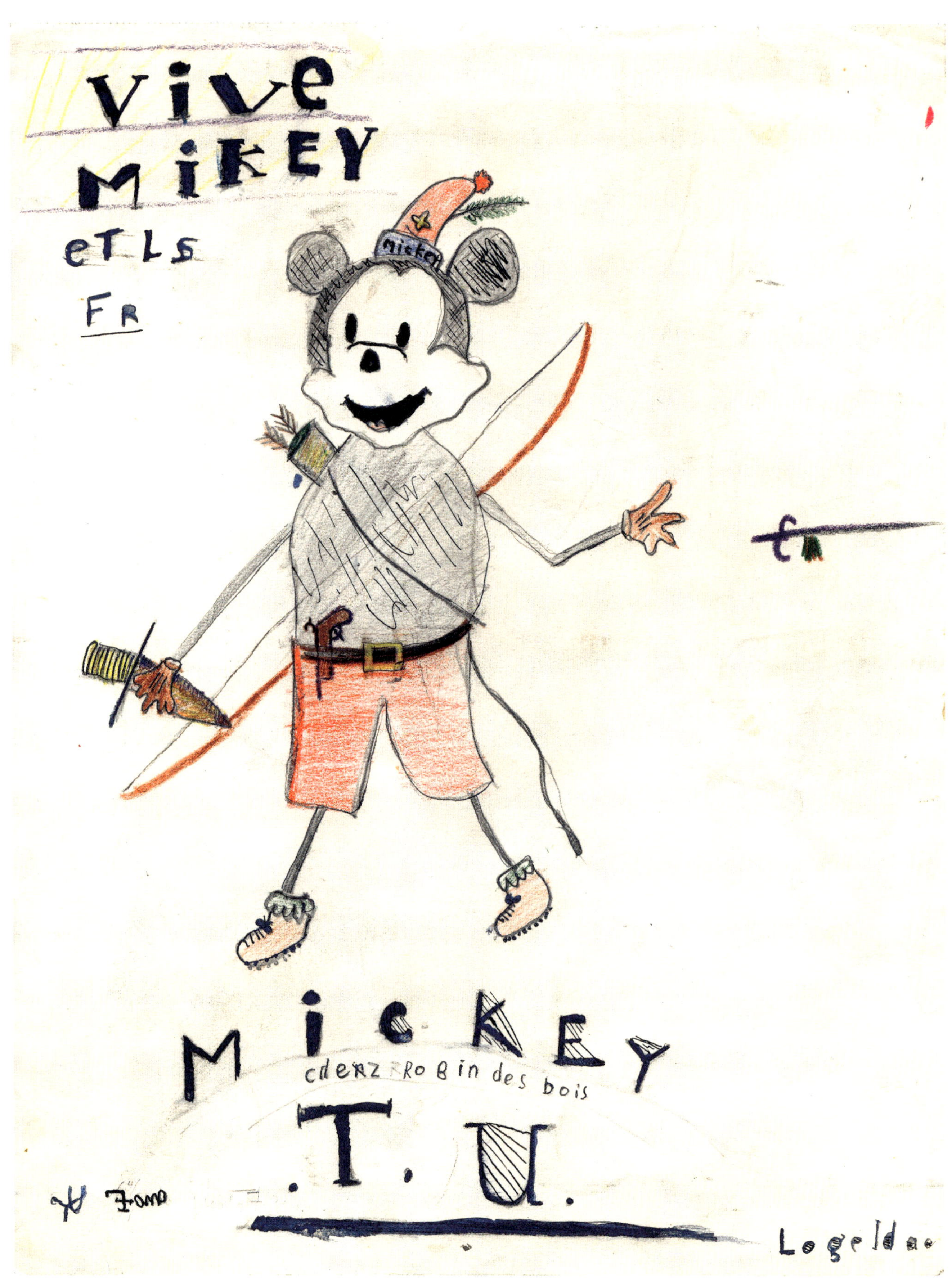

Vive Mikey et LS FR, 1938, Bleistift, blaue Tinte und Farbstift auf vergilbtem Papier, von Spiralblock abgetrennt / pencil, blue ink and colored pencil on yellowed paper, detached from a spiral notepad, 33,7 × 26 cm

THOMAS DAVID

»What's up around town?« Tomi Ungerer und New York – Fragmente eines amerikanischen Traums

Auf einer Kinderzeichnung aus dem Jahr 1938 trägt Micky Maus Pfeil und Bogen. Im Gürtel steckt eine Pistole, in der rechten Hand hält Micky ein Bowiemesser. Trotz seines fröhlichen Ausdrucks und der wie zum Winken erhobenen linken Hand hat es den Anschein, als sei Micky auf Eroberung aus. Er hat spindeldürre Beine, und auch die dünnen Arme wirken steif und ungelenk. In der oberen Ecke des Blattes steht in Druckbuchstaben »Vive Mikey et LS FR«, unter der Zeichnung »Mickey chez Robin des bois« sowie die Initialen T.U. Im November 1938 wurde Tomi Ungerer sieben Jahre alt. Sein Vater war seit drei Jahren tot, mit seiner Mutter und den drei älteren Geschwistern lebte er in Logelbach, einem Industrievorort von Colmar, wo auch die Bleistiftzeichnung der Micky Maus entstanden ist, wie die Inschrift am unteren Rand des Blattes zu belegen scheint. In *Die Gedanken sind frei,* dem Buch über seine Kindheit im Elsass, erinnert sich Ungerer an den Sohn einer Nachbarin, der ihm jeden Samstag eine Ausgabe des *Le Journal de Mickey* vor die Tür legte, der seit 1934 erscheinenden französischen Ausgabe des Micky-Maus-Hefts.[1]

»Ich hab Dir ja schon erzählt: Es sind zwei Sachen, die ich zum Leben brauche. Das sind Bücher und der Ozean. Für mich wäre das Mittelmeer nicht akzeptabel und ein See auch nicht. Es muss ein Ozean sein. Am Ende von ›Die Gedanken sind frei‹ habe ich beschrieben, wie ich zum ersten Mal den Ozean entdeckte. Das war sicherlich einer der wichtigsten, vielleicht sogar der wichtigste Moment in meinem Leben.« Im Frühjahr 2014 stand Tomi Ungerer auf dem zerklüfteten Land der im äußersten Südwesten Irlands gelegenen Mizen-Halbinsel und blickte auf den Atlantik hinaus. Er trug einen braunen Anorak, ausgebeulte Cordhosen und schwarze Gummi-Clogs, einen lodengrünen Hut, dessen breite Krempe er tief in die Stirn gezogen hatte, weil das Sonnenlicht seinen Augen schmerzte. Am Hutband die Krähenfeder, die er auf einer zur Bucht abfallenden Wiese gefunden hatte. Ungerers Farm lag etwa zwei Autostunden südwestlich von Cork, auf den letzten Metern Europas, des äußersten, sich in den Atlantik erstreckenden Kaps. »Wir haben hier ganz seltene Vögel«, sagte er. »Wandervögel, die von hier nicht mehr weiterfliegen können. Denn dieser Punkt, wo wir sind, ist der nächste zu Amerika.«[2] Der Atlantik war von einem tiefen Blau und glich einem makellosen Spiegel, der sich in der Ferne bis zum Horizont erstreckte.

»Ich bin und heiße Hans Ungerer. Ich werde der Wanderer sein.«[3]

Ein Berg verkohlter Trümmer. Die Ruinen der zerbombten Häuser, in denen noch das Feuer lodert. Eine Welt aus Schutt und Asche. »Dann kamen Panzer und Soldaten. Schüsse krachten. Ringsumher tobte der Kampf. Plötzlich beugte sich ein verdutztes Gesicht über mich.«[4] In *Otto,* seinem 1999 erschienenen Bilderbuch über die Nazidiktatur und den Zweiten Weltkrieg, das bis ins Alter andauernde Trauma des Krieges, erzählt Tomi Ungerer seine Autobiografie als Teddybär. Der GI, der Otto aus den Trümmern rettet und schließlich mit nach Amerika nimmt, erinnert an die Soldaten auf Zeichnungen, die der Vierzehn- oder Fünfzehnjährige nach Kriegsende von der im Februar 1945 gefochtenen Schlacht um den

Colmarer Brückenkopf angefertigt hatte. »Abgesehen von den hohen materiellen Schäden hatte der Krieg infolge der Zwangseinziehung, der Deportationen und der Kriegswirren etwa 50.000 Opfer auf elsässischer Seite gefordert, darunter 5.000 Juden.«[5] Die Camel-Zigarette, die ein Soldat Ungerers Schwester aus der Luke des Sherman-Panzers überreichte, dem sie über die Felder entgegengelaufen waren, erscheint rückblickend wie das emblematische Requisit der Schlussszene eines alten Filmes.

»Als wir später ins Haus zurückkamen, waren die Amerikaner schon da. Sie drängten uns mit ihren Maschinengewehren gegen die Wand und haben sich benommen, wie sie es heute noch tun. Wir haben vor Angst gezittert. Dann sind sie durchs Haus gegangen und haben geplündert. Sie haben alte Säbel aus der Schlacht von Reichshoffen gefunden, die meinem Vater gehört hatten. Meine Mutter hatte für die *libération* zwei Gläser Konfitüre aufbewahrt, die haben sie auch mitgenommen.«[6]

»Das mit dem Ozean hat sich dann mehr und mehr entwickelt. Deshalb trampte ich nach dem Krieg nach Norwegen und diese Länder, nach Island. Du weißt ja, wie ich da auf Cargos gearbeitet habe.« Ungerer stand auf dem Weg, der zum Haus hinaufführte, er stützte sich auf seinen Stock. Im Frühjahr 2014 war er 82 Jahre alt. Strahlender Himmel, phosphoreszierendes Gras, vereinzelte Schafe. In Ungerers Mundwinkel hing eine seiner selbst gedrehten Zigaretten. »Dann ging ich nach Amerika, und in Amerika war der Ozean Strand. Ich hatte ein Haus in Long Island, da gab es diese großen Wellen. Man springt rein, dann steht man eine Weile und dann kommt die nächste Welle, in die man reingeht. Es war nach einem Riesensturm, ich wollte meine Drachen steigen lassen, diese Monster, die ich damals baute, und hab das falsch kalkuliert. Und auf einmal kam diese große Welle und hat mich fast in Ohnmacht zurück auf den Sand geschleudert.«[7]

Ungerer erzählte von einer amerikanischen Austauschschülerin, die er nach dem Krieg in Logelbach verführt hatte. Von *The Last Flower*, der Parabel des amerikanischen Cartoonisten James Thurber, die ihm das Mädchen geschenkt hatte. »Dort habe ich gelernt, dass man mit Zeichnungen und Text ein ganzes Buch herausbringen kann.«[8] Er erzählte von den Stipendiaten des 1946 begründeten Fulbright-Programms, die er 1953 in Straßburg kennengelernt hatte, wo er an der École municipale des arts décoratifs studierte. Im Centre Culturel Américain, dem nach Kriegsende im Zuge der internationalen Kulturpolitik der USA eröffneten Kulturzentrum, entdeckte er Zeitschriften wie *Esquire* und *New Yorker*, die Zeichnungen von Saul Steinberg und den anderen Cartoonisten des Magazins. »Das waren meine Wegweiser.«[9] Er spazierte in gelber Regenjacke, mit rotem Hut und einem aufgespannten grünen Schirm rückwärts durch die Stadt. Er las J. D. Salinger und Truman Capote. In seinem mit existenzialistischen Zeichnungen dekorierten Keller hörte er Blues und Jazz.

An einem Vormittag kurz nach halb zehn saß Tomi Ungerer in seiner Straßburger Wohnung an einem kleinen Tisch und zeichnete die Mellops. Hinter ihm die schrägen Dachfenster und die Vitrinen mit den Malachiten aus Tsumeb sowie weiteren Glanzstücken seiner Mineraliensammlung. In den Schubladen Medaillen, Postkarten, besondere Knöpfe, seine »Luger« und eine deutsche Gasmaske; alle möglichen anderen Dinge, die sich im Lauf der Jahrzehnte angesammelt hatten. Weiße Wände, grauer Teppichboden, Möbel aus schwarzem Leder und Chrom. Eine Vielzahl eigener Objekte und Skulpturen, darunter die miteinander verbundenen Hinterteile zweier kniender Schaufensterpuppen. Auf einem Wachskopf Ungerers Uniformmütze aus seiner Zeit als berittener Soldat der französischen Saharatruppen in Algerien. Ein Bücherregal und eine Trompete, der Globus seines Großvaters. Weiter hinten die Standuhr, in deren Kasten eine »Schmeisser« stand. Daneben der kleine Altar zum Gedenken an seine 1989 verstorbene Mutter, mit der Ungerer schon nach dem Umzug von Logelbach zurück nach Straßburg in dieser Dachwohnung der Villa gelebt hatte, die Mitte der 1920er-Jahre nach Entwürfen seines Vaters errichtet worden war. Auf dem Altartisch die Büste der Mutter, ein Foto, eine Rose mit einem Zweig aus Stacheldraht. In den Vitrinen unter den rückseitigen Fenstern der Wohnung nackte Barbies und chirurgische Instrumente, ein alter Schädelbohrer für eine Trepanation. Das künstliche amputierte Bein, das er irgendwo in Amerika in einem Laden für Scherzartikel gekauft hatte. Eine Gummimaske mit dem Gesicht von George W. Bush. Ungerer beugte sich über den Skizzenblock, in der rechten Hand ein Stift. Er sagte:

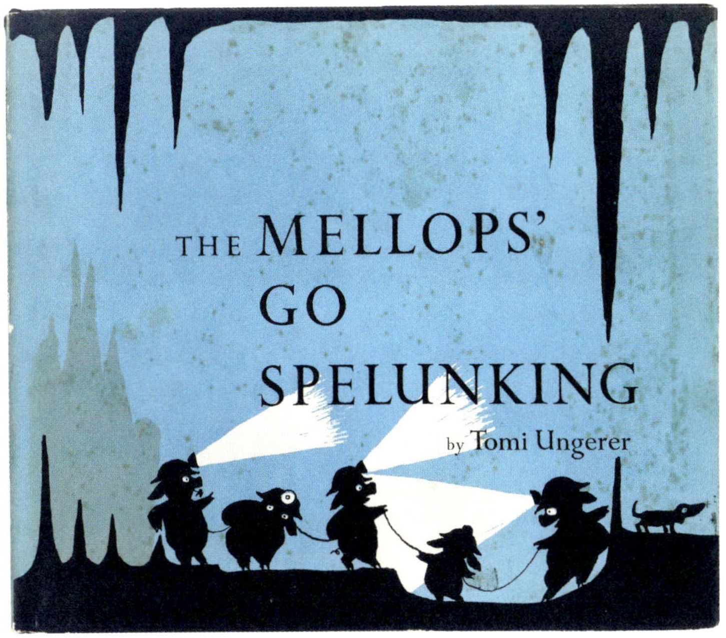

Buchcover / Cover, Tomi Ungerer, *The Mellops' Go Spelunking*, erschienen bei / published by Harper & Row, 1963

»Ich hätte nie gedacht, dass ich diese Schweinerei nochmal zeichnen würde.«[10]

»I can draw as well as ever.«[11]

Er zog mit dem Stift einen schwarzen Rahmen aufs Blatt. Er griff nach einem Tintenroller und zeichnete Mr. Mellops in Frack und gestreiften Hosen, der verbundene linke Arm lag in einer Schlaufe. Mrs. Mellops trägt einen Kopfverband und stützt sich auf die Schulter ihres Gatten. Ungerer sagte: »Ich habe mich trainiert, mit einem Auge zu zeichnen, das war sehr schwer.«[12] Er zeichnete die Umrisse der Ruine eines Hauses, vor dem das Schweine-Ehepaar steht. Es war still, man hörte nur seinen Atem und das Ticken einer Armbanduhr, das Geräusch des Stiftes, der über das raue Papier glitt. Ungerer arbeitete auch im Alter von 82 Jahren mit der selbstvergessenen Konzentration, die sein Freund Burton Pike schon in den 1950er-Jahren beobachtet hatte.[13] Er sagte: »Damals in New York habe ich die Mellops mit ganz feiner Feder und Tusche gezeichnet, aber mit nur einem Auge muss ich das Papier spüren. Ich hab keine Tiefe, und mit diesem Stift kann ich es wirklich spüren. Eine Feder wäre zu leicht.« Er zeichnete Kasimir, Isidor, Felix und Ferdinand, die vier Söhne von Mr. und Mrs. Mellops. Er fragte: »Du, der Ferdinand, was ist mit dem? Hat der immer eine Blume?« Seit *Mr. Mellops baut ein Flugzeug,* Ungerers 1957 erschienenem ersten Bilderbuch, hat Ferdinand die Blume immer im Mund. Er sagte: »Ich kenn' die vier Typen nicht mehr.« Kasimir, der in dem ersten der fünf Bände über die Schweine-Familie von Indianern verschleppt und an den Marterpfahl gefesselt wird, trägt in allen Büchern ein kariertes Hemd. Ungerer zeichnete die Blume und das karierte Hemd. Er sagte: »Das ist wie eine Zeitmaschine.« In der im Kellergeschoss eines Hauses an der 71st Street gelegenen Einzimmerwohnung, die seine Freundin Nancy White, eine ehemalige Fulbright-Studentin, vor Ungerers Ankunft in New York am 21. Februar 1956 angemietet hatte, hatte er *Mr. Mellops baut ein Flugzeug* am Küchentisch gezeichnet.[14] Ungerer lehnte sich zurück und betrachtete die Zeichnung. Er sagte: »Wenn es nicht die Feder wäre, könnte man fast schwören, dass es ein Original aus der alten Zeit ist.« Er griff nach einem roten Buntstift und sagte: »Jetzt haben wir Spaß.« Er malte Mr. Mellops zwei blutige Löcher ins rechte Ohr, Blut auf den Verband seines Armes. Mrs. Mellops hat ein blutiges Auge. Ferdinand kauert verletzt am Boden, Kasimir geht an Krücken und hat ein blutiges Bein. Über der Ruine des zerstörten Hauses fliegt ein Bomber davon. Die Zeichnung hat nichts von der Anmut und Unschuld seines ersten Buches, in dem Ungerers abenteuerlustige Schweinchen unbeschwert durch den Wilden Westen spazieren und die mit Tomahawk oder Pfeil und Bogen ausstaffierten Indianer als »mythische Wesen«[15] auftreten, von deren »historischer Realität, ihrer Unterdrückung, ihrer Vernichtung« der Karl-

May-Leser Ungerer Mitte der 1950er-Jahre noch nichts wusste. Ungerer legte den Buntstift zur Seite. Er sagte: »Sieht das wohl okay aus an der Wand?« Felix hat einen verbundenen Kopf, aus Isidors Mund fließt Blut. Der Titel der Zeichnung lautet *United we stand.* Ungerer sagte: »Also, ich könnte mit so was nicht leben.« Vor den Mellops liegt ihr toter Hund in einer Lache Blut.

Am 22. Februar 1956 gelangte Elvis Presley mit *Heartbreak Hotel* in die Billboard-Charts. Am 23. Februar änderte Norma Jeane Mortenson ihren Namen rechtlich zu Marilyn Monroe. Seitdem die Näherin Rosa Parks zu einer Geldstrafe verurteilt worden war, weil sie sich geweigert hatte, ihren Platz in einer den weißen Fahrgästen vorbehaltenen Sitzreihen eines Busses zu räumen, protestierten die schwarzen Bürger von Montgomery, Alabama mit einem Boykott aller städtischen Busse gegen die Rassentrennung. Am 29. Februar verkündete Präsident Eisenhower in einer Fernsehansprache aus dem Weißen Haus seine Kandidatur für eine zweite Amtszeit. In der Kellerwohnung an der 71st Street, wo Ungerer seine Leidenschaft für Dosenravioli entdeckte, gab es »kein Radio, keinen Plattenspieler und natürlich keinen Fernseher«.[16]

Der Broadway und die Brooklyn Bridge; die gelben Taxis in den Häuserschluchten von Manhattan. Die schillernde, in den Augen immer neuer Generationen verheissungsvolle Ikonografie einer Stadt war auch für Ungerer Projektionsfläche seiner Sehnsüchte. Die Kulissen der Feuertreppen und Wassertanks, die Lichter der Großstadt. Die in zahlreichen Kinofilmen der 1950er-Jahre in Szene gesetzten Heckflossen der Autos, die zum vertrauten Inventar der amerikanischen Metropole zählten, deren allgegenwärtiges Bildprogramm es für Ungerer in der Realität dieser imaginären Stadt ebenso zu entschlüsseln und zu durchschauen galt wie den von Uncle Sam und der Statue of Liberty verkörperten Mythos sowie die sagenhafte Symbolik des Dollarscheins.

»I went to a hospital, they put me in a bed. Before being examined by a doctor there came a twang spoken lady: ›Give me the name of your bank, the number of your account, and your social security number.‹ My answer was bare and misbegotten: ›I have none, I have no money!‹ She snapped like a turtle: ›In this case get out of this bed and go back where you came from!‹«[17]

»Damals gab es zwar kein Fernsehen, aber fünfzig Mal mehr Zeitschriften. Die ganze Werbung lief über Zeitschriften, die zu fast fünfzig Prozent aus Illustrationen bestanden. Es war das *golden age* der Illustratoren.«[18] Fotos aus dieser Zeit zeigen Ungerer in gebügelten Hemden, Pullunder, Anzug oder Tweed-Jackett. Für Besucher hatte er mitunter »mehr Ähnlichkeit mit einem Studenten der Physik, Chemie oder Theologie [...] als mit einem Bohémien«.[19] Den Kinnbart, den man auf späteren Fotos sieht, ließ er sich erst 1960 stehen. »Der erste Art Director, mit dem ich ein Rendezvous hatte, war Jerome Snyder bei ›Sports Illustrated‹. Er hat ein paar Cartoons gekauft und dann gleich seine Frau angerufen. She was art director of ›Charm Magazine‹.« Englisch hatte Ungerer schon unter den Nazis gelernt. »He said: ›Listen, there is this young French artist here. Could you come and see him? You should look at his work, I think he is pretty gold.‹ Da habe ich dann meine erste Collage verkauft.« Seine erste Werbekampagne hatte er 1956 für die Rechenmaschinen des Bürogeräteherstellers Burroughs durchgeführt. »Dann hat Jerome Snyder mich noch zu Henry Wolf bei ›Esquire‹ geschickt. Diese Menschen waren so nett, jedes Mal haben sie andere angerufen, und so ging es von einem Namen zum anderen.« Von *Esquire* zu *Look* und *Life,* zu *Holiday, Harper's Bazaar* und der *New York Times.* Von Nancy White, mit der Ungerer im September 1956 eine Zweckehe eingegangen war, die ihm nach Ablauf seines Besuchervisums den Aufenthalt in den USA ermöglichte, zu Miriam Strandquest, die er 1959 heiratete. Von *Crictor,* seinem Bilderbuch über eine Schlange, zu *Adelaide,* dem fliegenden Känguru, und *Emil,* dem hilfreichen Tintenfisch. »Eine Tür öffnet eine andere und dann gibt es einen solchen Durchzug, dass du wie ein Drachen in diesem Durchzug fliegen kannst.«

New York, eine einzige Collage. Eine belebte Assemblage aus Stein und Stahl und Glas. Der Himmel über dem Scherenschnitt der Skyline, in den Straßen das Spiel von Schatten und Licht. Das Chrysler Building mit dem Dekor in Form von Radkappen und Motorhauben. Das Empire State, das auf halber Höhe vom Regenschirm eines den Blick verstellenden Fußgängers abgeschnitten wird. Die Schaufenster von

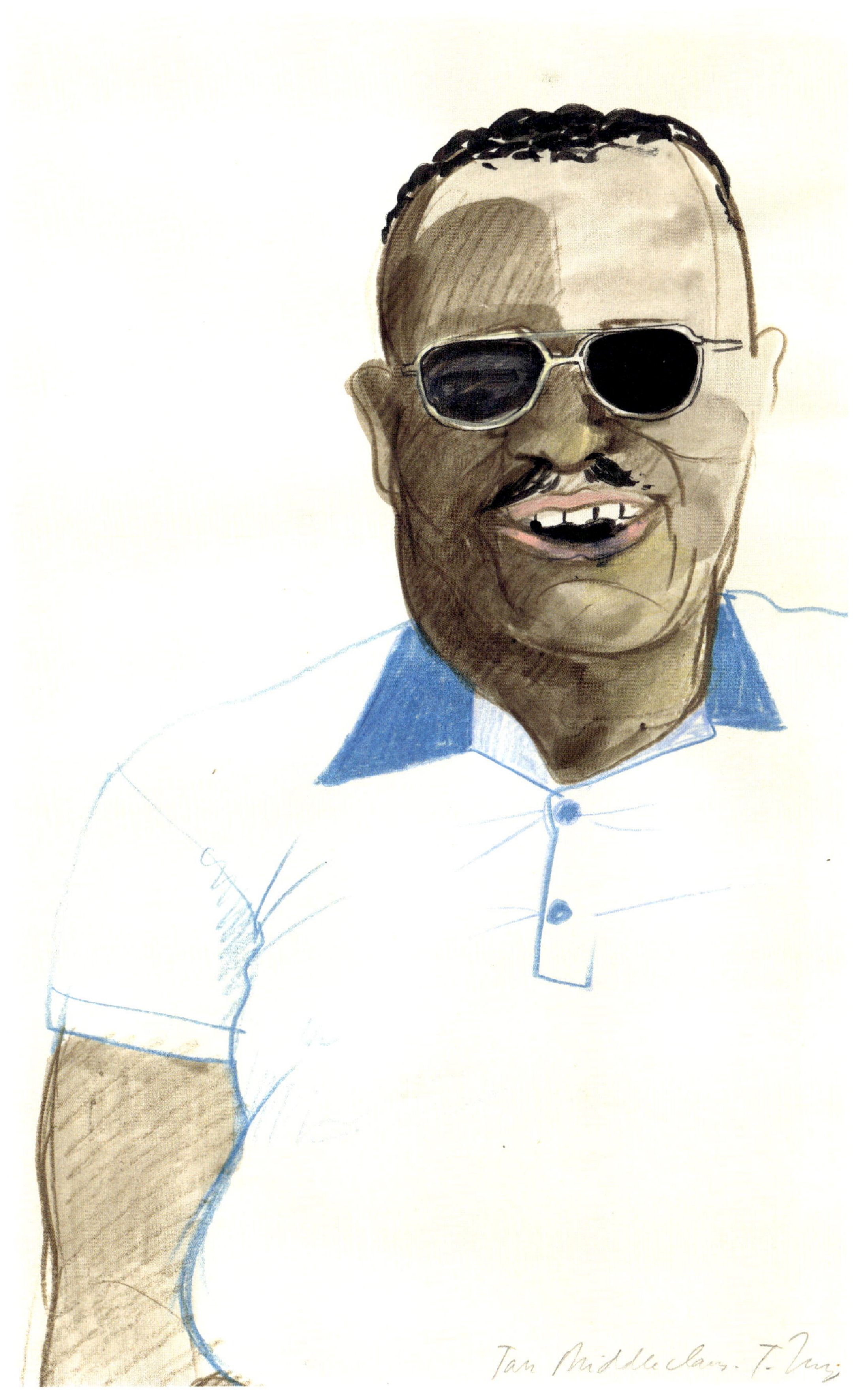

Tan middle class, unveröffentlichte Zeichnung für / unpublished drawing for *America*, ca. 1970, Bleistift, Buntstift und Tusche laviert / pencil, colored pencil and colored ink wash, 35,7 × 23,9 cm

Tiffany's, deren Dekorationen von den Spiegelungen der Passanten und Autos überlagert sind. Ein collagiertes Nebeneinander von Farben und Formen, eine überraschende, sich auf Schritt und Tritt neu zusammenfügende Bilderwelt. »Wenn New Yorker Künstler vor allem Dialektiker waren – die instinktiv die Geschichte verschiedener Stile studierten, welche sie auseinandernahmen und zusammensetzten, übernahmen oder verwarfen –, wen kann es da wundern, dass die Collage selbst und das Bild von New York als einer großen Collage ihnen so sehr am Herzen lag?«[20] Lee Krasner, Paul Rand, Jasper Johns. Joseph Cornell, der bereits eine Generation vor Ungerer durch Manhattan streifte und die Materialien für seine ab 1931 entstandenen Collagen und Objektkästen sammelte. Ungerer zog durch die Trödelläden und Antiquariate, aus der Mülltonne eines Nachbarn barg er die abgegriffenen Ausgaben eines »Nudisten«-Magazins. Fundstücke, Bruchstücke, Fragmente. Ein Sammelsurium der Dinge, das die verborgene Poesie der Gegenwart enthielt. Prospekte, Zeitungen, bunte Plakate; das Katalogbild eines Kristalllüsters, das Ungerer in dem Porträt eines napoleonischen Generals zu dessen mit Orden dekorierter Brust collagierte. »Amerika ist der Ort, wo die alte Welt strandete. Flohmärkte und Garagenverkäufe überall im Land. Dort findet man alles, was die Einwanderer in ihren Koffern und Bündeln an diese Küsten schleppten, und ihre Nachfahren warfen es mit dem Müll hinaus.«[21] In seiner viktorianischen Phase suchte Ungerer in den Antikläden von New Collage City nach Möbeln für sein Haus in der Commerce Street.

»Der Ekel ist fast zu einem Leitmotiv in meinem Leben geworden. Unsicherheit, Zorn, Ärger, das alles ist Treibstoff. Aber der Ekel ist wie die Hefe, die das andere zum Gären bringt.«[22]

»Die tägliche Zeitungslektüre erregt in uns Verwunderung und Staunen (Ist dies möglich? Geschieht dies tatsächlich?), ebenso aber auch Übelkeit und Verzweiflung«, so der mit Ungerer befreundete Philip Roth Ende der 1950er-Jahre über die gerade erst aus der McCarthy-Ära herausgetretene, von den in Stellung gebrachten Weltvernichtungsmaschinen des Kalten Krieges verschattete Unwirklichkeit der amerikanischen Realität. »Die Schiebereien und Skandale, der Wahn und die Idiotie, die Frömmelei, die Lügen, der Lärm ...«[23] Der vom Krieg verstörte, ins Gelobte Land seiner amerikanischen Befreier entkommene Ungerer musste nicht einmal Zeitung lesen, um den Schmutz zu erkennen, der sich unter die reinen Farben der »Unschuld«, »Tapferkeit« und »Gerechtigkeit« des Sternenbanners mischte. Ungerer war *streetwise*, ein Mann der Straße, der sich vom teuren Glanz der Madison Avenue, wo er sein Geld verdiente, ebenso wenig blenden ließ wie vom billigen Glitzer der 42nd Street, an deren Porno- und Prostituiertenstrich unweit des Broadway sich schließlich sein Atelier befand. Als Wanderer in einem fremden Land war er dem schäbigen Pulp und Noir der Stadt, dem »dime-novel exterior«[24] aus Marianne Moores Gedicht *New York*, ebenso heimatlos verbunden wie dem Xanadu von Long Island, wo er zeitweilig zwar selbst ein stattliches Lustschloss besaß und auf den Wellen der sexuellen Revolution ritt, die gespenstischen Gesellschaften der New Yorker High Society aber vor allem heimsuchte, um als Partyschreck den Dünkel der Schönen und Verdammten zu demaskieren.

»Dieser Stuhl war das erste Möbelstück, das ich mir von meinem ersten Geld in New York gekauft habe. Er ist kaputt, das Polster ist zerfetzt, aber er ist ein Teil von mir, verstehst du? Schau, wie solide und wie erotisch!«[25]

Ungerer fühlte sich keiner Partei zugehörig, keiner Religion, keinem Glauben: Als geborener Außenseiter, als ein mit einem unbeugsamen Gerechtigkeitssinn gesegneter Outlaw, der sich im Jazz der Straße bewegte und Erfahrung sammelte, wo er sie fand, hatte er einen wachen Blick für den erbarmungslosen Materialismus, der ihm auf den Straßen von New York begegnete. Für die Scheinheiligkeit einer infantilen Konsumkultur, den unmenschlichen Exzeptionalismus der *white supremacy*, die latente Gewalt und die stille Tragik von *law and order*. Für den ganzen politischen und sozialen Krempel, den von Generationen aufgetürmten historischen Unrat, den er neben den abgewrackten Fernsehern und Autos, den Cola-Flaschen und Kondomen, den Spielautomaten und Prothesen am Straßenrand fand; vor den Schaufenstern und Reklametafeln, die seinen Weg durch das moralische »Waste Land« seines amerikanischen Utopia säumten; in den Diners, Werkstätten und Trödelläden, in deren geheiligtem Ramsch er die Zeichen der Zeit las. »Come senators, congressmen/Please heed the call/Don't stand in the doorway/Don't block up the hall«:[26] Mit dem 1961 entstandenen Stillleben eines ausrangierten, im Schaufenster eines Antiquitätenhändlers von den *Stars and Stripes* umwehten Senators alter Schule, feierte Ungerer bereits drei Jahre vor Bob Dylan den Abgesang auf die alte Ordnung: »For the times they are a-changin«.

»Und schau mal, diese Stifte. Die habe ich auch noch aus New York. Die findet man hier nicht.«[27] Im Oktober 2010 stand Tomi Ungerer in seinem Studio in Irland neben einem hohen, aus mehreren Dutzend Schubladen bestehenden »Shannon Filing Cabinet«. Zigarettenrauch verschleierte das Licht, draußen pfiff der Wind. »Ich habe noch meine alten Kleider, ich habe noch den Dufflecoat, den ich trug, als ich jung war. Meine alten Federn. Ich habe noch die Acrylfarben, die ich in New York gekauft habe, die sind mir noch immer treu, und ich benutze sie seit fünfzig Jahren.« Er trug einen schwarzen Sweater, eine schwarze Arbeitshose, schwarze, beinahe kniehohe Stiefel. Auf einer Werkbank lagen Mappen mit Zeitungsausschnitten und Fotokopien, eine lange Schere. Eine Unmenge, in amorphen Formen kopierter und ausgeschnittener Körperteile, die er für die Collagen benötigte, an denen er damals arbeitete. Nackte Beine in High Heels, die Farbkopie eines Marlboro-Cowboys. Fotos aus einer 65 Jahre alten Ausgabe der *New York Times.* »Ich hatte doch mal diesen Typen als Nachbar, der Nudisten- und andere solcher Abenteuermagazine kaufte, die ich immer aus dem Müll rausholte, nachdem er sie weggeworfen hatte. Damals habe ich angefangen, Zeitschriften zu sammeln. Ich habe noch die ganze ›Police Gazette‹ aus den Jahren von Al Capone.«

»The way I judge in painting is very simple. Would I have this picture in my apartment on the wall? I would give *anything* for a Rothko, and I loved Jasper Johns. Pop-Art war für mich ein riesiger Witz. Als Anhänger von Duchamp konnte ich nur Warhol bewundern, aber mit einem Lichtenstein könnte ich nicht leben. Braucht man für einen Lichtenstein Talent? Oder sogar für einen Rothko? In einer Woche mache ich Dir zwanzig Stück.«[28]

Im November 1964 wurde der in einem Club im Greenwich Village verhaftete Stand-up-Comedian Lenny Bruce wegen Obszönität zu einer viermonatigen Haft in einem Arbeitshaus verurteilt. Im Februar 1965 feierte Präsident Johnson mit der Bombardierung Nordvietnams den Auftakt zu Amerikas Rolling Thunder Revue. In seinem 1966 erschienenen Bilderbuch *Der Mondmann* erzählt Ungerer von einem Außerirdischen, den seine Suche nach Freiheit und sein Streben nach Glück schon nach kurzer Zeit ins Gefängnis bringt. »Niemand hat [das Buch] je als Parabel über das Leben als ein Problem des Einzelnen auf Erden gesehen, darüber, was es heißt, auf Erden anders zu sein. Wenn du anders warst, warst du ein ›Anarchist‹, in den McCarthy-Jahren warst du ein ›Kommunist‹ und wurdest ins Gefängnis gesteckt.«[29] In *Der Mondmann* entkommt der eigentümliche Besucher durchs Gitter, indem er abnimmt und irgendwann im letzten Viertel steht. »Wenn du ›Der Mondmann‹ kennst, weißt du, dass du nichts tun kann, als abzuhauen und dorthin zurückzukehren, woher du gekommen bist.« Der Mondmann hat seitdem nie wieder einen Fuß auf die Erde gesetzt. »Das ist *meine* Geschichte.«

»›Look at this fucking idiot, he is flying kites! What is he? A child?‹ Ich wurde fast angezeigt wegen meiner Drachen. ›Look at this Frenchy flying his kites!‹«[30]

In einer Vitrine mit Kinderzeichnungen das frühe Bild von Micky Maus. In einem anderen Teil der Ausstellung im New Yorker Drawing Center Zeichnungen aus Ungerers 1979 erschienenem Buch *Babylon,* die Zeichnung des ans Kreuz geschlagenen, von einem knienden Mädchen angebeteten Micky Maus, dessen ikonische Gestalt für Ungerer mit der Zeit zum Propheten einer apokalyptischen Konsumgesellschaft geworden war.

»›How much did you pay? How much did you earn?‹ Everything is ›in gold we trust‹. Amerika ist das Land des Mammon. So bin ich berühmt geworden. Weil ich meine Sachen gut verkaufen konnte.«[31]

An einer der Wände *Black Power / White Power,* das Plakat in Form einer Spielkarte, mit dem Ungerer 1967 gegen den Kannibalismus der Rassentrennung Stellung bezog. *Choice Not Chance* und *Give* (Abb. S. 115), zwei der Poster, die er im selben Jahr aus Protest gegen den Vietnamkrieg entworfen hatte. *Eat* (Abb. S. 116), das Plakat, das auch den Katalog der

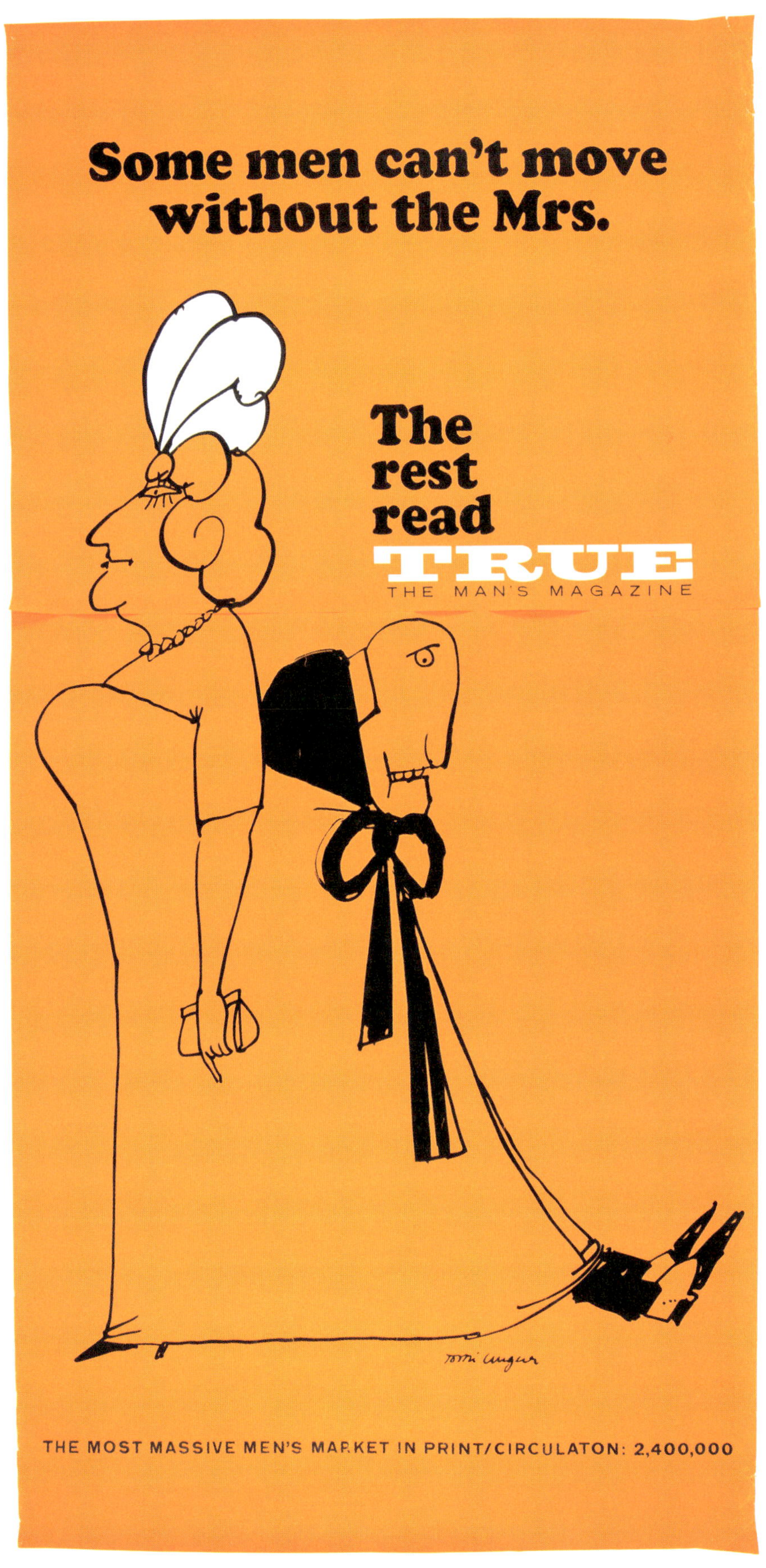

Some men can't move without the Mrs. The rest read TRUE (the man's magazine), Plakat für die Zeitschrift *TRUE* / poster for *TRUE* magazine, 1965, Offsetdruck / offset print, 218 × 107 cm

Ausstellung in der auf Zeichenkunst spezialisierten Galerie in der Wooster Street schmückte, macht die Freiheitsstatue zum triumphalen Symbol des amerikanischen Imperialismus, das einem wehrlosen Vietnamesen von einer kräftigen weißen Hand in den Hals gestoßen wird.

»Ich hatte einmal eine Ausstellung mit Ölbildern und Skulpturen, habe aber kein Stück verkauft. Castelli, der Galerist von Andy Warhol, sagte mir: ›Tomi, wenn Du nicht mit der Mode gehst, hast Du keine Chance.‹«[32]

»I was well-befriended with John Gruen, a famous art critic, who came to my studio on 42nd Street. Er sagte: ›Tomi, if I wrote about you I would lose my reputation.‹«[33]

Zeichnungen der Mellops, der drei Räuber und des Mondmanns. Die für die *New York Times* und die *Village Voice* entworfenen Werbeposter. Die beißende Satire des 1964 erschienenen *Underground Sketchbook,* die märchenhafte Romantik des *Großen Liederbuches.* Die 1966 entstandenen, von Abscheu und Ekel vor der High Society von Long Island gezeichneten Bilder aus *The Party,* die Besucher der Ausstellung im Drawing Center ebenso in den Bann zu ziehen schienen wie der melancholische, an die Fotografien von Walker Evans oder die Malereien Andrew Wyeths erinnernde Realismus der Anfang der 1980er-Jahre entstandenen Bilder des Buches *Slow Agony,* in dem Ungerer auf das Sterben eines Fischerdorfs in Nova Scotia zurückblickte, wohin er im Frühjahr 1971 gezogen war. Jemand sagte zu seiner Begleiterin: »It's so alive.«[34]

»Castelli sagte: ›Du machst Kinderbücher, Illustration und so weiter. Das geht hier nicht.‹ Amerika ist ein Land der Spezialisten, man kann nur eines tun.«[35] In einem Separee hingen Ungerers erotische Zeichnungen. Verschiedene der ab 1968 entstandenen Studien der Tochter eines Freundes, die sich Ungerer als Sklavin angeboten hatte. »Die Kleine hängt im Atelier«, das Porträt der jungen Frau mit Halsfessel und Leine. Daneben eine Reihe der kalten, strengen Blätter des *Fornicon,* mit dem Ungerer 1969 weniger die längst erodierenden gesellschaftlichen Tabus verletzte als vielmehr das ungeschriebene Gesetz, das einem Illustrator von Kinderbüchern verbot, eine maskierte Frau in Bondage Gear auf einem gewaltigen, von einem nackten Mann gesteuerten mechanischen Phallus reiten zu lassen. Als Ungerer gegen 18.30 Uhr im Drawing Center eintraf, drängte sich das Publikum bereits vor seinen Bildern.

»To put things clearly – when I left the U.S. in 1970 it was a point of no return, having developed a severe case of allergy for a continent populated by S.S. – (savages and specialists).«[36]

Ungerer saß auf einem schwarzen Bürostuhl, in der Hand sein Stock. Um ihn ein Pulk von Menschen, die ihn mit dem Smartphone fotografierten oder darauf warteten, sich ein Buch signieren zu lassen. Hipster aller Generationen, Millennials, Eltern und ihre Kinder. Freunde und Bekannte aus alter Zeit; Freunde aus Europa, die zur Eröffnung der Retrospektive *All in One* angereist waren. Ungerers Tochter Aria, die den Andrang auf ihren Vater zu kontrollieren versuchte. Irgendwo am Rand der Menge seine Frau Yvonne, die er im Frühjahr 1970 kennengelernt hatte und mit der er im Jahr darauf in der Abgeschiedenheit von Nova Scotia ein neues Leben begann. In seinem letzten Haus in New York hatte ein Poltergeist gelebt. Ungerer schüttelte Hände, sein weißer Haarschopf erstrahlte im Licht. An der Wand hinter ihm *Pig Heil!* (Abb. S. 121), das 1994 aus Protest gegen den aufkeimenden Neofaschismus entworfene Poster. Daneben die Zeichnung der gekreuzigten Freiheitsstatue, die er eine Woche zuvor, unmittelbar nach dem Terroranschlag auf das Redaktionsbüro der französischen Satirezeitschrift *Charlie Hebdo* angefertigt hatte. Im *New Yorker* eine beinahe ganzseitige Illustration aus Ungerers Bilderbuch *Die drei Räuber.* Die Räuber tragen weite schwarze Mäntel und hohe schwarze Hüte, sie stehen vor einer Truhe voller Gold. Im Januar 2015 war Ungerer in New York *the talk of the town.*

1 Tomi Ungerer, *Die Gedanken sind frei. Meine Kindheit im Elsaß*, Zürich 1993, S. 26f.
2 Tomi Ungerer im Gespräch mit dem Autor, Three Castle Head, 23.5.2014. Siehe auch Thomas David, »Das irische Panoptikum des Tomi Ungerer«, in: *mare – die Zeitschrift der Meere*, Nr. 112, Oktober/November 2015, S. 80–90.
3 Tomi Ungerer, 27.1.1943, Cahier de Calligraphie, Corona, Matthias-Grünewald-Schule Kolmar (aus dem Archiv des Musée Tomi Ungerer, Straßburg, Kopie im Archiv des Autors).
4 Tomi Ungerer, *Otto. Autobiographie eines Teddybären*, Zürich 1999, S. 18.
5 Bernard Wittmann, *Die Geschichte des Elsass. Eine Innenansicht*, Kehl 2009, S. 281.
6 Tomi Ungerer im Gespräch mit dem Autor, Münstertal/Schwarzwald, 8.10.2013.
7 Tomi Ungerer im Gespräch mit dem Autor, Three Castle Head, 23.5.2014.
8 Tomi Ungerer im Gespräch mit dem Autor, Zürich, 9.11.2013.
9 Ebd.
10 Tomi Ungerer im Gespräch mit dem Autor, Straßburg, 15.1.2014.
11 Tomi Ungerer im Gespräch mit dem Autor, Straßburg, 14.1.2014.
12 Tomi Ungerer im Gespräch mit dem Autor, Straßburg, 15.1.2015.
13 Burton Pike im Gespräch mit dem Autor, New York, 8.2.2014.
14 Nancy Dennis, *Tomi – early on. Pages from a Fifties Memory Book*, o. O. 2011, S. 30 (Archiv des Musée Tomi Ungerer, Straßburg, Kopie im Archiv des Autors).
15 Tomi Ungerer, zit. in: Burton Pike, »Tomi Ungerer dans la ville«, in: *Tomi Ungerer. Les années new-yorkaises; 1956–1971*, Strasbourg 2002, S. 53–60, hier S. 57.
16 Dennis 2011 (wie Anm. 14), S. 29.
17 Tomi Ungerer, USA, unveröffentlichtes Manuskript, 2013, S. 7 (Kopie im Archiv des Autors).
18 Tomi Ungerer im Gespräch mit dem Autor, Zürich, 10.11.2013.
19 Hans Pflug, »Tomi Ungerer«, in: *Graphis*, Nr. 82, Zürich 1959, S. 104; hier auch die weiteren Zitate.
20 Jed Perl, *New Art City. Manhattan und die Erfindung der Gegenwartskunst*, München 2006, S. 317f.
21 Charles Simic, *Medici Groschengrab. Die Kunst des Joseph Cornell*, München 1999, S. 27.
22 Tomi Ungerer im Gespräch mit dem Autor, Münstertal/Schwarzwald, 9.10.2013.
23 Philip Roth, »Amerikanische Romane schreiben«, in: ders., *Eigene und fremde Bücher, wiedergelesen*, München 2007, S. 211–231, hier S. 215.
24 Marianne Moore, New York, in: dies., *The Complete Poems of Marianne Moore*, New York 1981, S. 54.
25 Tomi Ungerer im Gespräch mit dem Autor, Three Castle Head, 25.10.2010. Siehe auch Thomas David, »Es gibt was Neues hier seit gestern«, in *du – das Kulturmagazin*, Nr. 812, Dezember 2010, S. 20–36.
26 Bob Dylan, »The Times They Are A-Changin'«, in: ders., *The Lyrics 1961–2012*, New York 2016, S. 81.
27 Tomi Ungerer im Gespräch mit dem Autor, Three Castle Head, 25.10.2010.
28 Tomi Ungerer im Gespräch mit dem Autor, Münstertal/Schwarzwald, 10.10.2013.
29 Tomi Ungerer, zitiert in: Michael Patrick Hearn, »S'attendre à l'inattendu avec Tomi Ungerer et ses livres pour enfants«, in: *Tomi Ungerer. Les années new-yorkaises*, Strasbourg 2002, S. 10–36, hier S. 21.
30 Tomi Ungerer im Gespräch mit dem Autor, Zürich, 10.11.2013.
31 Tomi Ungerer im Gespräch mit dem Autor, Zürich, 11.11.2013.
32 Tomi Ungerer im Gespräch mit dem Autor, Zürich, 10.11.2013.
33 Ebd.
34 Aufzeichnung des Autors, New York, 15.1.2015.
35 Tomi Ungerer im Gespräch mit dem Autor, Münstertal/Schwarzwald, 10.10.2013.
36 Tomi Ungerer in einem Brief an Roger Straus, o. D. (Grove Press Records, Syracuse University Libraries, Kopie im Archiv des Autors.)

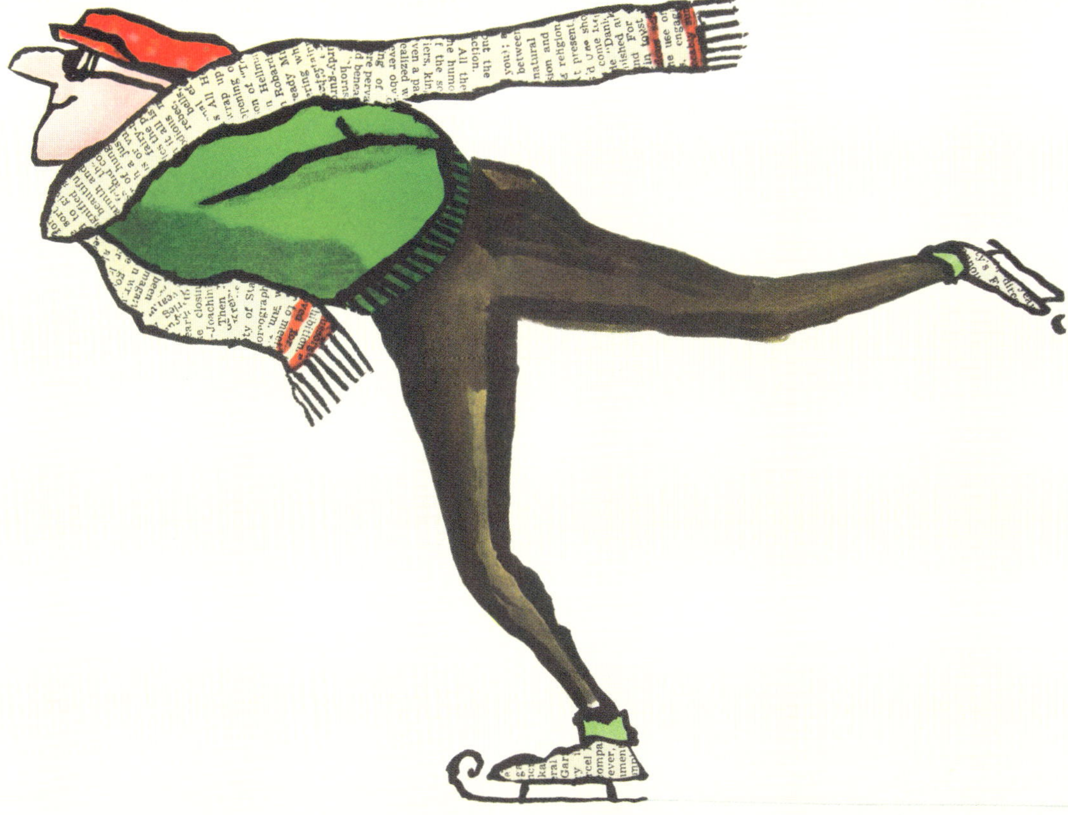

Be fast on your feet, read the New York Times, Plakat für / poster for *The New York Times*, 1960, Offsetdruck / offset print, 116 × 151,5 cm

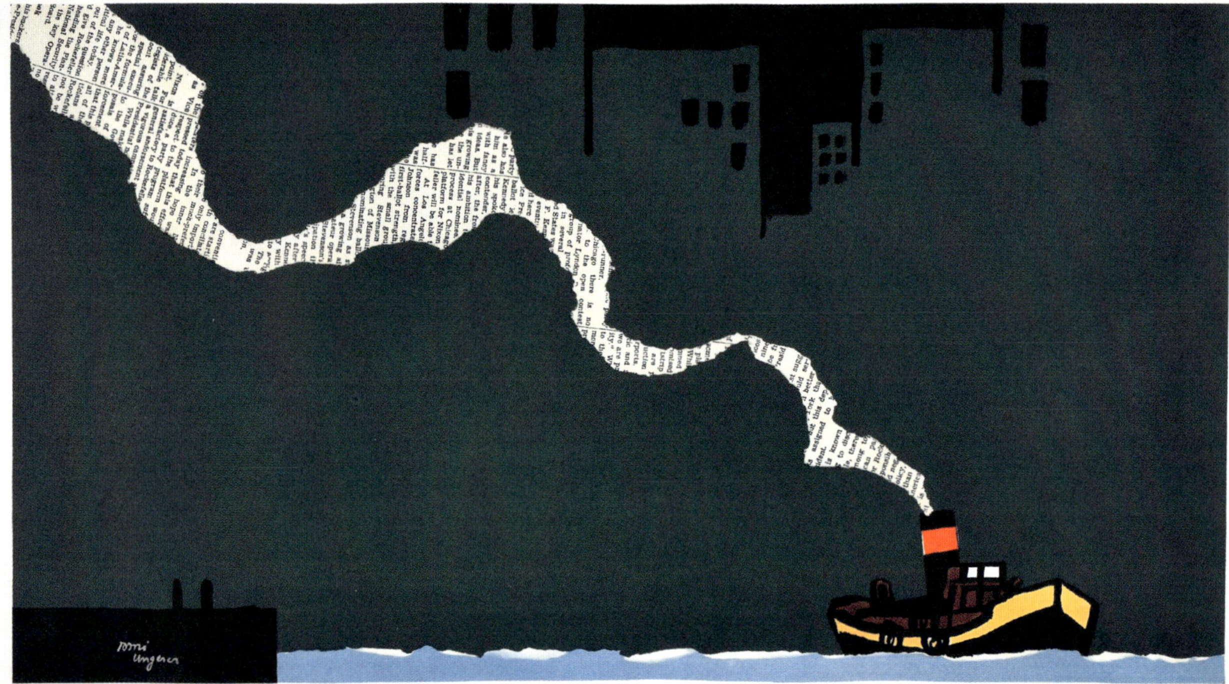

What's up around town? Read The New York Times, Plakat für / poster for *The New York Times*, 1960, Offsetdruck / offset print, 116 × 153 cm

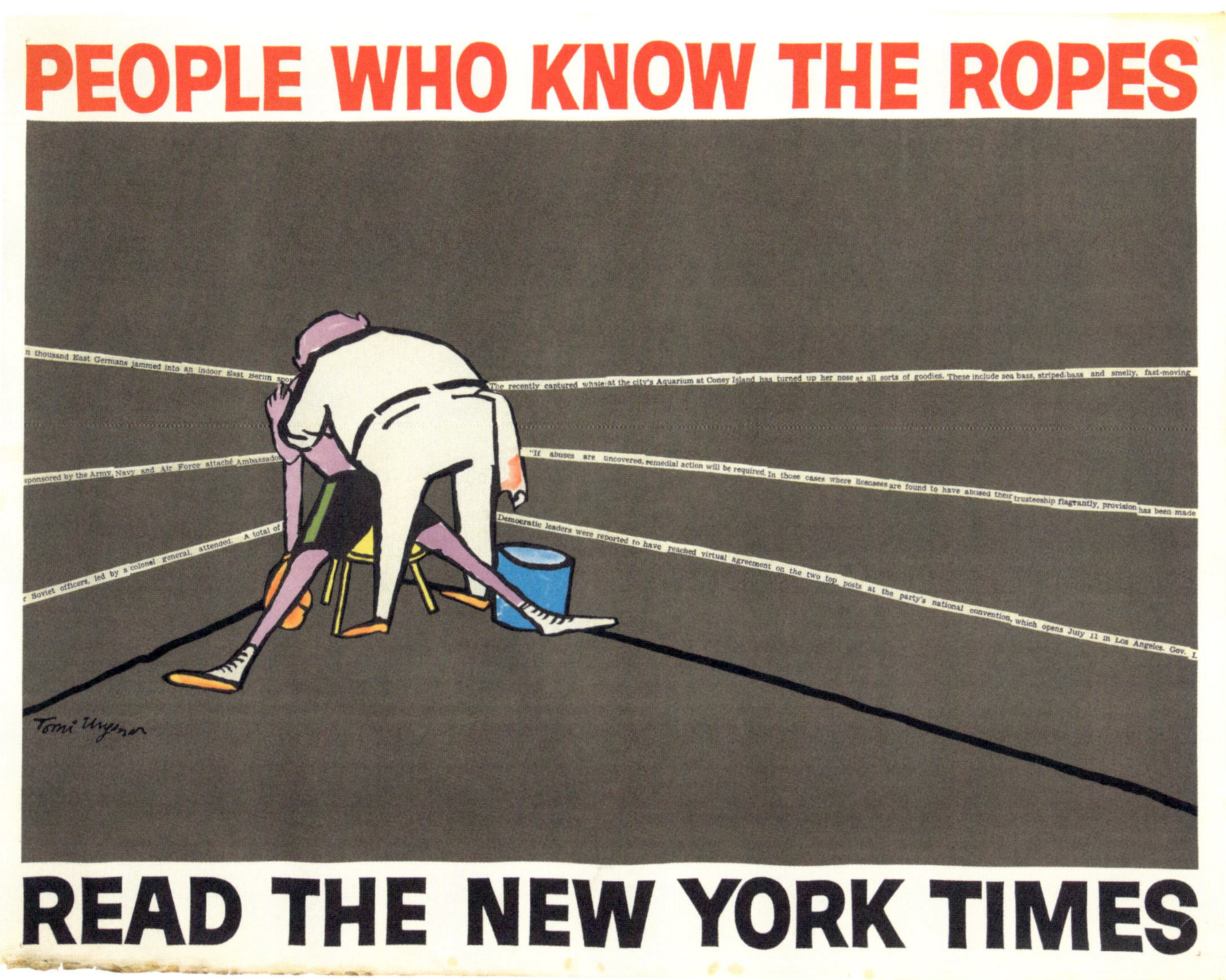

People who know the ropes, read the New York Times, Plakat für / poster for *The New York Times*, 1960, Offsetdruck / offset print, 116 × 151,5 cm

Satirische Gesellschaftsbetrachtungen

Social Satire and Observations

The Underground Sketchbook

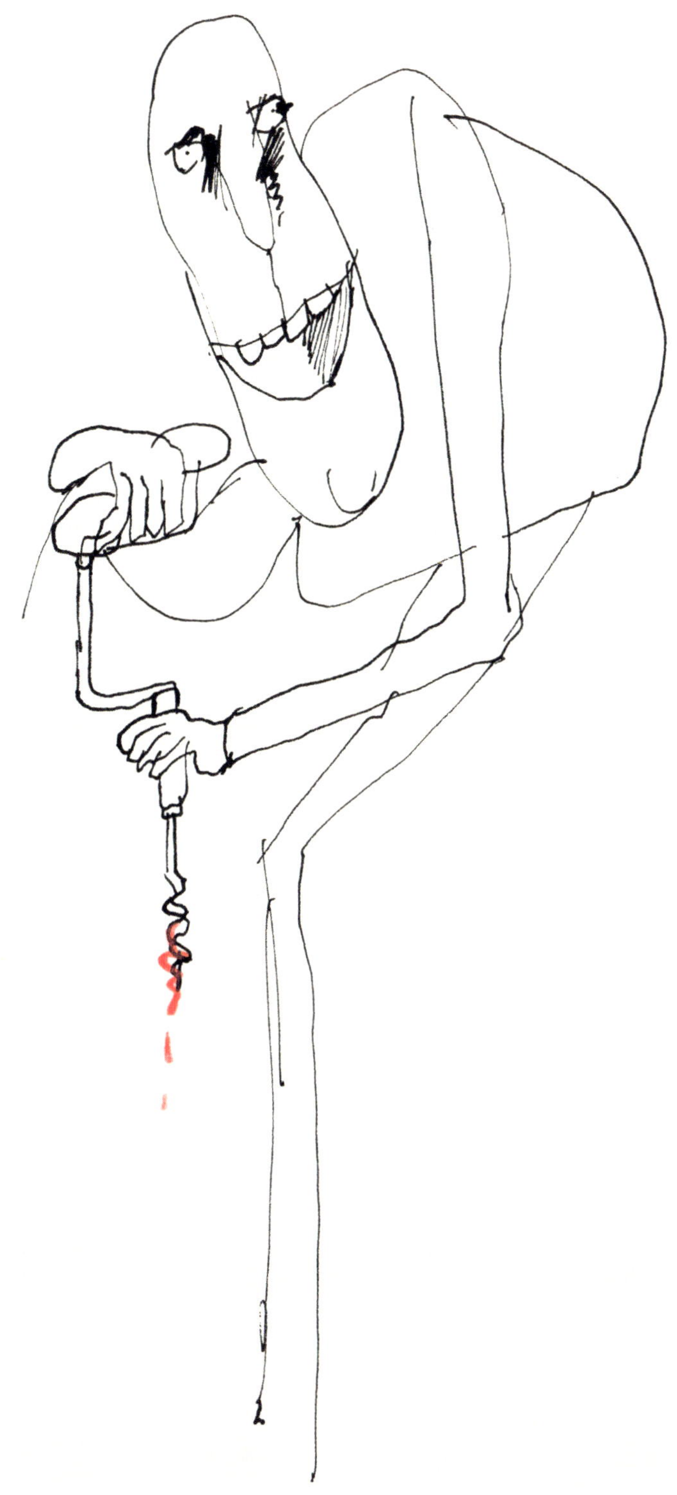

Ohne Titel / Untitled, unverröffentlichte Zeichnung für / unpublished drawing for *The Underground Sketchbook*, 1964, Tintenstift auf Papier / ink pen on paper, 27,8 × 20,8 cm

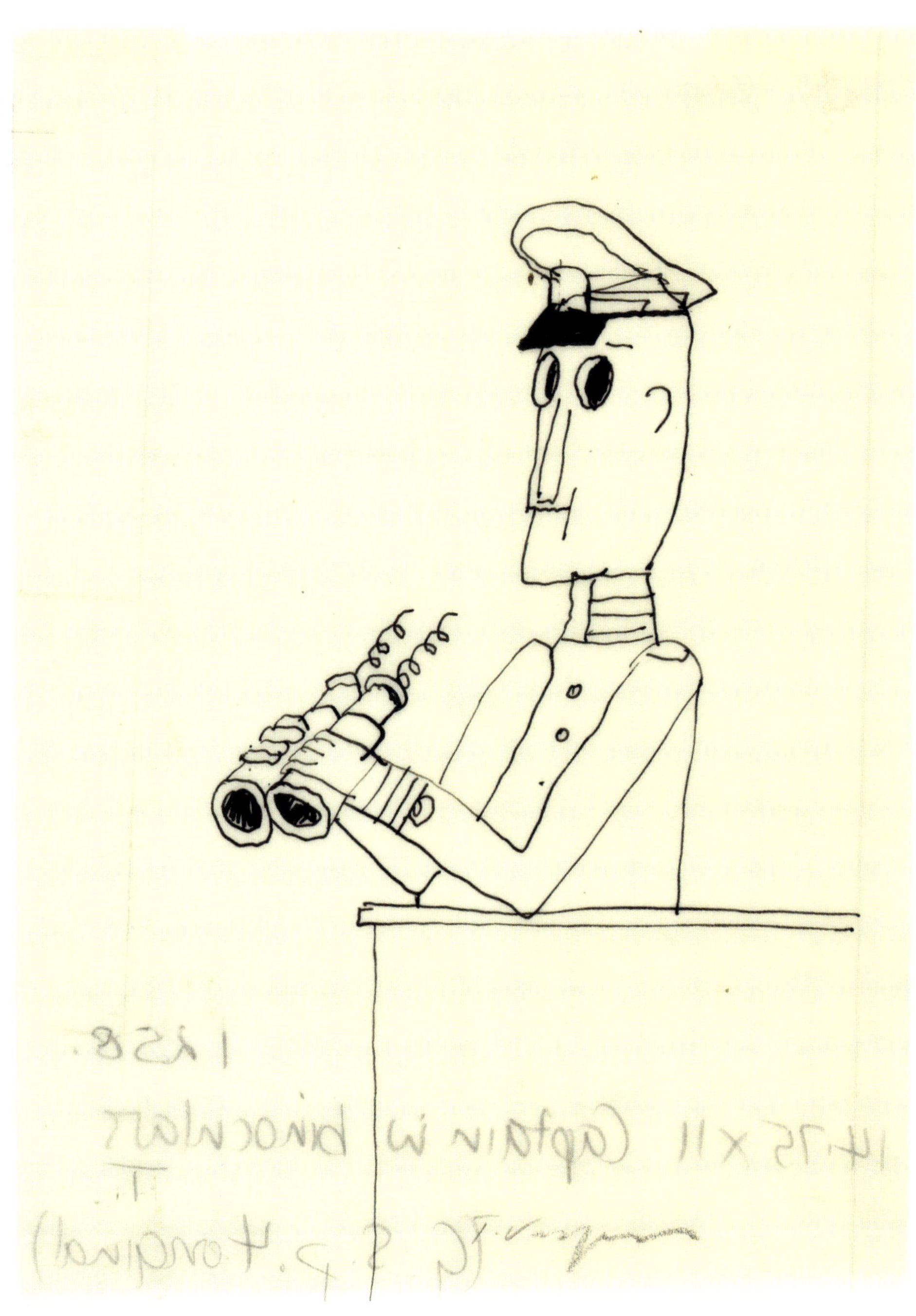

Ohne Titel / Untitled, unveröffentlichte Zeichnung für / unpublished drawing for *The Underground Sketchbook*, 1960er / 1960s, Tintenstift auf Transparentpapier / ink pen on translucent paper, 15 × 11 cm

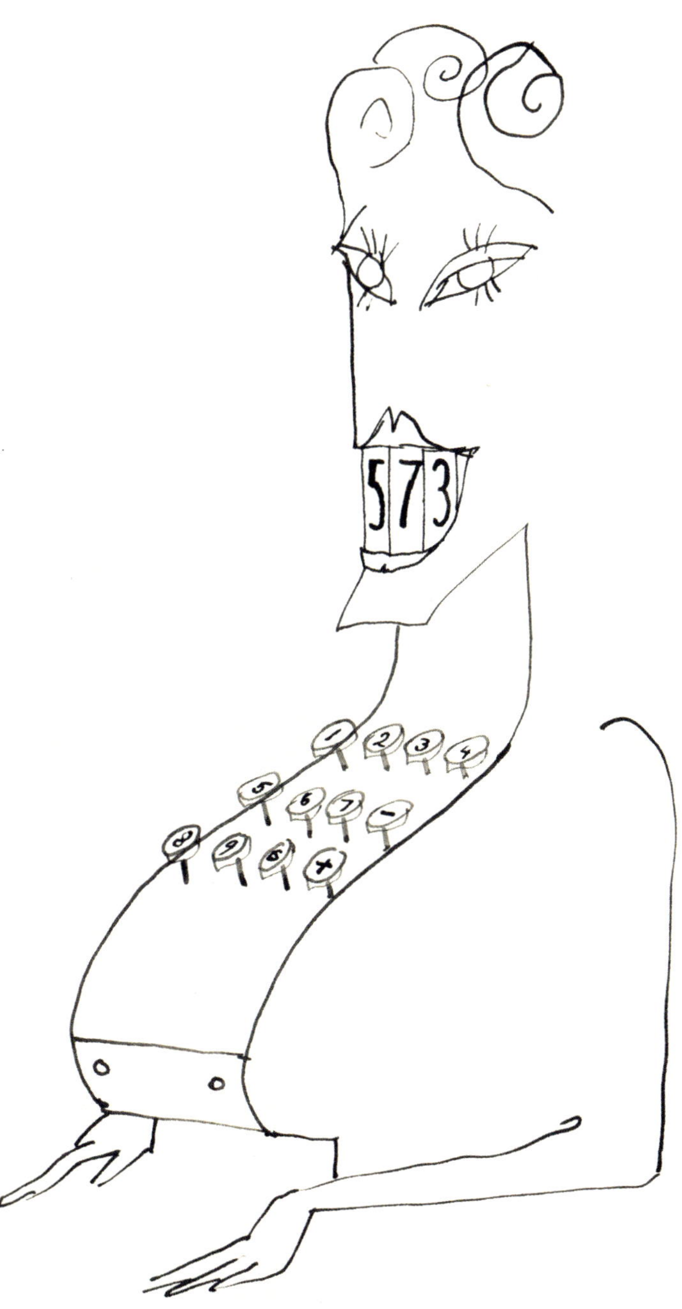

Ohne Titel / Untitled, Zeichnung für / drawing for *The Underground Sketchbook*, 1960er / 1960s, Tintenstift auf Papier / ink pen on paper, 30,5 × 23 cm

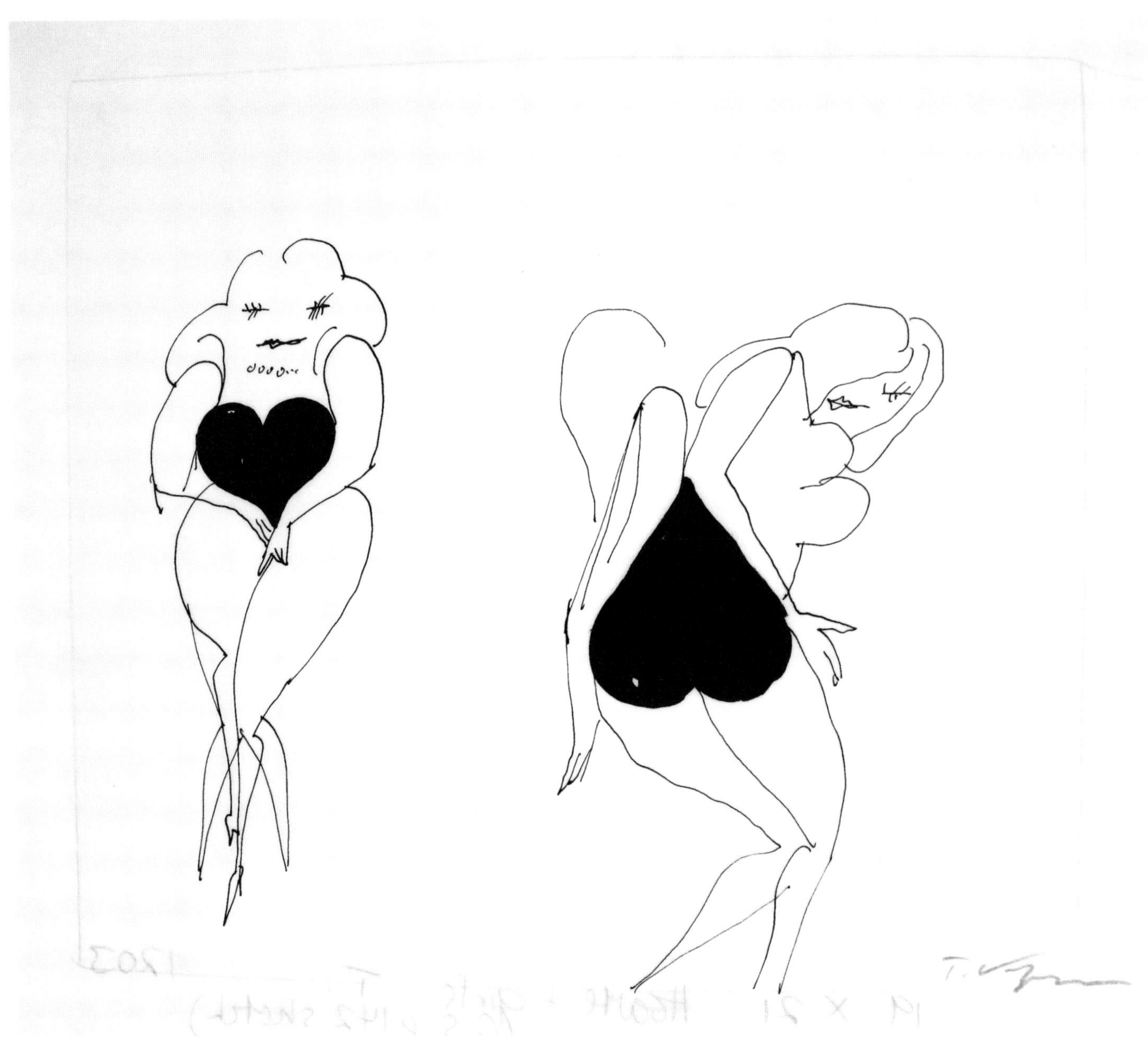

Ohne Titel / Untitled, unveröffentlichte Zeichnung für / unpublished drawing for *The Underground Sketchbook*, 1960/1963, Tintenstift und Tusche auf Transparentpapier / ink pen and ink on translucent paper, 23 × 30 cm

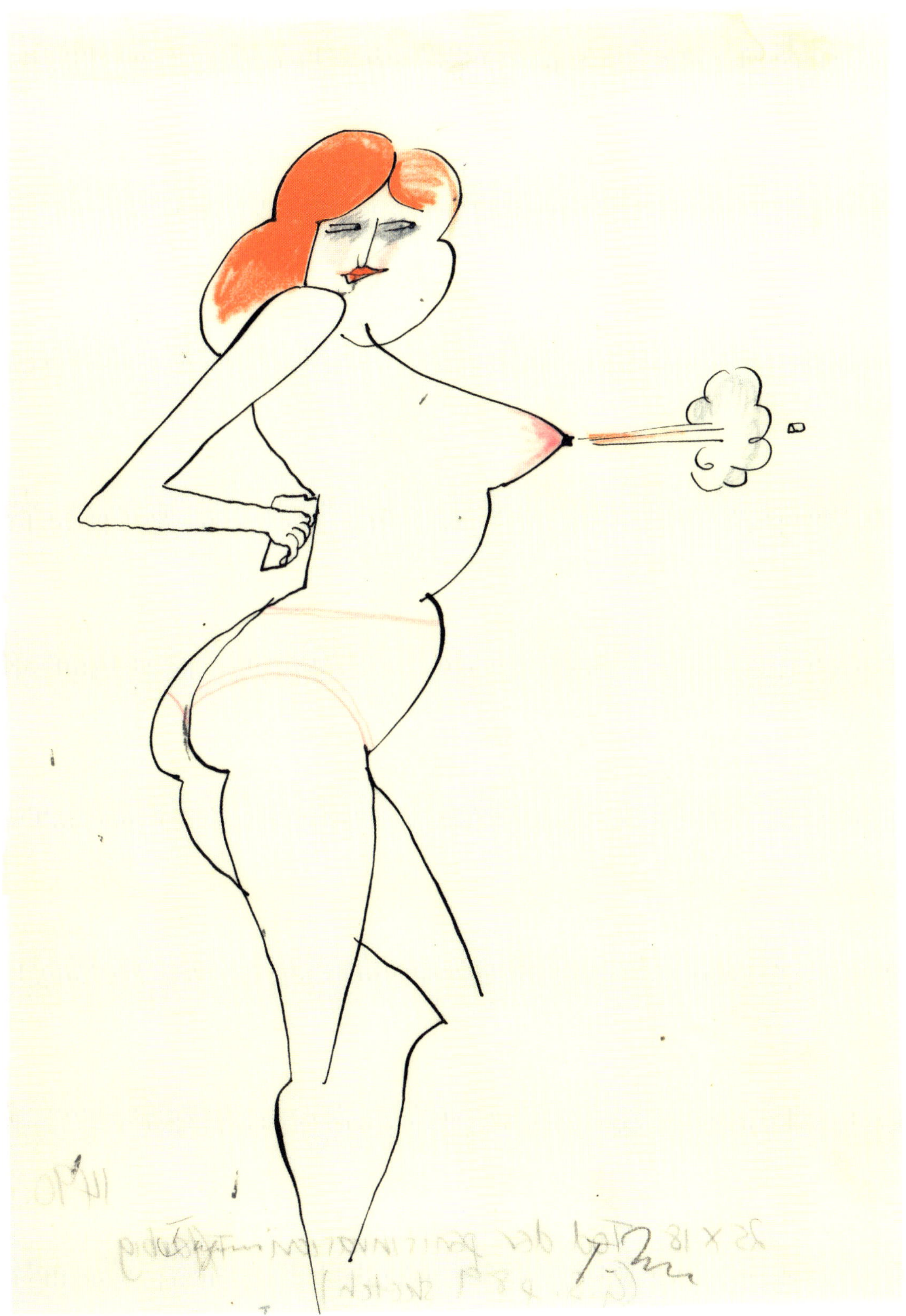

Ohne Titel / Untitled, Vorstudie für / preparatory work for *The Underground Sketchbook*, 1964,
Tintenstift und Farbpapier auf Transparentpapier / ink pen and colored paper on translucent paper, 25,7 × 17,7 cm

The Hamptons

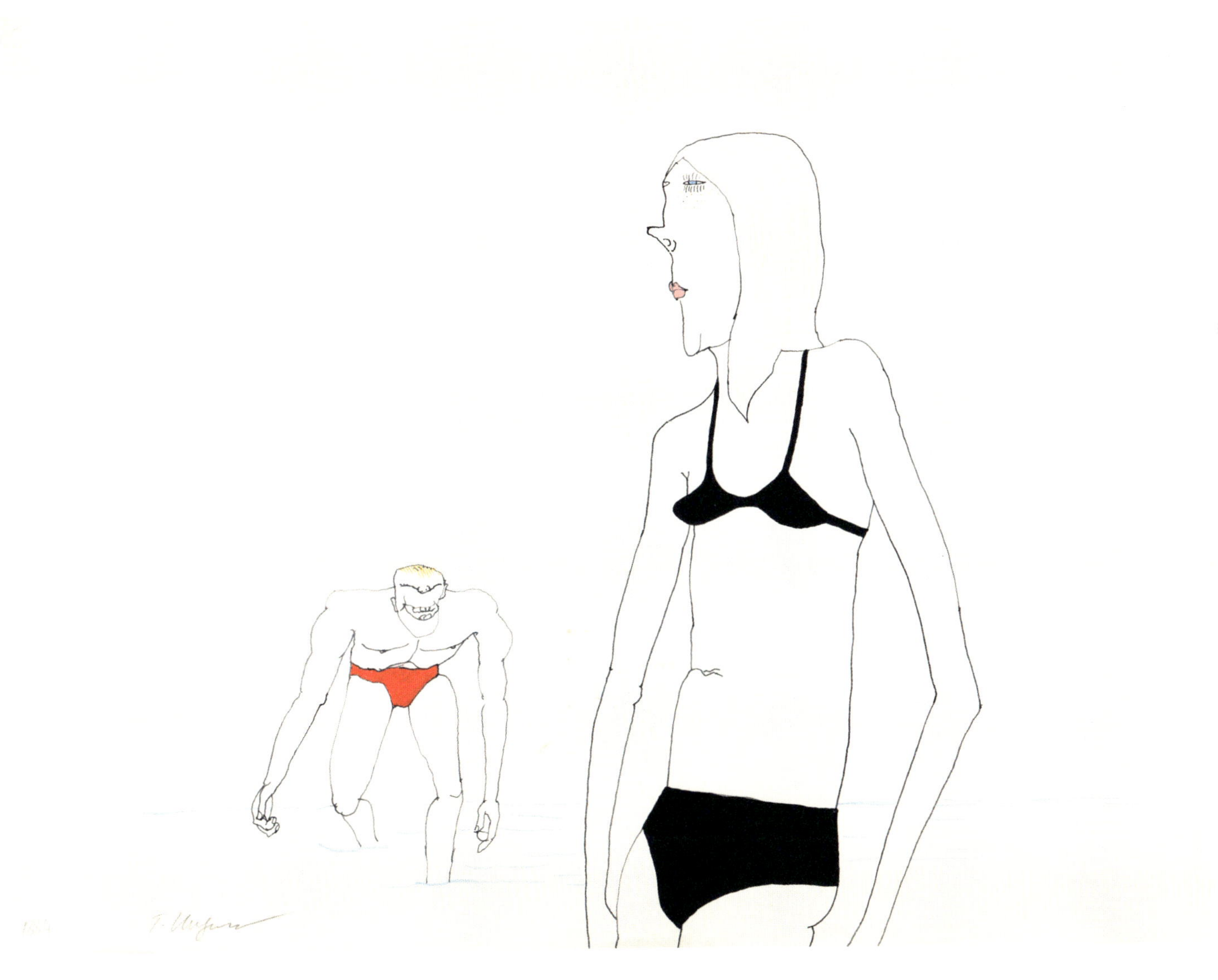

Ohne Titel / Untitled, unveröffentlichte Zeichnung / unpublished drawing, 1967,
Bleistift und Tintenstift auf Papier / pencil and ink pen on paper, 46 × 61,5 cm

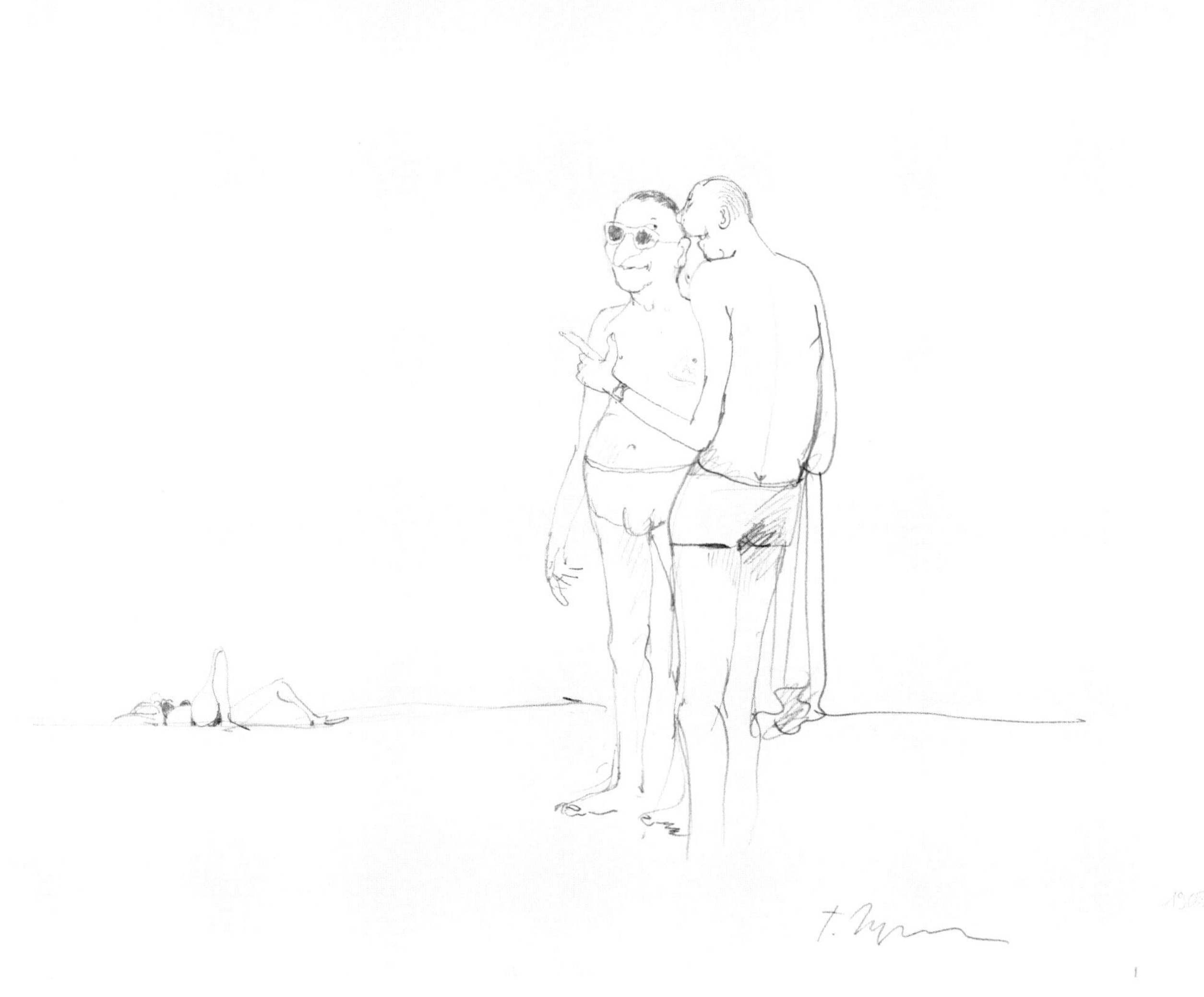

Ohne Titel / Untitled, unveröffentlichte Zeichnung aus der Serie / unpublished drawing from the series *The Hamptons*, 1967, Bleistift auf Papier / pencil on paper, 46 × 61 cm

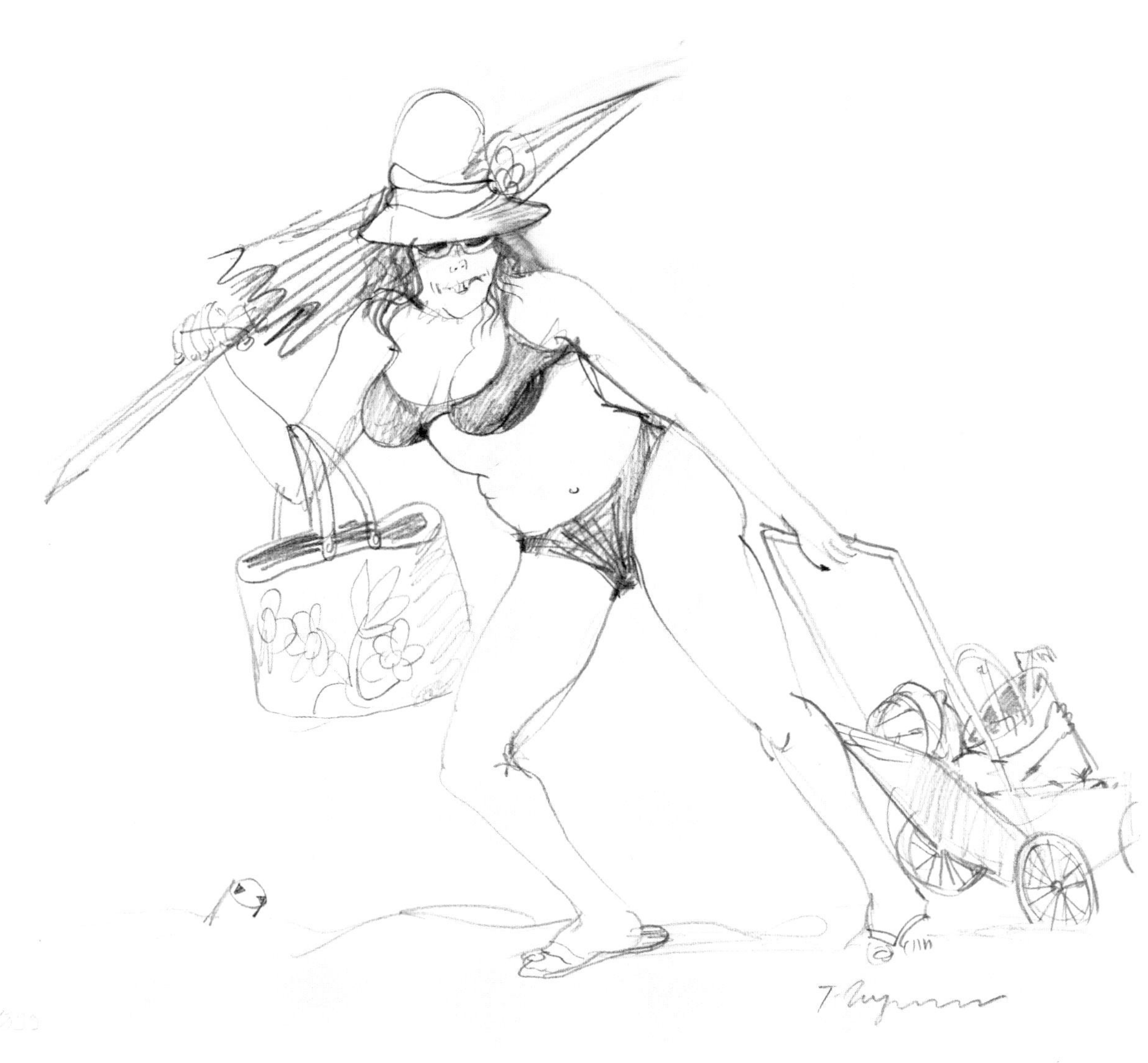

Ohne Titel / Untitled, unveröffentlichte Zeichnung aus der Serie / unpublished drawing from the series *The Hamptons*, 1967, Bleistift auf Papier / pencil on paper, 46 × 61 cm

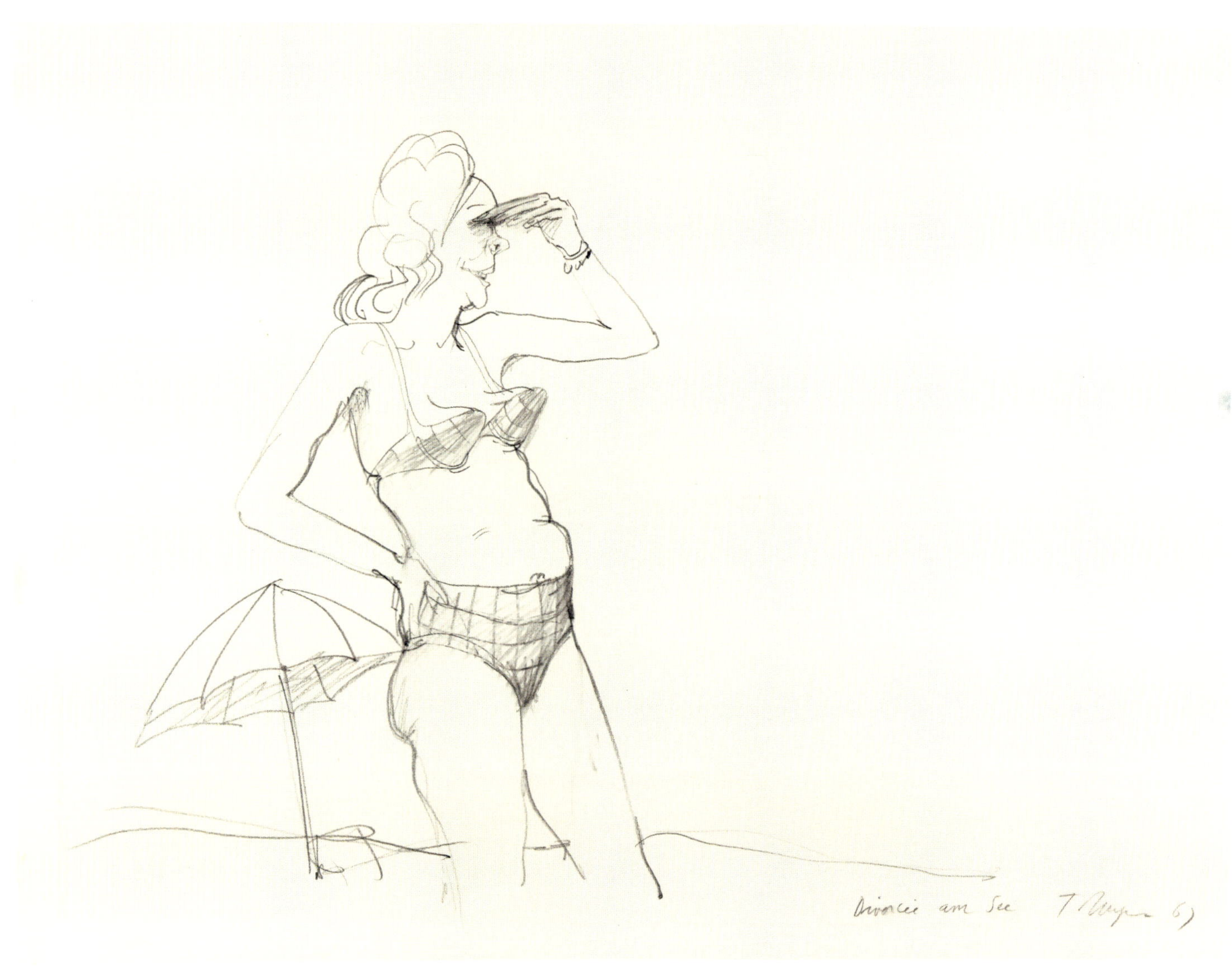

Ohne Titel / Untitled, unveröffentlichte Zeichnung aus der Serie / unpublished drawing from the series *The Hamptons*, 1967, Bleistift auf Papier / pencil on paper, 46 × 61 cm

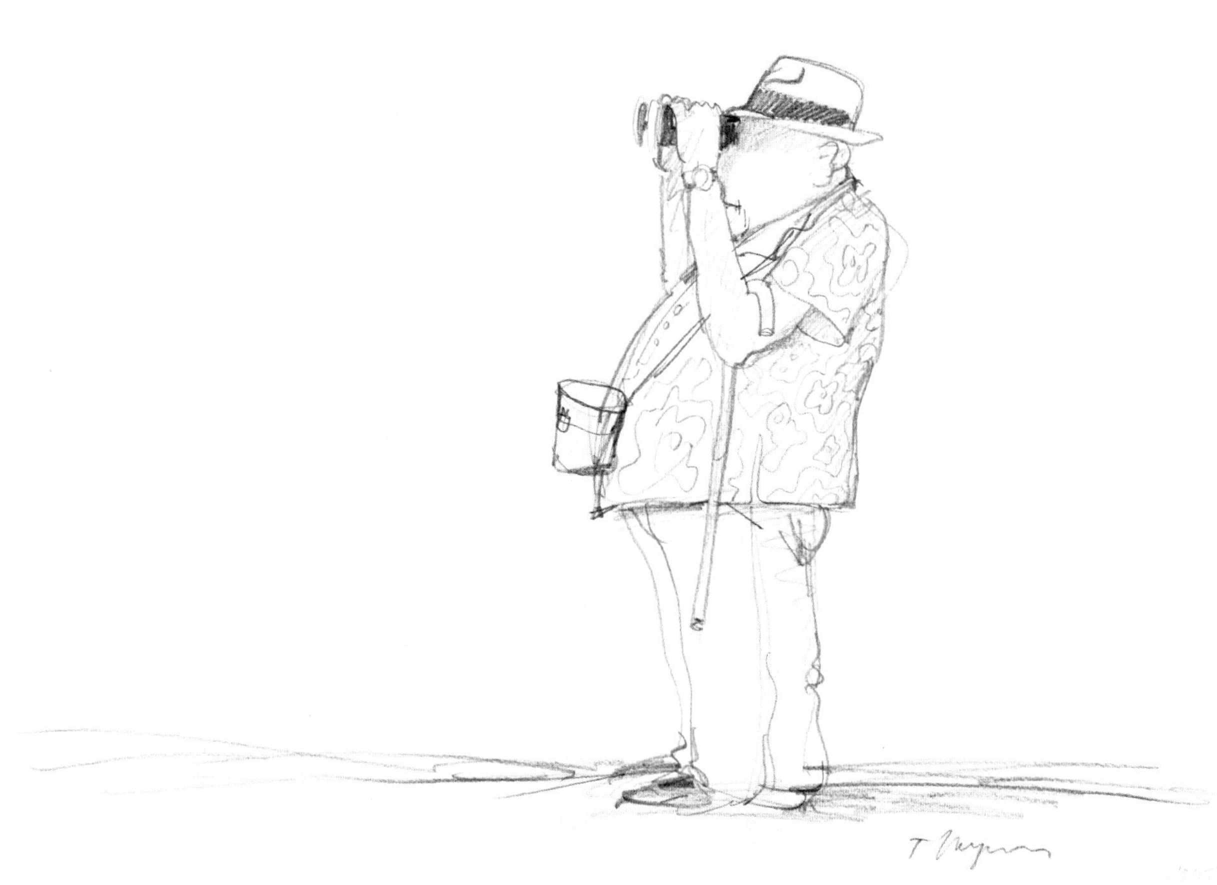

Ohne Titel / Untitled, unveröffentlichte Zeichnung aus der Serie / unpublished drawing from the series *The Hamptons*, 1967, Bleistift auf Papier / pencil on paper, 46 × 61 cm

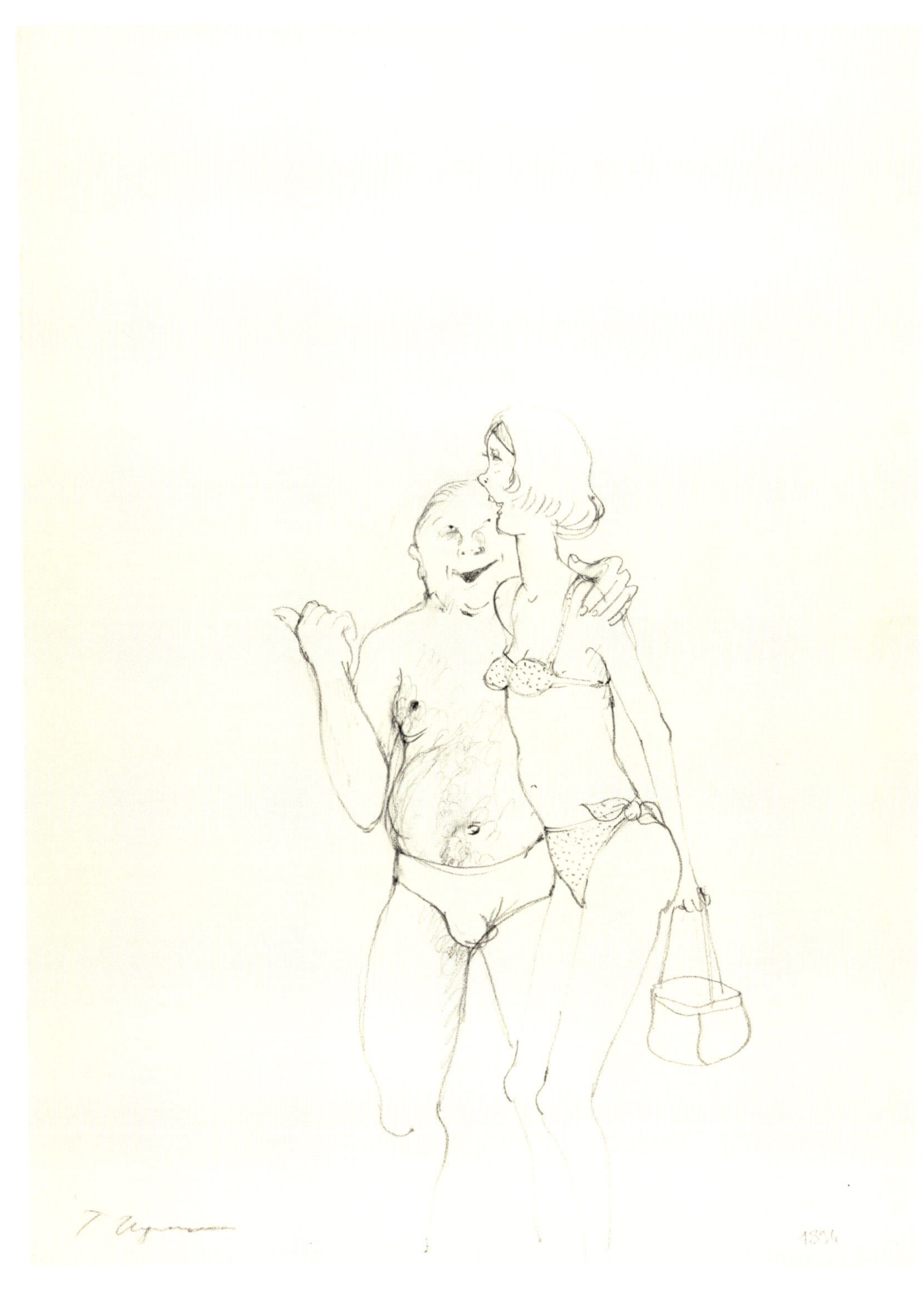

Ohne Titel / Untitled, unveröffentlichte Zeichnung aus der Serie / unpublished drawing from the series *The Hamptons*, 1967, Bleistift auf Papier / pencil on paper, 62 × 46 cm

Ohne Titel / *Untitled*, unveröffentlichte Zeichnung aus der Serie / unpublished drawing from the series *The Hamptons*, 1967,
Bleistift auf Papier / pencil on paper, 46 × 61,5 cm

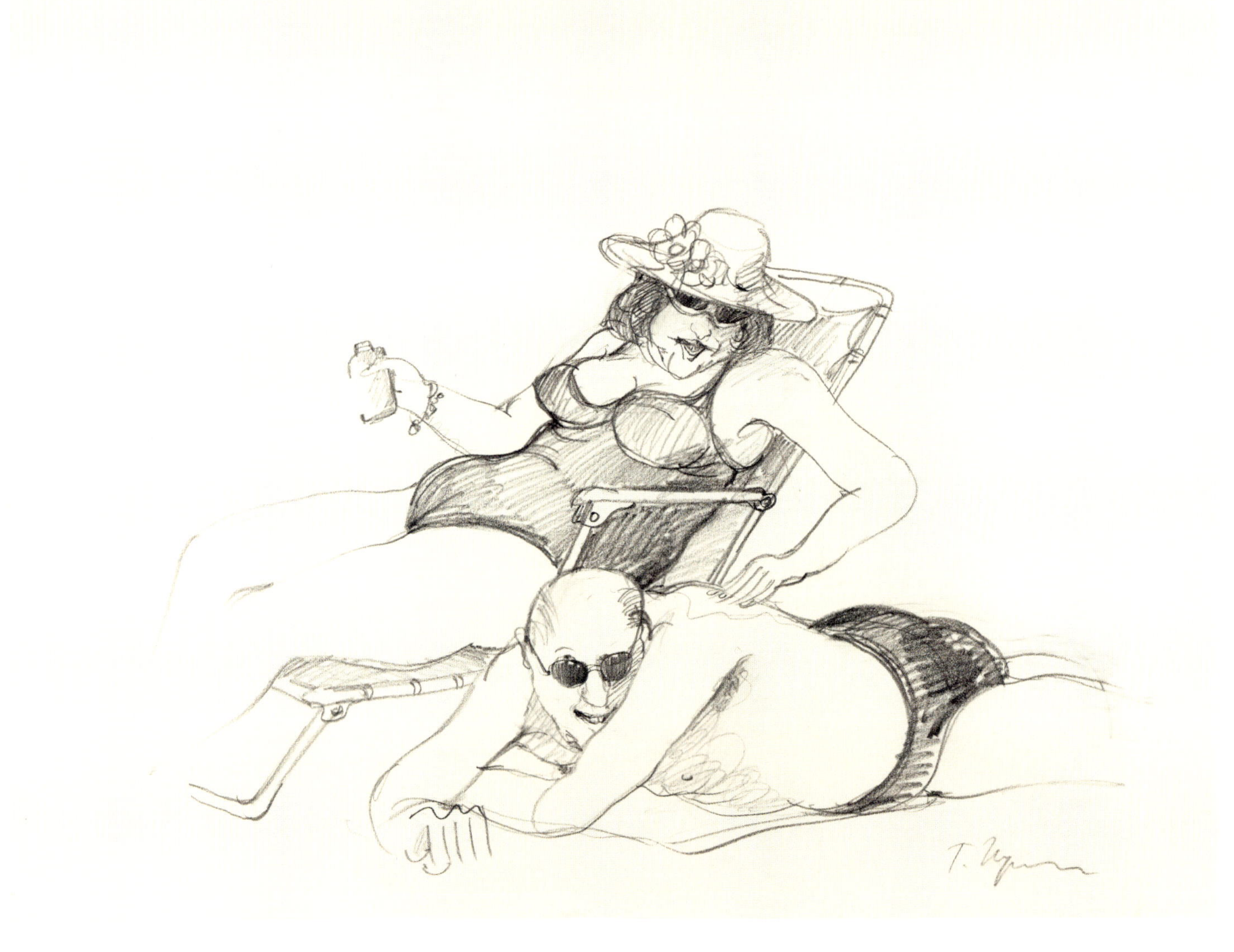

Ohne Titel / Untitled, unveröffentlichte Zeichnung aus der Serie / unpublished drawing from the series *The Hamptons*, 1967, Bleistift auf Papier / pencil on paper, 46 × 61,5 cm

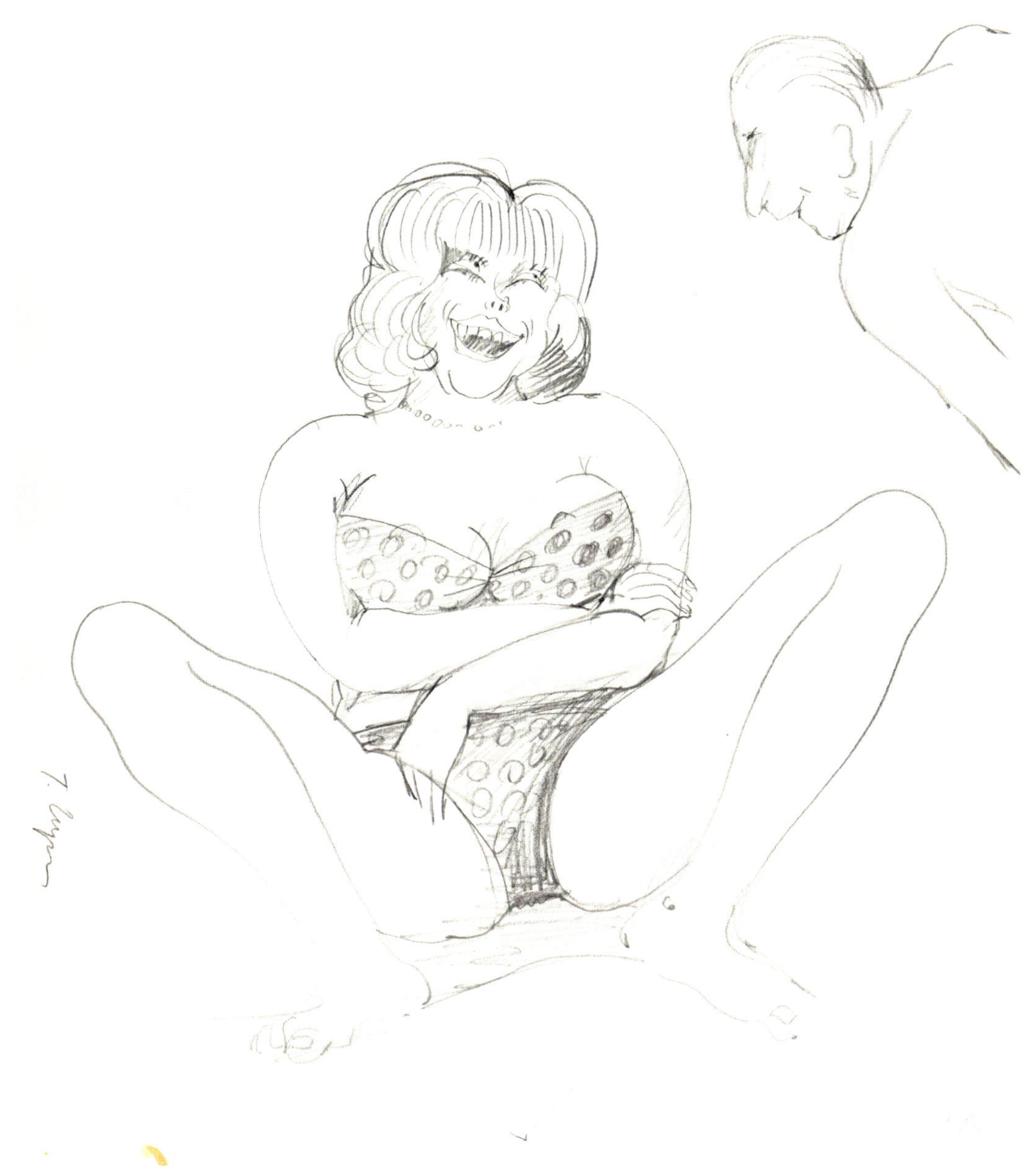

Ohne Titel / Untitled, unveröffentlichte Zeichnung aus der Serie / unpublished drawing from the series *The Hamptons*, 1967, Bleistift auf Papier / pencil on paper, 61 × 45,8 cm

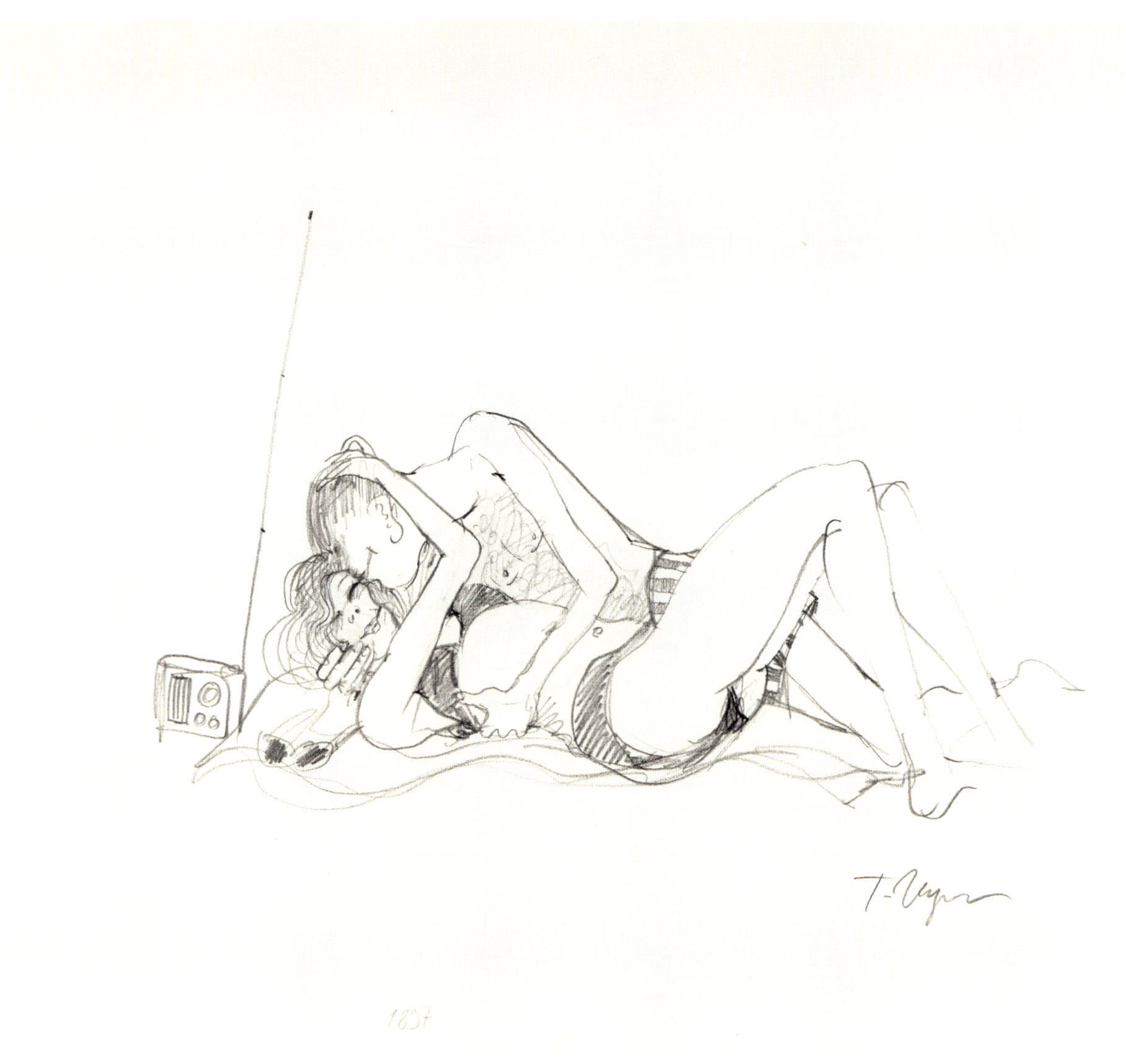

Ohne Titel / *Untitled*, unveröffentlichte Zeichnung aus der Serie / unpublished drawing from the series *The Hamptons*, 1967, Bleistift auf Papier / pencil on paper, 46 × 61 cm

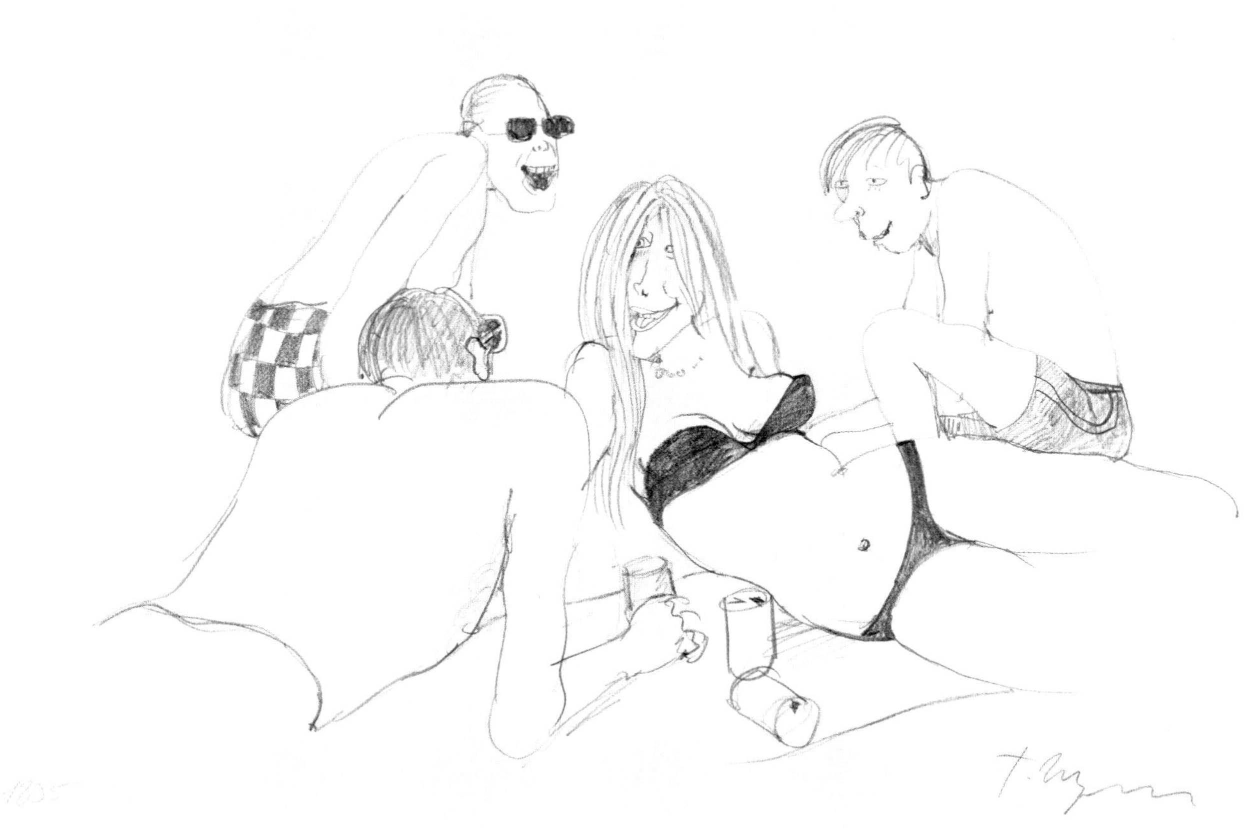

Ohne Titel / Untitled, unveröffentlichte Zeichnung aus der Serie / unpublished drawing from the series *The Hamptons*, 1967, Bleistift auf Papier / pencil on paper, 46 × 61 cm

Sports

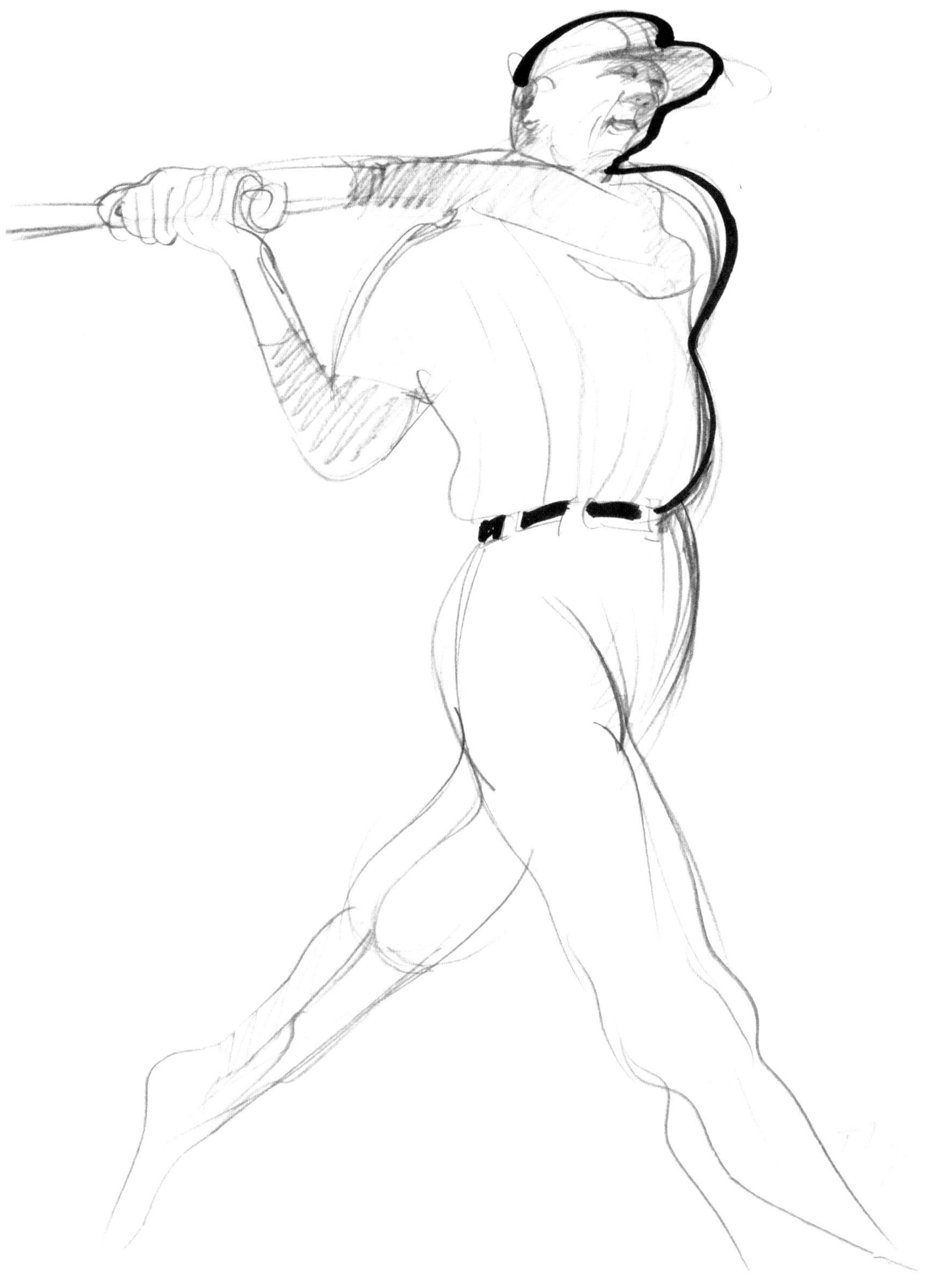

Ohne Titel / Untitled, 1968, Conté-Stift und Gouache auf Papier / Conté crayon and gouache on paper, 61 × 45,5 cm

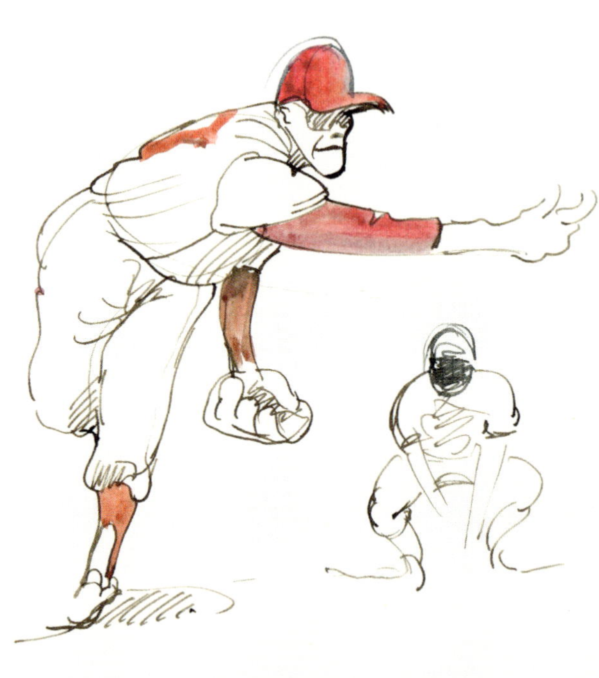

Ohne Titel / Untitled, 1968, Tusche und Wasserfarbe auf Papier / ink and watercolor on paper, 30 × 40 cm

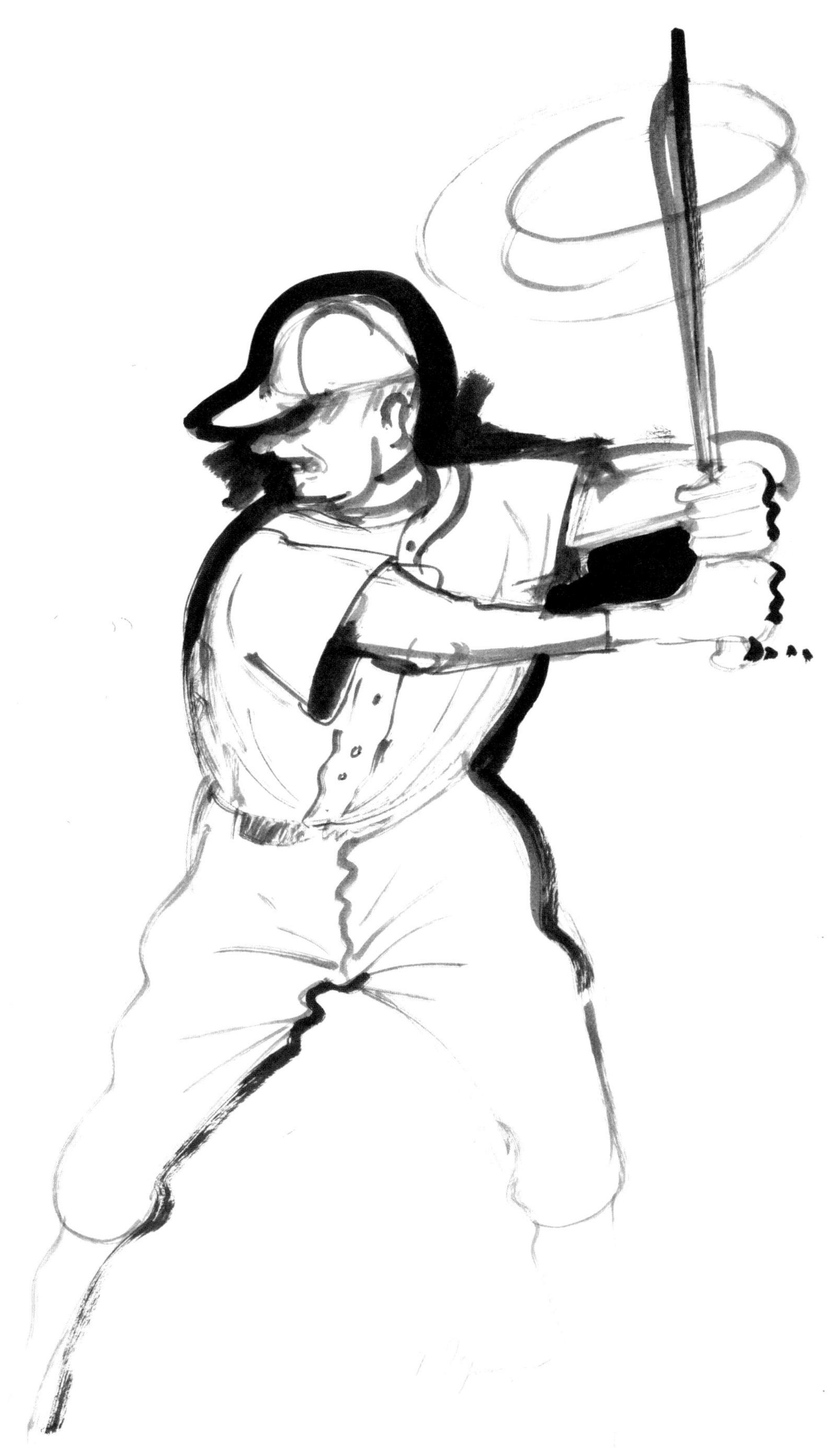

Ohne Titel / Untitled, 1968, Tusche auf Papier / ink on paper, 61 × 45,5 cm

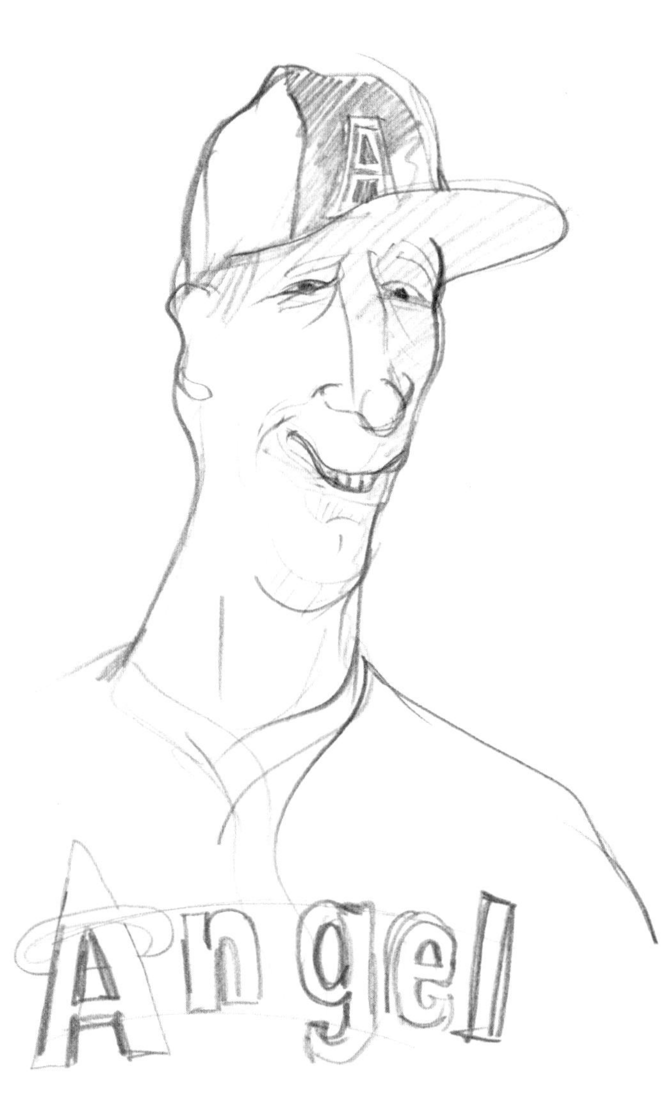

Ohne Titel / Untitled, 1968, Conté-Stift auf Papier / Conté crayon on paper, 35,5 × 22 cm

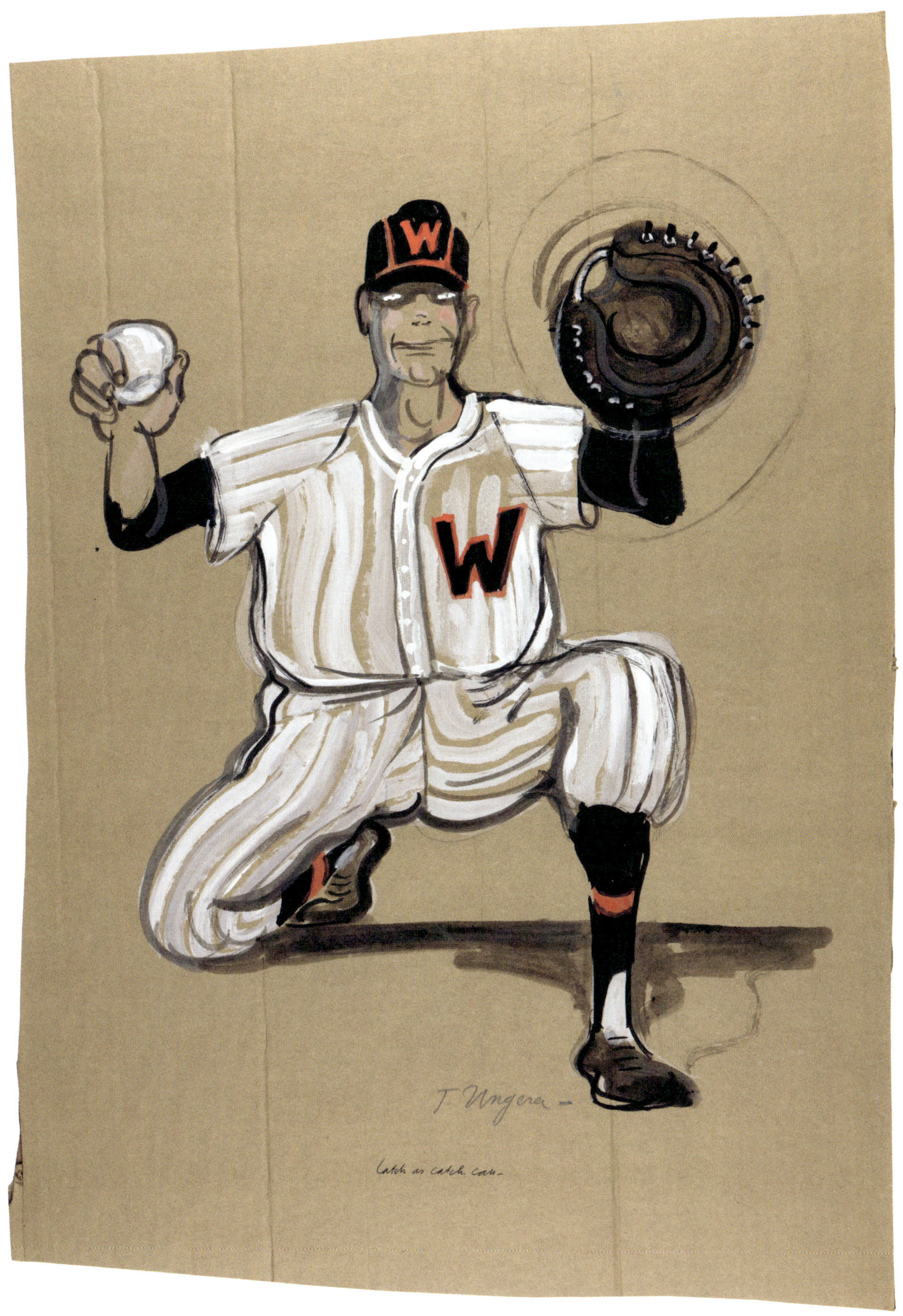

Catch as catch can, 1968, Gouache auf Pappe / gouache on cardboard, 75 × 53 cm

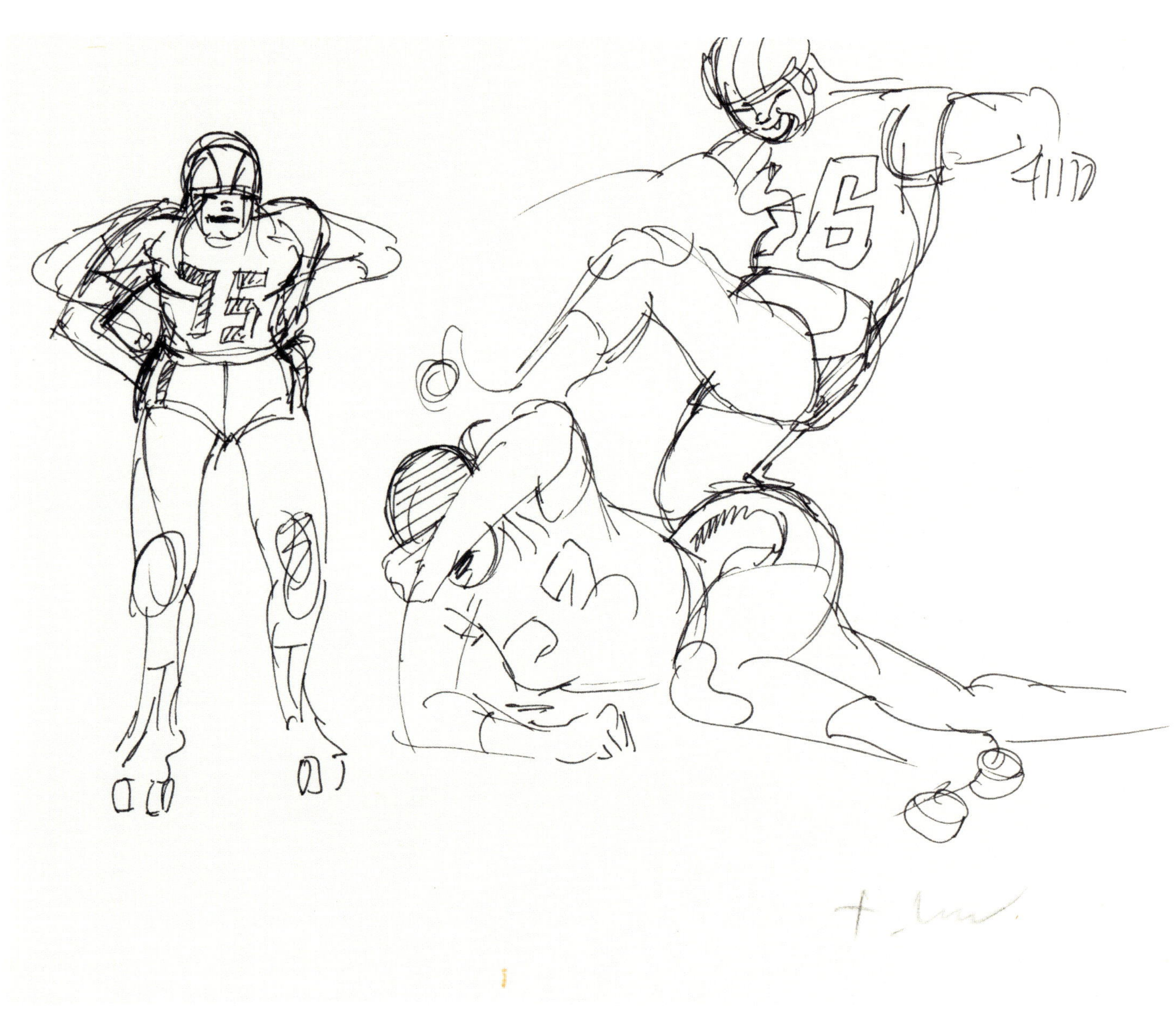

Ohne Titel / Untitled, 1968, Tusche auf Papier / ink on paper, 20,5 × 25,5 cm

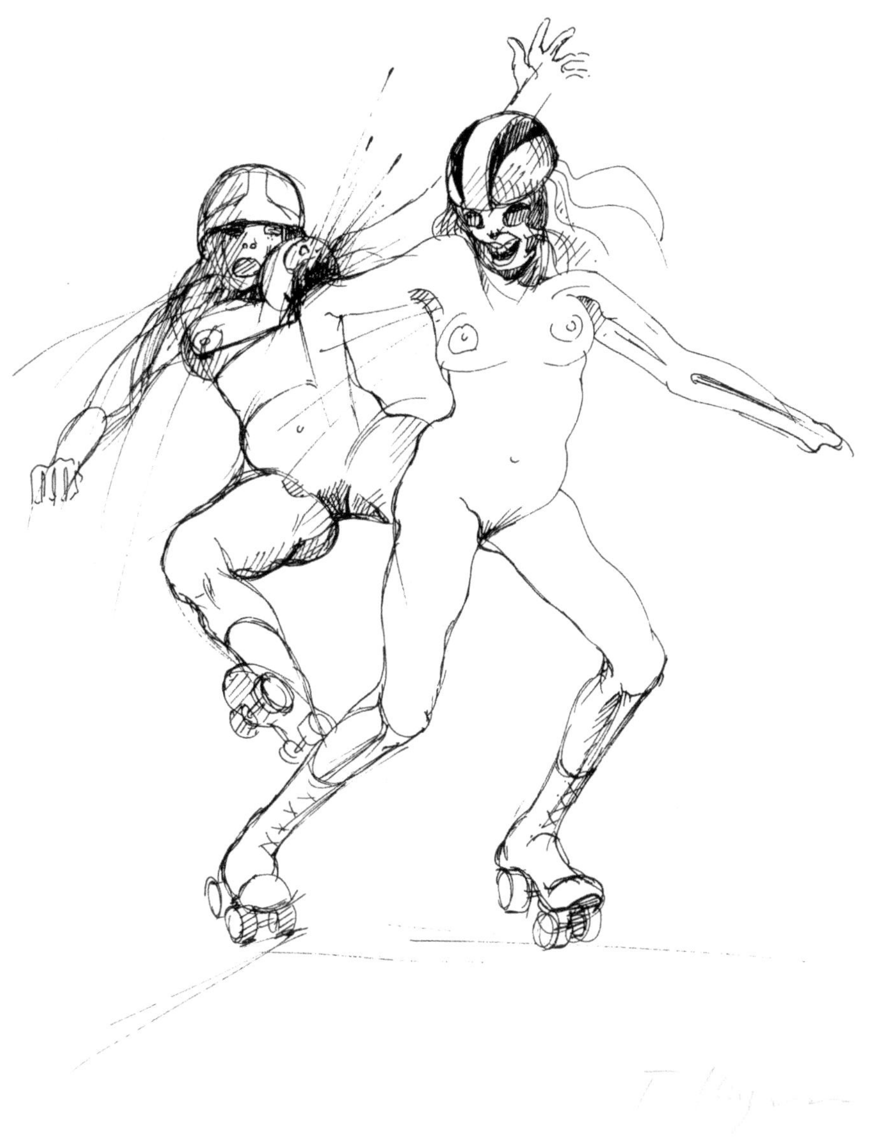

Ohne Titel / Untitled, 1968, Tusche auf Papier / ink on paper, 25,5 × 20,5 cm

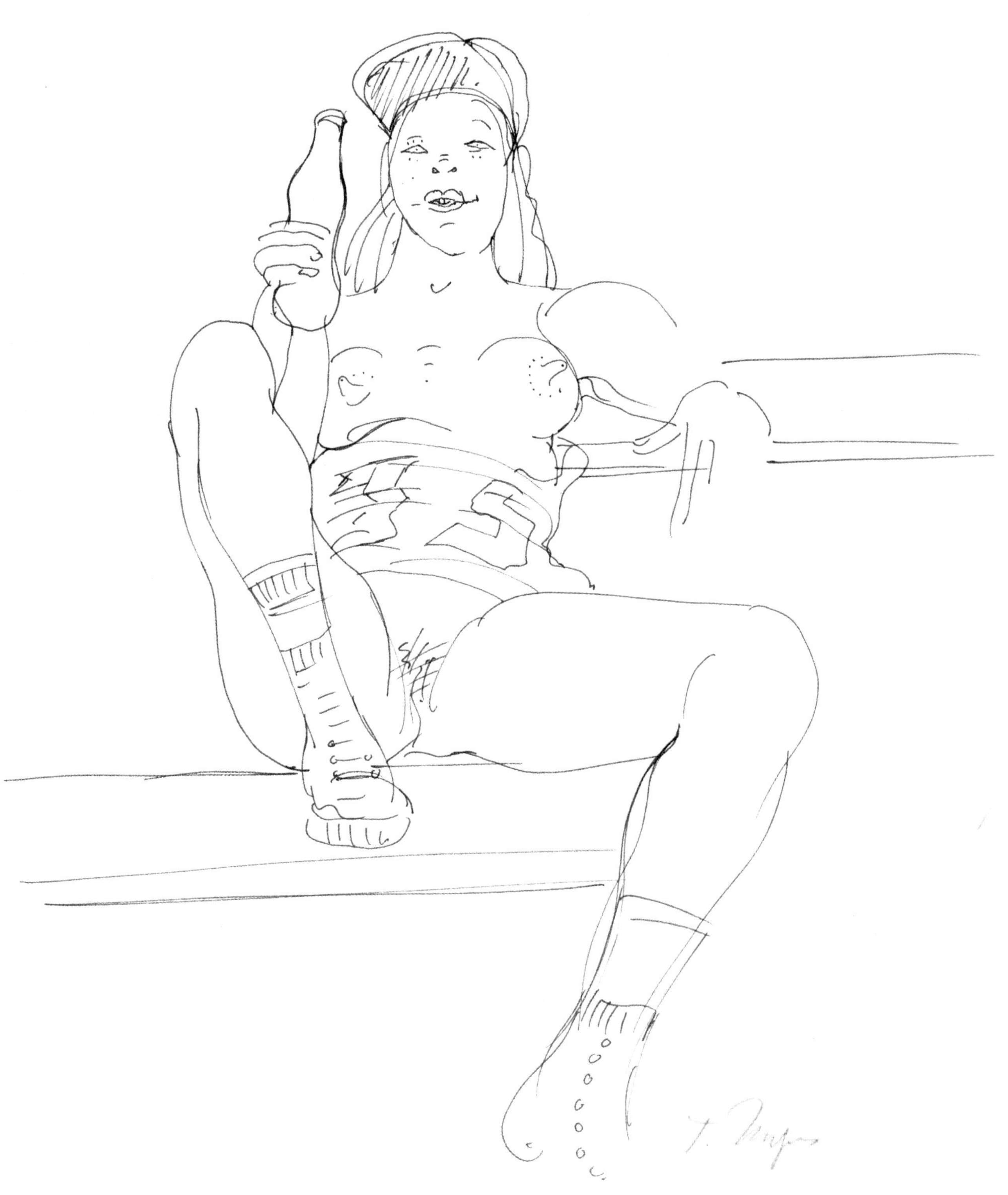

Ohne Titel / Untitled, 1968, Tusche auf Papier / ink on paper, 30,5 × 23 cm

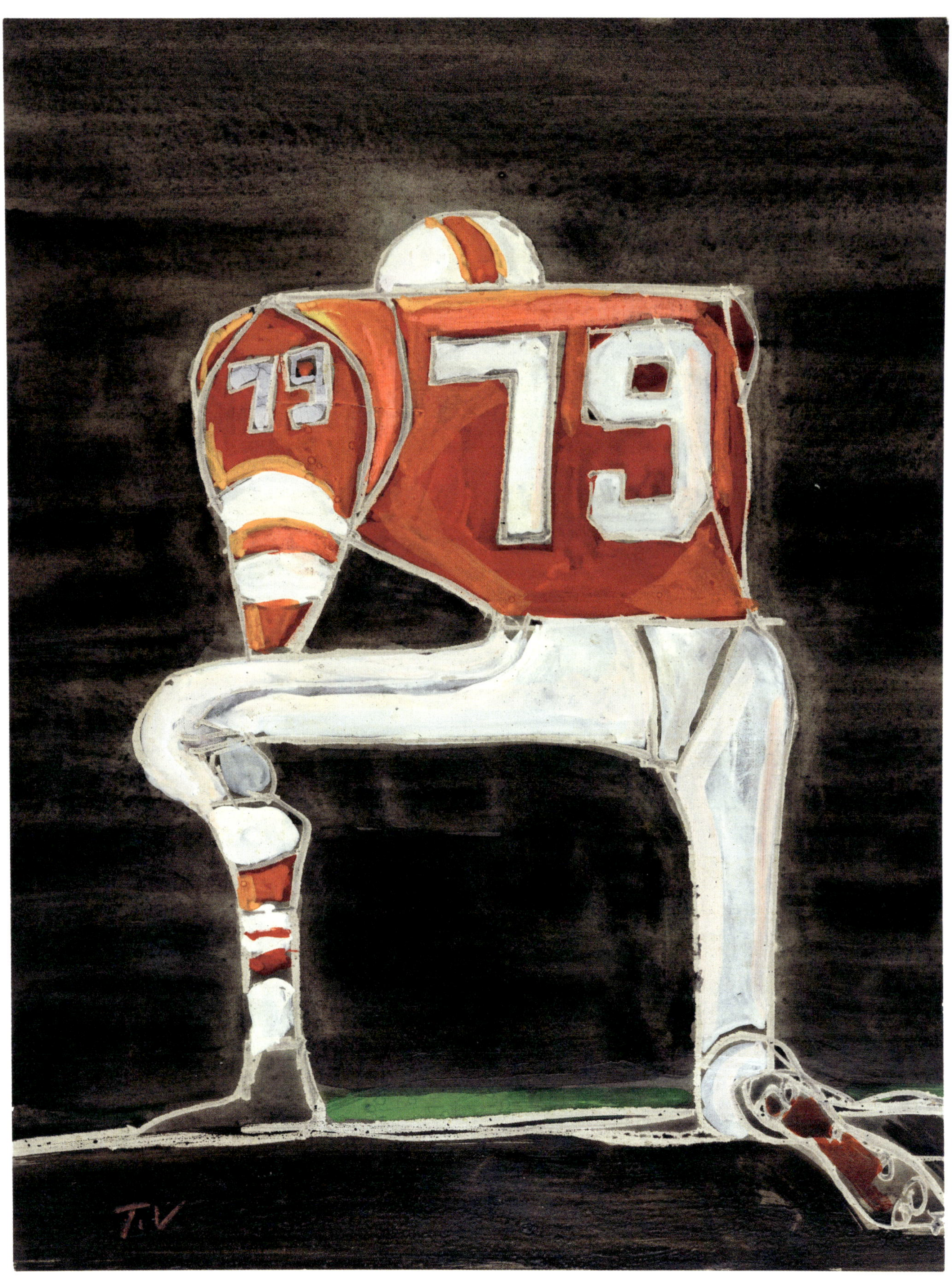

Ohne Titel / Untitled, 1962, Tusche und Gouache auf Papier / ink and gouache on paper, 37 × 28,5 cm

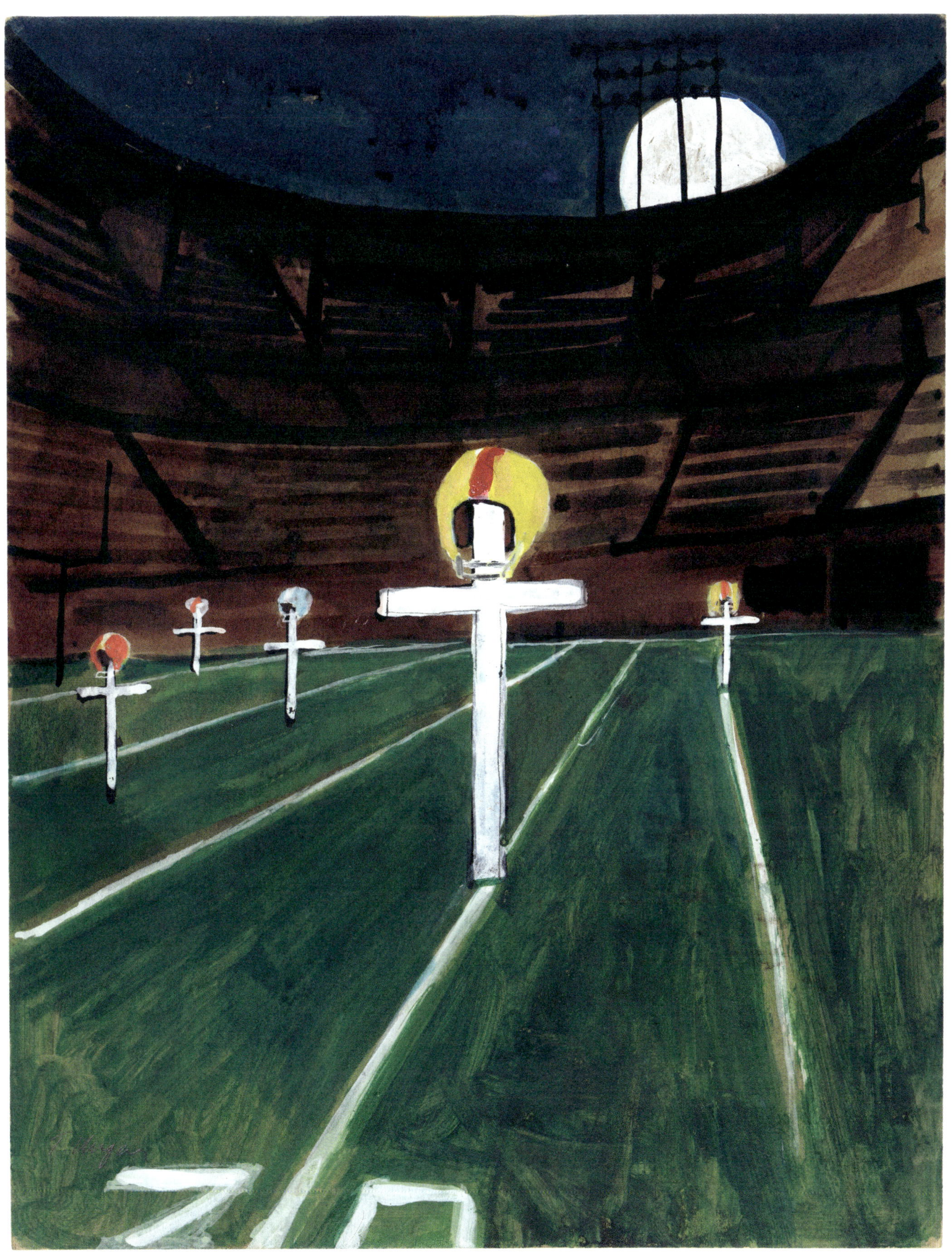

Ohne Titel / Untitled, 1962, Gouache und Farbe auf Papier / gouache and paint on paper, 35,5 × 28 cm

The Party

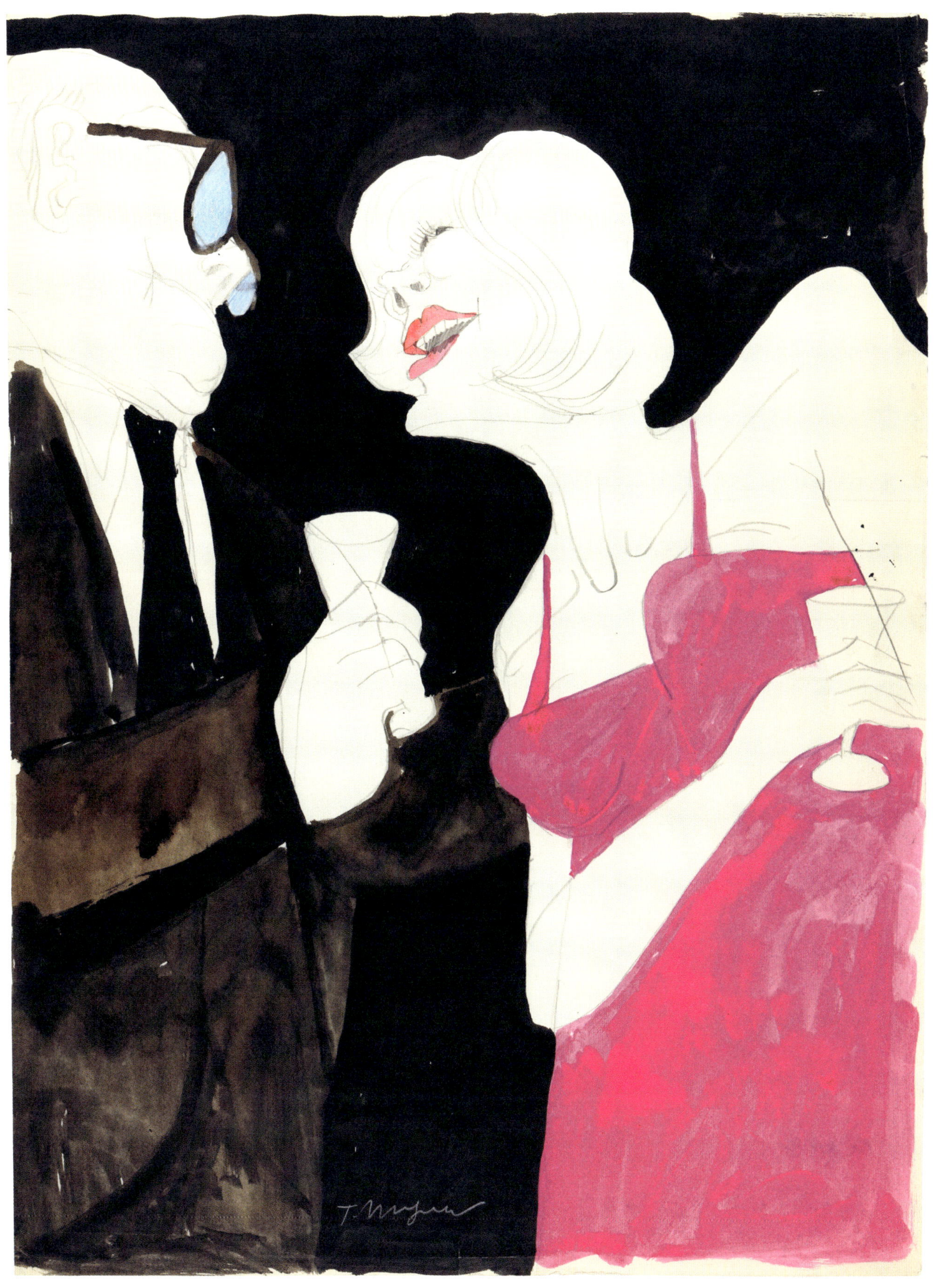

Ohne Titel / Untitled, unveröffentlichte Zeichnung für / unpublished drawing for *The Party*, 1966, Bleistift, Tusche laviert, Wasserfarbe auf Papier / pencil, ink wash and watercolor on paper, 61,5 × 46 cm

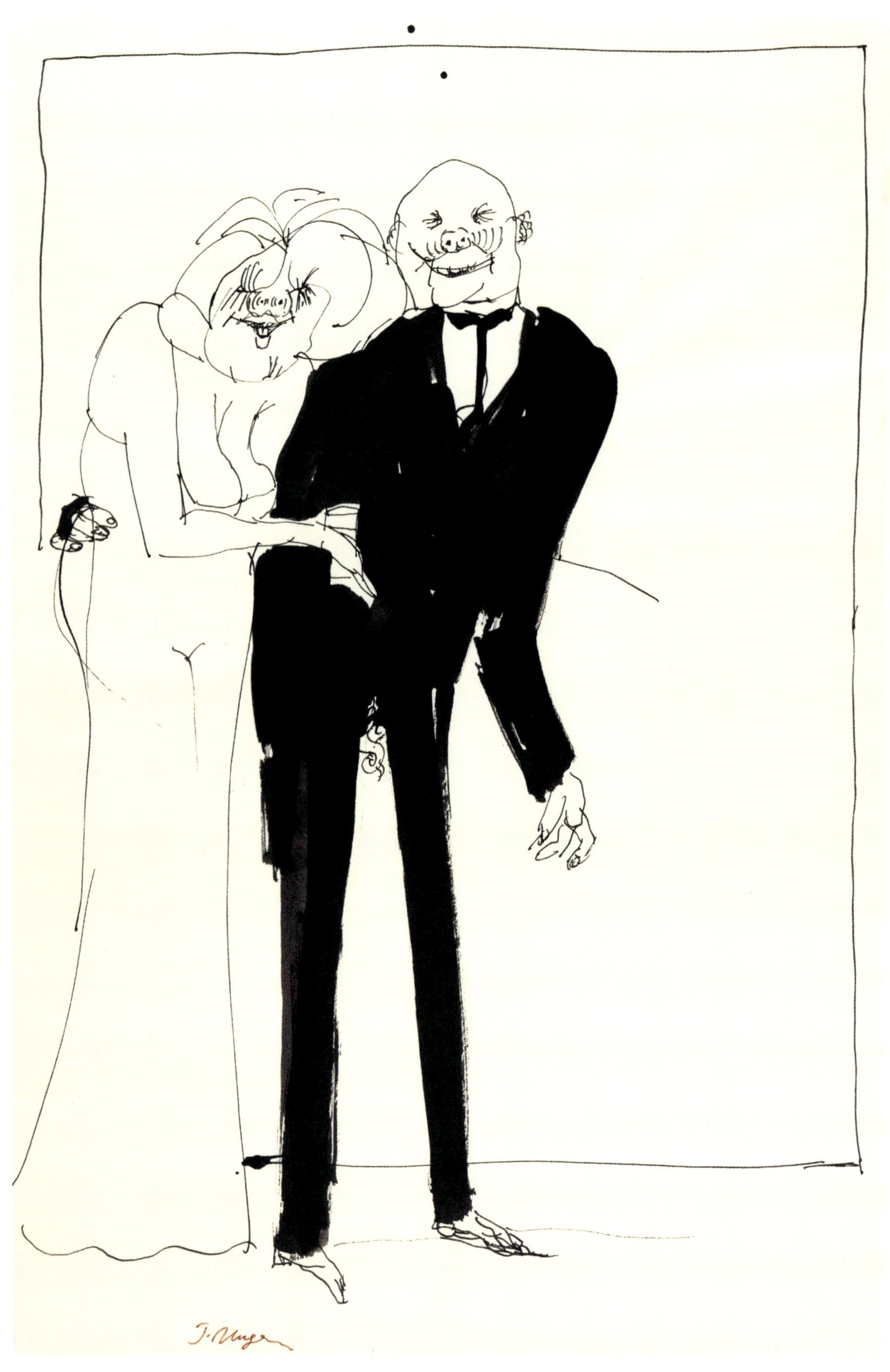

Ohne Titel / Untitled, unveröffentlichte Zeichnug für / unpublished drawing for *The Party*, 1966,
Tusche auf Papier / ink on paper, 46 × 31 cm

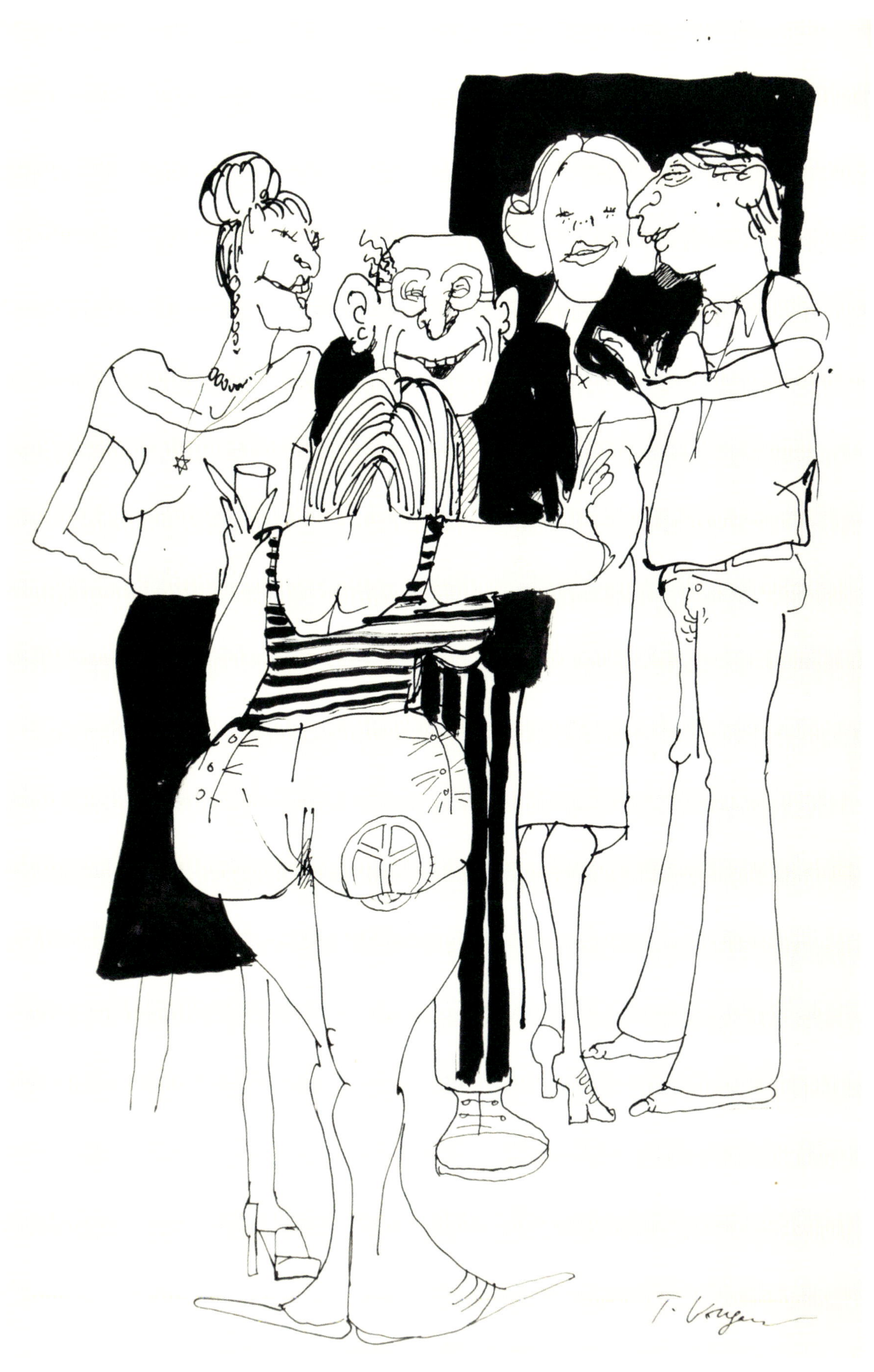

Ohne Titel / Untitled, ca. 1966, Tusche auf Papier / ink on paper, 45 × 30,7 cm

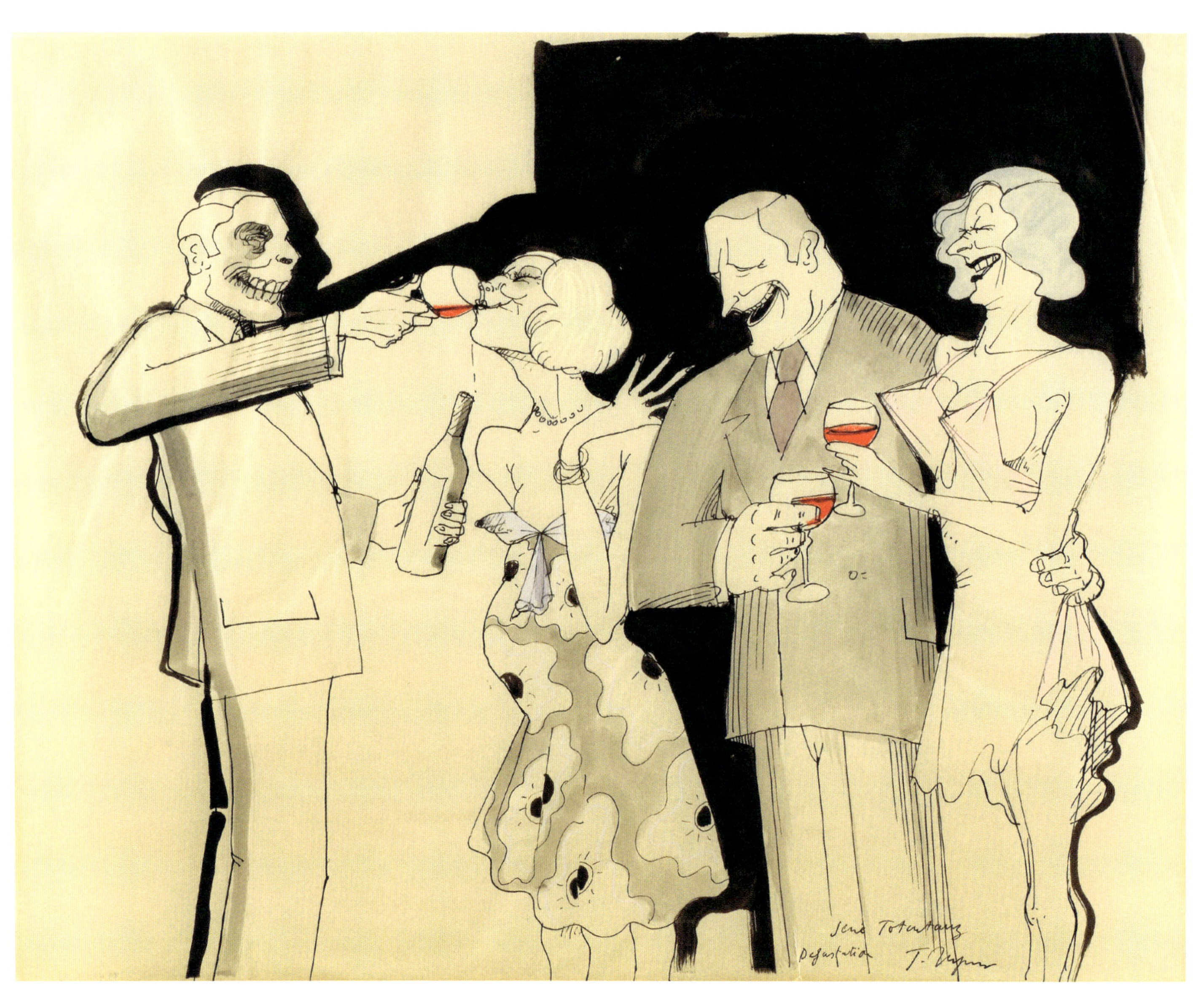

Série Totentanz – Degustation, Zeichnung für / drawing for *Rigor Mortis*, 1981,
Tusche und sepiafarbene Lavierung, Farbstift und weißer Buntstift / ink and sepia wash, colored pencil and white pencil, 47,5 × 60 cm

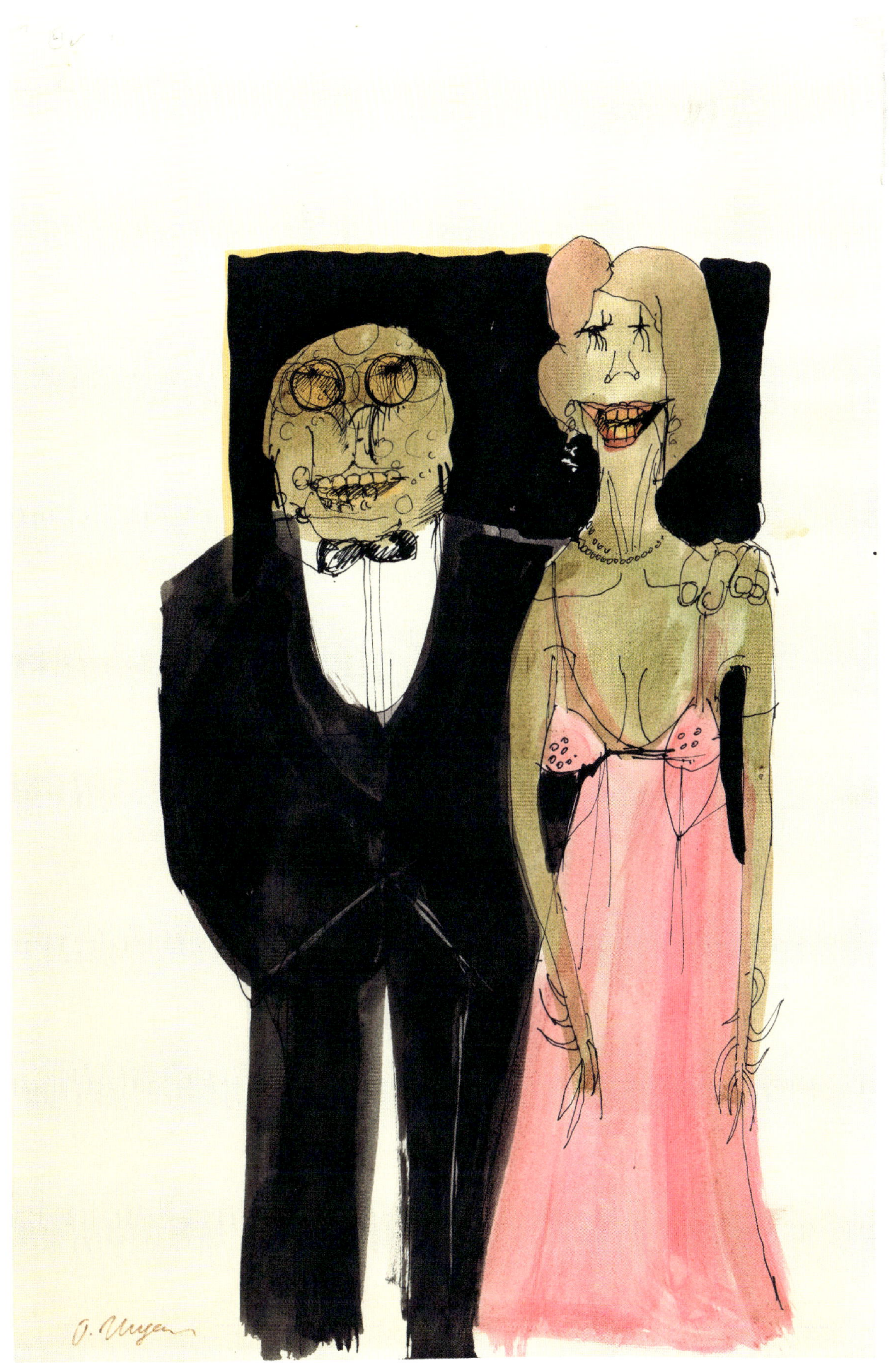

Ohne Titel / Untitled, unveröffentlichte Zeichnung für / unpublished drawing for *The Party*, 1966, Tusche und Wasserfarbe auf Papier / ink, watercolor on paper, 46 × 30,5 cm

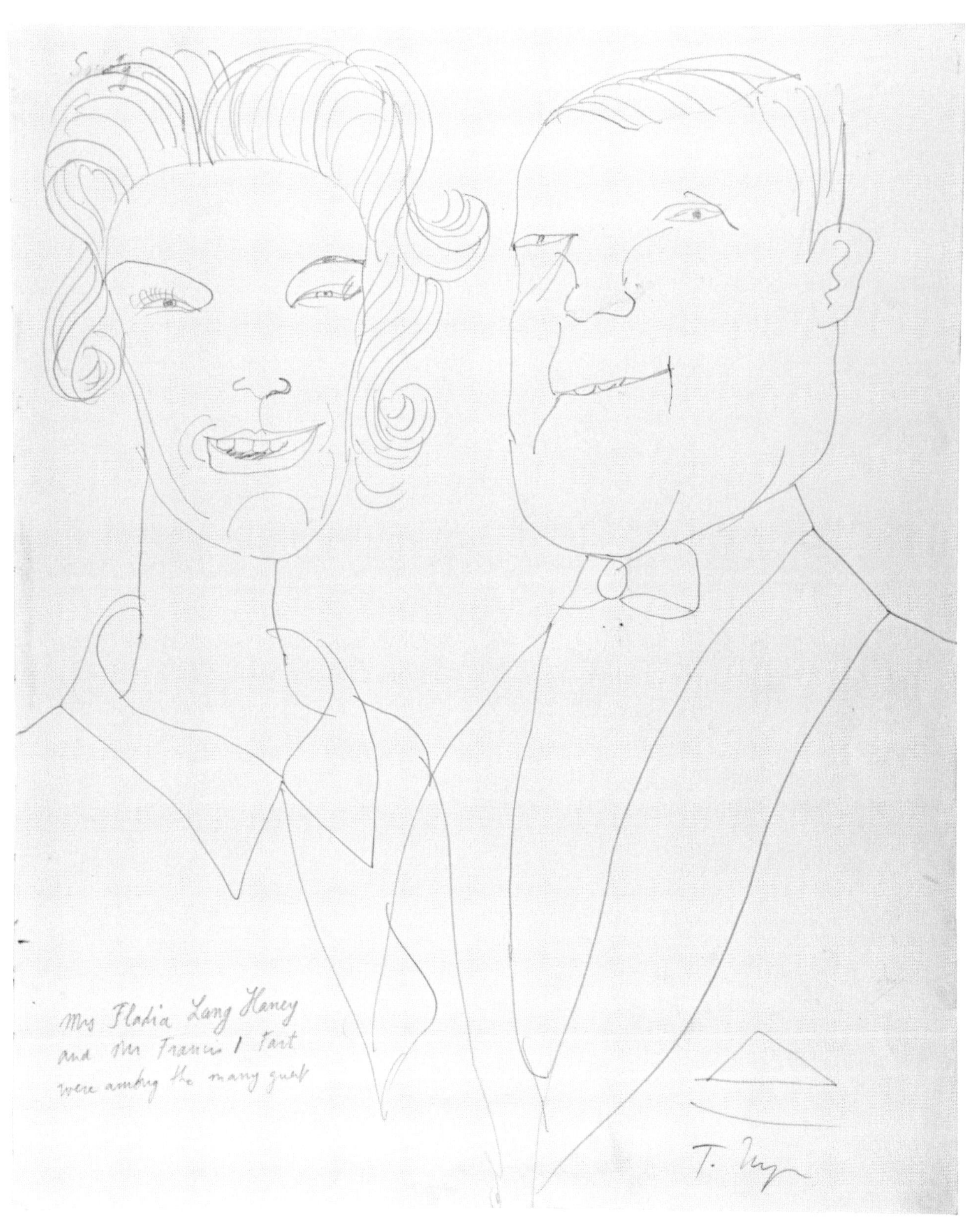

Mrs Fladia Lang Haney and Mr Francis, unveröffentlichte Zeichnung für / unpublished drawing for *The Party*, 1966, Bleistift auf Papier / pencil on paper, 42,5 × 35 cm

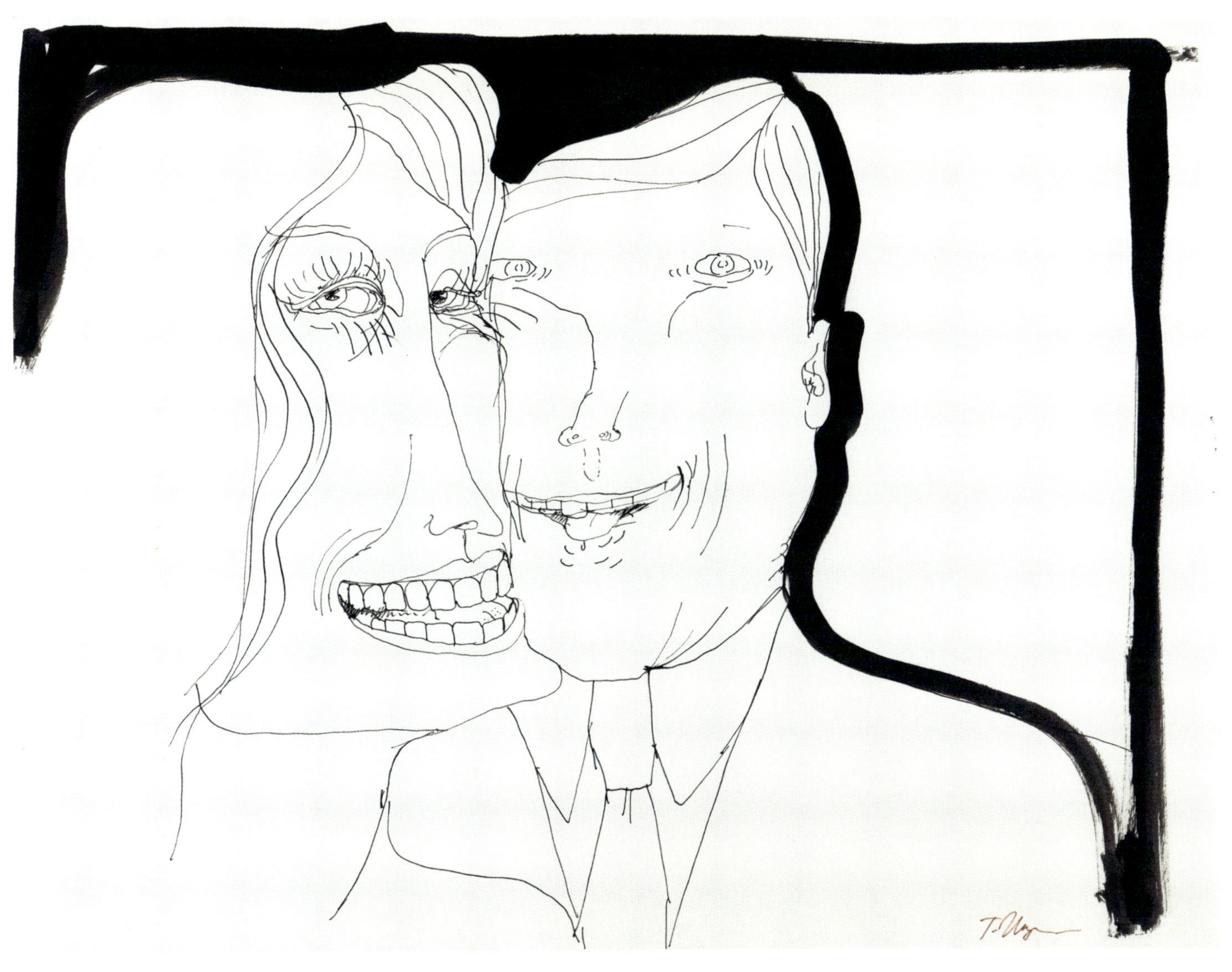

Ohne Titel / Untitled, unveröffentlichte Zeichnung für / unpublished drawing for *The Party*, 1966,
Tusche auf Papier / ink on paper, 45,8 × 61,2 cm

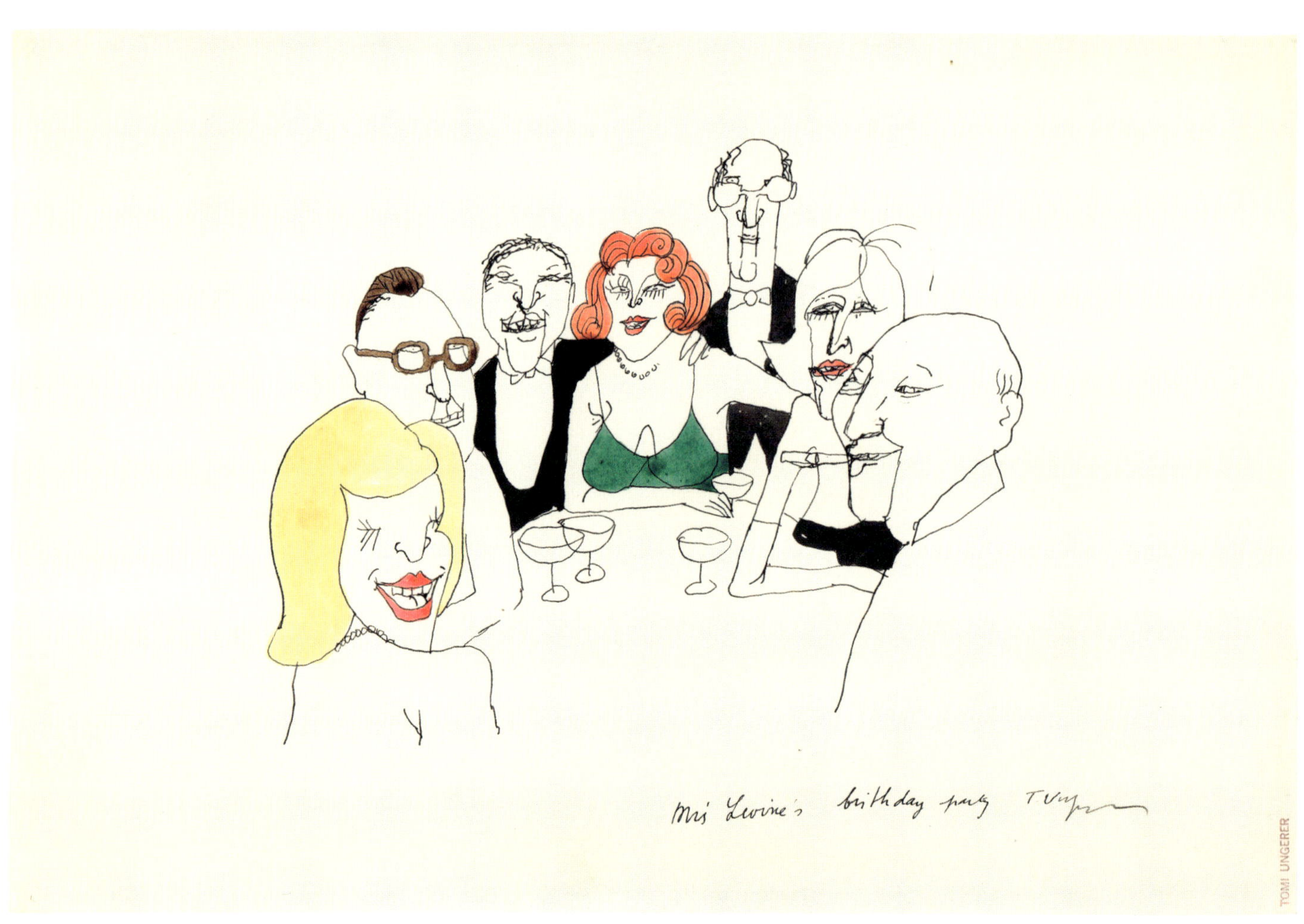

Mrs Levine's birthday party, unveröffentlichte Zeichnung / unpublished drawing, 1990er / 1990s,
Tusche und Wasserfarbe auf Papier / ink and watercolor on paper, 30,5 × 46 cm

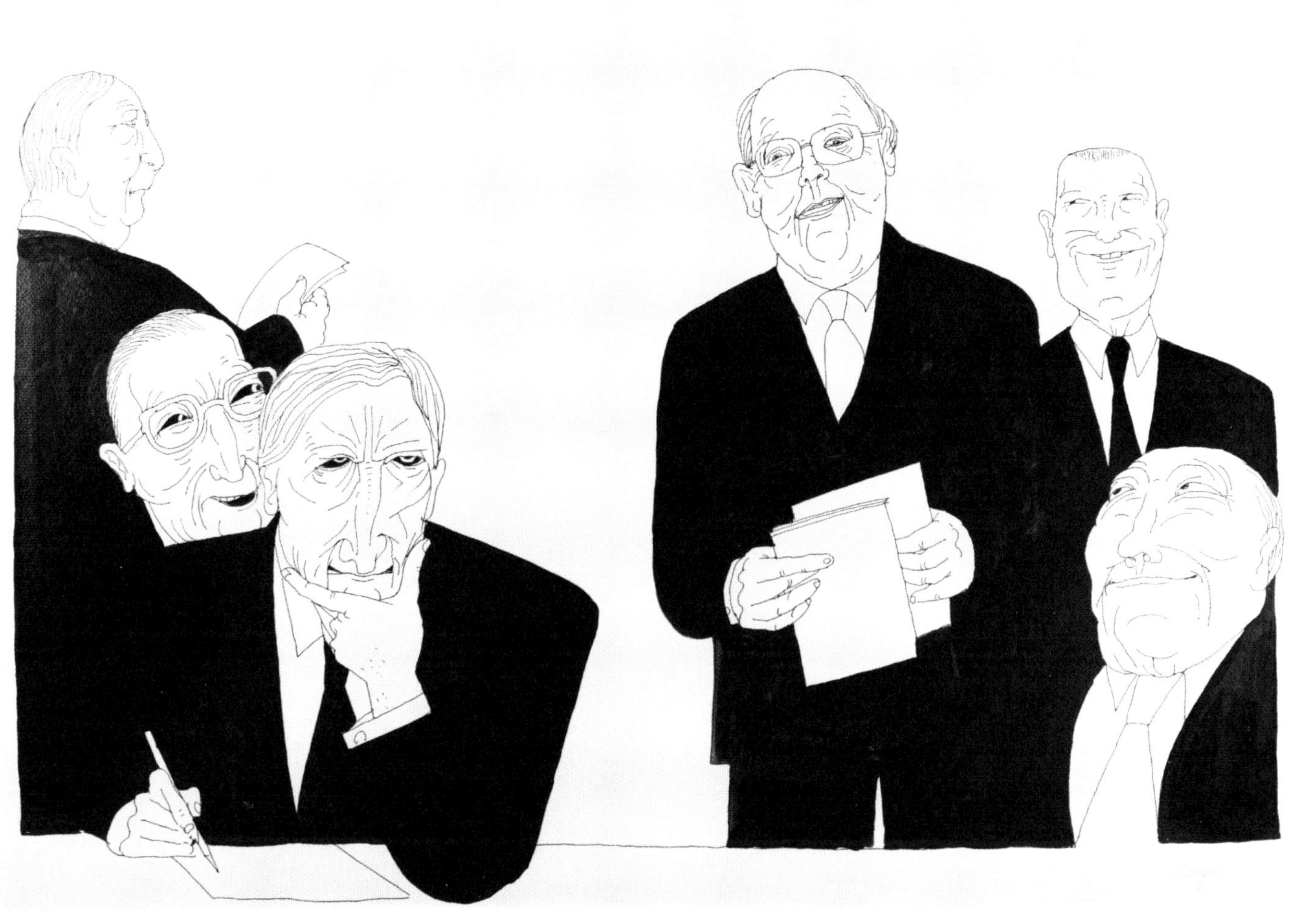

Ohne Titel / Untitled, ca. 2000, Tusche auf Papier / ink on paper, 60 × 80 cm

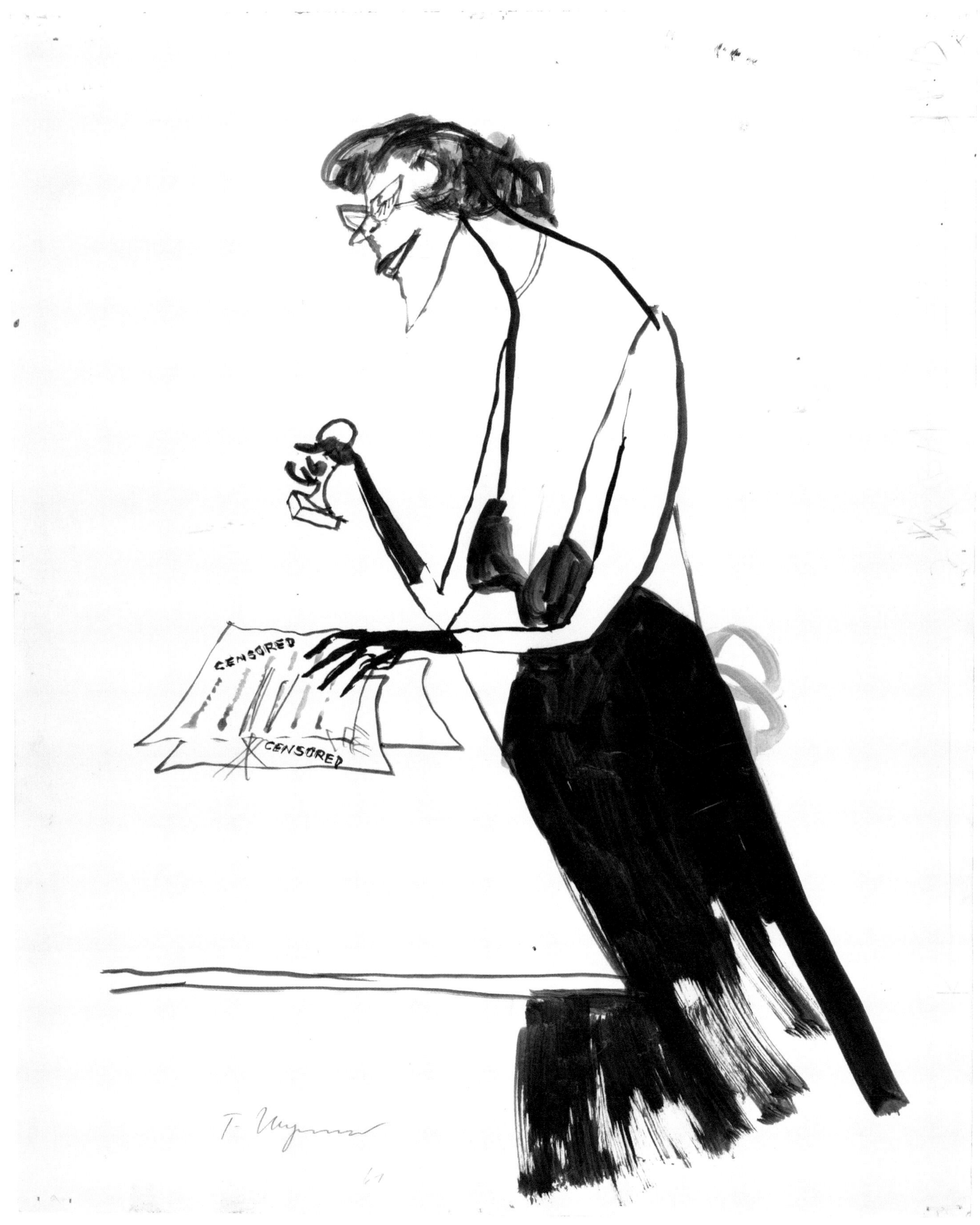

Ohne Titel / Untitled, 1961, Tusche auf Papier / ink on paper, 43,3 × 35,6 cm

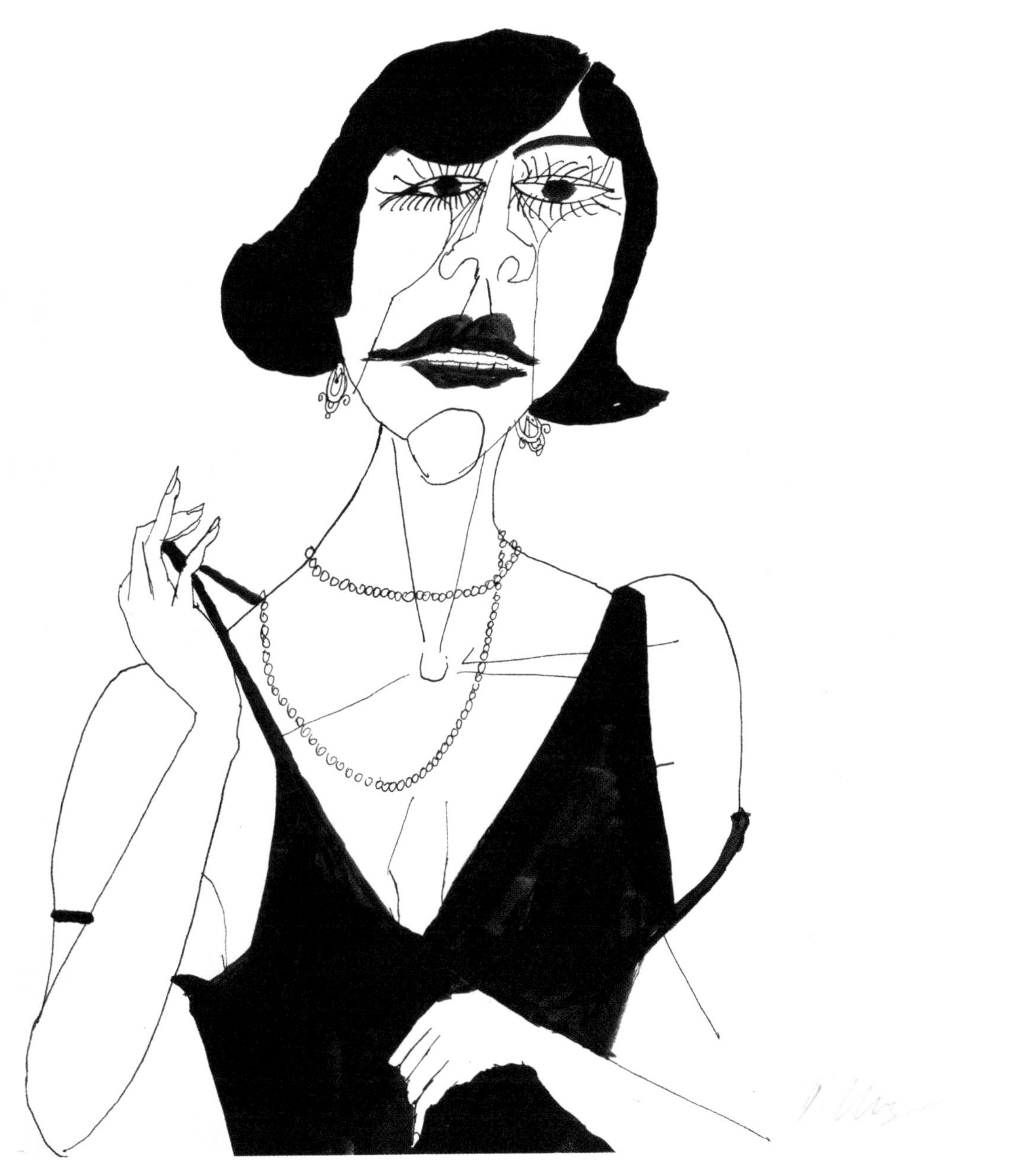

Ohne Titel / Untitled, Zeichnung für / drawing for *The Party*, 1966,
Tintenstift, weiß laviert auf Papier / ink pen and wash on paper, 35,5 × 28 cm

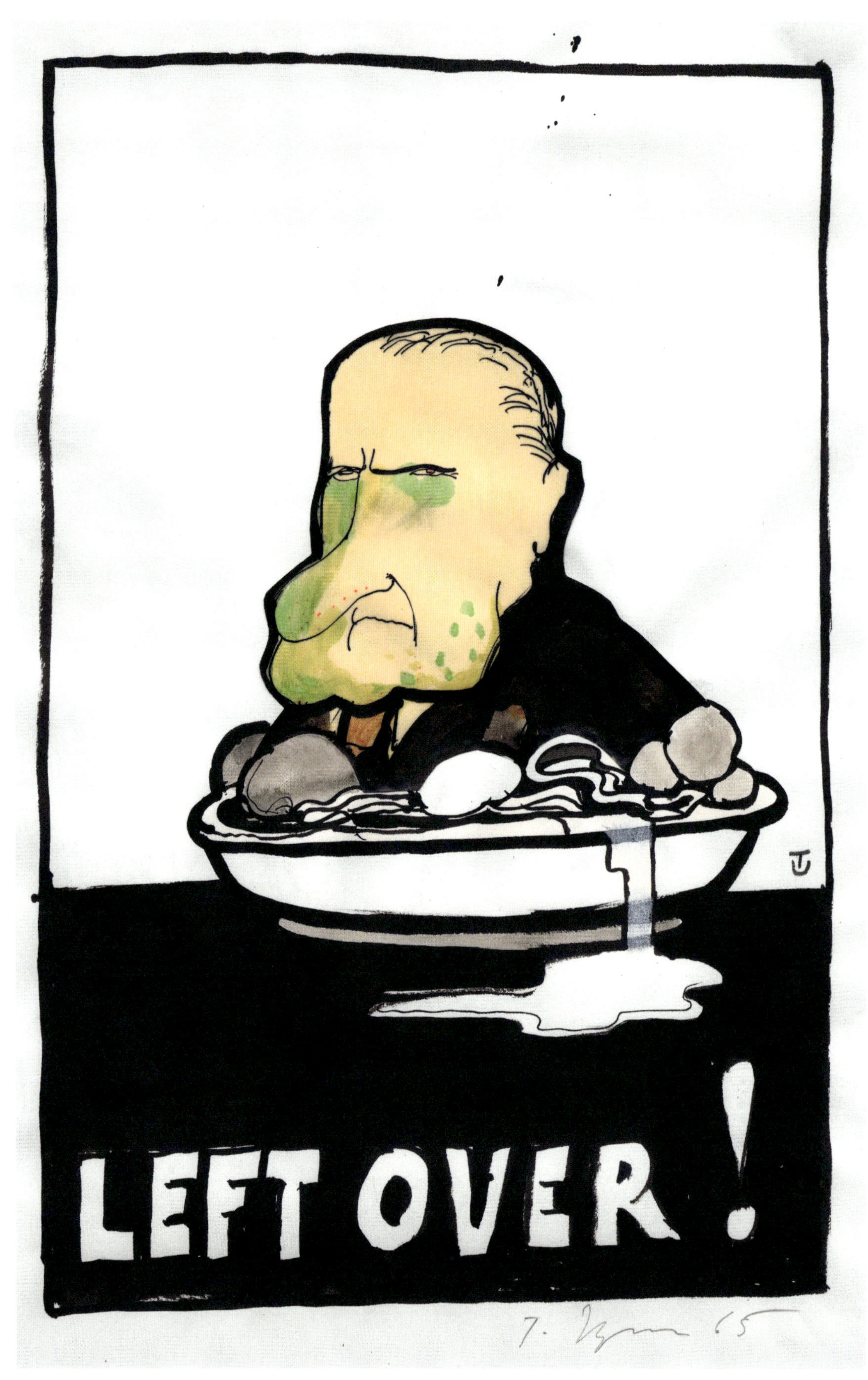

Left over!, 1965, Tusche, laviert mit farbiger Tinte auf Papier / ink, washed with colored ink on paper, 45,6 × 30,3 cm

Plakate / Posters

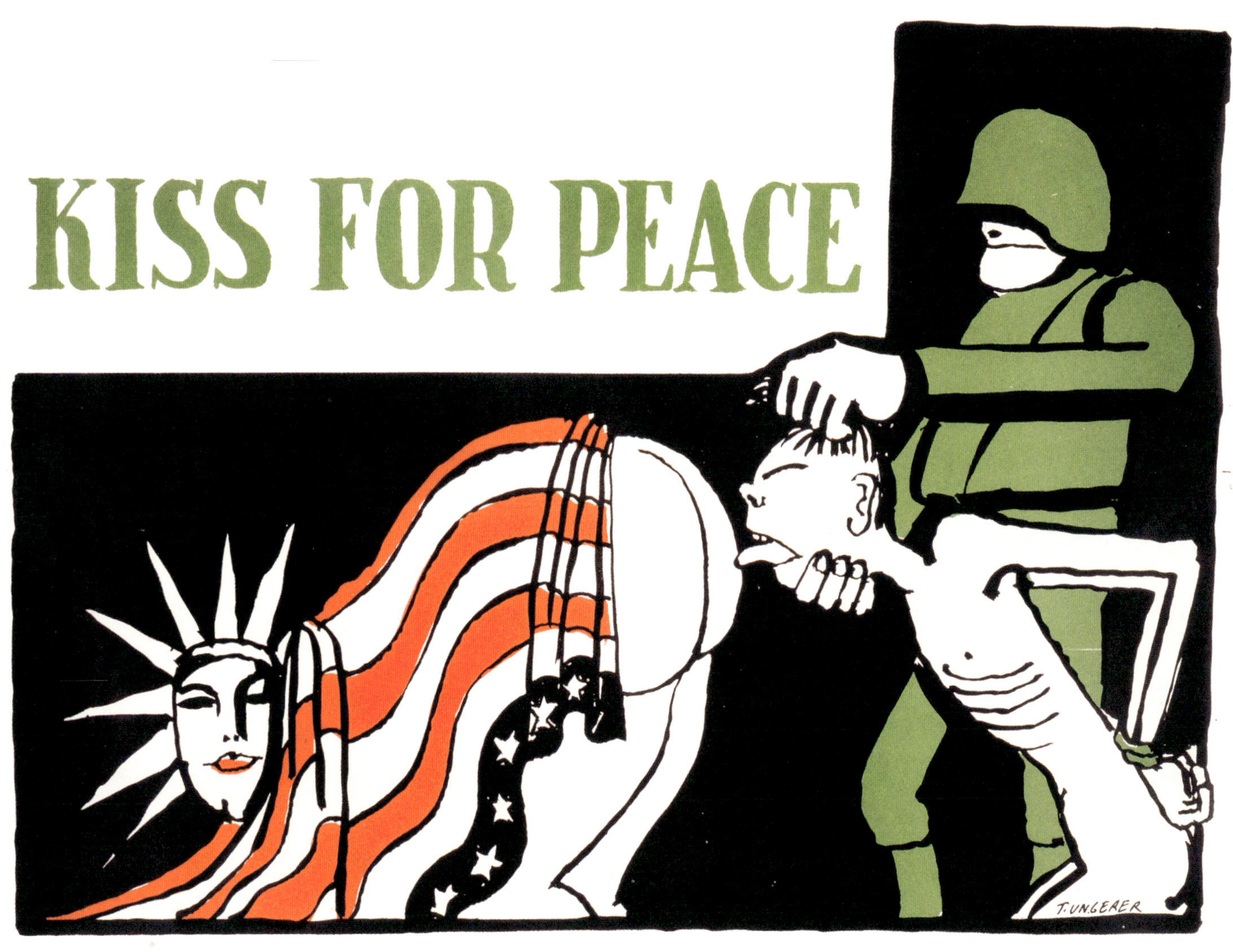

Kiss for peace, Plakat gegen den Vietnamkrieg / poster against the Vietnam War, 1967, Offsetdruck / offset print, 56 × 70 cm

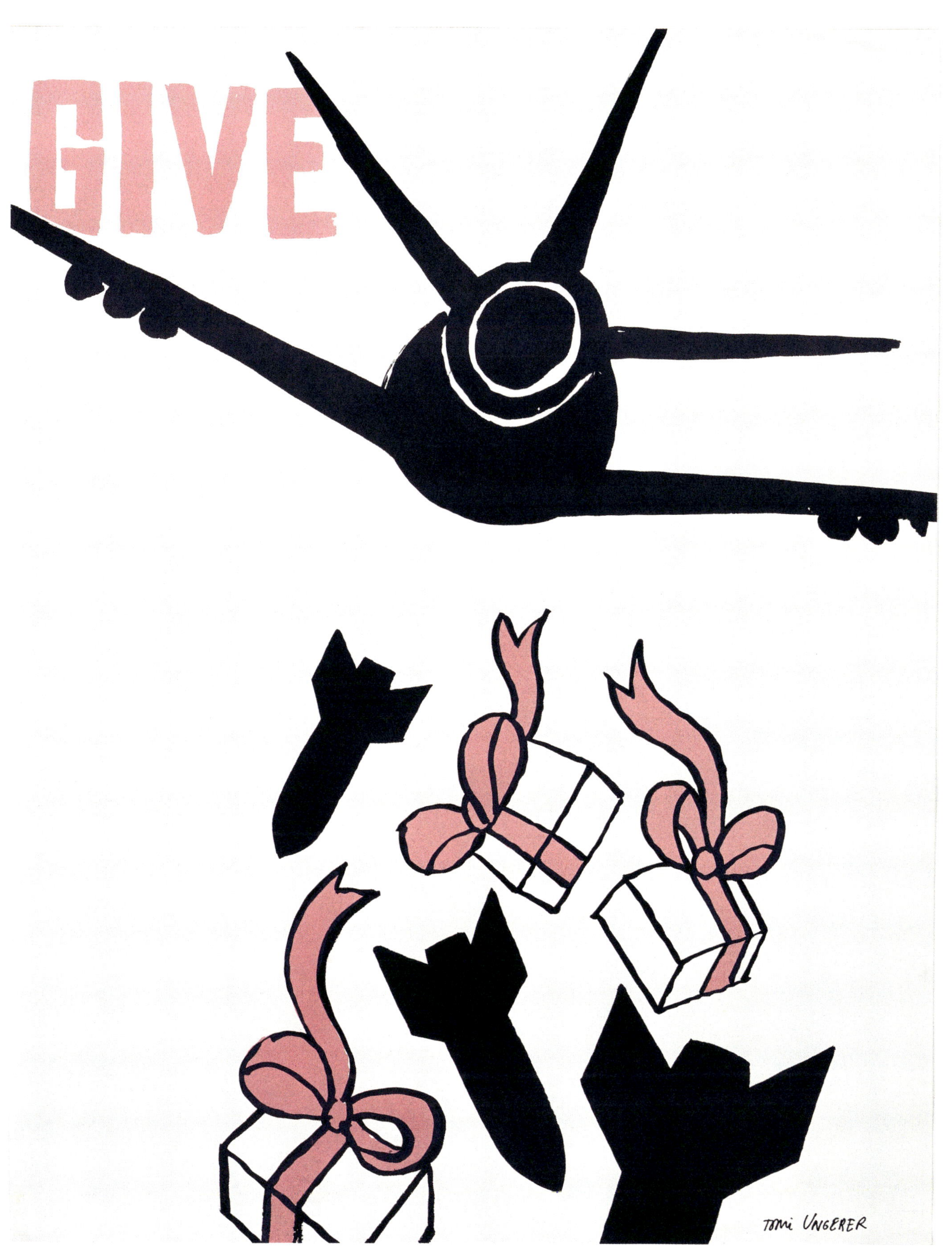

Give, Plakat gegen den Vietnamkrieg / poster against the Vietnam War, 1967,
Offsetdruck / offset print, 68 × 53 cm

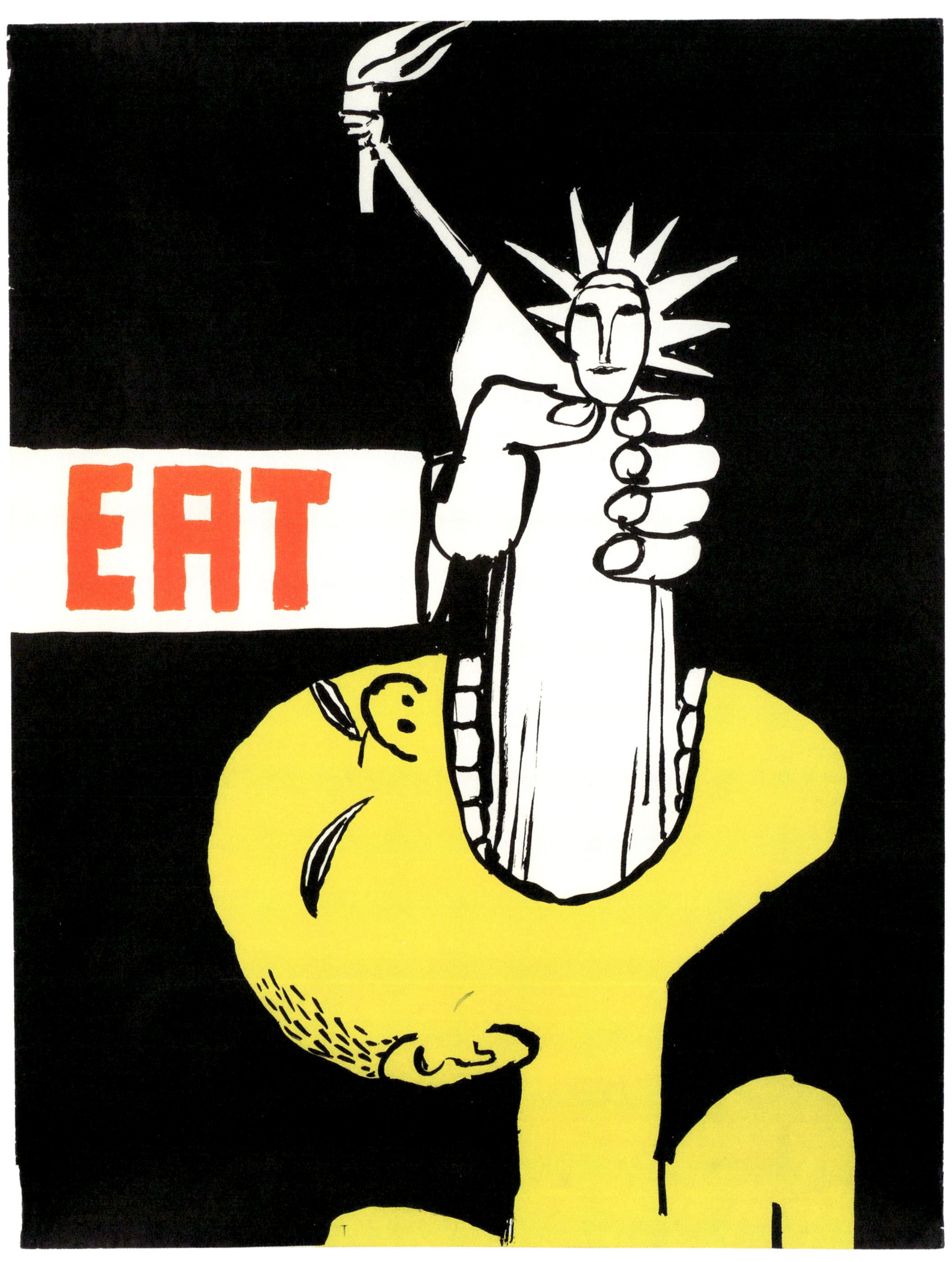

Eat, Plakat gegen den Vietnamkrieg / poster against the Vietnam War, 1967,
Offsetdruck / offset print, 68 × 53 cm

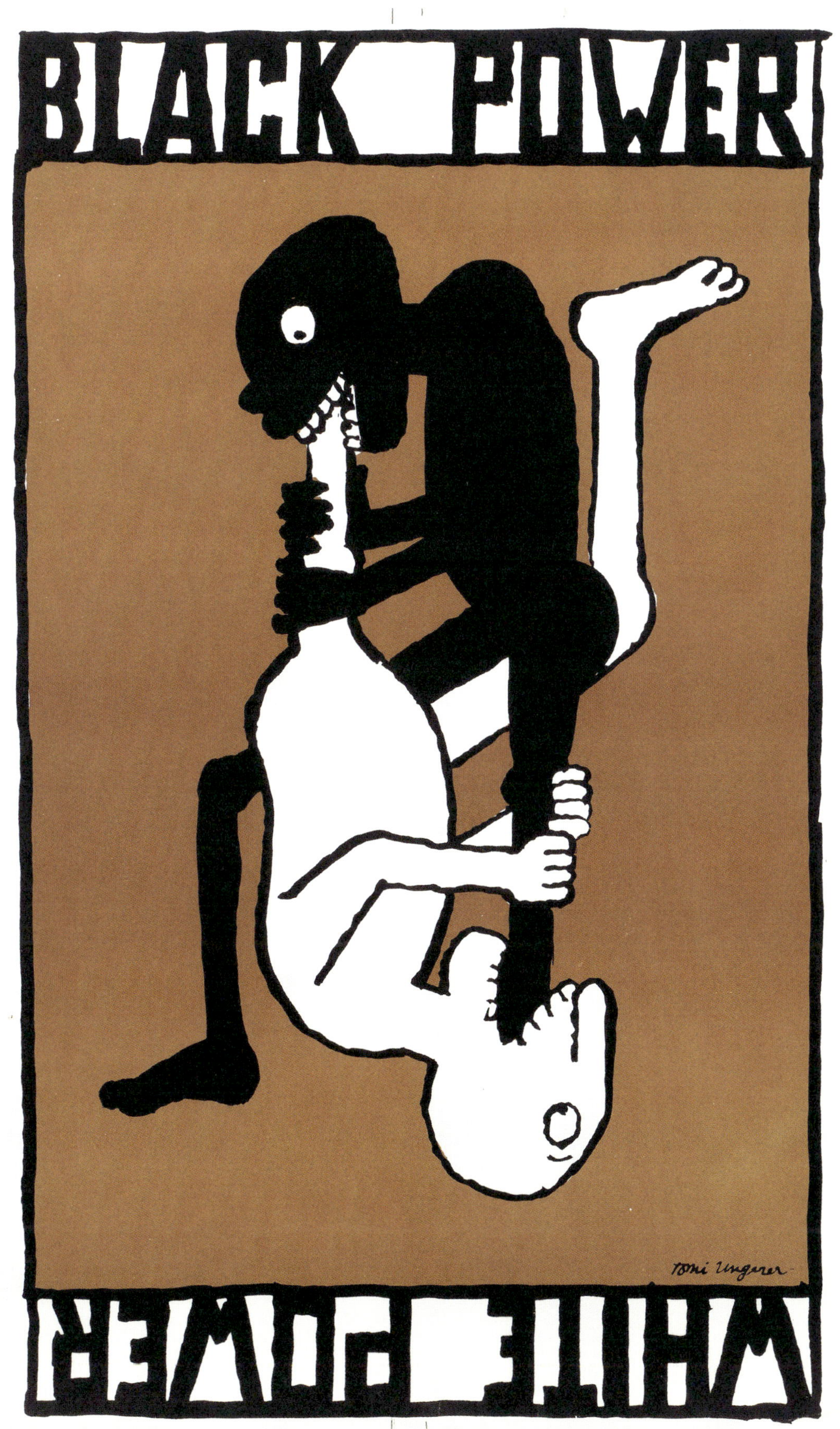

Black Power / White Power, Plakat gegen die Rassentrennung / poster against segregation, 1967,
Offsetdruck / offset print, 71 × 50 cm

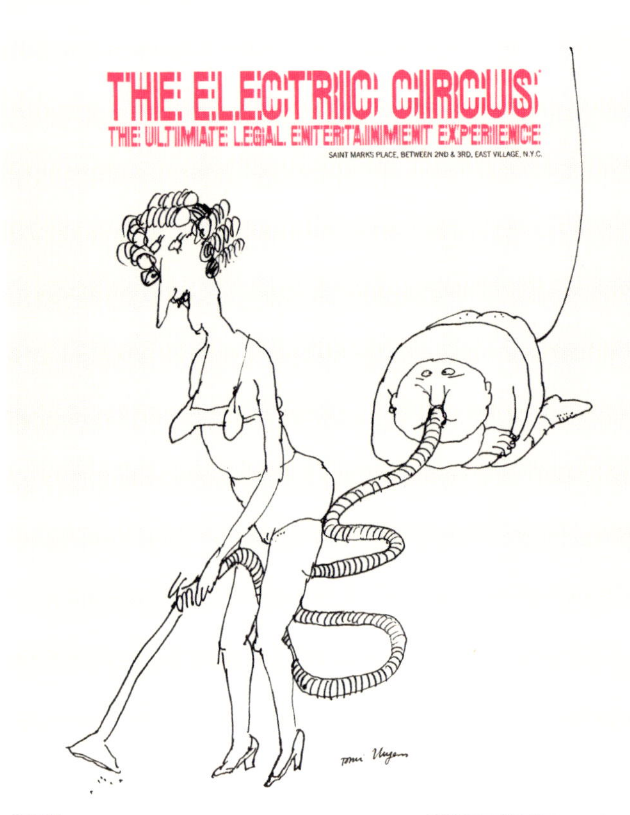

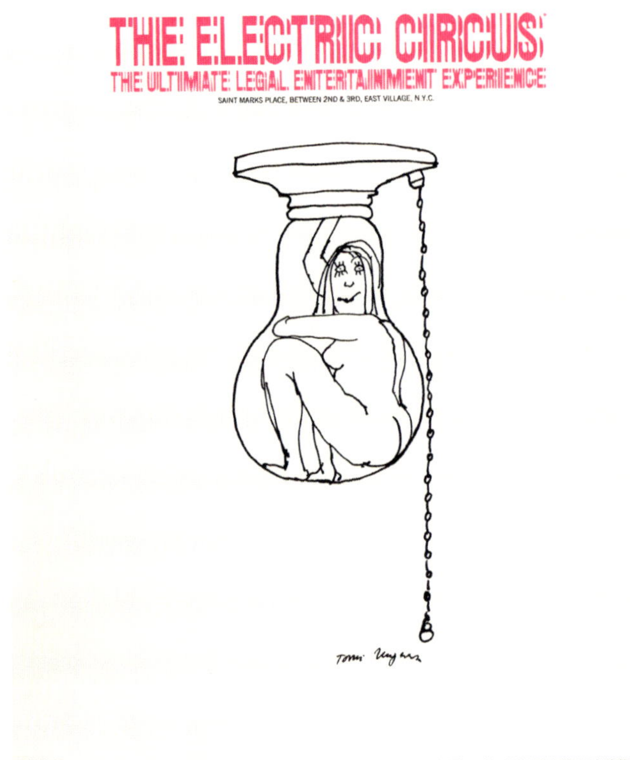

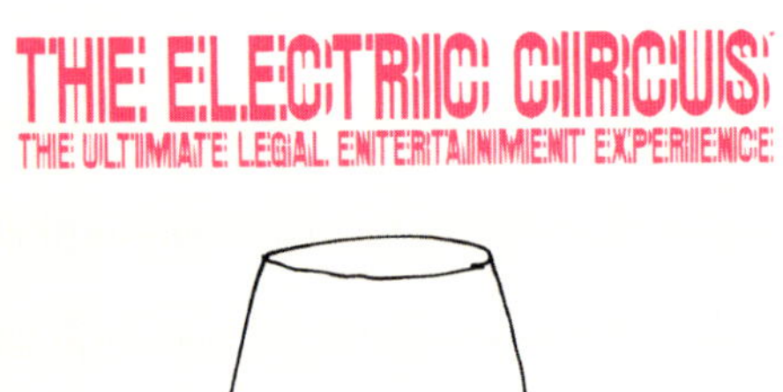

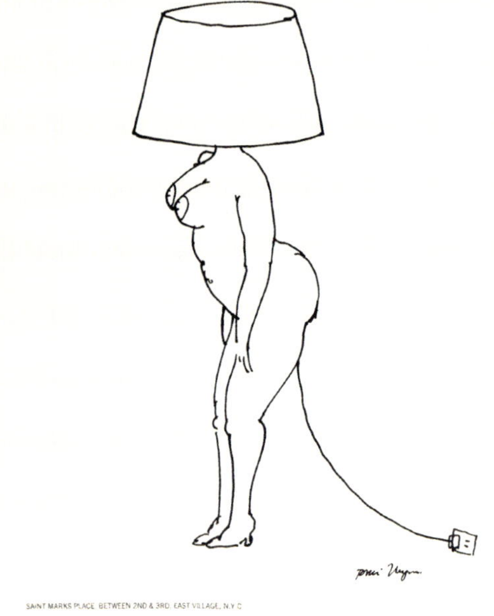

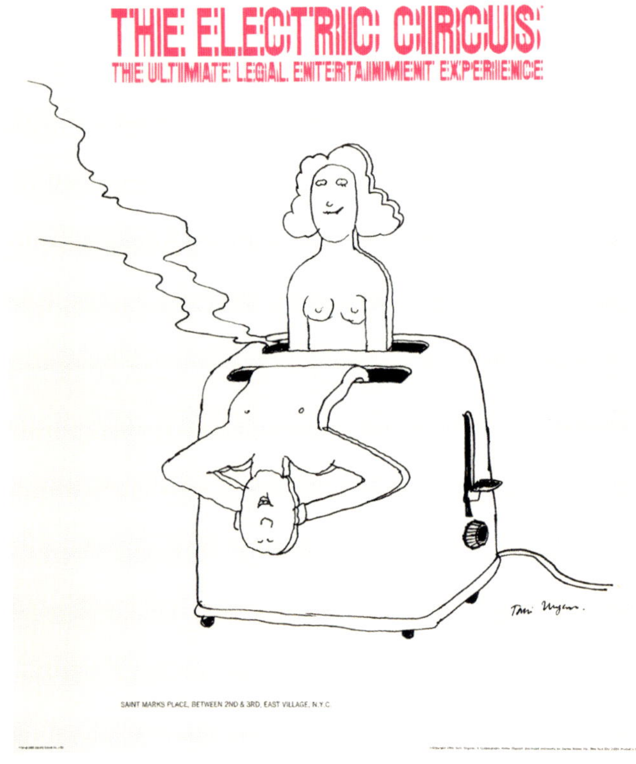

je / each: *Ohne Titel / Untitled*, aus der Plakatserie / from the poster series *The Electric Circus*, 1969,
Offsetdruck / offset print, 71 × 56 cm

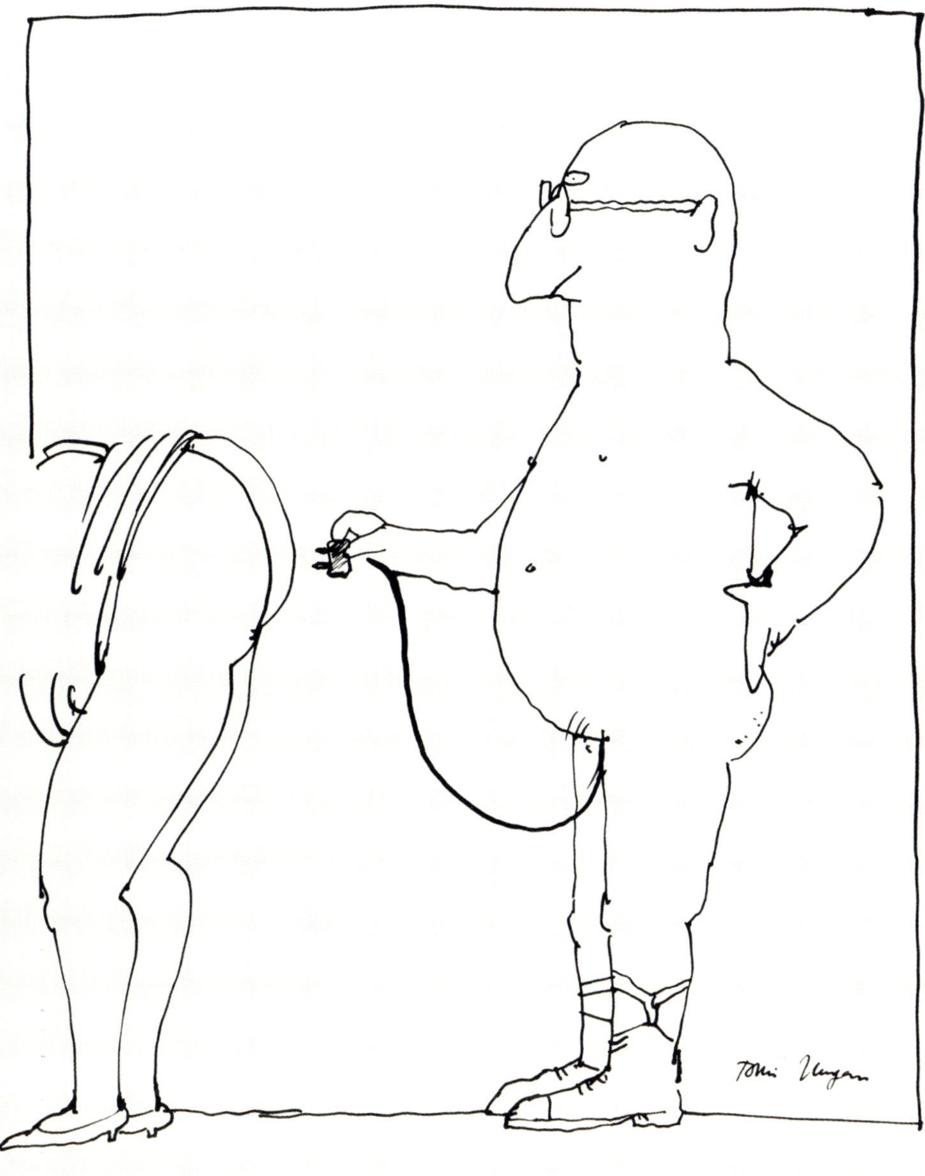

Ohne Titel / *Untitled*, aus der Plakatserie / from the poster series *The Electric Circus*, 1969,
Offsetdruck / offset print, 71 × 56 cm

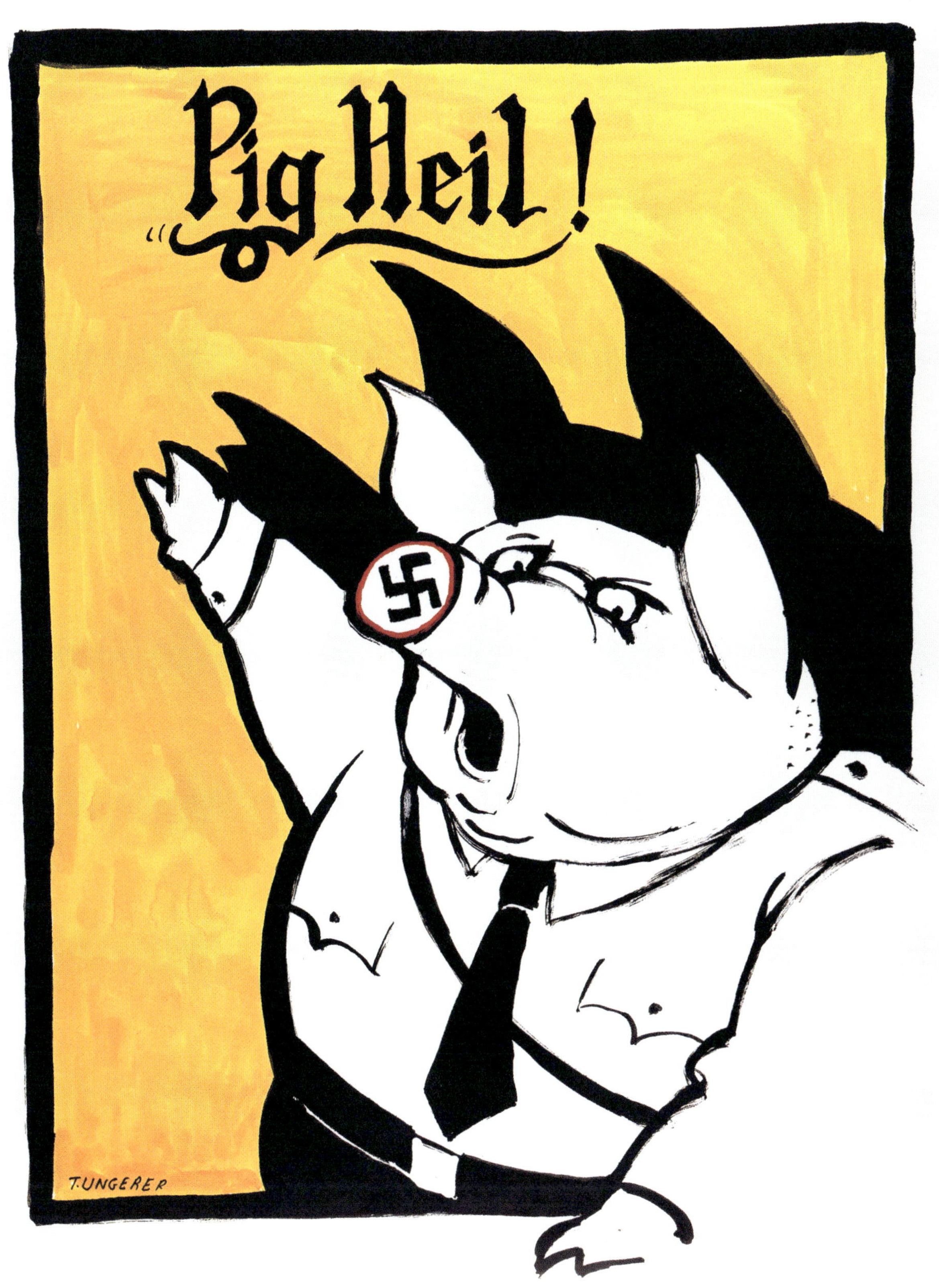

Pig Heil!, 1994, Offsetdruck / offset print, 84 × 60 cm

Auflösung und Verfallserscheinungen

Dissolution and Degeneration

Babylon

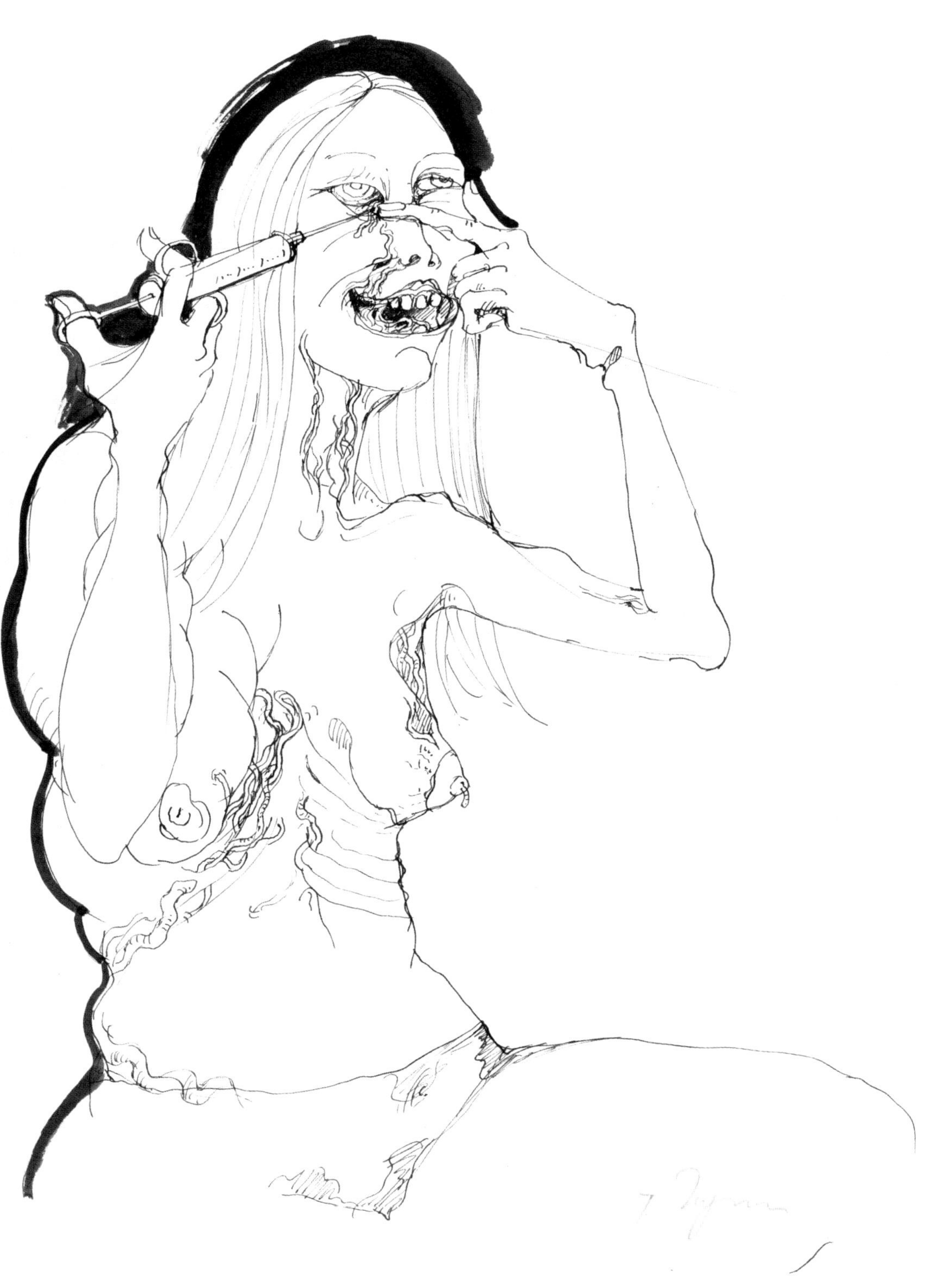

Feeding the worms, unveröffentlichte Zeichnung für / unpublished drawing for *Babylon*, 1977–1979,
Tusche auf Papier / ink on paper, 43,2 × 35,5 cm

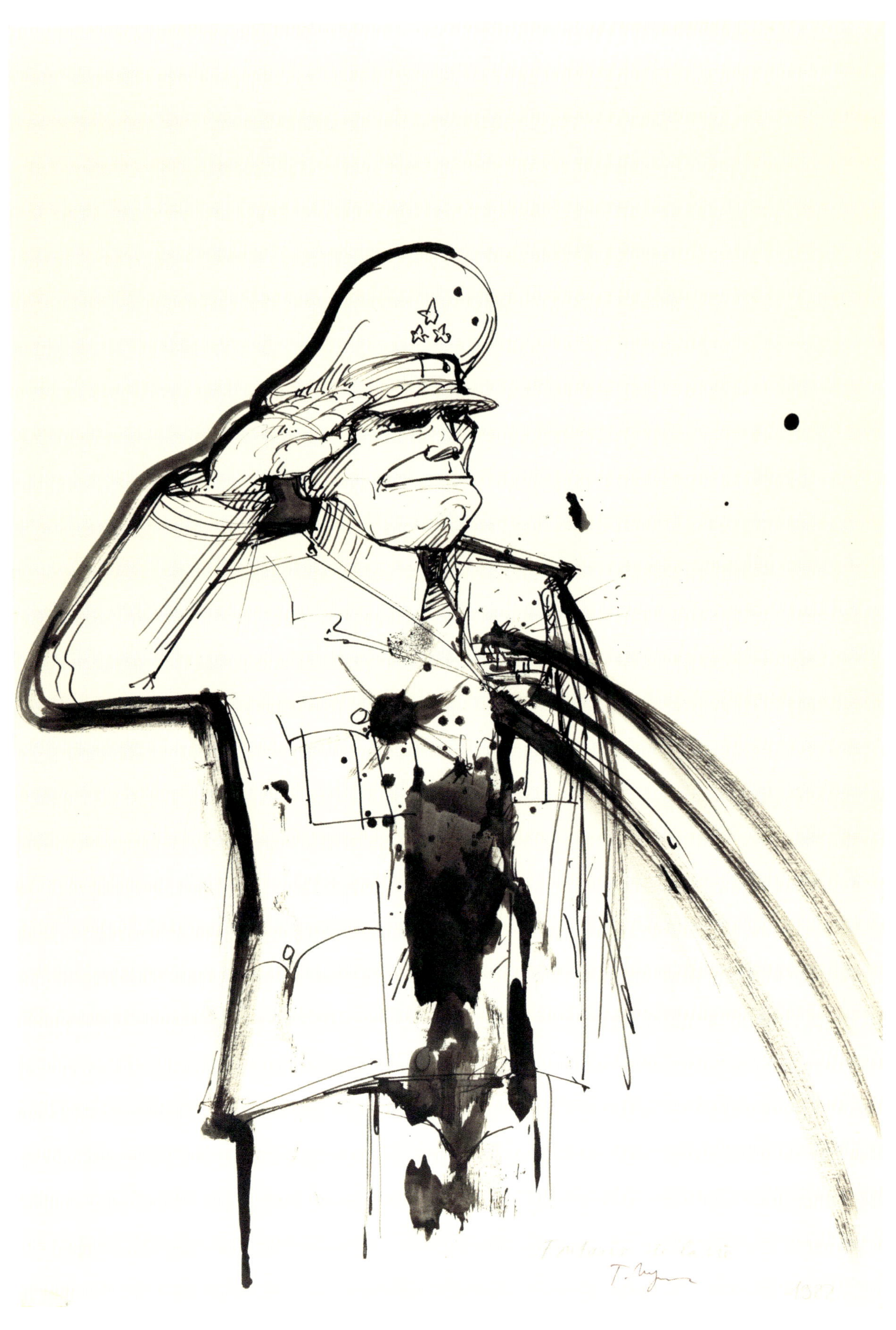

Fontaine de la vie, unveröffentlichte Zeichnung für / unpublished drawing for *Rigor Mortis*, 1977–1979,
Tusche auf Papier / ink on paper, 50 × 35 cm

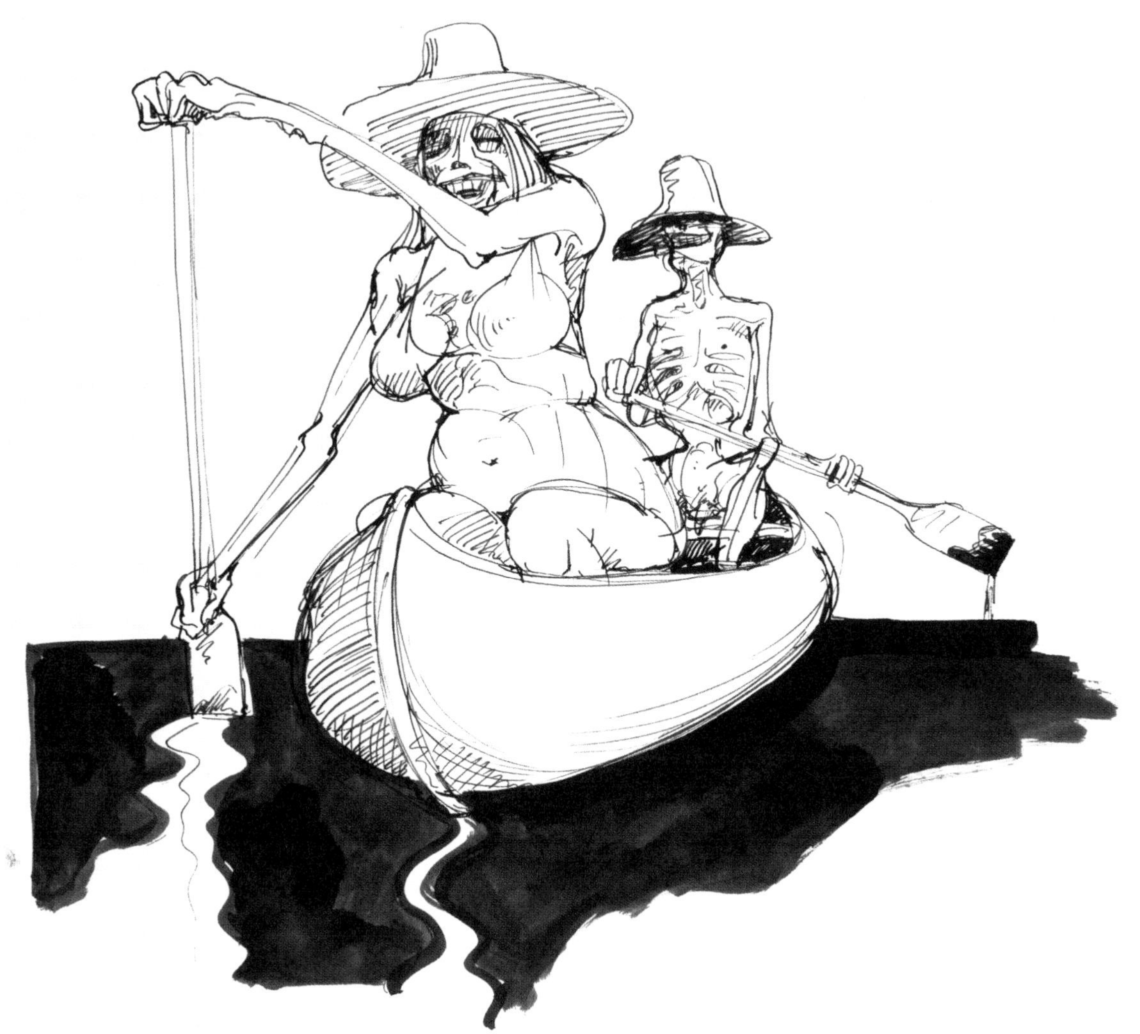

Honeymoon on the Styx, Zeichnung für / drawing for *Rigor Mortis*, 1977–1979,
Tusche auf Papier / ink on paper, 60,4 × 43,1 cm

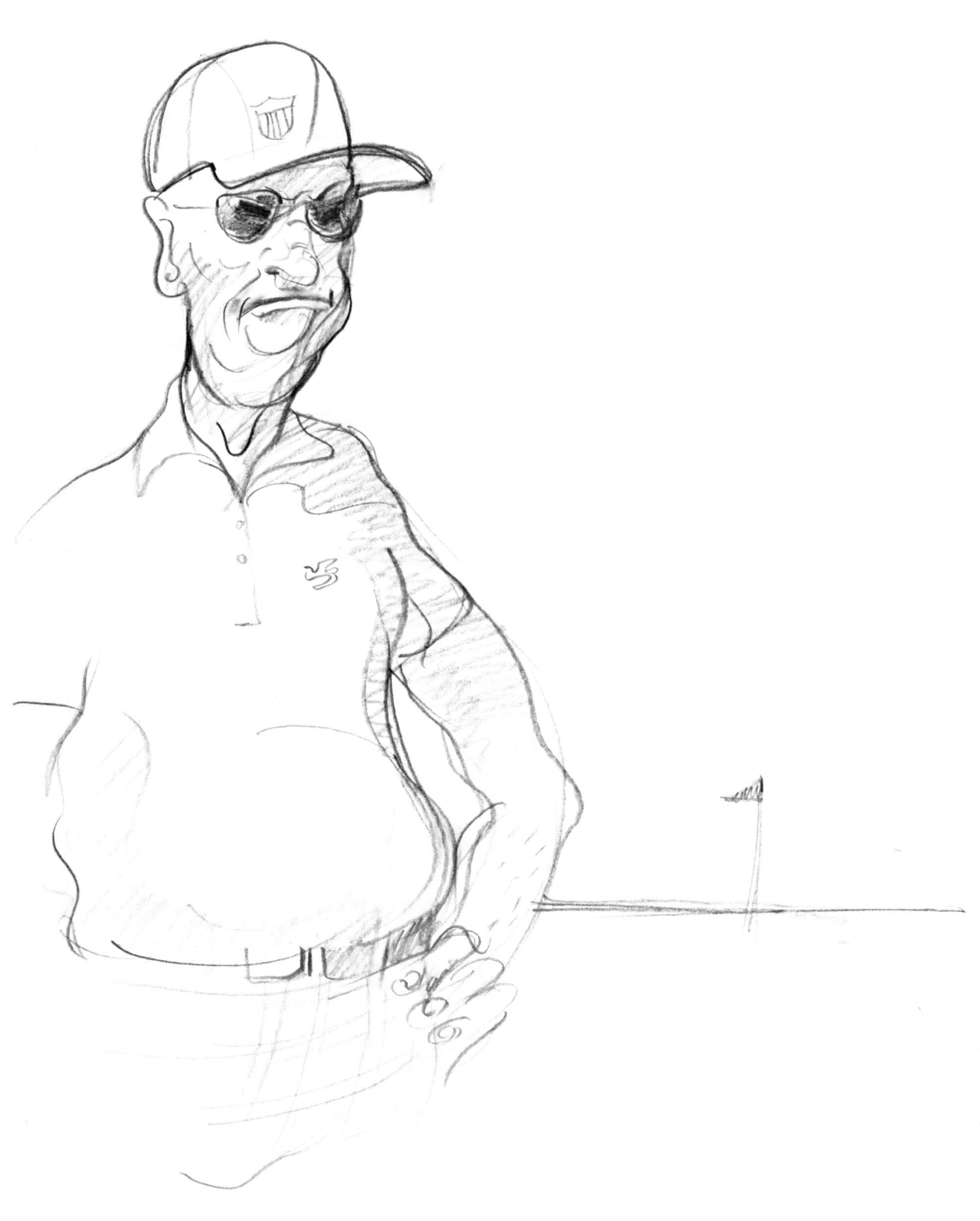

Ohne Titel / Untitled, unveröffentlichte Zeichnung für / unpublished drawing for *Babylon*, 1977–1979,
Bleistift auf Papier / pencil on paper, 61 × 46 cm

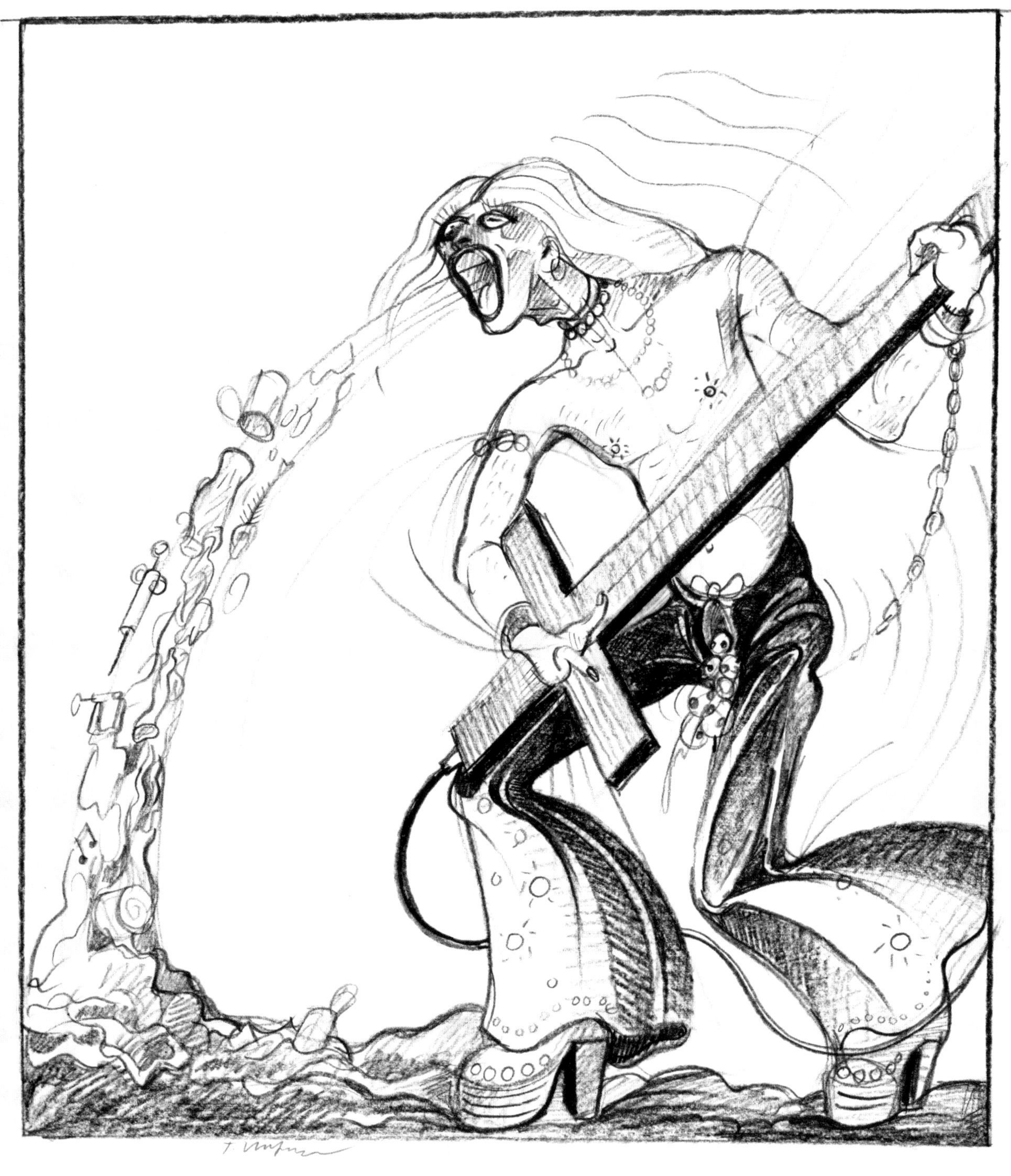

Jesus Superstar, unveröffentlichte Zeichnung für / unpublished drawing for *Babylon*, 1977–1979,
Conté-Stift auf Papier / Conté crayon on paper, 61 × 45,8 cm

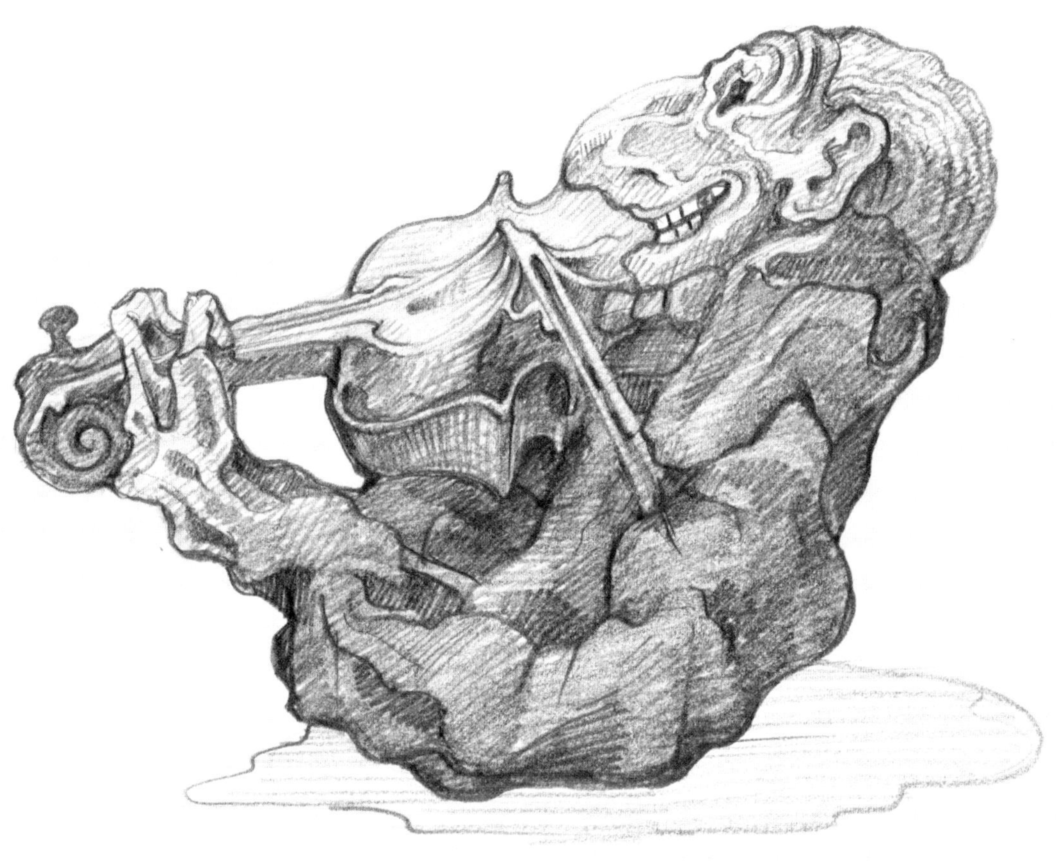

Fouille d'Auschwitz, Zeichnung für / drawing for *Babylon*, 1977–1979,
Bleistift auf Papier / pencil on paper, 29,1 × 21,7 cm

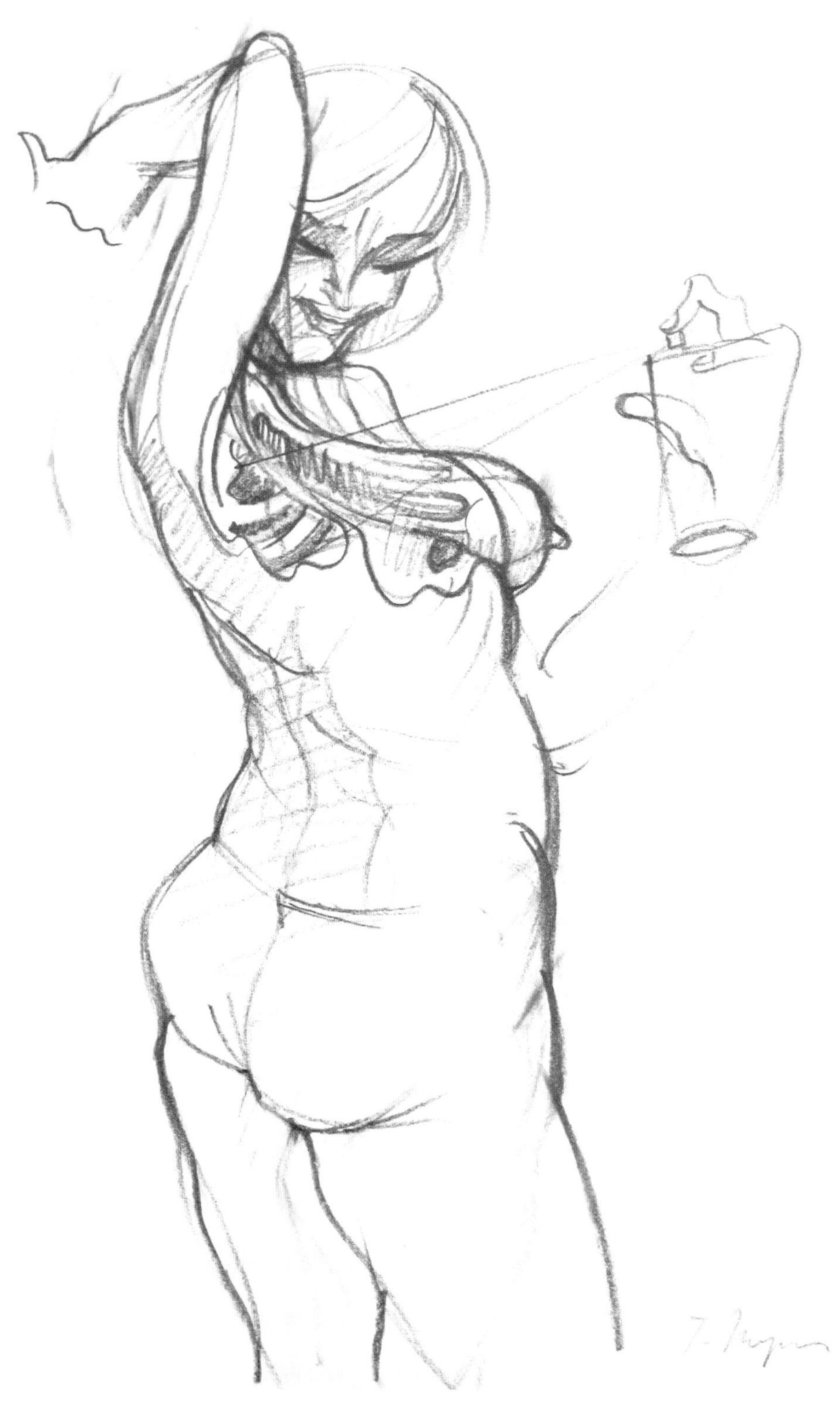

Ohne Titel / *Untitled*, unveröffentlichte Zeichnung für / unpublished drawing for *Babylon*, 1975/1978, Ölkreide auf Papier / oil pastel on paper, 40 × 30 cm

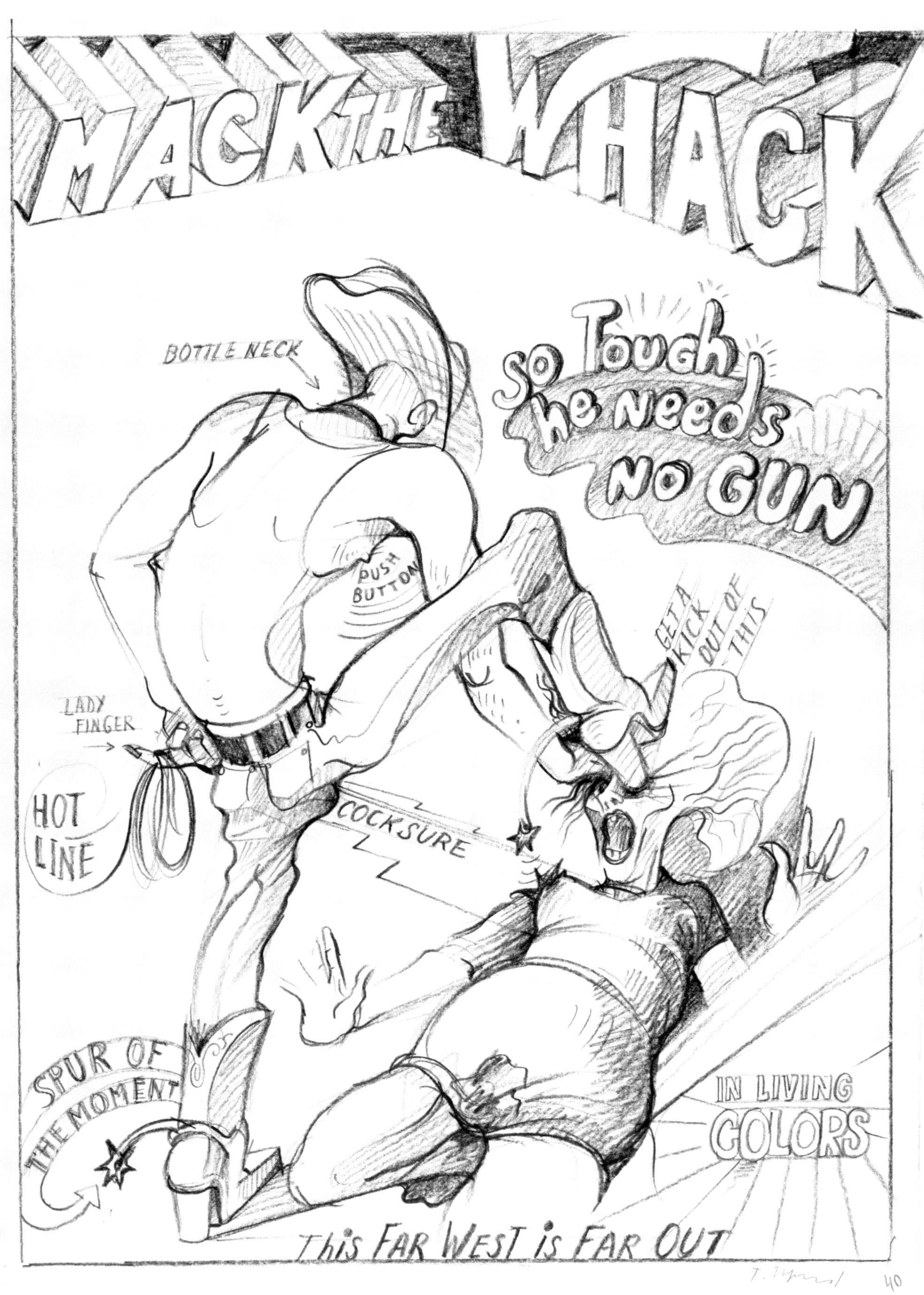

MACK THE WHACK, unveröffentlichte Zeichnung für / unpublished drawing for *Babylon*, 1977–1979, Conté-Stift auf Papier / Conté crayon on paper, 61 × 45,5 cm

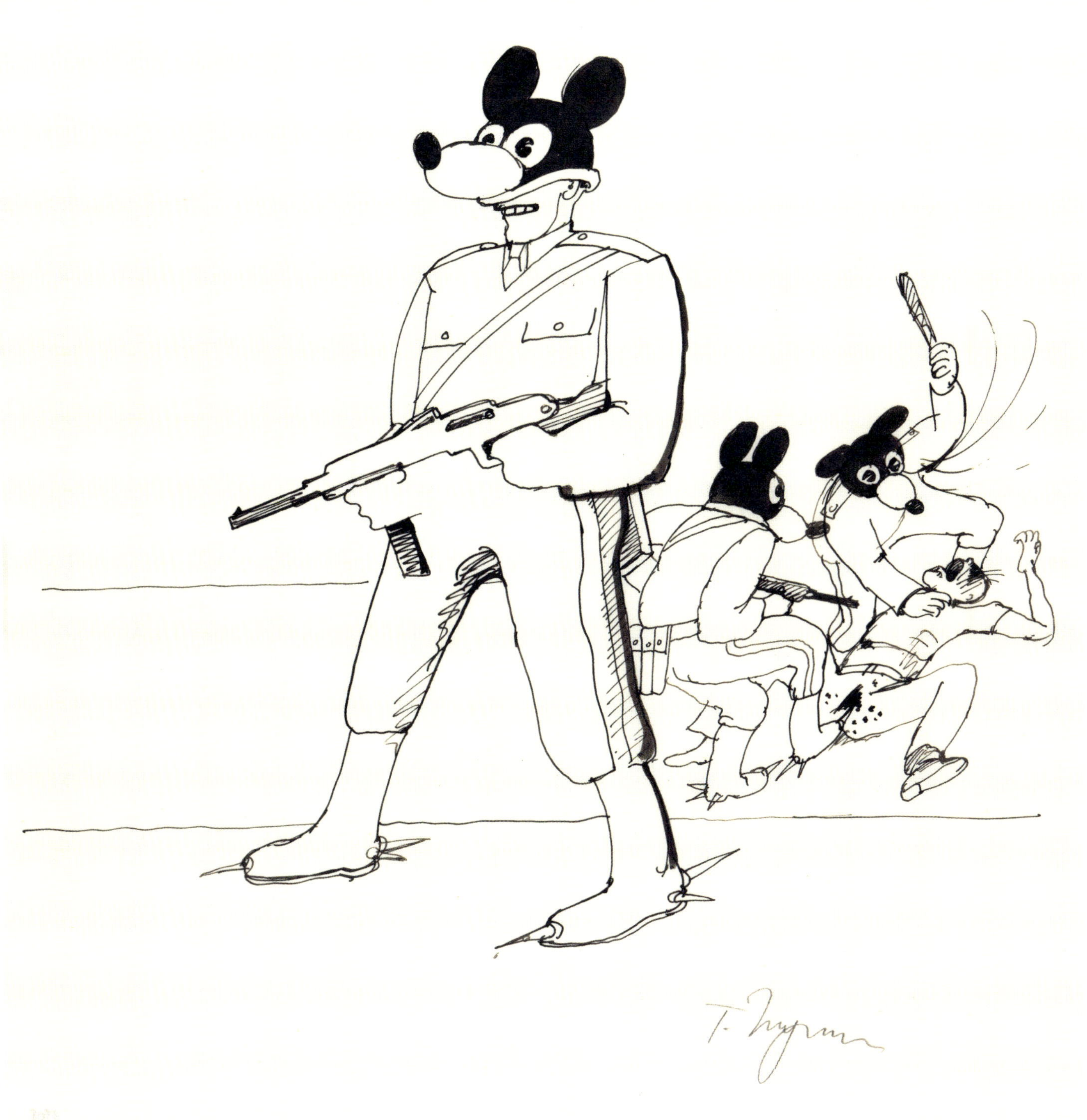

Ohne Titel / Untitled, 1977–1979, Tusche auf Transparentpapier / ink on translucent paper, 43 × 35,5 cm

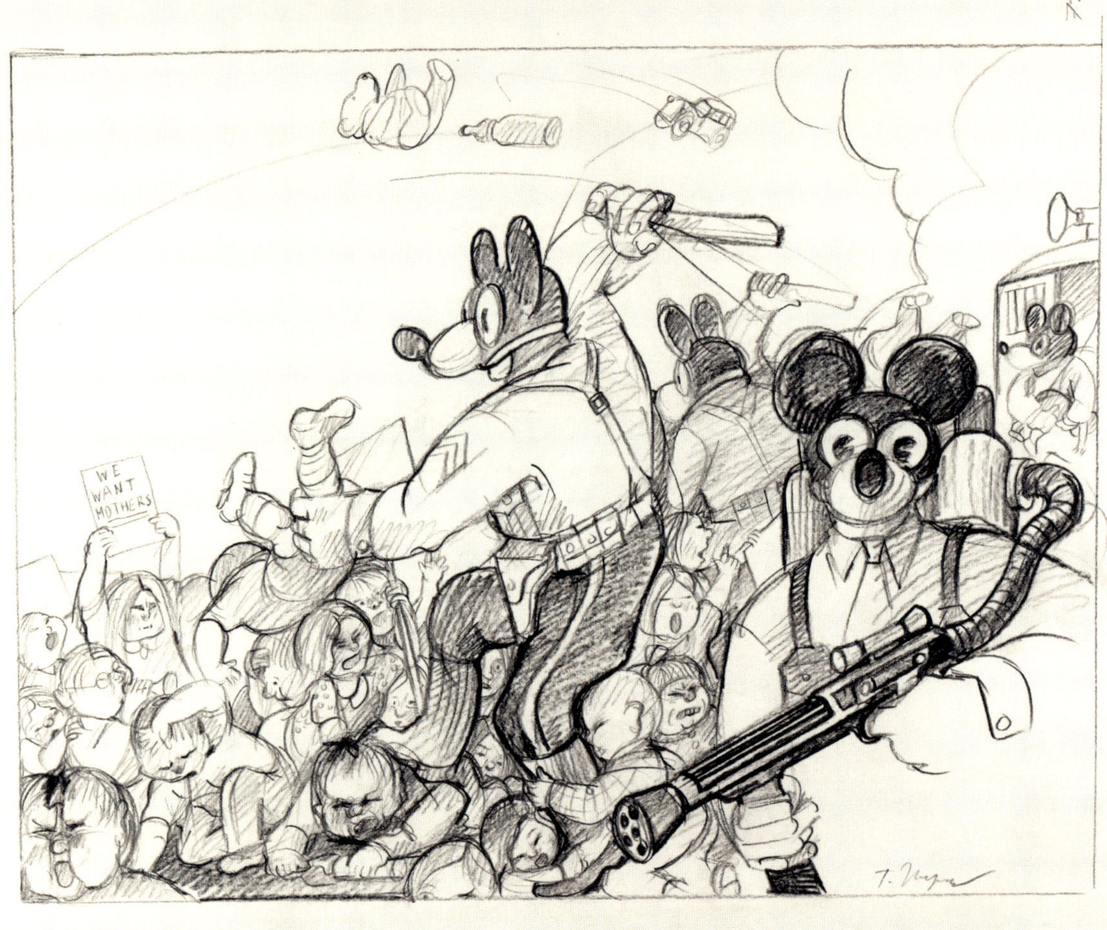

New Riots! New squad, unveröffentlichte Zeichnung für / unpublished drawing for *Babylon*, 1977–1979,
Buntstift auf Papier / colored pencil on paper, 61,7 × 81,2 cm

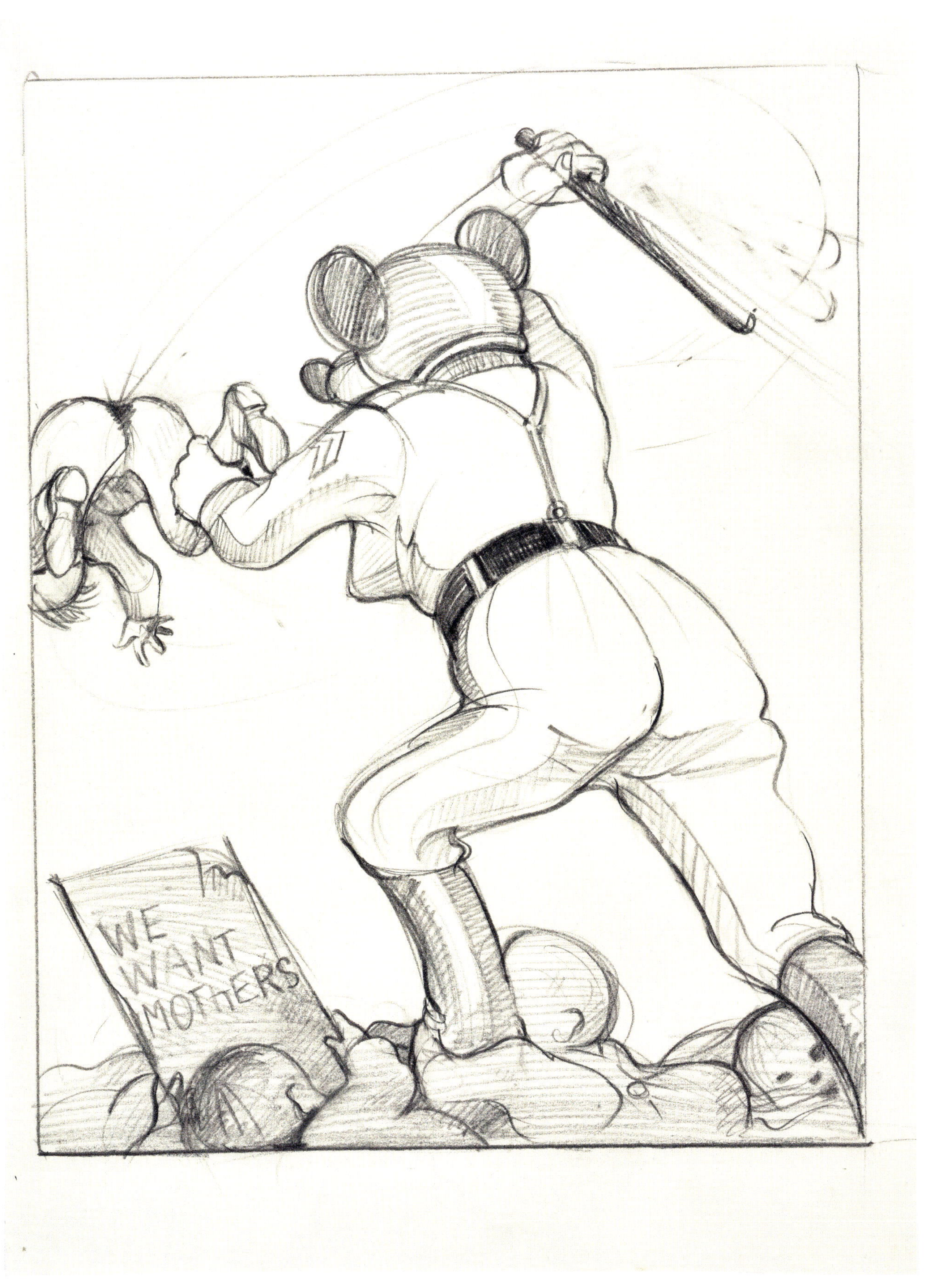

We want mothers, Zeichnung für / drawing for *Babylon*, 1979, Ölkreide auf Papier / oil pastel on paper, 40 × 30 cm

Rigor Mortis

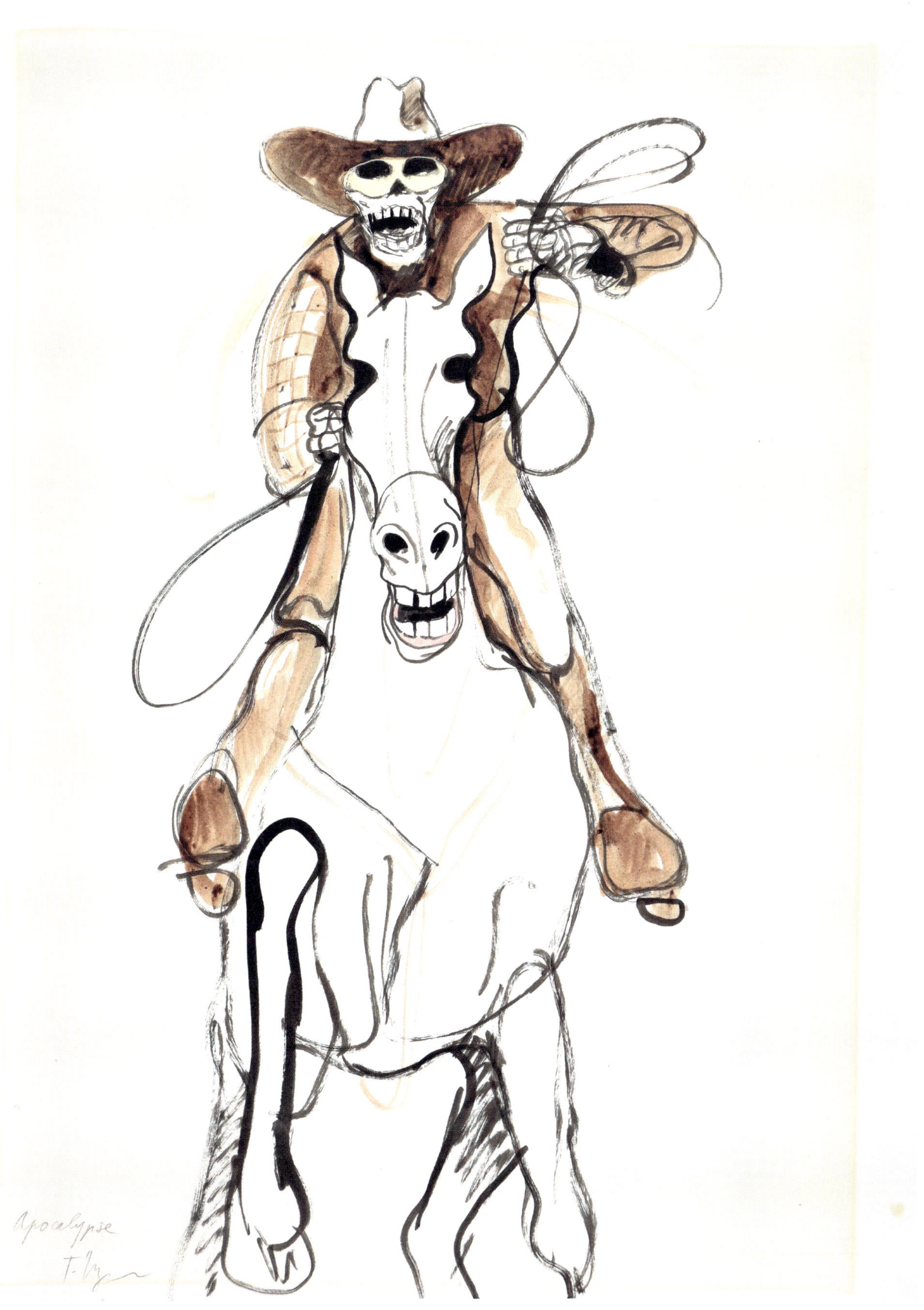

Apocalypse, 1970, Tusche, laviert mit farbiger Tinte, auf Papier / ink, washed with colored ink on paper, 83 × 61 cm

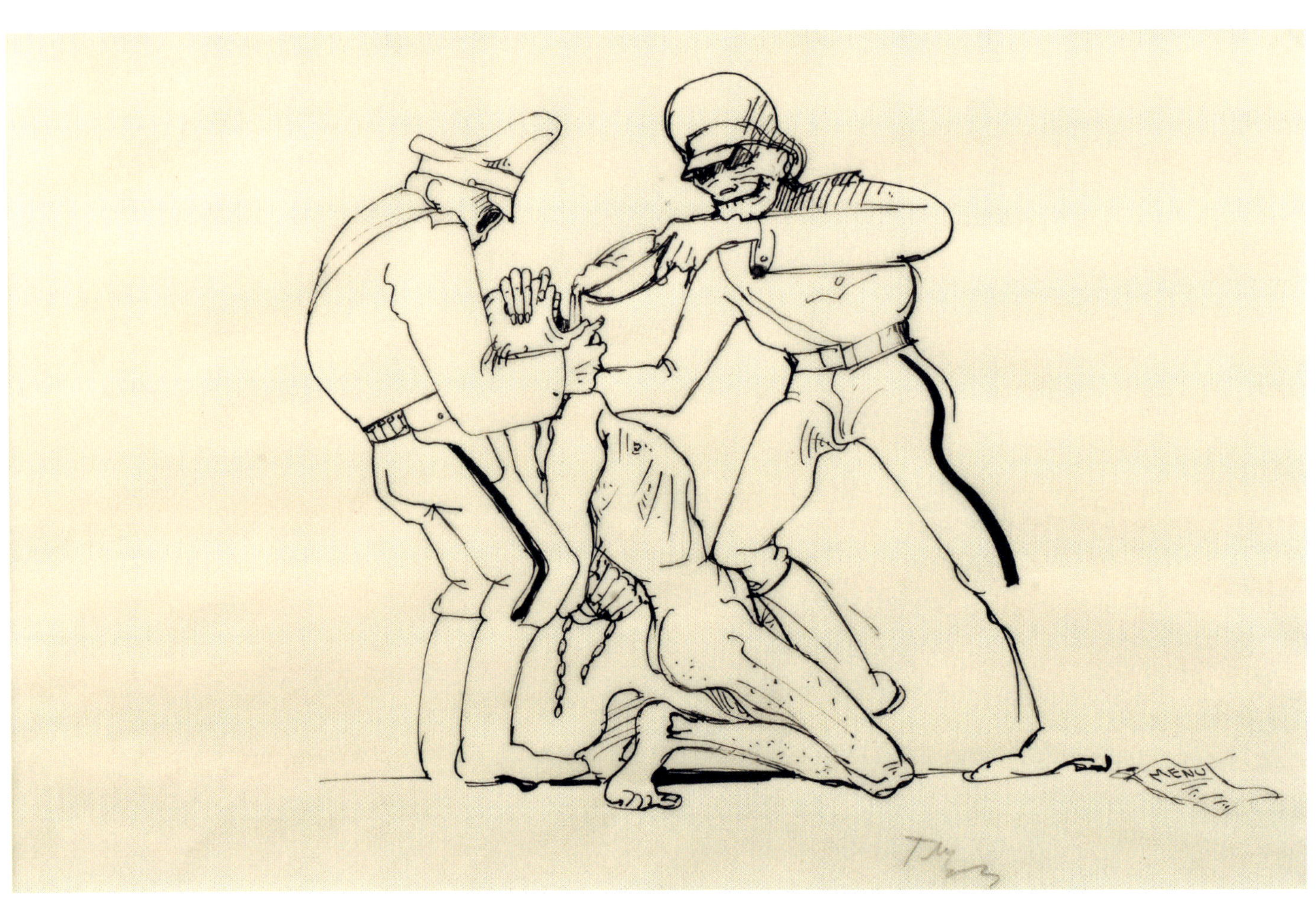

Ohne Titel / *Untitled*, unveröffentlichte Zeichnung für / unpublished drawing for *Rigor Mortis*, vor / before 1983, Tusche auf Transparentpapier / ink on translucent paper, 33,3 × 48 cm

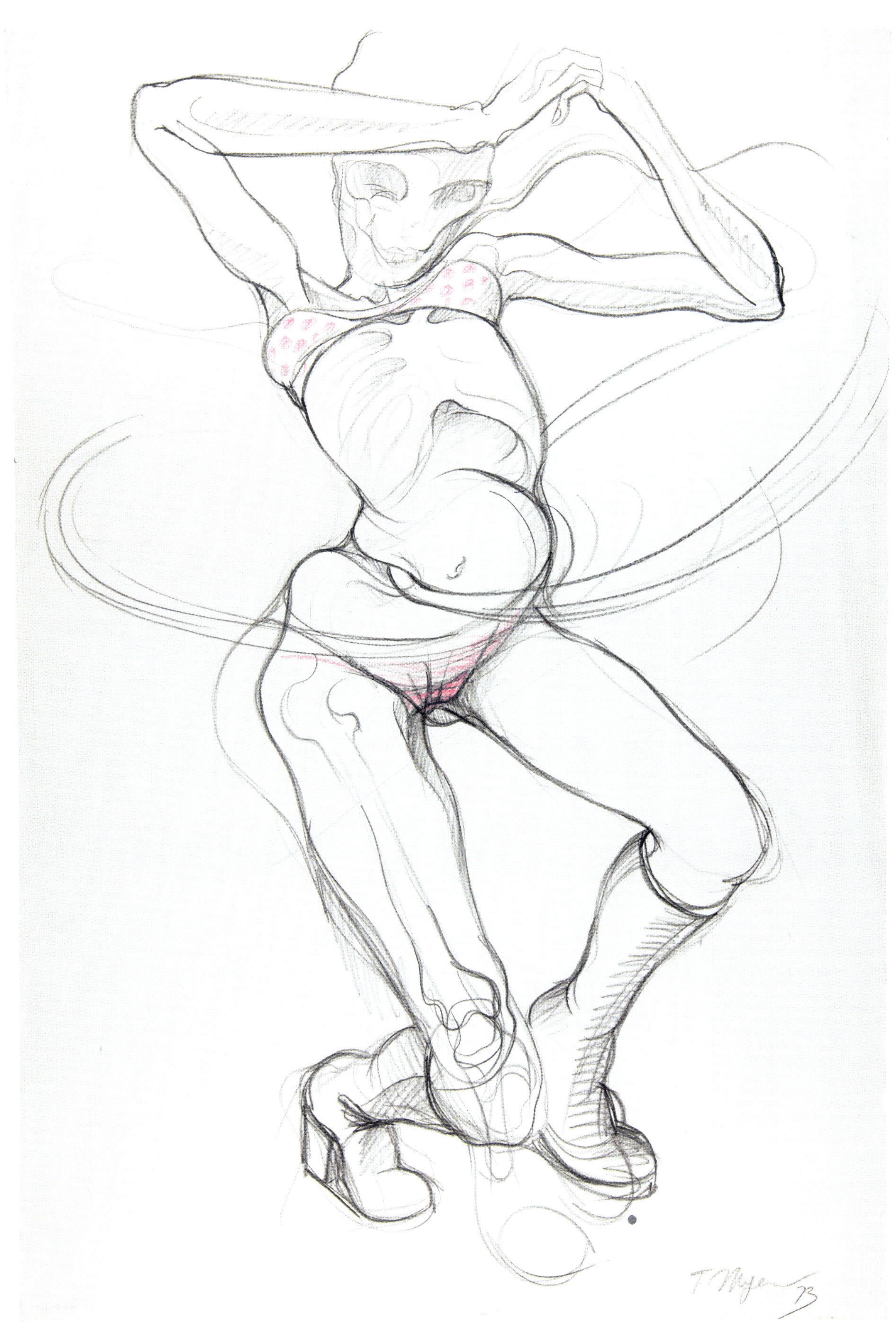

Ohne Titel / Untitled, Zeichnung für / drawing for *Babylon*, 1973,
Conté-Stift auf Karton / Conté crayon on cardboard, 100 × 70 cm

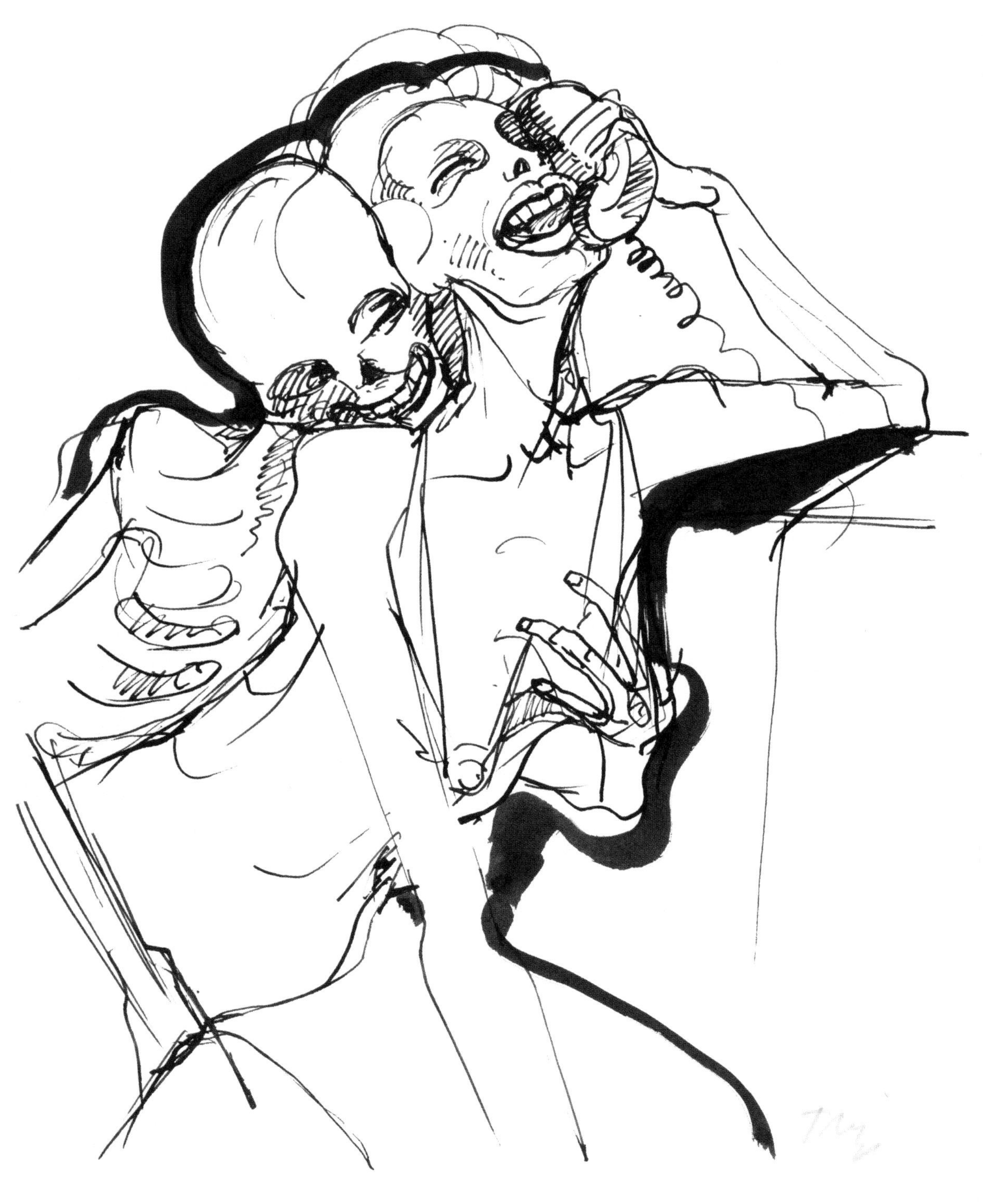

Ohne Titel / Untitled, unveröffentlichte Zeichnung für / unpubished drawing for *Rigor Mortis*, vor / before 1983, Tintenstift auf Papier / ink pen on paper, 30 × 21 cm

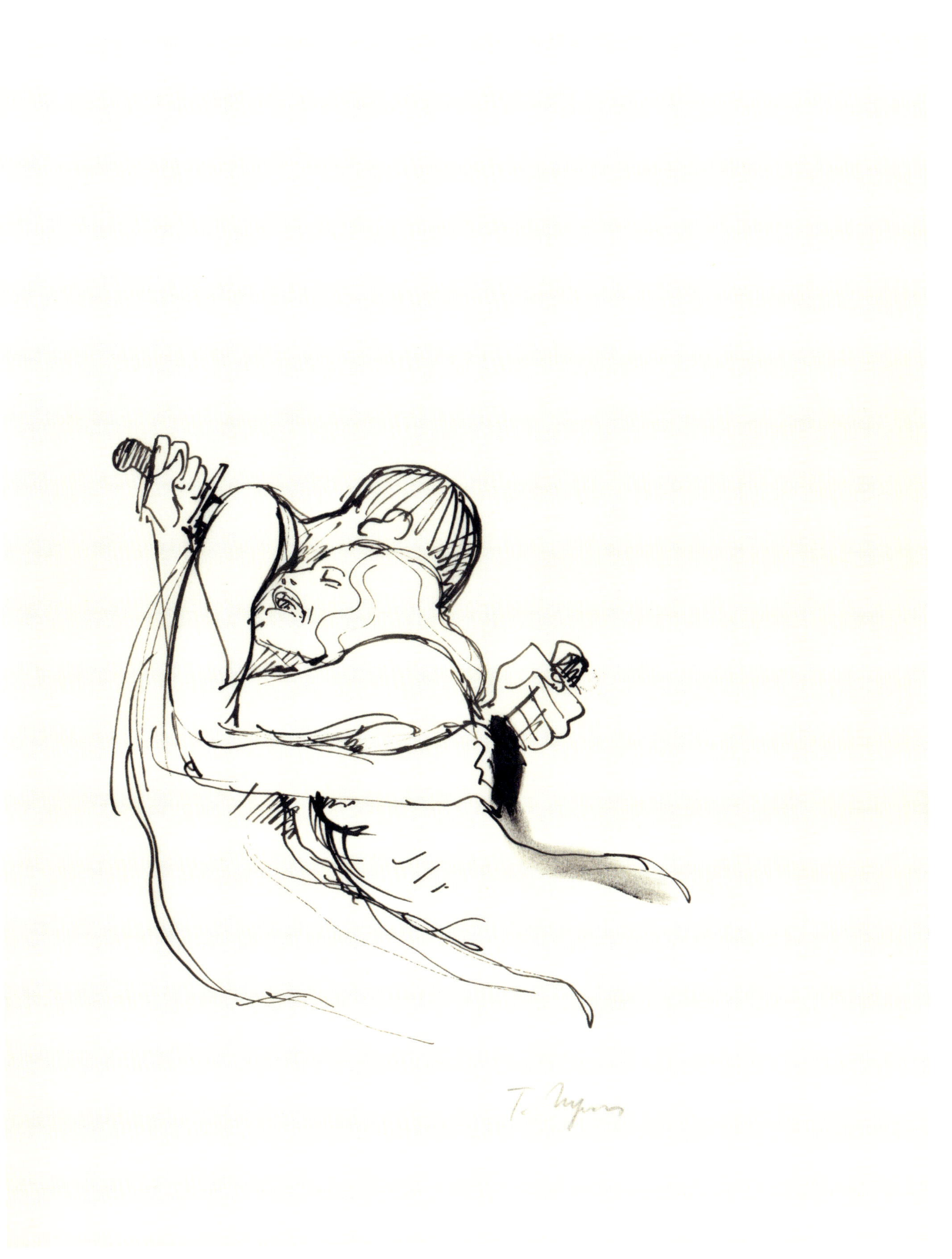

Ohne Titel / Untitled, Zeichnung für / drawing for *Rigor Mortis*, vor / before 1983,
Tusche auf Transparentpapier / ink on translucent paper, 35 × 27,5 cm

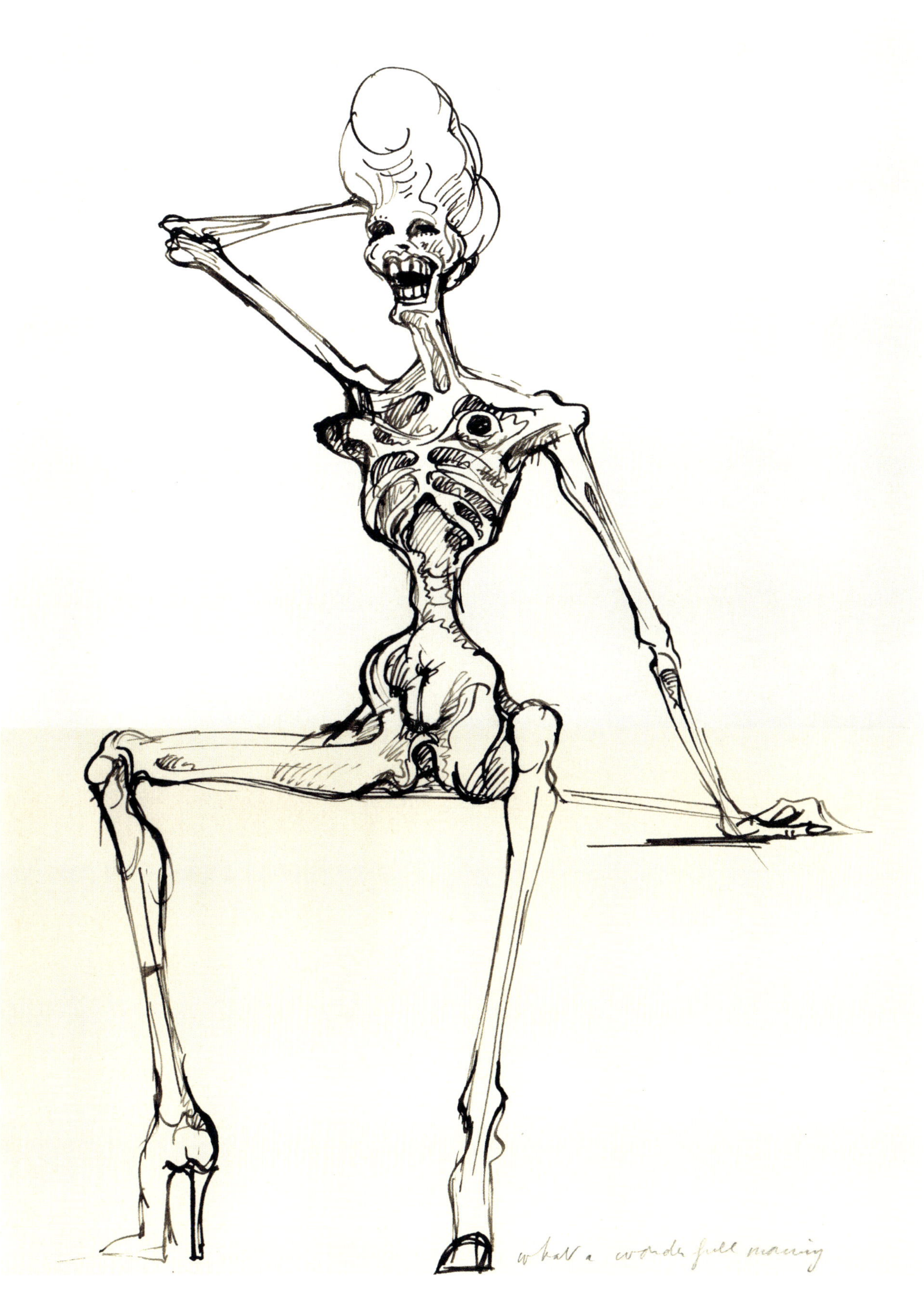

What a wonderful morning, unveröffentlichte Zeichnung für / unpublished drawing for *Rigor Mortis*, 1975, Tusche auf Papier / ink on paper, 49,8 × 40 cm

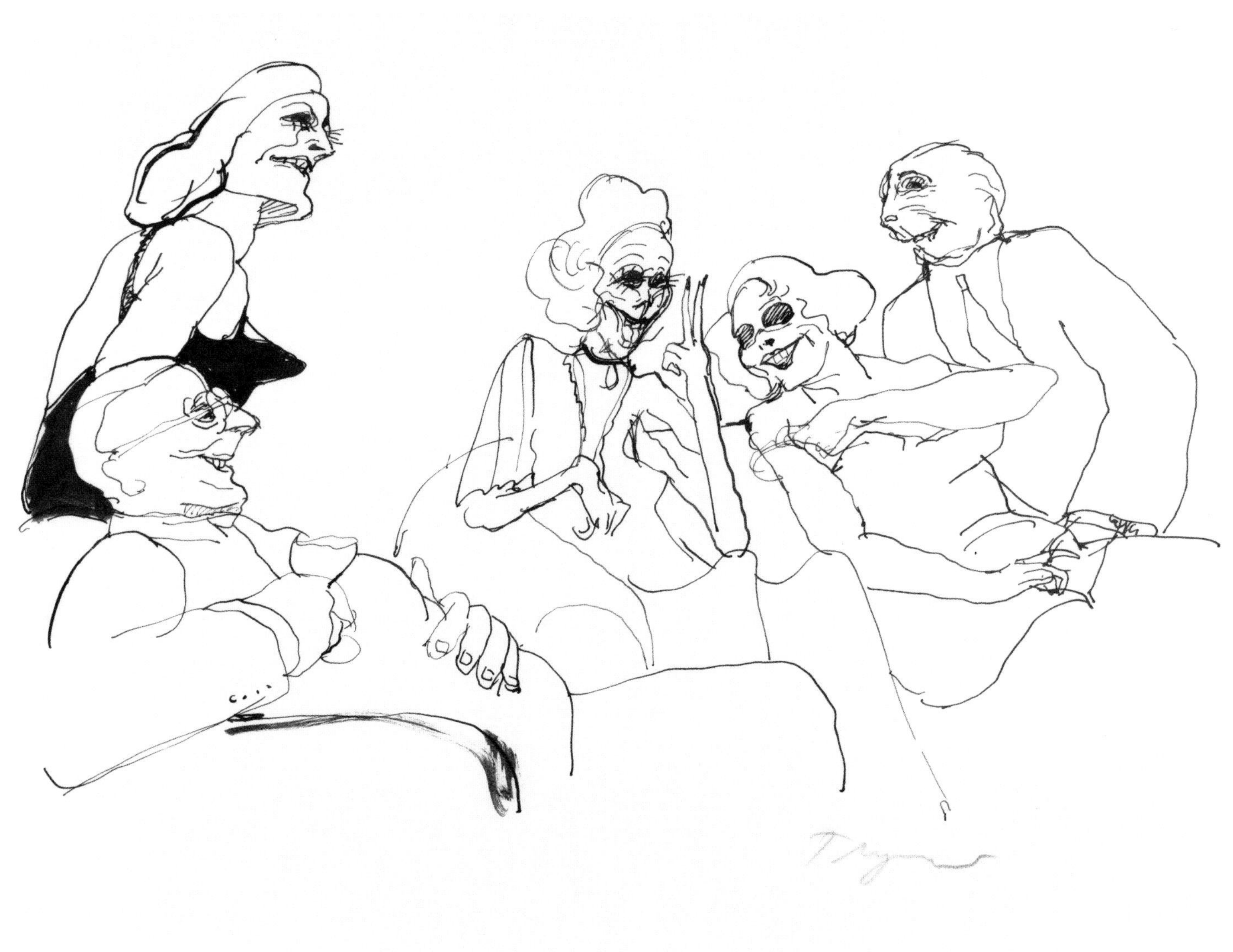

Ohne Titel / Untitled, unveröffentlichte Zeichnung für / unpublished drawing for *Rigor Mortis*, vor / before 1983, Tusche auf Transparentpapier / ink on translucent paper, 28 × 35,5 cm

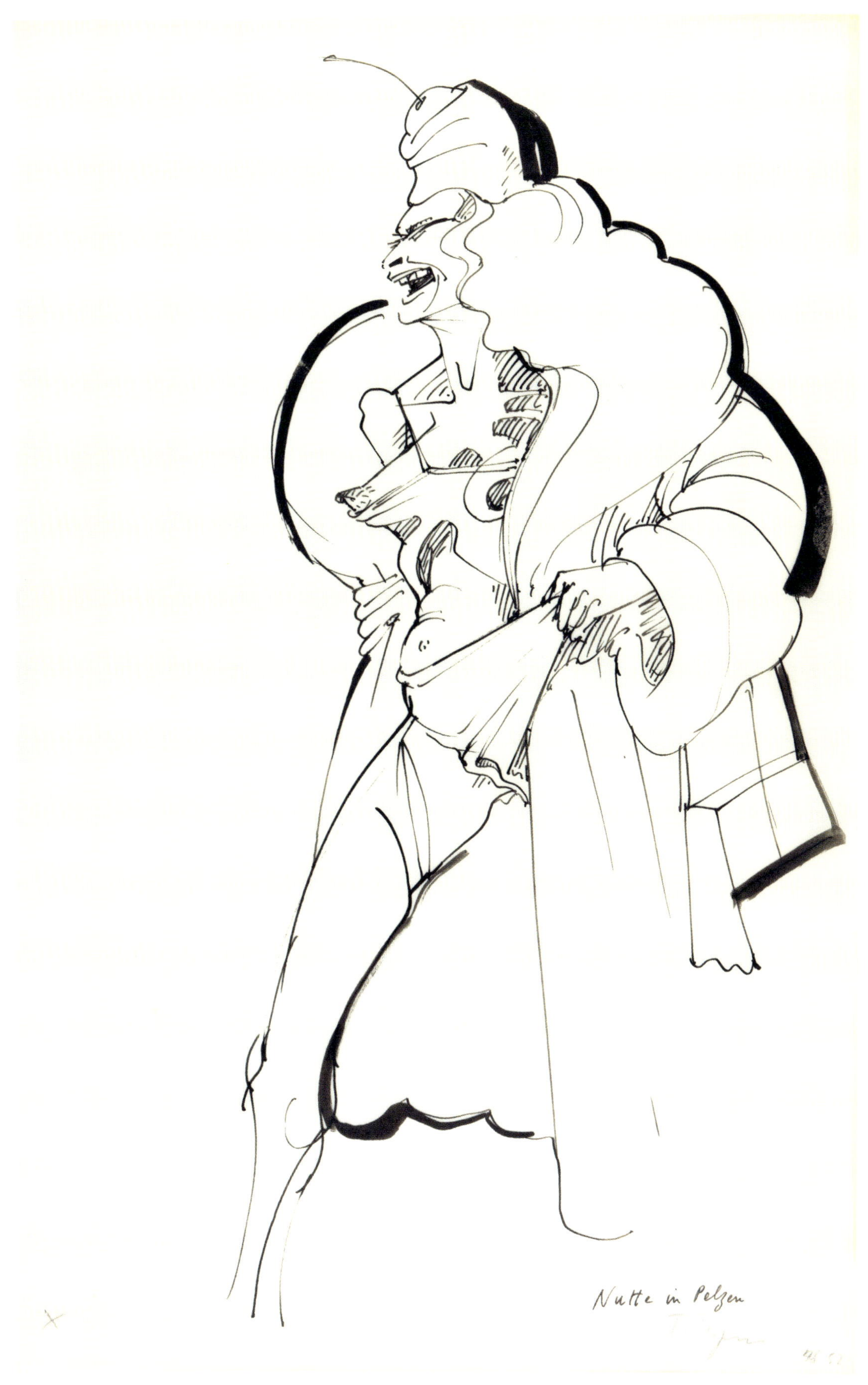

Nutte in Pelzen, n. d., Tusche auf Transparentpapier / ink on translucent paper, 48 × 31 cm

Reflexionen über Sexualität / Reflections on Sexuality

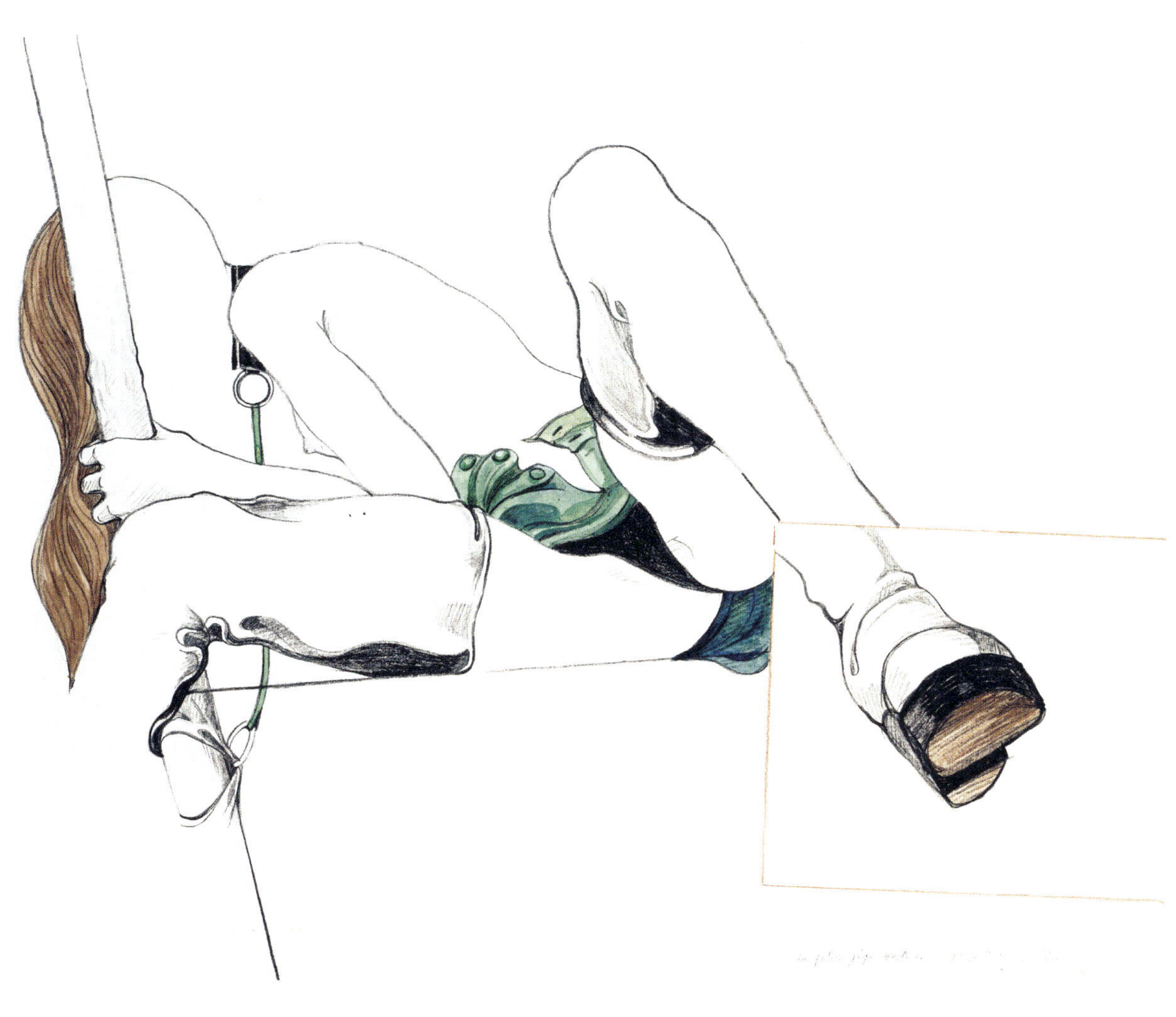

La petite jupe verde, Zeichnung für / drawing for *Totempole*, 1973, schwarze Ölkreide, laviert mit farbiger Tinte, auf Transparentpapier / black oil pastel, washed with colored ink, on translucent paper, 69 × 84,8 cm

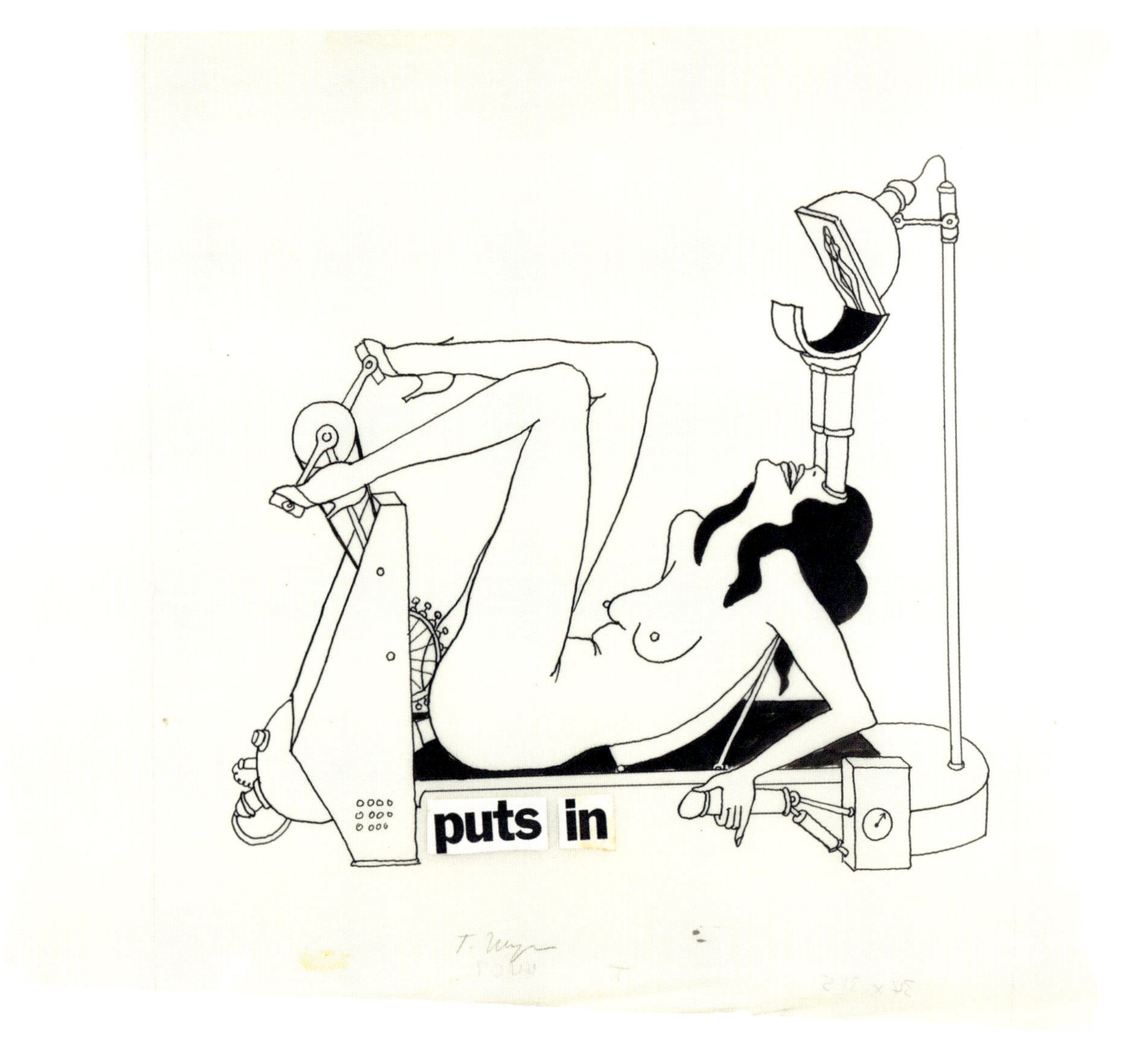

Ohne Titel / Untitled, unveröffentlichte Zeichnung für / unpublished drawing for *Fornicon*, ca. 1969, Tusche auf Transparentpapier / ink on translucent paper, 30,5 × 40,5 cm

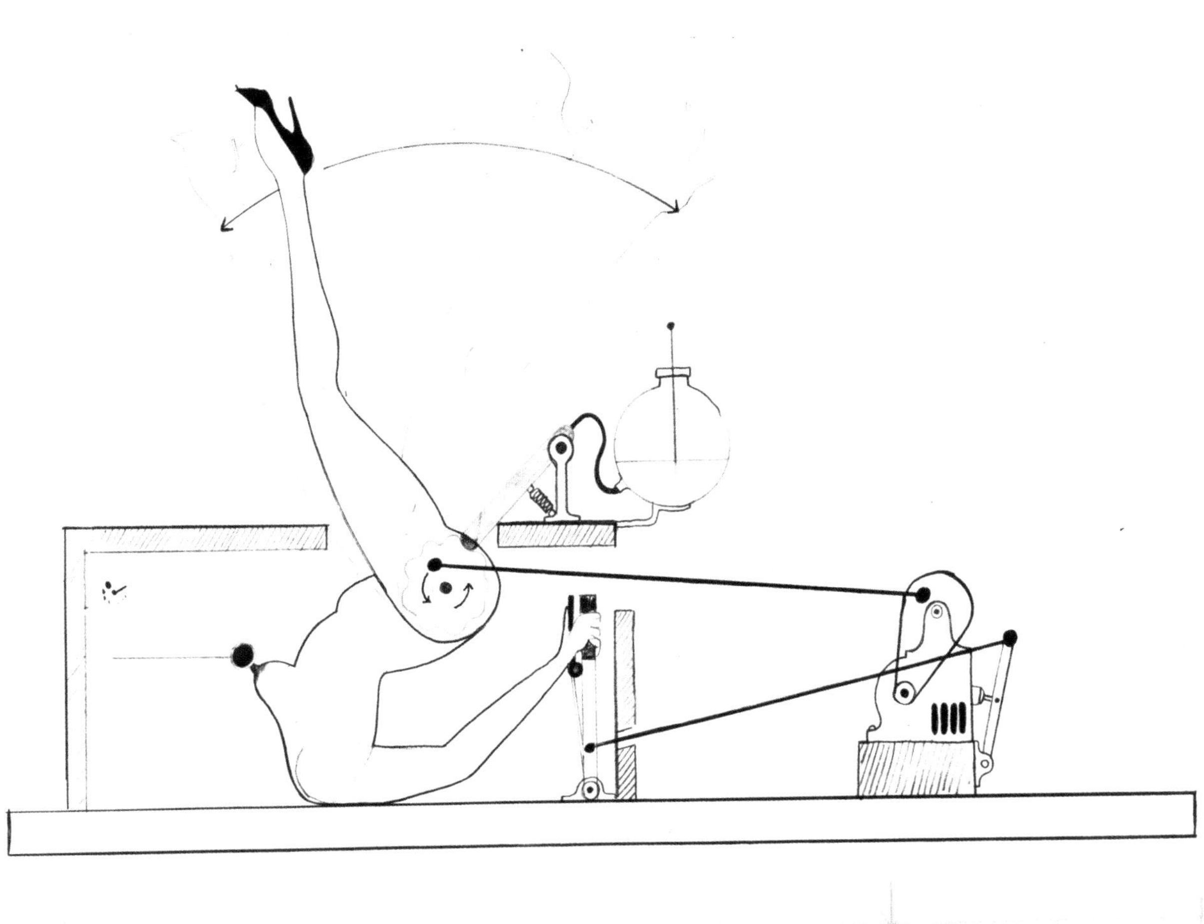

Ohne Titel / Untitled, unveröffentlichte Zeichnung für / unpublished drawing for *Fornicon*, ca. 1969,
Tusche auf Druckabzug / ink on print, 34 × 47,5 cm

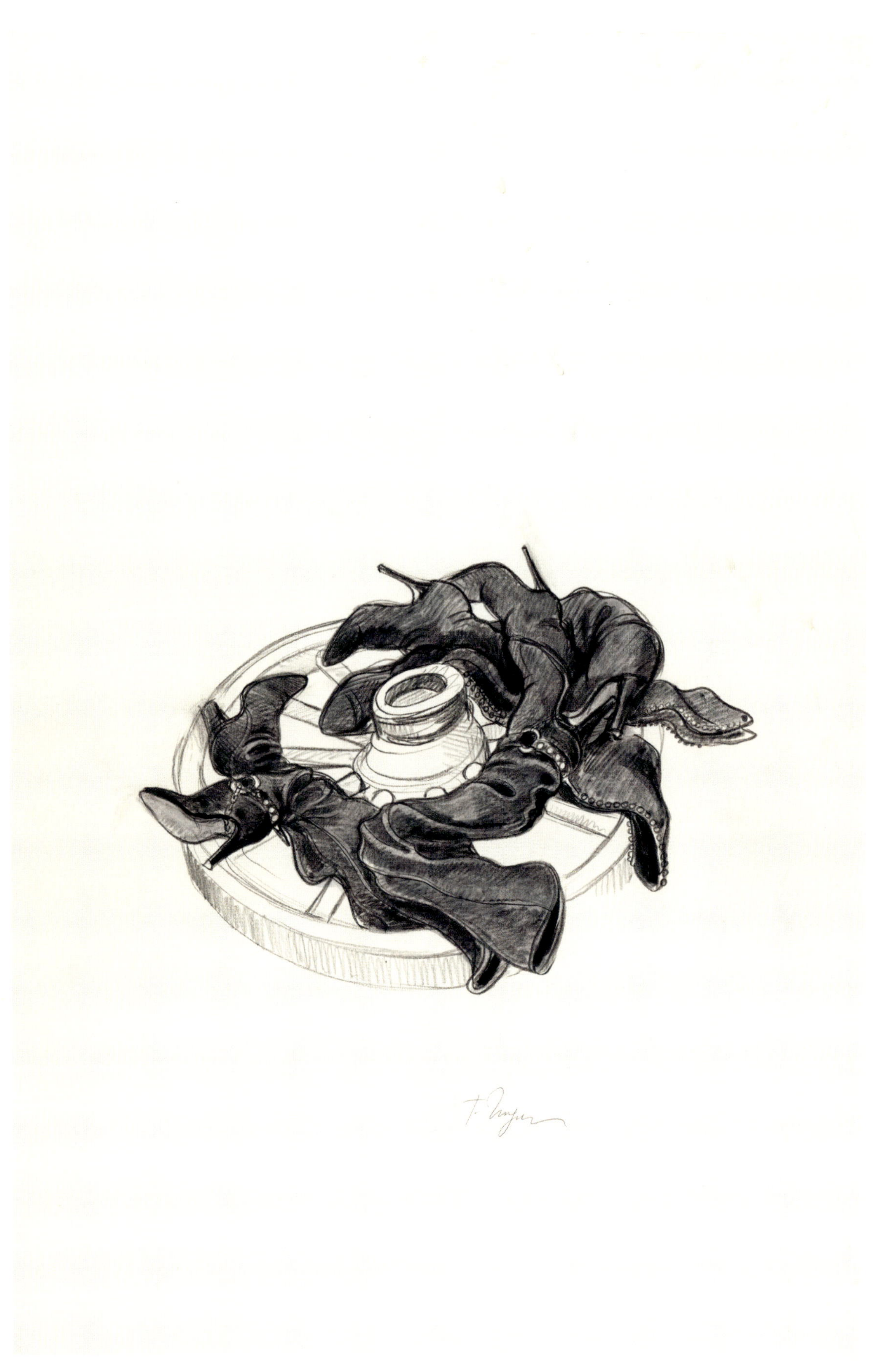

Ohne Titel / Untitled, unveröffentlichte Zeichnung für / unpublished drawing for *Schutzengel der Hölle*, 1985, Bleistift auf Papier / pencil on paper, 75 × 50 cm

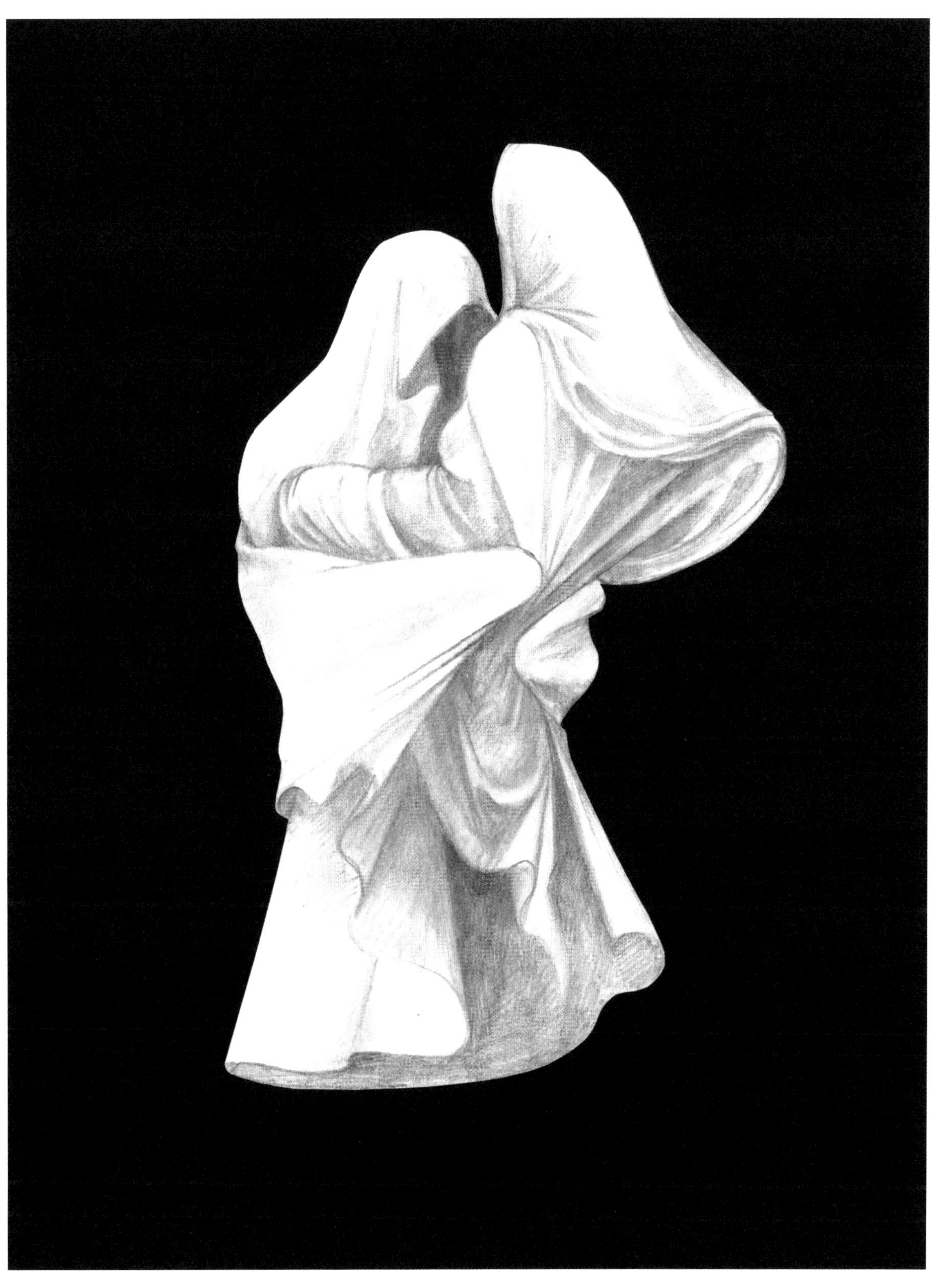

Ohne Titel / *Untitled*, aus der Serie / from the series *Ghosts*, Zeichnung für die Zeitschrift *Penthouse* / drawing for *Penthouse* magazine, 1971–1975, Bleistift auf weißem Papier, aufgeleimt auf schwarzes Papier / pencil on white paper, glued on black paper, 30 × 22,7 cm

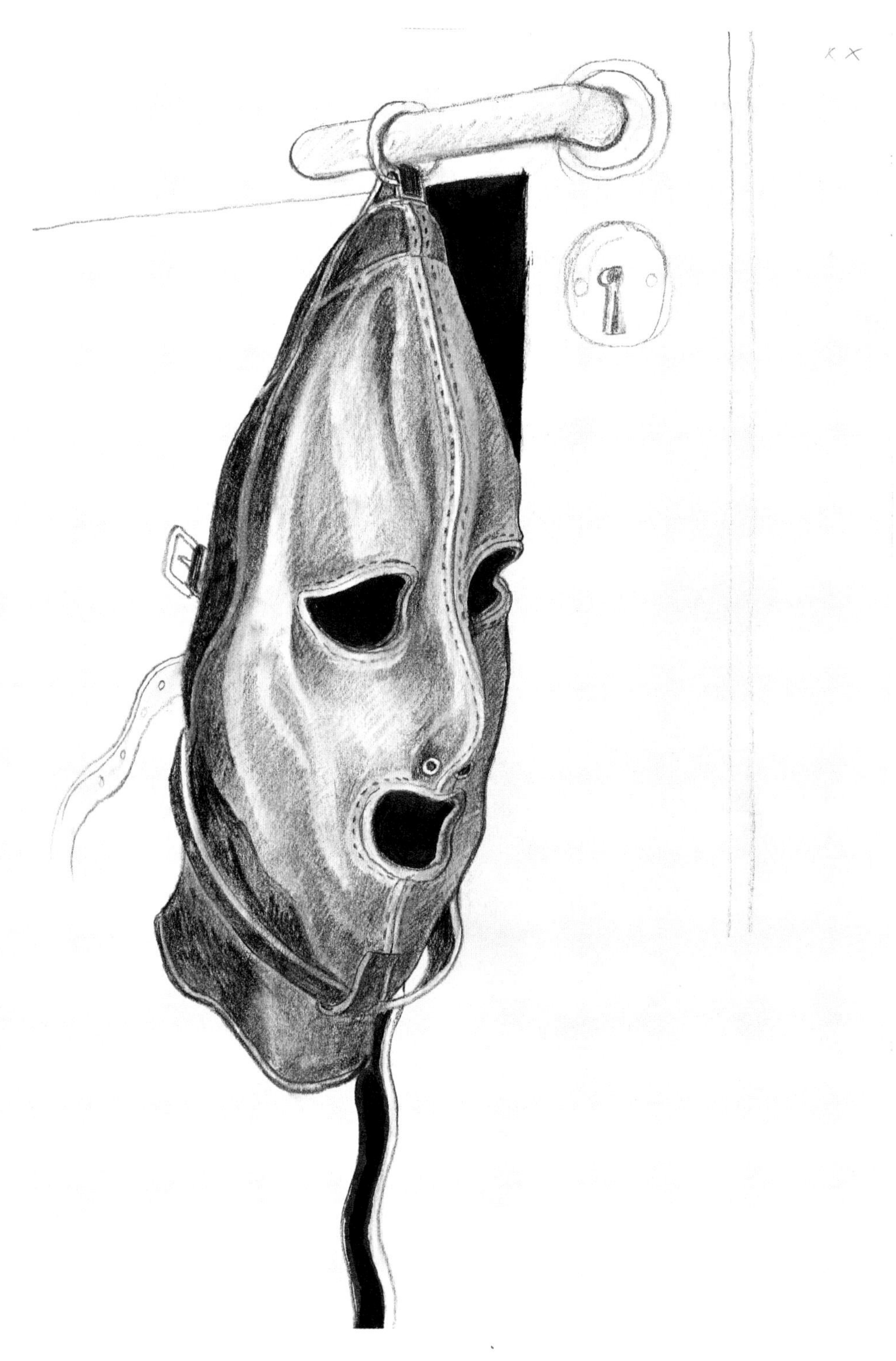

Ohne Titel / Untitled, aus dem Skizzenbuch für / from the Sketchbook for *Schutzengel der Hölle*, 1985, Bleistift, laviert mit Tusche, auf Papier / pencil, washed with ink on paper, 28 × 35 cm

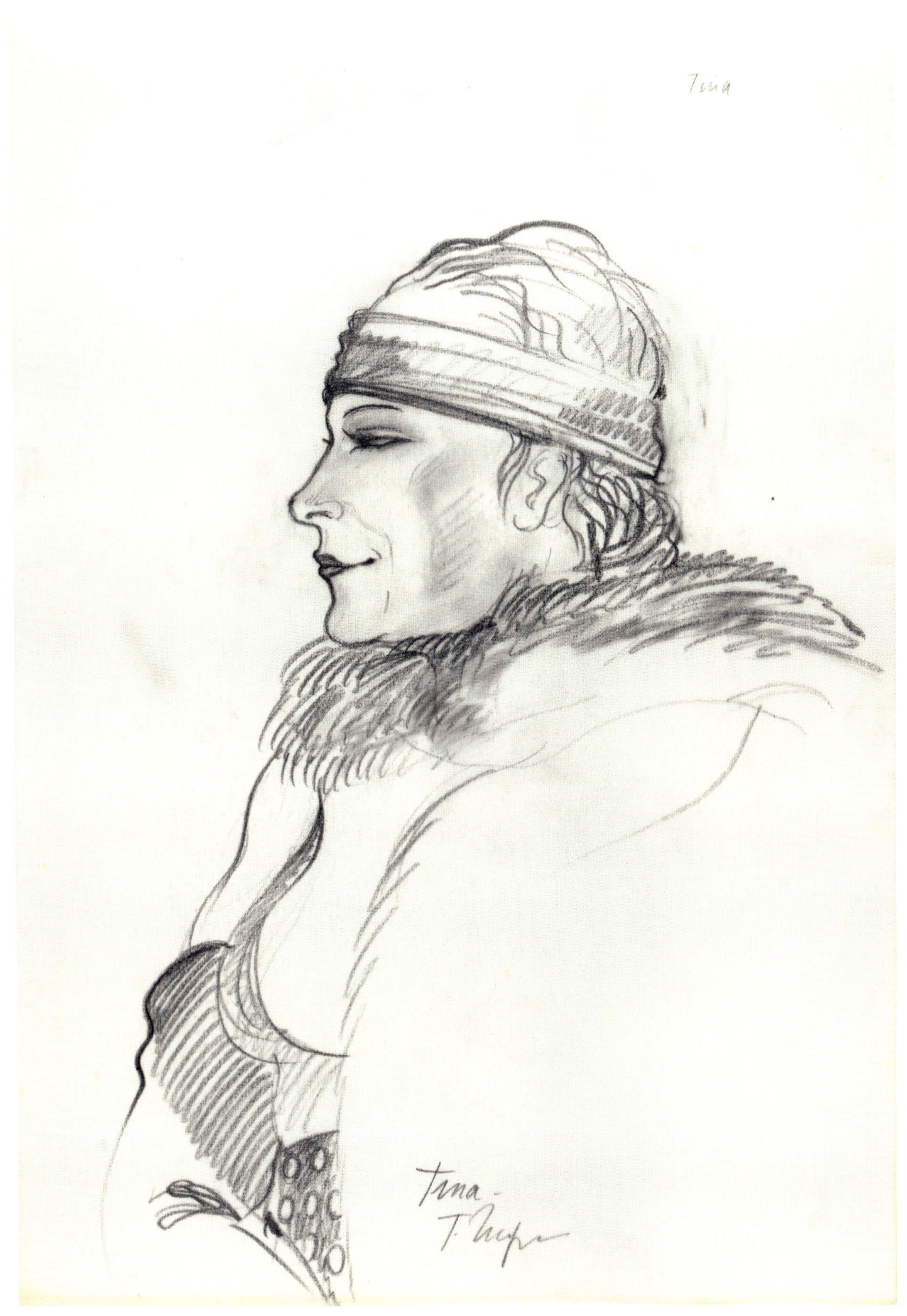

Tina, unveröffentlichte Zeichnung für / unpublished drawing for *Schutzengel der Hölle*, 1985,
Bleistift auf Transparentpapier / pencil on translucent paper, 42 × 30 cm

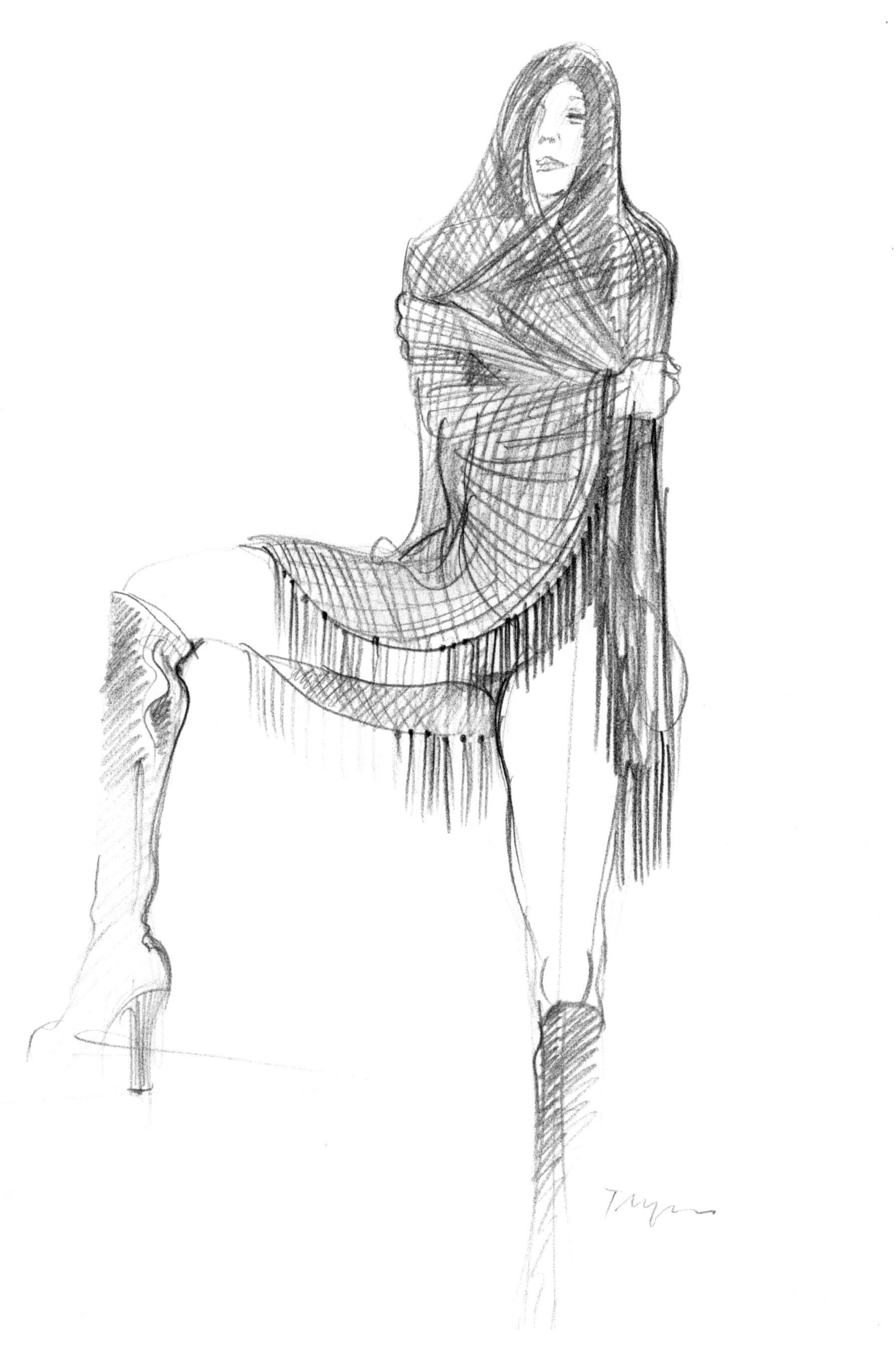

Ohne Titel / Untitled, unveröffentlichte Zeichnung / unpublished drawing, n. d., Bleistift auf Papier / pencil on paper, 42 × 29,7 cm

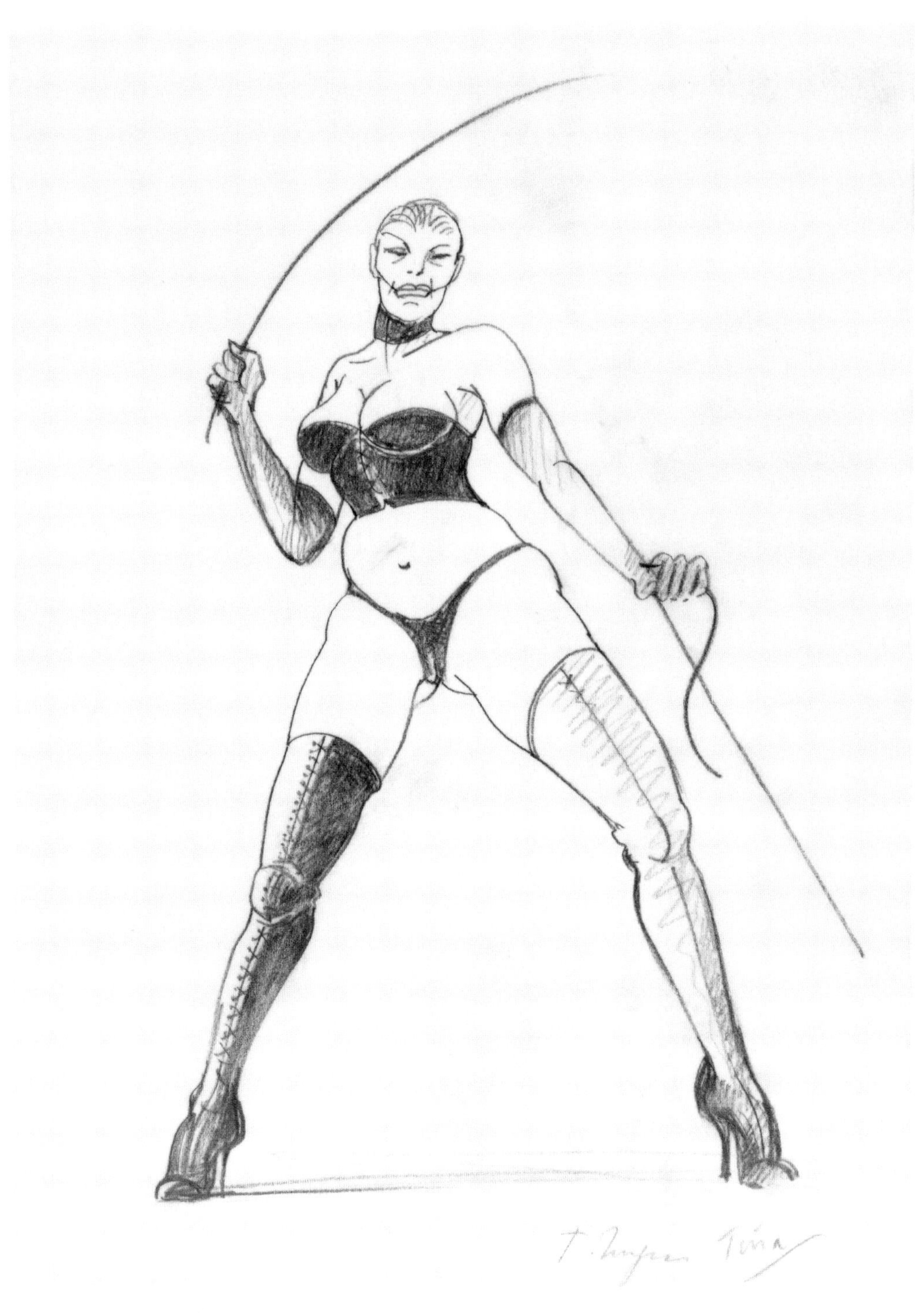

Tina, unveröffentlichte Zeichnung / unpublished drawing, 1985,
Bleistift auf Transparentpapier / pencil on translucent paper, 30 × 21 cm

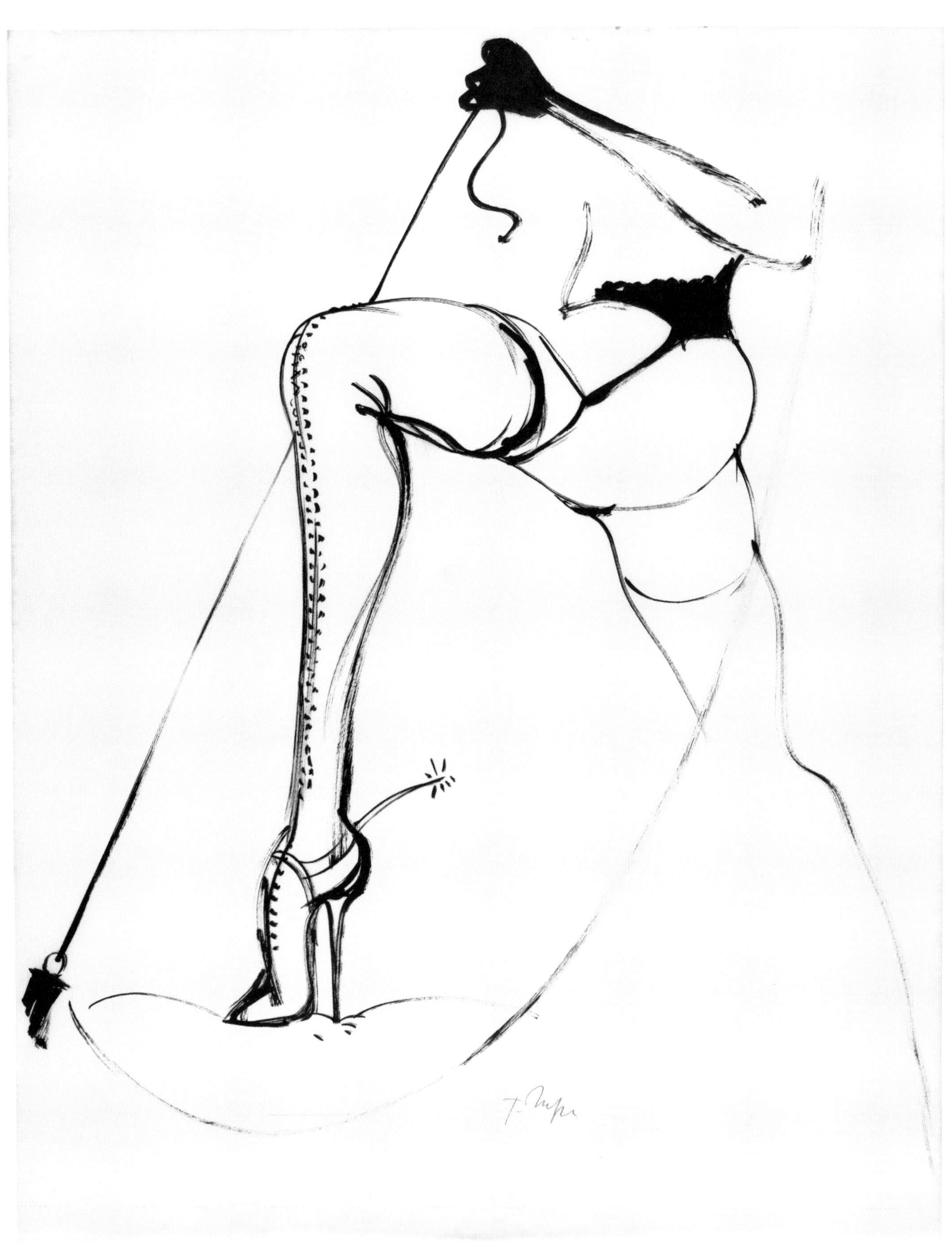

Ohne Titel / Untitled, unveröffentlichte Zeichnung / unpublished drawing, 1985,
Tusche auf Transparentpapier / ink on translucent paper, 60,5 × 48 cm

Tomi in Nova Scotia, 1971–1976,
Kanada / Canada

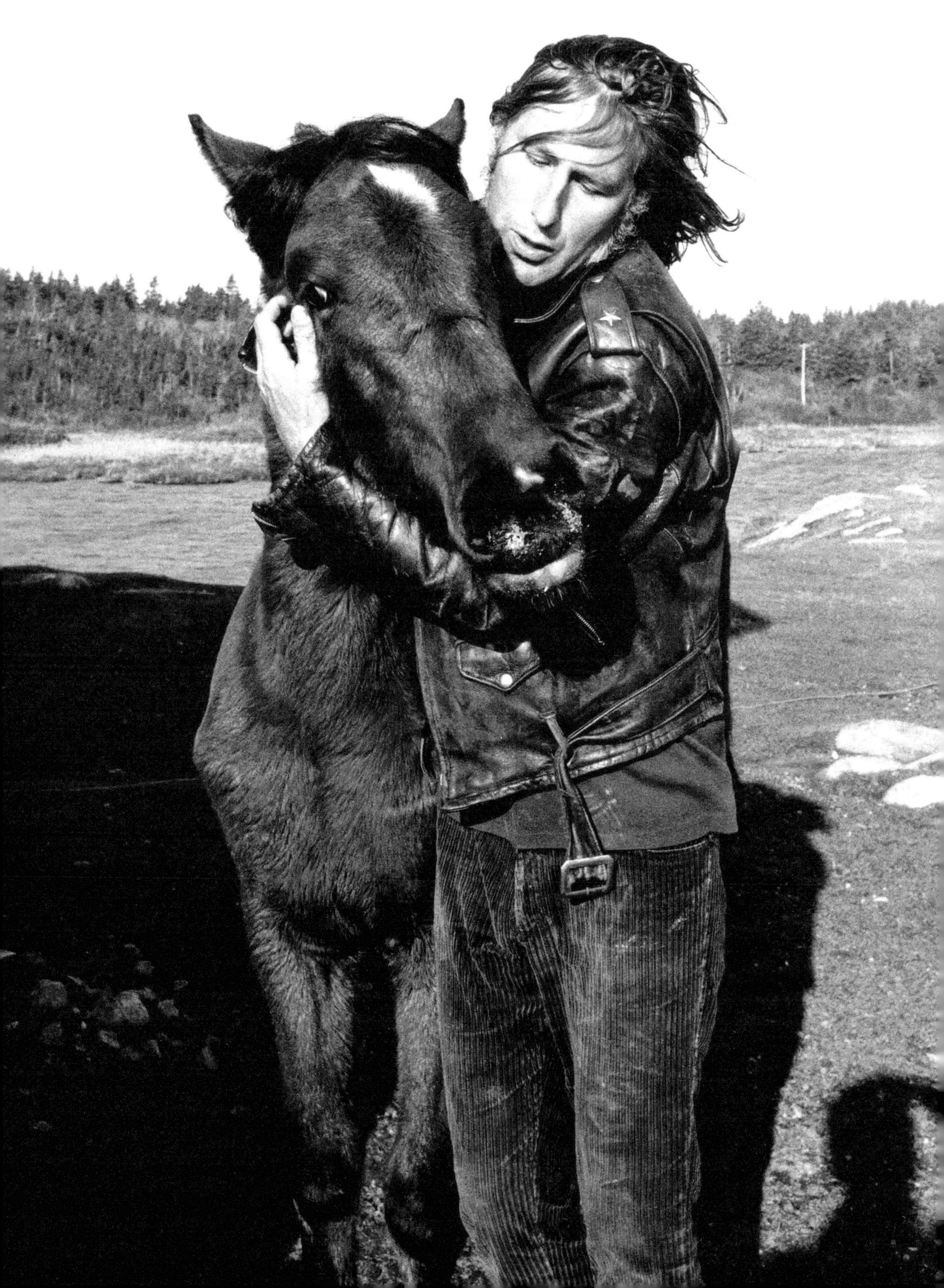

Heute hier, morgen fort

Slow Agony

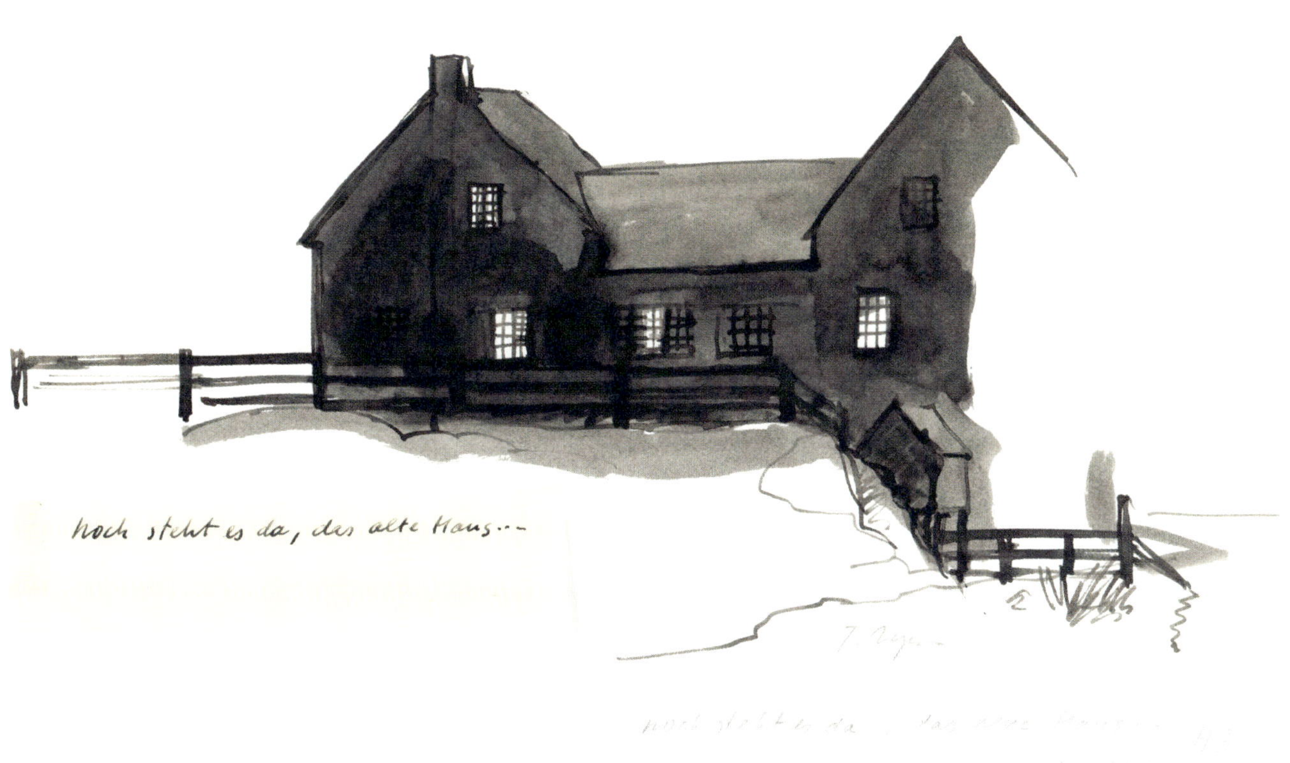

Noch steht es da, das alte Haus, Zeichnung für / drawing for *Heute hier, morgen fort*, n. d., Tusche auf Papier / ink on paper, 21 × 30 cm

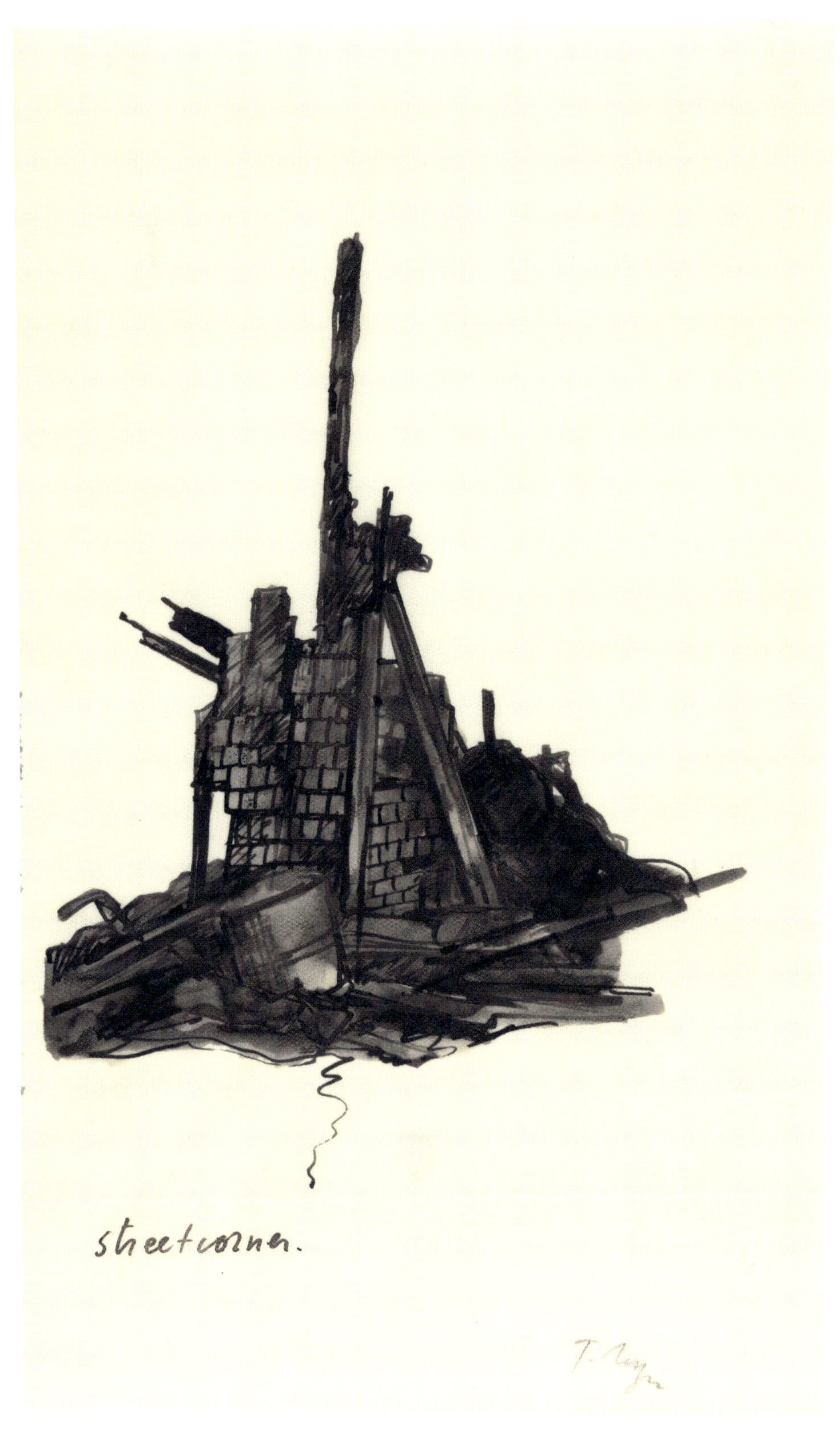

Street corner, Zeichnung für / drawing for *Heute hier, morgen fort*, n. d.,
Tusche auf Transparentpapier / ink on translucent paper, 30 × 21 cm

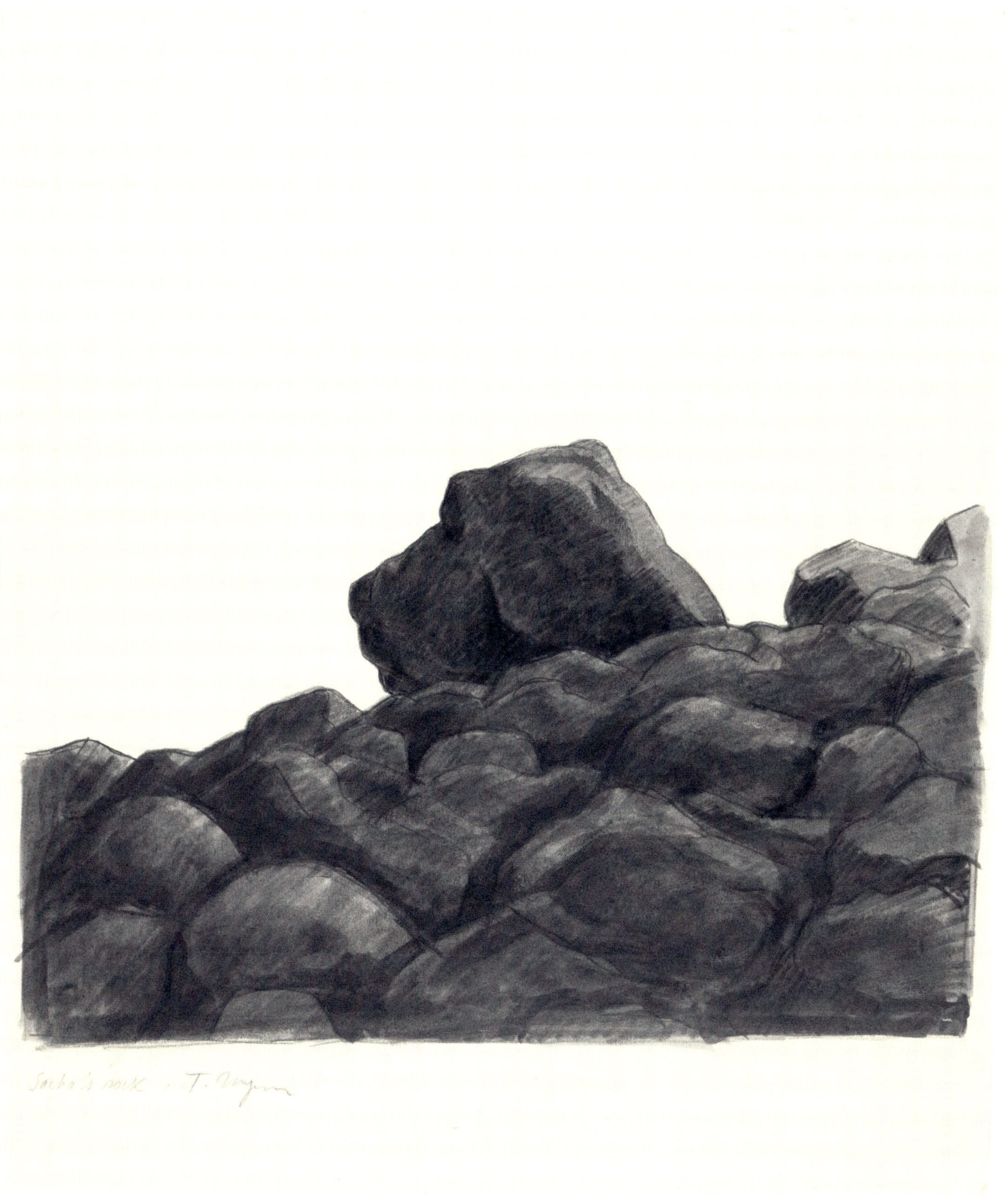

Sacha's rock, Zeichnung für / drawing for *Heute hier, morgen fort*, n.d.,
Tusche und Wasserfarbe auf Papier / ink and watercolor on paper, 35,5 × 30,5 cm

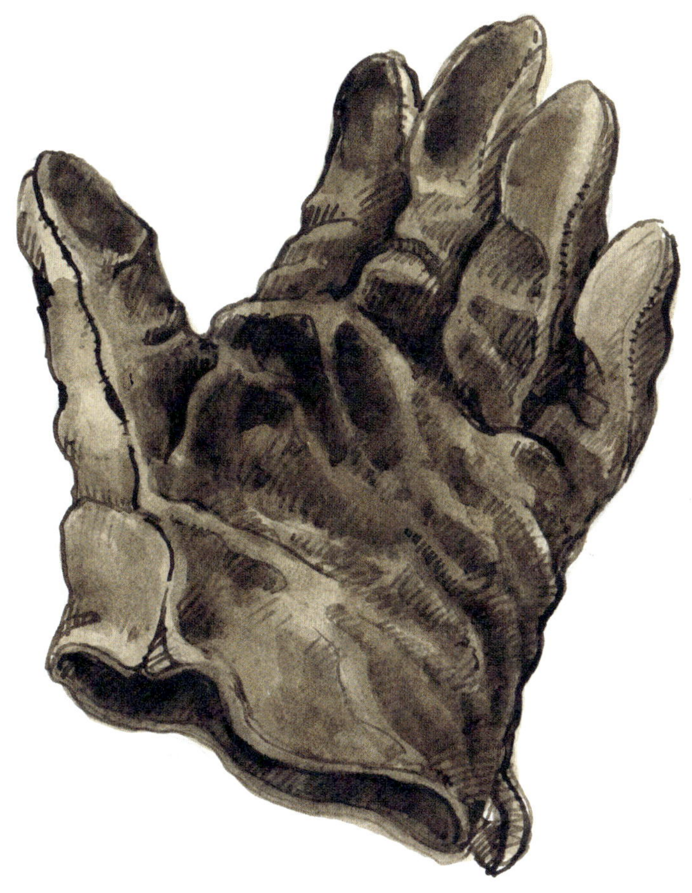

My third hand!, Zeichnung für / drawing for *Heute hier, morgen fort*, n. d.,
Tusche auf Transparentpapier / ink on translucent paper, 34 × 27 cm

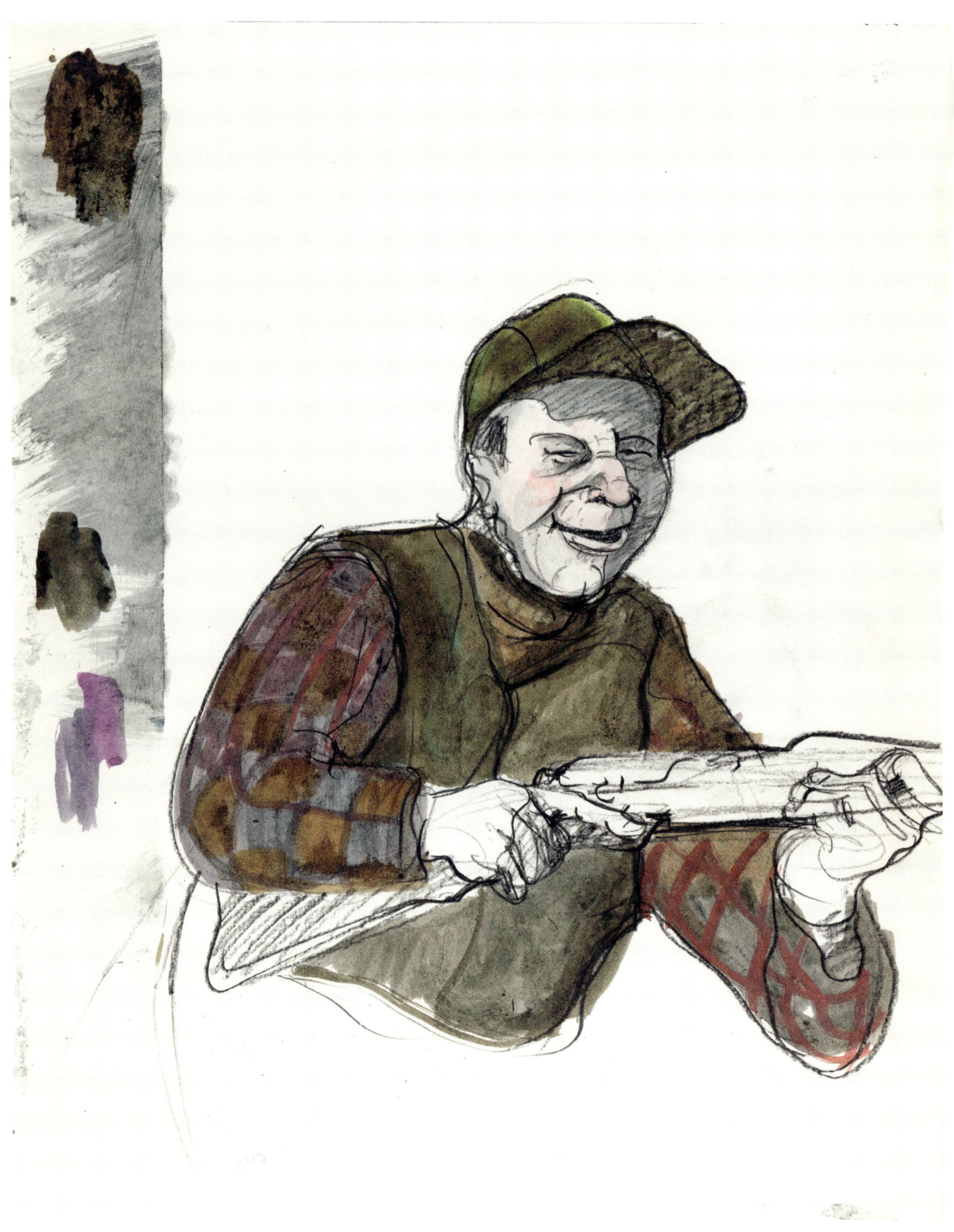

Ohne Titel / Untitled, unveröffentlichte Zeichnung / unpublished drawing, n. d.,
Conté-Stift und Wasserfarbe auf Papier / Conté crayon and watercolor on paper, 61 × 49,5 cm

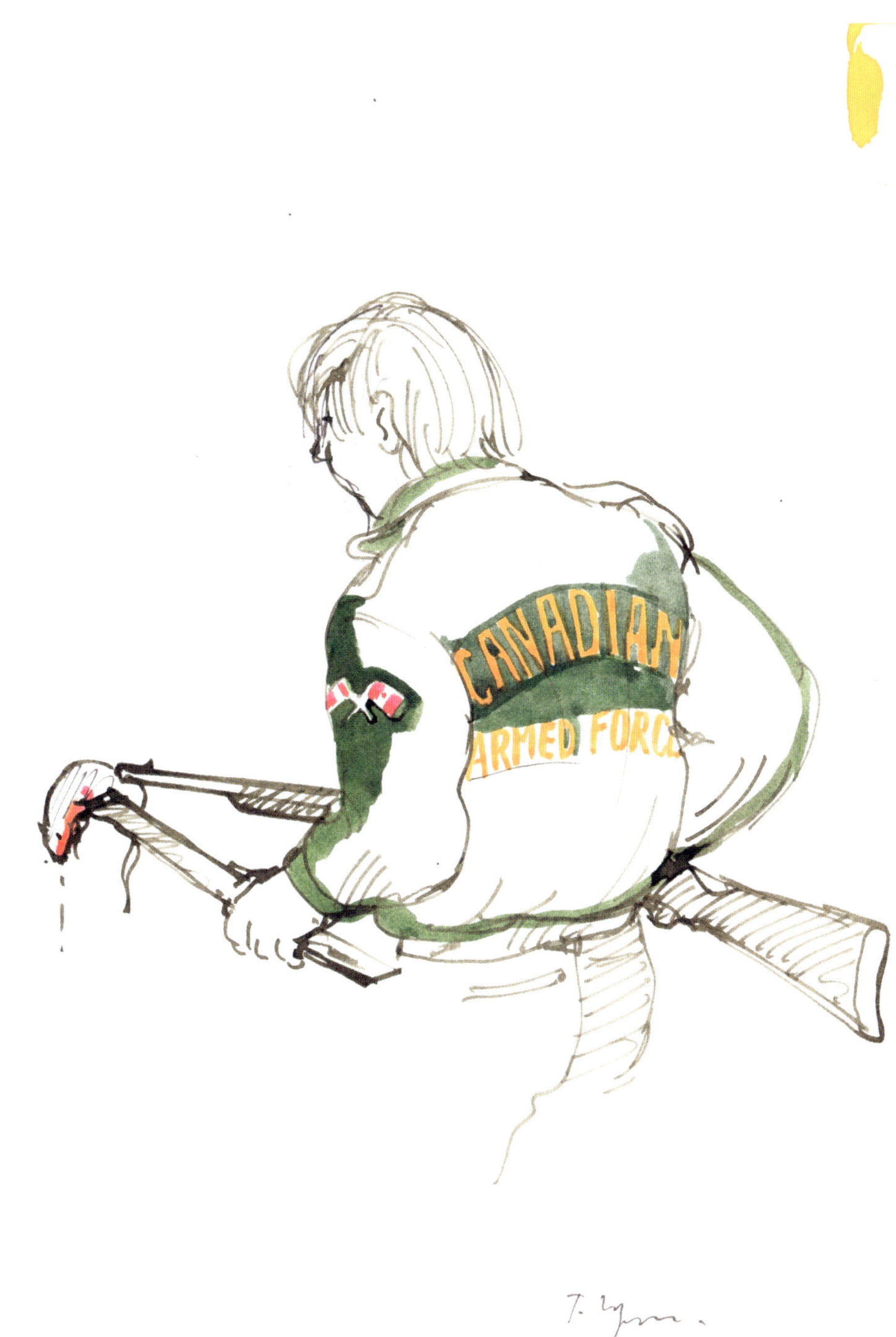

Ohne Titel / Untitled, Vorstudie zu / preparatory work for *Heute hier, morgen fort*, n. d.,
Tusche auf Papier / ink on paper, 30 × 21 cm

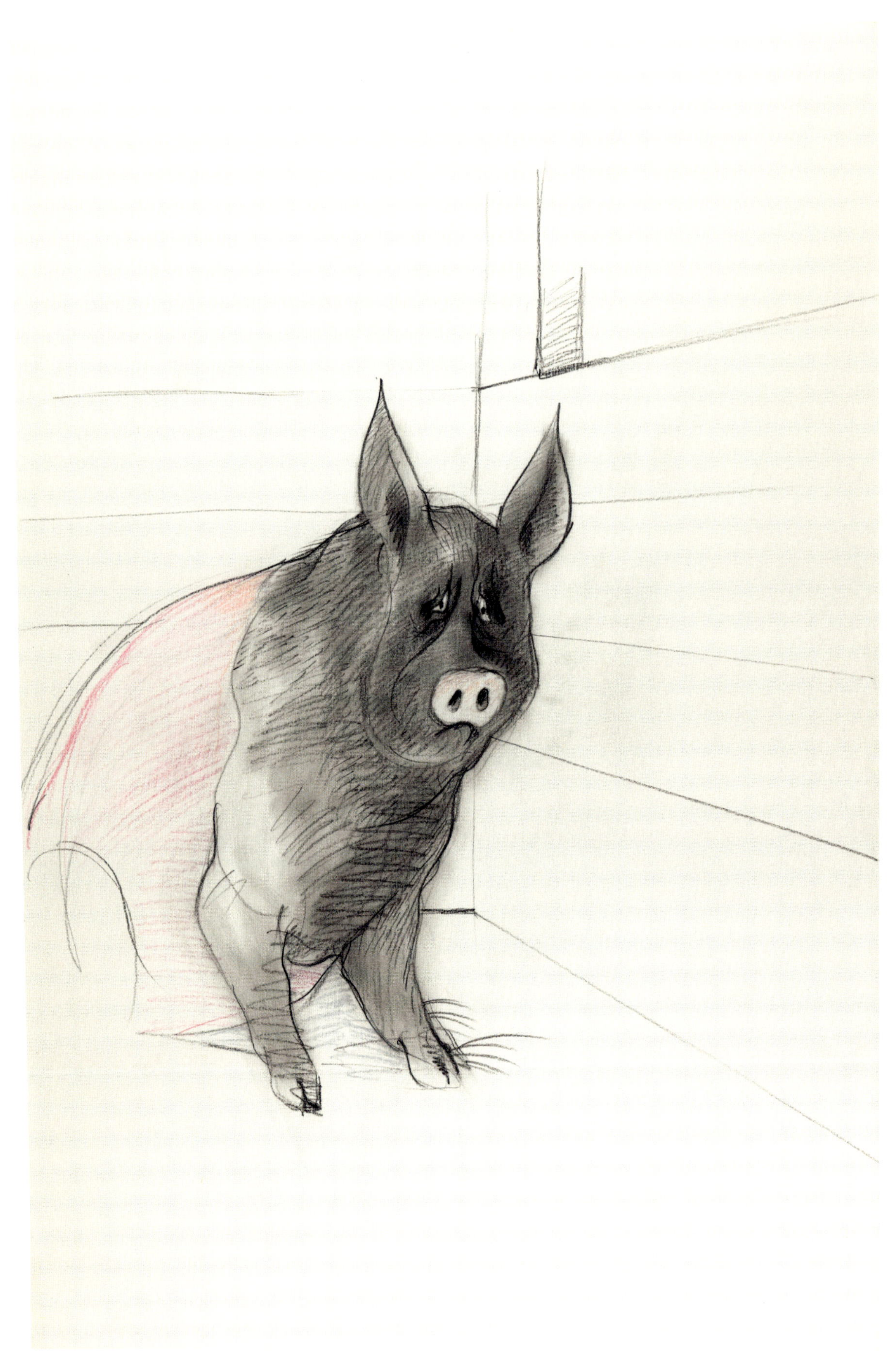

Ohne Titel / Untitled, unveröffentlichte Zeichnung für / unpublished drawing for *Heute hier, morgen fort*, n.d., Conté-Stift auf Papier / Conté crayon on paper, 91,5 × 62 cm

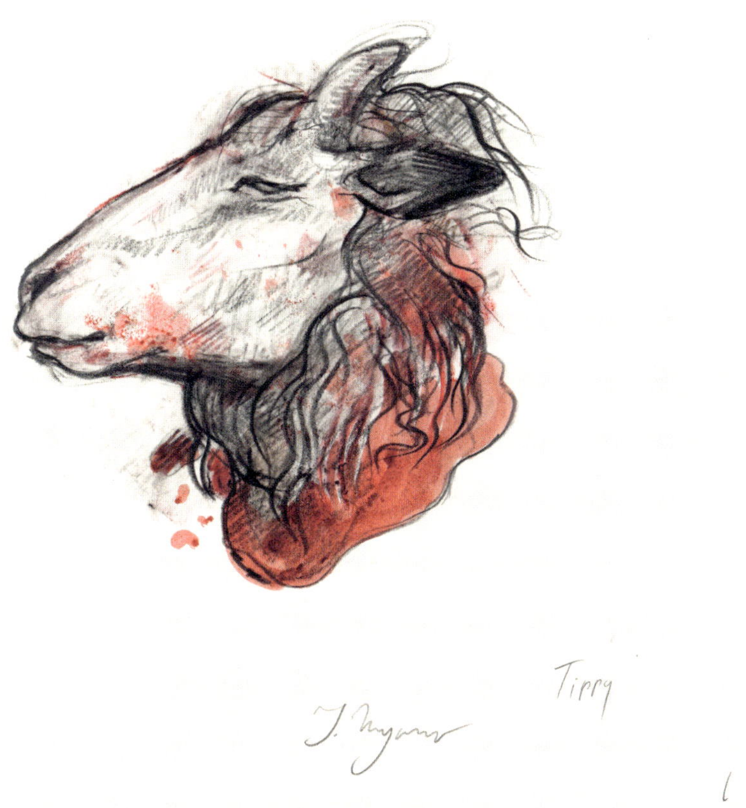

Tippy, unveröffentlichte Zeichnung für / unpublished drawing for *Heute hier, morgen fort*, n. d.,
Conté-Stift und Gouache auf Papier / Conté crayon and gouache on paper, 35 × 50 cm

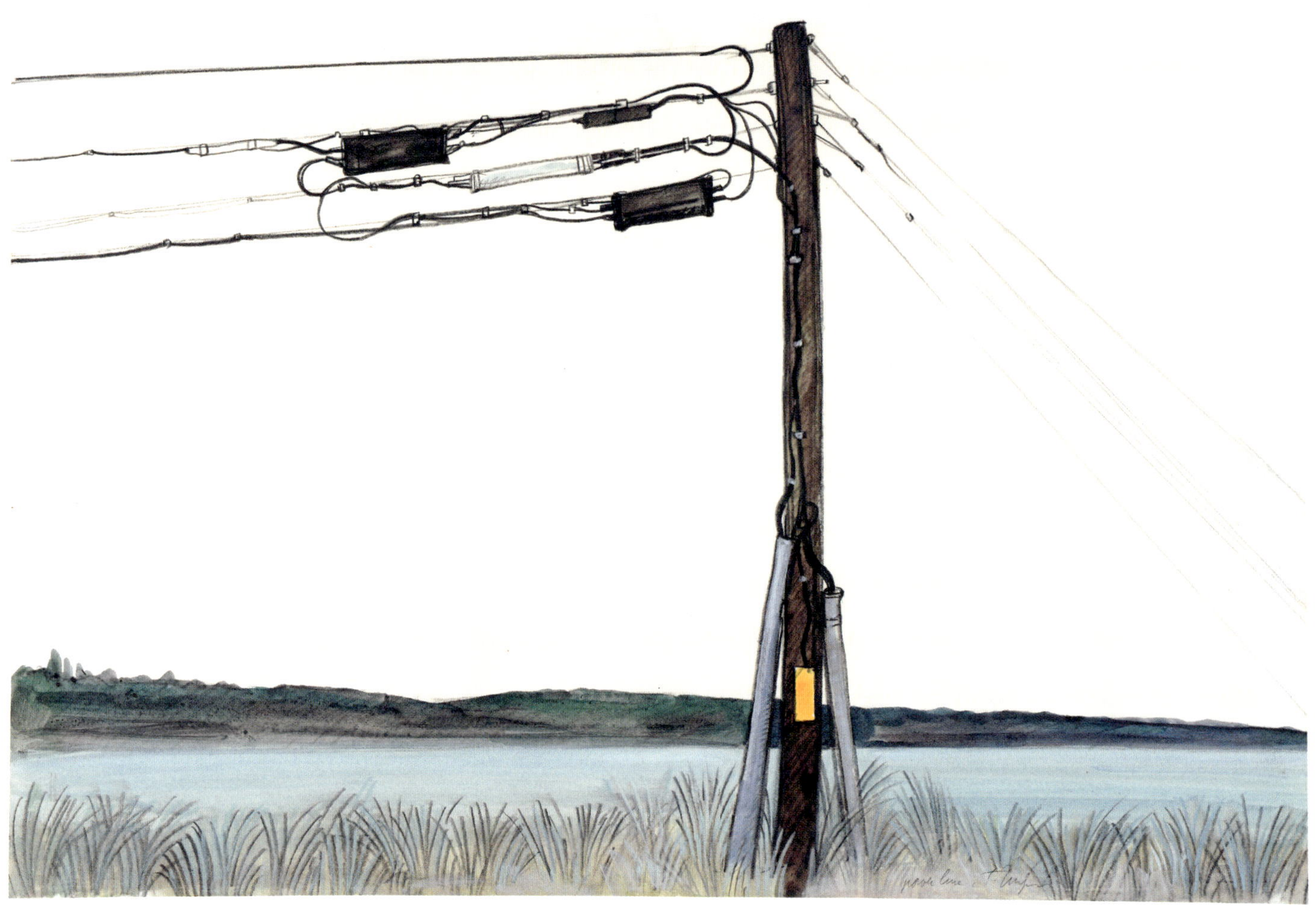

Power Line, unveröffentlichte Zeichnung für / unpublished drawing for *Slow Agony*, 1971–1983, schwarze Ölkreide, laviert mit Tusche und farbiger Tinte, weiße Gouache-Highlights auf Papier / black oil pastel, ink and colored ink wash, white gouache highlights on paper, 60,7 × 89 cm

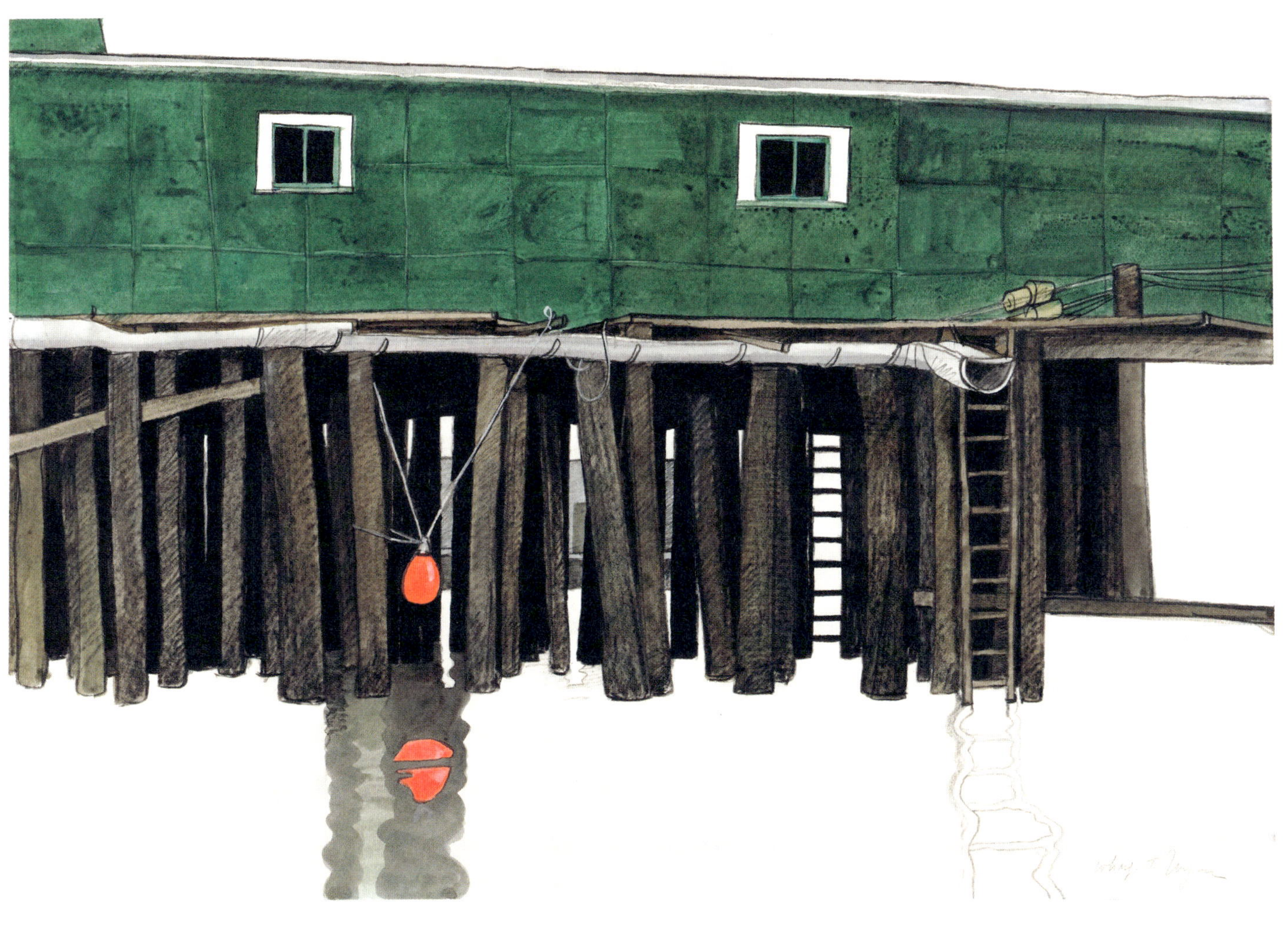

Wharf, Zeichnung für / drawing for *Slow Agony*, 1971–1983, schwarze Ölkreide, laviert mit Tusche und farbiger Tinte auf Papier / black oil pastel, ink and colored ink wash on paper, 60 × 86 cm

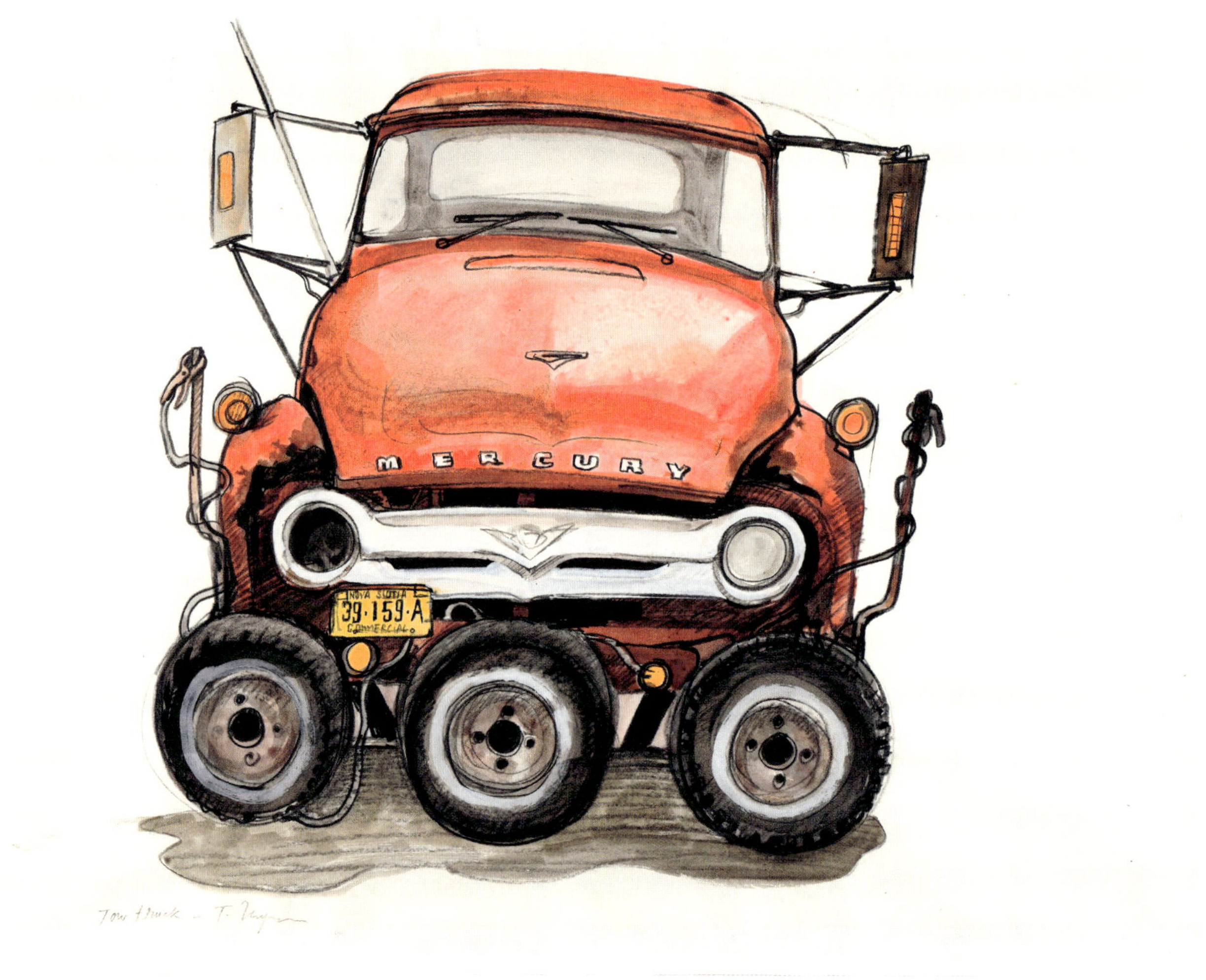

Tow Truck, unveröffentlichte Zeichnung für / unpublished drawing for *Slow Agony*, 1971–1983, schwarze Ölkreide, laviert mit Tusche und farbiger Tinte, weiße Gouache-Highlights auf Papier / black oil pastel, ink and colored ink wash, white gouache highlights on paper, 60,6 × 87 cm

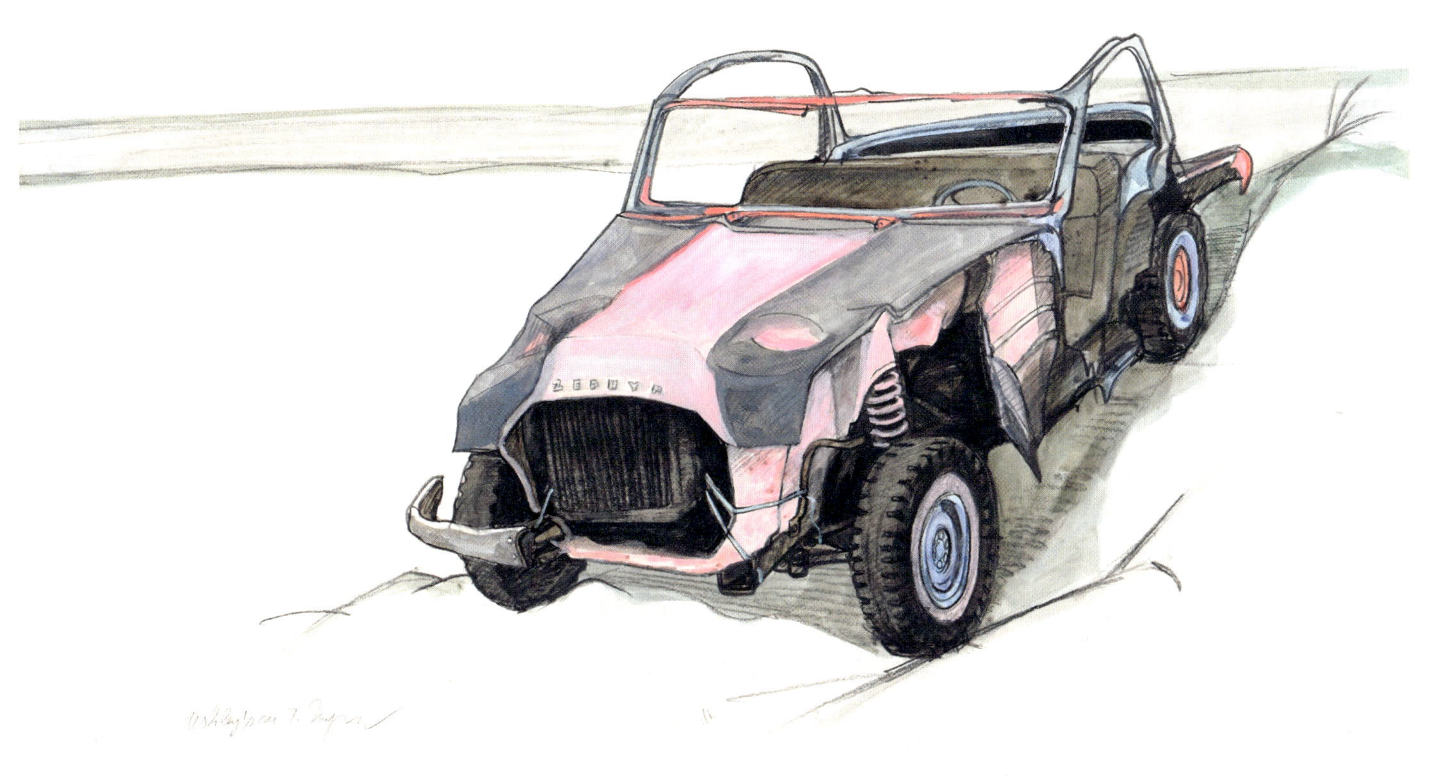

Ashley's Car, Zeichnung für / drawing for *Slow Agony*, 1971–1983, schwarze Ölkreide, laviert mit farbiger Tinte, weiße Gouache-Highlights auf Papier / black oil pastel, washed with colored ink, white gouache highlights on paper, 60,7 × 89 cm

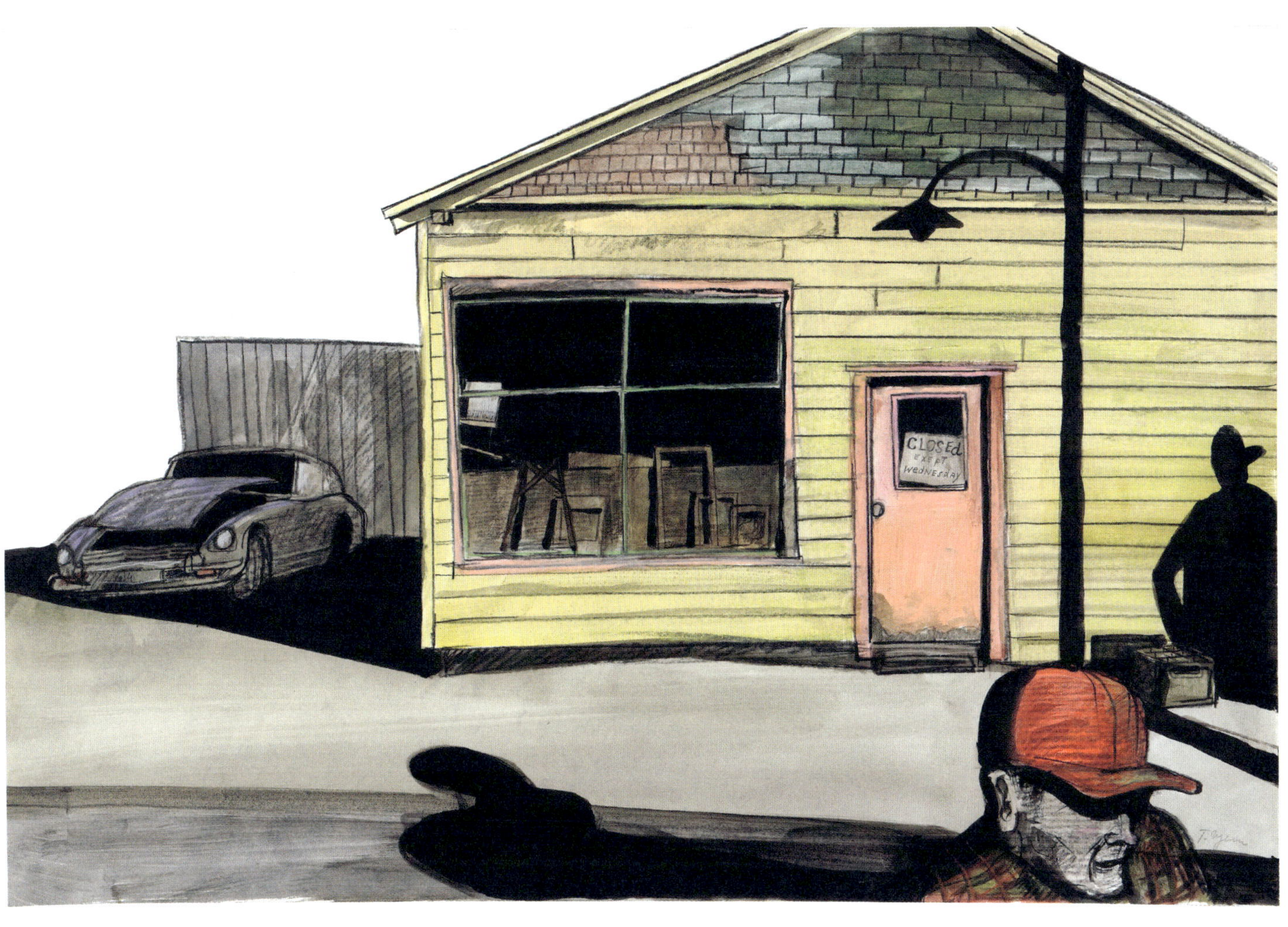

Closed except Wednesday, unveröffentlichte Zeichnung für / unpublished drawing for *Slow Agony*, 1971–1983, Bleistift, laviert mit farbiger Tinte auf Papier / pencil, washed with colored ink on paper, 60,3 × 90,8 cm

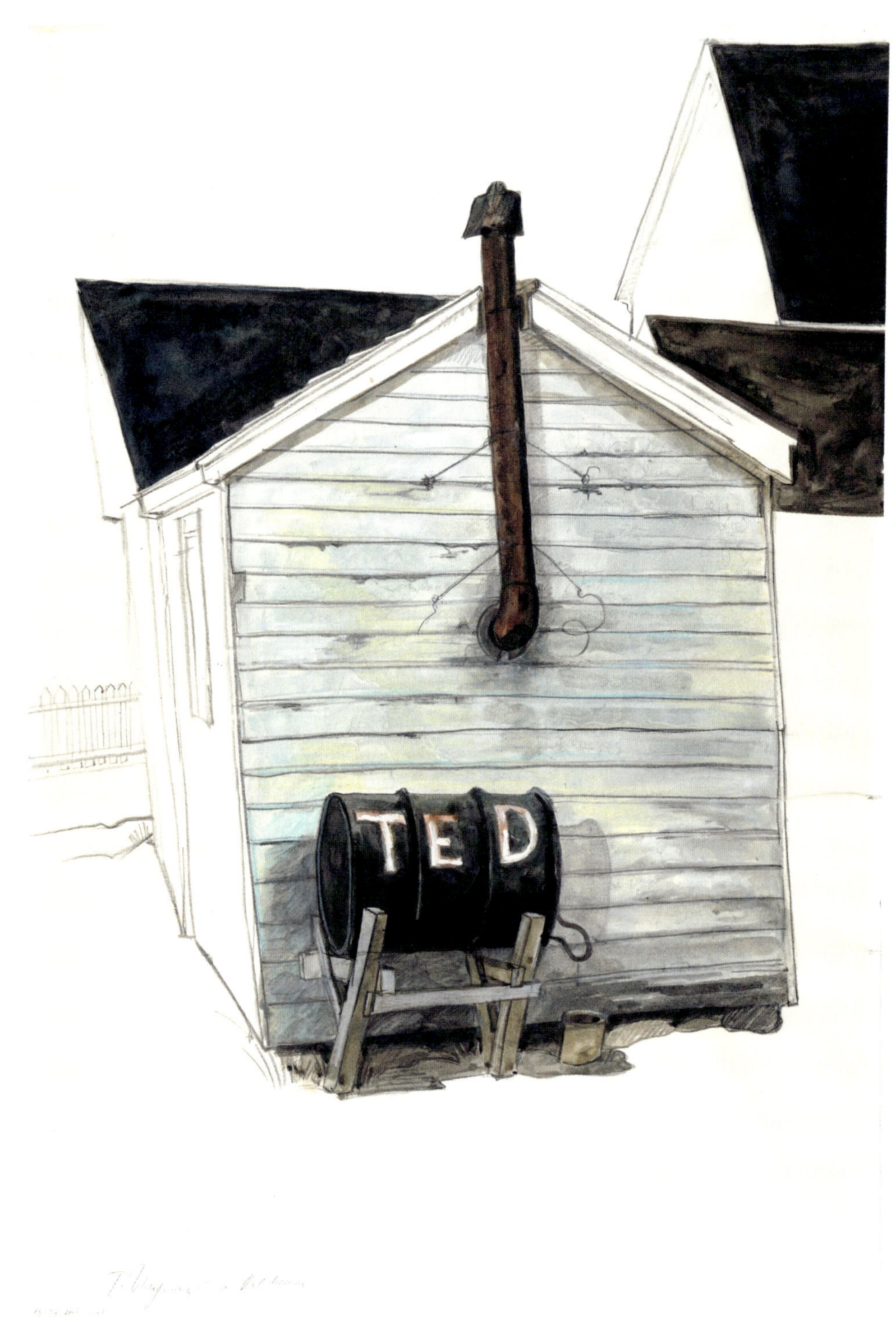

Oil Drum, Zeichnung für / drawing for *Slow Agony*, 1971–1983,
Bleistift, laviert mit farbiger Tinte auf Papier / pencil, washed with colored ink on paper, 88 × 60,6 cm

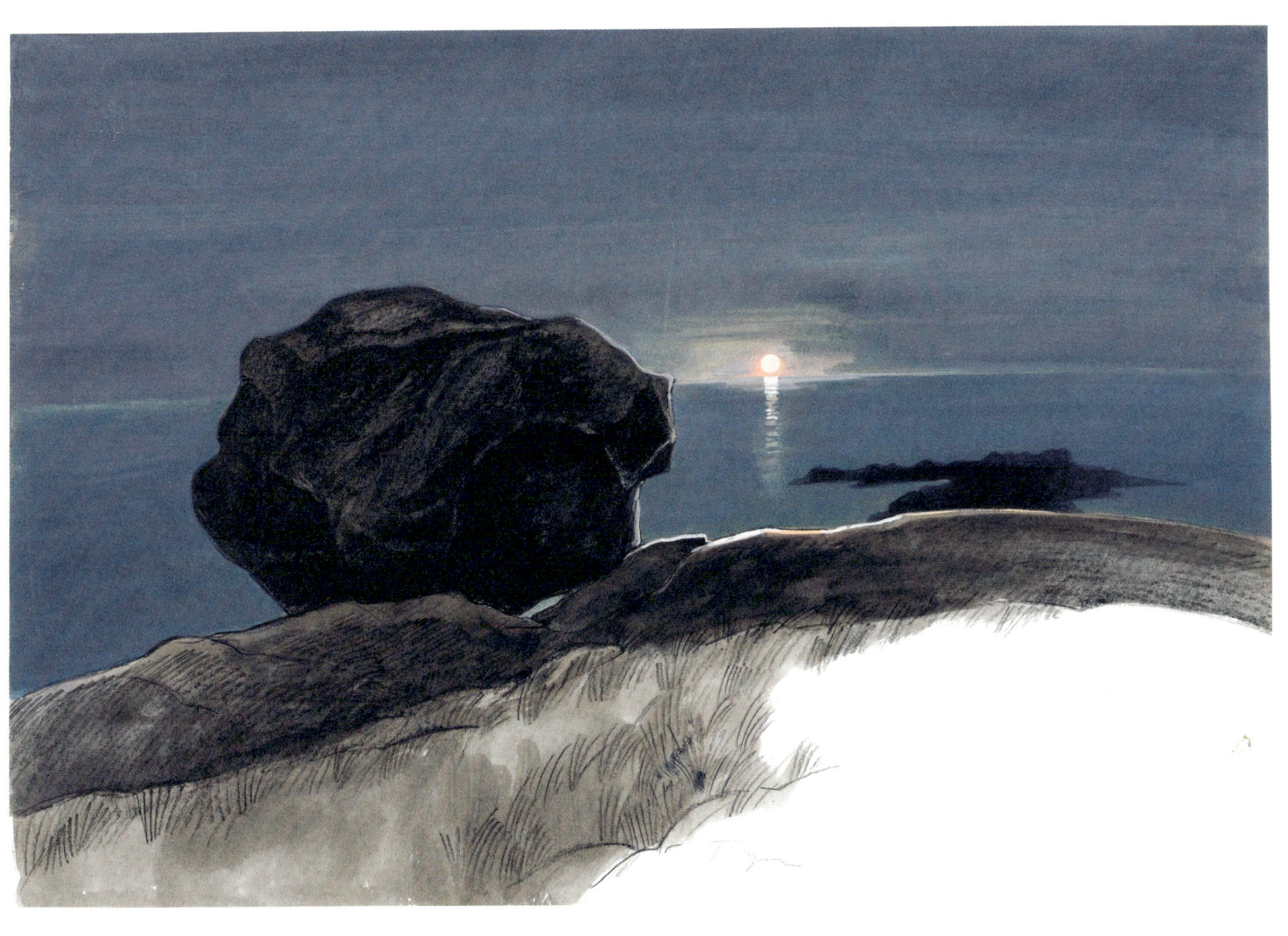

Ohne Titel / Untitled, unveröffentlichte Zeichnung für / unpublished drawing for *Slow Agony*, 1971–1983, Bleistift, laviert mit farbiger Tinte, auf Papier / pencil, washed with colored ink on paper, 60,5 × 90,9 cm

Porträt von / portrait of
Tomi Ungerer, 1980er / 1980s

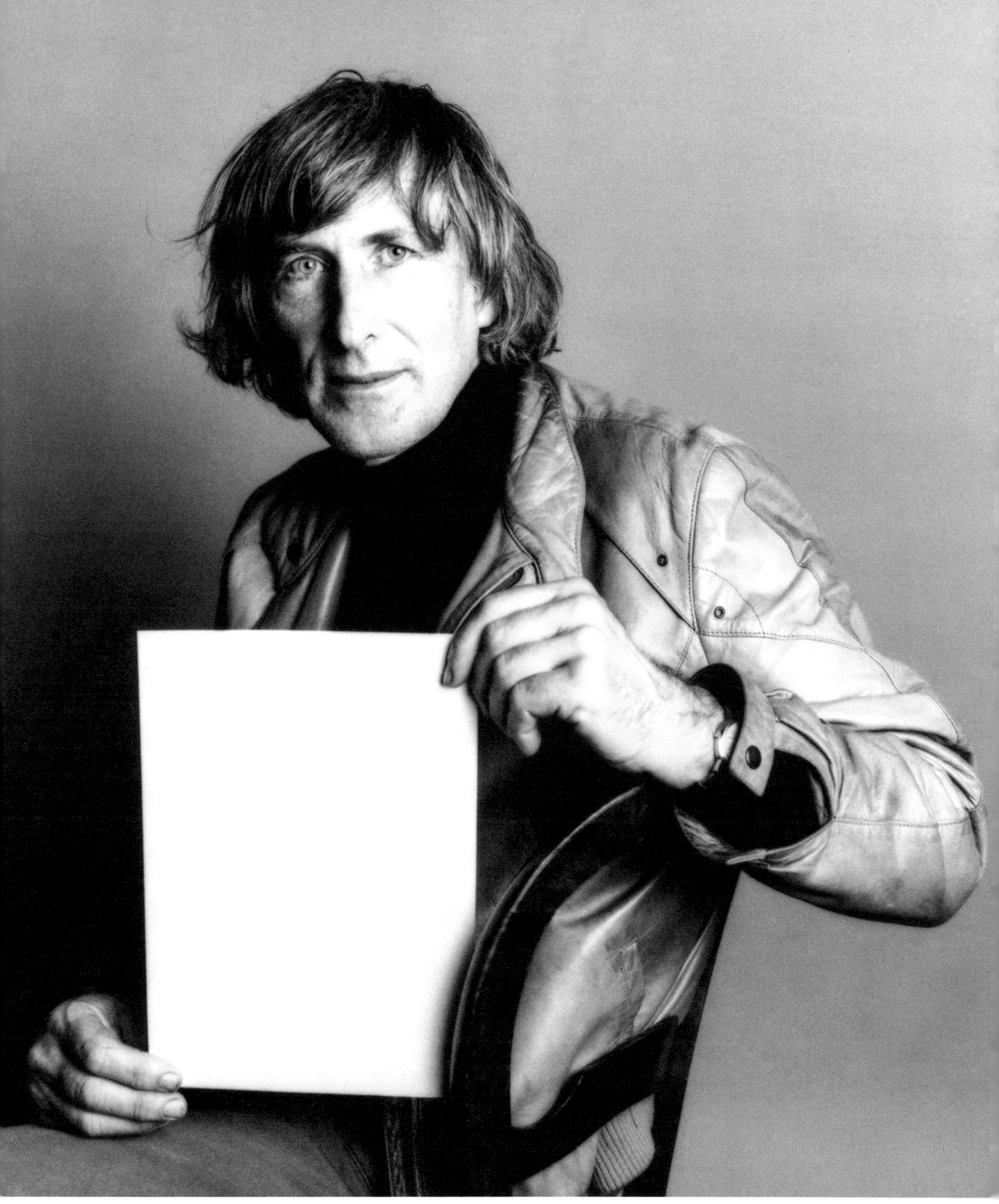

ARIA UNGERER

Tomis Atelier – Eine Brutstätte für Ideen

DAS ATELIER

Seit ich mich erinnern kann, hat Tomi Schere oder Messer genauso geschwungen wie den Stift – als Werkzeug, mit dem er sich die Welt vorstellen oder neu denken konnte und mit dem nicht nur etwas dorthin geschafft wurde, wo vorher nichts war: auf das weiße Blatt Papier, in das leere Weinglas oder den unbesetzten Raum. Er forderte damit vielmehr den Betrachter oder den Freund oder das Familienmitglied auf, mit ihm zu einer Fantasiereise aufzubrechen. Selten war auf dieser Reise ein Kompass oder eine Landkarte verfügbar, der Weg bestand mit jedem Schritt aus einer Entdeckung, die sich endlos fortsetzte. Man konnte am Straßenrand entlanggehen und musste fünfundzwanzig Mal stehenbleiben, um die Vielzahl an Blättern, Wurzeln und Steinen in Augenschein zu nehmen. Nur direkt von A nach B zu reisen, das kam nicht in Frage. Betrachtete man etwas gemeinsam mit Tomi, dann war es so, als würde man vor einer Pforte stehen, auf deren anderer Seite alles viel bunter, leuchtender, nebelhafter und schrulliger war – der Aufbruch des Geistes hin zu einem Anderswo. Ich denke an Tomi, wie er jedes Mal, wenn er es mit einem leeren Blatt Papier zu tun hatte, über eine Schwelle trat, hinüber in andere Gefilde. Als Mensch und in seinem Werk zeigte er uns fortwährend und beharrlich, dass es neue und verschiedene Weisen gibt, die Welt zu sehen – sowohl auf makrokosmischer als auch auf mikrokosmischer Ebene. Sei es ein politisches System oder das Staubgefäß einer Blume, eine Ideologie oder die Flügel einer toten Fliege, sein Werk zeigt uns immer wieder, dass es eine Unzahl von Blickwinkeln und deformierten Linsen gibt, mittels derer wir die Gesamtheit der Dinge betrachten können.

Tomi hatte eine natürliche Affinität zu Umgestaltung und Verwandlung. Das zeigt sich an mancherlei in seinem Leben – nicht nur in seinem Künstlerleben. Als Beispiel lässt sich Tomis Talent als Metzger anführen: Als er nach Irland kam, entdeckte er, dass die regionale Art und Weise der Fleischzerlegung sich nicht mit dem Geschmack und den Vorlieben des Franzosen deckten. Also lernte er, wie man den Tierkörper eines Schweines oder eines Schafes oder Rindes so in die Stücke zerlegt, wie sie der Larousse so sorgfältig grafisch darstellt, und diese Anweisungen befolgte Tomi wirklich buchstabengetreu. Es stellte sich heraus, dass sogar ein totes Tier je nach den Vorlieben der Kultur auf verschiedene Weisen bestellt werden kann – ein Ausdruck von Relativität, bei dem es Tomi sicherlich in den Fingern juckte! Als ich ein Kind war, brachte Tomi mir bei, Weinflaschen in Wasser zu legen, um so ihre Etiketten ganz einfach ablösen und dann in ein Sammelalbum kleben zu können. Es wurden Blüten gepresst, Tassenuntersetzer aus Papierspitze zerschnitten, um daraus Röcke für meine Puppen zu fertigen, und später, was meinen Widerwillen erregte, schwarze Müllbeutel zu Barbie-Outfits umgestaltet. (Tomi hasste Barbiepuppen von ganzem Herzen, daher muss ich ehrlicherweise zugeben, dass es durchaus angemessen war, wenn er sie in Müllbeutel kleiden wollte.) Ich habe schon früh gelernt, dass, wenn auch alles am Anfang einen bestimmten Zweck zu haben scheint, dieser Zweck durch verschiedene Eingriffe doch gänzlich verändert werden kann. Für ein Kind ist das natürlich absolut einsichtig, seine Vorstellungskraft ist noch

Atelier / Studio
Tomi Ungerer, 2020,
Irland / Ireland

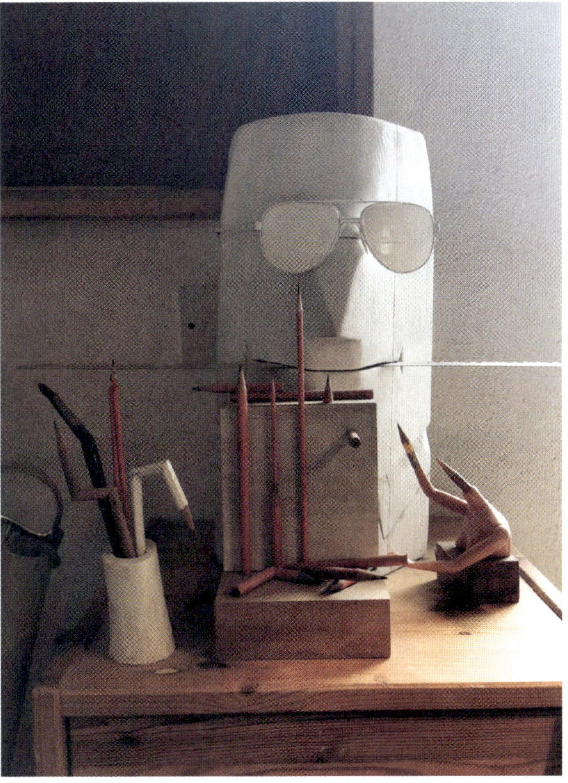

nicht von sogenannter Logik verdorben oder von den Zwängen gesellschaftlicher Systeme eingeschränkt worden, und in vielerlei Hinsicht war es die Förderung dieses kindlichen Gemüts, die es Tomi möglich machte, als Künstler ein so vielfältiges Werk zu schaffen.

Tomis Atelier war ein sich ständig weiterentwickelndes lebendiges Zeugnis dieser unterschiedlichen Interessen und der einander widerstrebenden Kräfte von Ordnung und Chaos. Ebenso wie der Uroboros ein wiederkehrendes Motiv in seinem Werk ist – das beste Beispiel: sein Plakat *Black Power/ White Power* (Abb. S. 117) –, so war auch sein Atelier ein lebender, atmender Selbstverzehrer: sich selbst verschlingen und dann wieder neu beginnen – in einem ewigen Zyklus der Verdauung, oder je nachdem, der Nichtverdauung.

Wie eine multidimensionale Collage war Tomis Atelier übervoll mit ganzen Schichten aus Fundstücken, Büchern, Papieren, künstlerischen Materialien, Kuriositäten und anderem mehr. Alles wurde ständig von einer Ecke in die andere geräumt, in dem Bemühen, so den Eindruck von mehr Raum zu erzeugen. Das Atelier entwickelte sich kontinuierlich und drückte immer Tomis gegenwärtige Gemütsverfassung aus und das, was ihn gerade faszinierte, beinahe wie ein lebendiger Organismus. Ein Aufgebot von Gegenständen kam als Rohmaterial herein und wurde umgesetzt, neu kontextualisiert und verwandelt. Kaputte Dinge trafen zwecks Wiederherstellung ein. Konnte Tomi es irgendwie bewerkstelligen, etwas, was ausrangiert, zerknittert oder gar zerschlagen war, wieder zum Leben zu erwecken, dann tat er es – wenn er nur nichts wegwerfen musste! Tomis dadaeske Weltsicht – sie war satirisch, absurd und provokativ – mag einen chaotischen Eindruck machen, und sie war es auch, aber Tomi sehnte sich nach Ordnung. Sein Atelier zollt Systemen und Taxonomien Achtung, es ist voll von klassifizierten und etikettierten Schubladen, Ordnern und Kartons. Damit er die Punkte des abstrakten Denkens verbinden konnte, das für seine Arbeit notwendig war, mussten zunächst die Punkte der Realität, über die man sich gemeinhin einig ist, festgelegt werden. Er nannte sein Atelier oft ein geordnetes Chaos und hatte immer eine Heidenangst davor, dass es zu einem echten Saustall werden könnte. Es war oft kurz davor, und dann stieg seine Panik fühlbar an. Sein dringendes Bedürfnis nach einem ordentlichen und aufgeräumten Raum sollte für Tomi gewissermaßen immer nur ein beinahe aussichtsloser Kampf sein, war er doch ein eifriger Sachensammler – Spielzeug, Bücher und Schnickschnack. Die einzige Art, mit ihnen auch zu leben, bestand darin, ihnen eine neue Funktion zu verpassen.

Ich bin immer ganz begeistert von den frühen Fotos aus Tomis irischem Atelier, ein spärlich bestückter und offener Raum mit handgetischlerten Tischen und Regalen, der mich an Fotos der Wohnungen und Häuser von Donald Judd erinnert. Es sieht ganz so aus, als hätte er einmal mit einem ziemlich minimalistischen Wohn- und Arbeitsraum angefangen. Aber im Lauf der Jahre wurden die Spielzeug- und Büchersammlungen und der sich zufällig ansammelnde Krimskrams immer umfangreicher – Ausdruck eines Geistes mit überbordenden Ideen. Es gab eine regelmäßig wiederkehrende Notwendigkeit, neuen Platz zu finden oder zu schaffen, um Dinge unterzubringen. Zuweilen bedeutete dies, dass ganze Sammlungen weggegeben wurden, wie zum Beispiel seine umfangreiche Bibliothek und die unglaubliche Spielsachensammlung, die der Stadt Straßburg als Schenkung überreicht wurden. Ihm ging ständig der Platz aus! Freunde und Bewunderer kamen in regelmäßigen Abständen vorbei und brachten, eifrig bemüht, ihm eine Freude zu machen, alle erdenklichen Fundstücke und schrägen Objekte aus Billigläden mit, denn sie wussten, dass sie ein Lächeln auf Tomis Gesicht zaubern würden. Je älter er wurde, desto mehr füllte sich auch der Raum, er war nicht nur ein Schrein für das, was ihn als Künstler herausgefordert und besonders fasziniert hat, sondern auch für seine Freundschaften. Wie die Strömungen im Atlantik auf der anderen Seite des Fensters, an dem er jeden Tag saß und arbeitete, so schwoll auch der Raum an und leerte sich wieder, aber Ebbe und Flut schienen doch stets herein und heraus zu fließen. Das Vakuum eines leeren Raumes muss gefüllt werden. Gerade so, wie die höhnische Leere eines Blattes Papier ihn dazu zwang, sie mit Inhalt zu füllen.

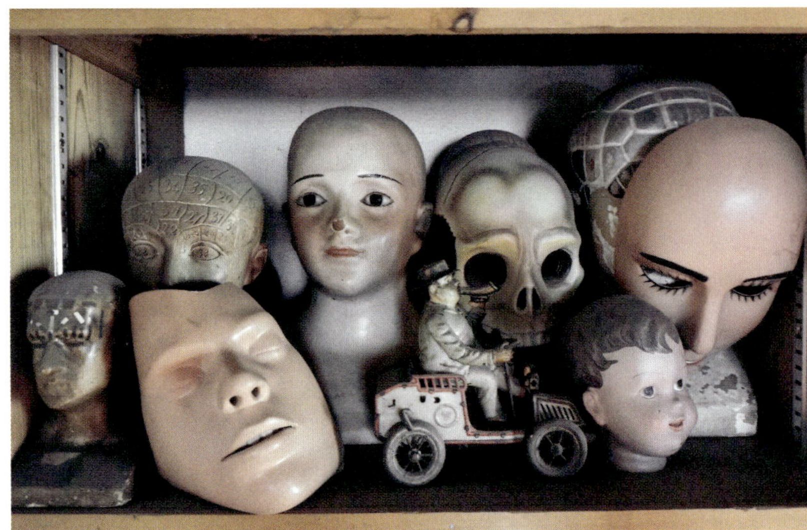

Atelier / Studio
Tomi Ungerer, 2020,
Irland / Ireland

COLLAGE

In seinen späteren Jahren gab Tomi das zeichnerische Element in seinen Arbeiten fast ganz auf und konzentrierte sich stattdessen darauf, wie man den Fotokopierer einsetzen konnte, um Fotos zu bearbeiten und neu zusammenzusetzen und so Collagen entstehen zu lassen. Bildquellen waren für ihn Magazine und Zeitungen, die er zum Teil schon seit den 1950er- und 1960er-Jahren sammelte: amerikanische Zeitschriften zu Bestattungsbedarf, alte Sears-Roebuck-Versandkataloge, Postkarten, Zierdeckchen natürlich und Fotos, die Tomi selbst aufgenommen hatte.

Schon ganz am Anfang, in seinen ersten Arbeiten, fügte er Ausschnitte in seine Zeichnungen ein. Das war eine Technik, die er während seiner ganzen künstlerischen Laufbahn mal aufgegriffen und dann wieder fallengelassen hat. Auf diese Weise entstanden Bücher wie *Horrible* und *Schnipp Schnapp*. In den meisten Fällen sind diese früheren Ausschnittarbeiten tatsächlich Hybride aus Collage und Zeichnung. Sein Instinkt, das rein fotografische Bild zu unterminieren, ist auch schon sehr früh, am Beginn seiner Karriere, zu beobachten: Im Jahr 1966 veröffentlichte er im Selbstverlag ein Buch mit Fotografien von Hitler mit Kindern und einem Text, den der italienische Schriftsteller Curzio Malaparte verfasst hatte. Das Buch trug den Titel *Nicht Wahr*, und im Vorwort schreibt Tomi: »Die Bilder in diesem Buch stammen aus Propagandabroschüren, die während der deutschen Besatzung weit verbreitet waren. Die Geschichten von Curzio Malaparte stammen aus seinem Buch KAPUTT. Sie beschreiben den Schrecken jener Jahre wie auch die deutsche Geistesverfassung. Von lächelnden Kindern zu Folterern ... die Frage bleibt: Können wir zu Mördern werden, wenn wir nur die richtige Ertüchtigung und den richtigen Glauben erhalten, die wir in die Tat umsetzen können?«

Für meine Generation im Westen ist die Frage, die er stellt, eine im Wesentlichen intellektuelle geworden, doch für Tomi war sie sowohl eine persönliche als auch eine politische. Er ist in der Zeit der Nazibesatzung groß geworden und erlebte in der Schule tagtäglich institutionalisierte Gehirnwäsche. Mit zunehmendem Alter wurde Tomis Haut, so glaube ich, dünner und es gelang ihm am besten, die Absurditäten um sich herum zu kommentieren, indem er Collagen schuf. Er musste feststellen, dass die Welt seinen niedrigen Erwartungen zunehmend gerecht wurde: Klimawandel, Massentierhaltung, Umweltzerstörung und massenhafte Flüchtlingsbewegungen von Menschen, die offenbar nirgends willkommen waren, Kahlschlag von natürlichen Lebensräumen und das Ausrotten ganzer Spezies – all diese Dinge haben Tomi ungemein empört. Sein ganzes Leben lang hat er für vieles gekämpft, aber er hat auch oft darüber gesprochen, wie müßig das war angesichts der »Unmenschlichkeit des Menschen gegenüber dem Menschen«. Trotzdem machte er weiter und vesuchte seinen Beitrag zu leisten. Dabei hat er häufig jüngere Künstler ermutigt, ihn als Aktivisten abzulösen.

Die Collagen aus Tomis Spätwerk beinhalten in den meisten Fällen sehr wenige zeichnerische Elemente, und wo sie vorkommen, sind sie oft nur in der Nahansicht zu erkennen. Oft sehen diese Collagen simpel aus, insofern die abgeschlossene Arbeit ziemlich minimalistisch wirken mag, doch da ich zusehen konnte, wie Tomi Stunden, Tage und manchmal Wochen an einem einzelnen Werkstück gearbeitet hat, kann ich bezeugen, wie vielschichtig sie sind. In gewisser Weise sind diese späten Collagen der Höhepunkt eines Lebenswerks, in dem es darum ging, Linien (seien es geschriebene oder gezeichnete) zu ziselieren, spielerisch mit Layouts umzugehen und so grafische und Werbekunst zu schaffen, sowie der Praxis eines Zeichners, der sein Leben damit verbracht hat, kleinste Dinge wie die Mechanik von Maschinen, Pflanzen und Anatomie zu erforschen und zu zeichnen. Die häufig sehr zeitaufwendigen Arbeitsprozesse bei der Herstellung von Collagen brachten ihn in einen anderen Gemütszustand. Die schnelle Geste mit Stift oder Tusche über das Papier war verschwunden, die unmittelbare Befriedigung ergab sich aus einer Zeichnung, die mit flüchtigem Ärger oder Freude im Handumdrehen entstand, dem kurzen Augenblick der Erheiterung, der so schnell wie möglich zum Ausdruck gebracht werden musste. Sein Augenlicht war aufgrund von Makuladegeneration nicht mehr so, wie es früher einmal gewesen war, und das spielte beim Wechsel von der Zeichnung zur Collage auch eine Rolle. Wenn er einen schlechten Tag hatte, weil seine Augen ihm zu schaffen machten, konnte er immer noch Magazinseiten ausschneiden und mit dem Fotokopierer arbeiten. Auf diese Weise begann ein im Allgemeinen langwieriger Prozess, bei dem Dinge auf dem Papier hin und her bewegt wurden – dabei änderten sich ihr Maßstab, die Bezüge untereinander, auch das ursprüngliche Material, weil er darauf zeichnete oder nochmals Ausschnitte anfertigte. Dieser Einsatz von Zeit ließ Tomi mit Blick auf seine Werke nachdenklicher werden, absichtsvoller und introspektiver, sich selbst und seinem Leben gegenüber. Ich glaube, es hat ihn tatsächlich verändert, dass er sie gemacht hat.

Während Tomis Zeichentechnik oft sehr schnell war – wie ein Reflex, der aus dem Bauch direkt in die Hand ging und sie eine einzelne Linie bis zu ihrem Endpunkt nachziehen ließ –, können wir in späteren Jahren feststellen, dass seine Zeichentechnik in vie-

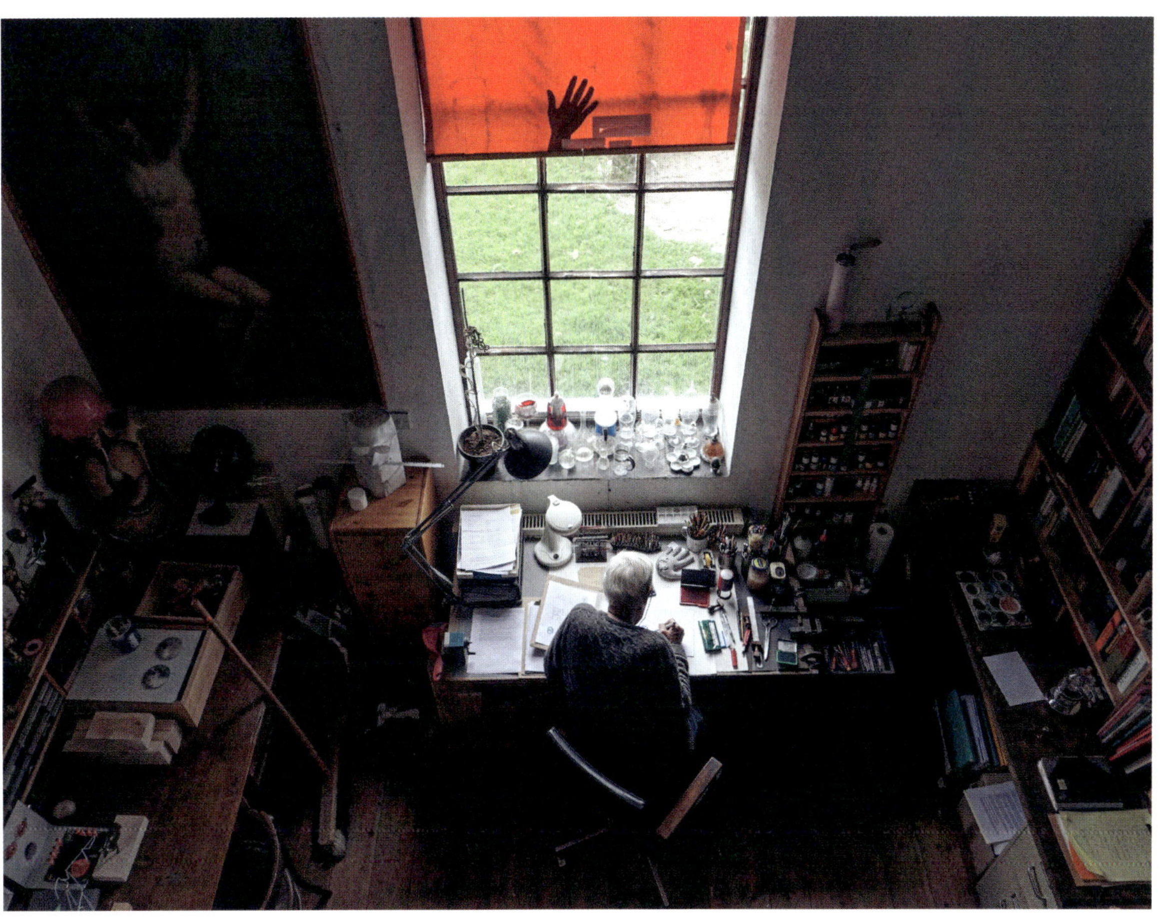

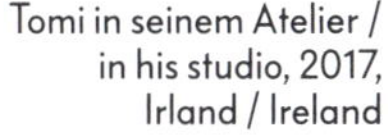

Tomi in seinem Atelier / in his studio, 2017, Irland / Ireland

len Fällen zeitaufwendiger und detailorientiert wurde. Wo er zuvor das Gleiche oft immer wieder neu gezeichnet hat, bis er mit dem Ergebnis zufrieden war, gibt es in den späteren Jahren weniger Variationen zu einer Zeichnung und mehr vorbereitende Skizzen und Studien, die in ein endgültiges Werk eingehen. Dieses Verfahren ist zum Beispiel für die Zeichnungen *Der Nebelmann* und *Non Stop* offenkundig. Ich frage mich, ob dieser Wandel im Entstehungsprozess seiner Zeichnungen damit zusammenhing, dass er für die Herstellung seiner Collagen mehr Zeit aufwendete. Für mich ist es interessant, dass er in seinem letzten Lebensjahrzehnt, als er – natürlich – wusste, dass seine Zeit auf diesem Planeten schrumpfte, Arbeitsmethoden aufgriff, die mehr Zeitaufwand voraussetzten, die von ihm verlangten, dass er länger an einem Werk »dranblieb«. Es war so, als würde er zugleich auf die Ziellinie zueilen und sich doch auch so viel Zeit wie nur möglich nehmen, um dort hinzugelangen.

IDEEN

Tomi wusste eigentlich selbst nie genau, wo seine Ideen oder seine Inspiration herkamen, und das bedeutete auch, dass er häufig Arbeiten schuf, die ihn zu überraschen schienen, die ihn begeisterten, ihn zum Lachen oder zum Weinen brachten – fast so, als hätte jemand anderes sie erschaffen. Zum Beispiel waren die Wände des Ateliers mit Fotos der Shoa bedeckt, als er an Illustrationen für Zwi Kolitz' Buch über das Warschauer Ghetto, *Jossel Rakovers Wendung zu Gott*, arbeitete. Und tatsächlich wurden einige davon auch nie wieder abgenommen. Ich muss zuweilen denken, wie viel Mut es erfordert hat, auf diese Weise zu arbeiten – sich frontal mit dem zu konfrontieren, wovon so viele andere sich lieber abwenden. In diesem Fall war das Ergebnis eine Serie zarter, tief bewegender und poetischer Zeichnungen. Tomi fühlte sich moralisch verpflichtet, das Leid seiner Generation zu spüren, sich damit zu konfrontieren und es in etwas zu verwandeln, das nützlich sein könnte, das Hoffnung geben könnte, auch wenn er selbst kundtat, Hoffnungsgegner zu sein. Er hat mir einmal erzählt, er weine bei der Arbeit an diesem Buch jeden Tag. Ähnlich lief es zum Beispiel im Fall von *Der Nebelmann*, da betrieb er ausführliche Recherchen zur Landschaft, den Traditionen, zu Flora und Fauna sowie zur Geschichte der Blasket Inseln. Und auch da umgab er sich mit Fotos, die Referenzen waren, er gab ihnen die Möglichkeit, das Wort an ihn zu richten, als er die Geschichte von Finn und Cara und dem Nebelmann aufschrieb. Nach den vielen Jahren, die er nur für kurze Zeit in Irland gewesen war, überschnitt *Der Nebelmann* sich zeitlich mit einer spirituellen Rückkehr, und das Buch ist in demselben Maße eine Ode an das zeitgenössische Irland wie an eine oft romantisierte, vergangene Epoche. Tomi hat häufig gesagt, er erlaube sich keine Sentimentalität, aber es ist klar, dass es hin und wieder damit nicht so richtig geklappt hat. Einmal kam ich ins Atelier, und er zeigte mir mit Tränen in den Augen seine aktuelle Collage zu einem palästinensischen Flüchtling, der getötet worden war. »Das ist das Traurigste, was ich je gesehen habe«, sagte er und erwartete Zuspruch – »nicht wahr?«

Tomi arbeitete oft wie ein Workaholic. Wenn ein Projekt oder eine Idee sich eingeschmuggelt oder von ihm Besitz ergriffen hatte, konnte er nicht mehr aufhören – und versorgt mit Koffein, billigem Wein und zahllosen Zigaretten brachte er es leicht auf vierzehn Stunden pro Tag. Es mag klischeehaft klingen, aber bei Tomi war es einfach eine natürliche Erweiterung seiner Daseinsform. Er war vollständig in eine Sache eingemummelt, alles andere blieb außen vor und dann, BUMM! Fertig! An diesem Punkt brach er zusammen. Und tauchte schlussendlich ganz hibbelig wieder auf, bis er dann von der nächsten fixen Idee oder dem nächsten Projekt erneut mitgerissen wurde. Und wie immer spiegelte sich diese Euphorie in seinem Atelier.

Jetzt wirkt Tomis Atelier fast wie eingefroren in der Zeit, so wie er es verlassen hat – mitten im Satz. Manchmal setze ich mich zum Arbeiten an seinen Tisch, sehe aus dem Fenster auf die See hinaus, sie ist immer dieselbe und doch immer eine andere. In dem stillen Raum ist immer noch der Nachhall seines *Mist!* und *Guck dir das mal an!* zu hören. Ich denke an die vielen Tausend Stunden, die er hier verbracht hat, mit rastlosem Geist, die Hände wollten immer nur in Bewegung bleiben. Es ist offiziell – der Künstler ist nicht mehr anwesend, er hat das Haus verlassen. Aber er hat es übervoll zurückgelassen.

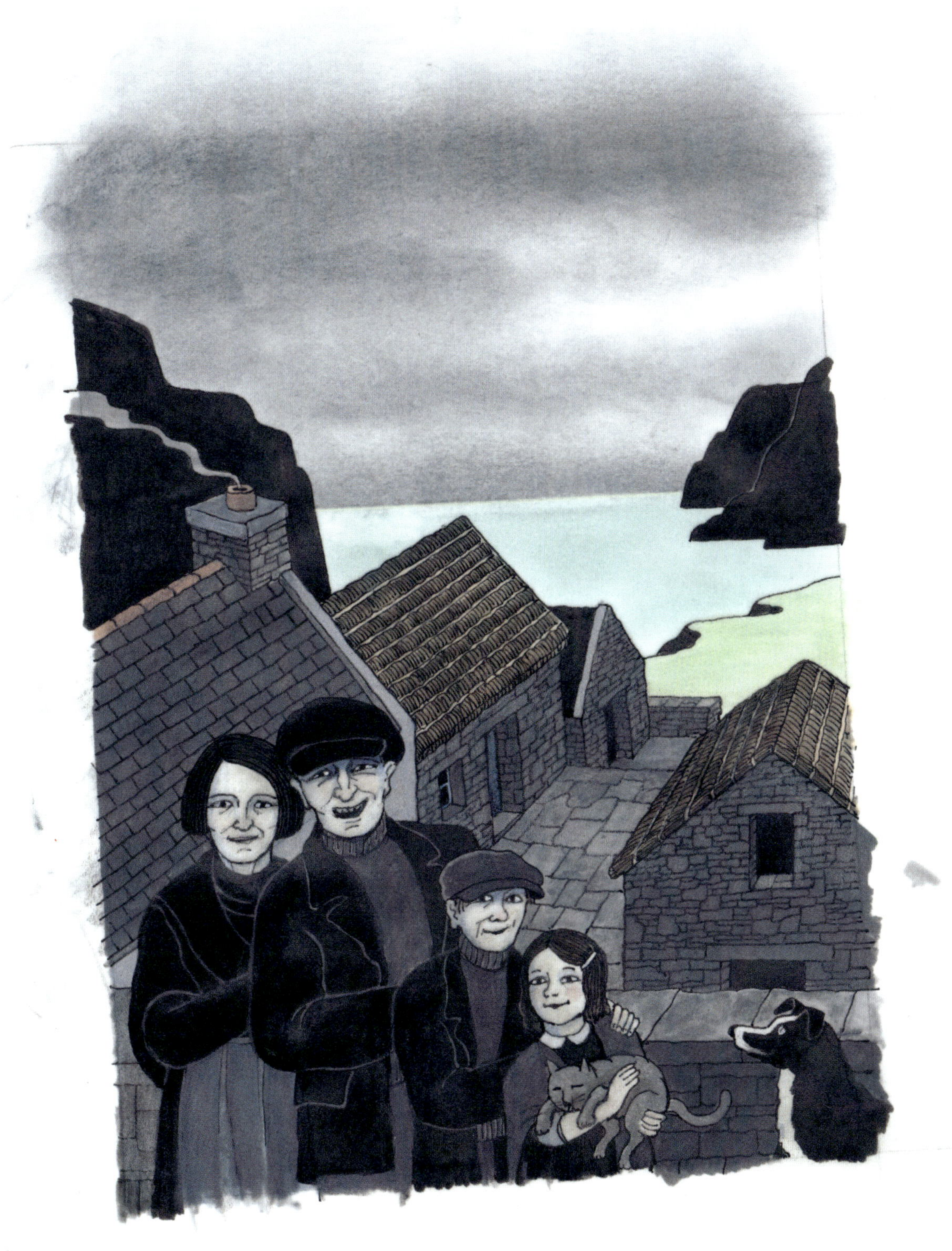

They lived by the sea
under the weather
in the back of beyond,
a world of water
skies ~~and~~ turf and stones.–

Ohne Titel / *Untitled*, Zeichnung für / drawing for *Der Nebelmann*, 2012,
Tusche, Gouache auf Transparentpapier / ink, gouache on translucent paper, 42 × 29,7 cm

Im Herzen ein Kind

A Child at Heart

Der Nebelmann

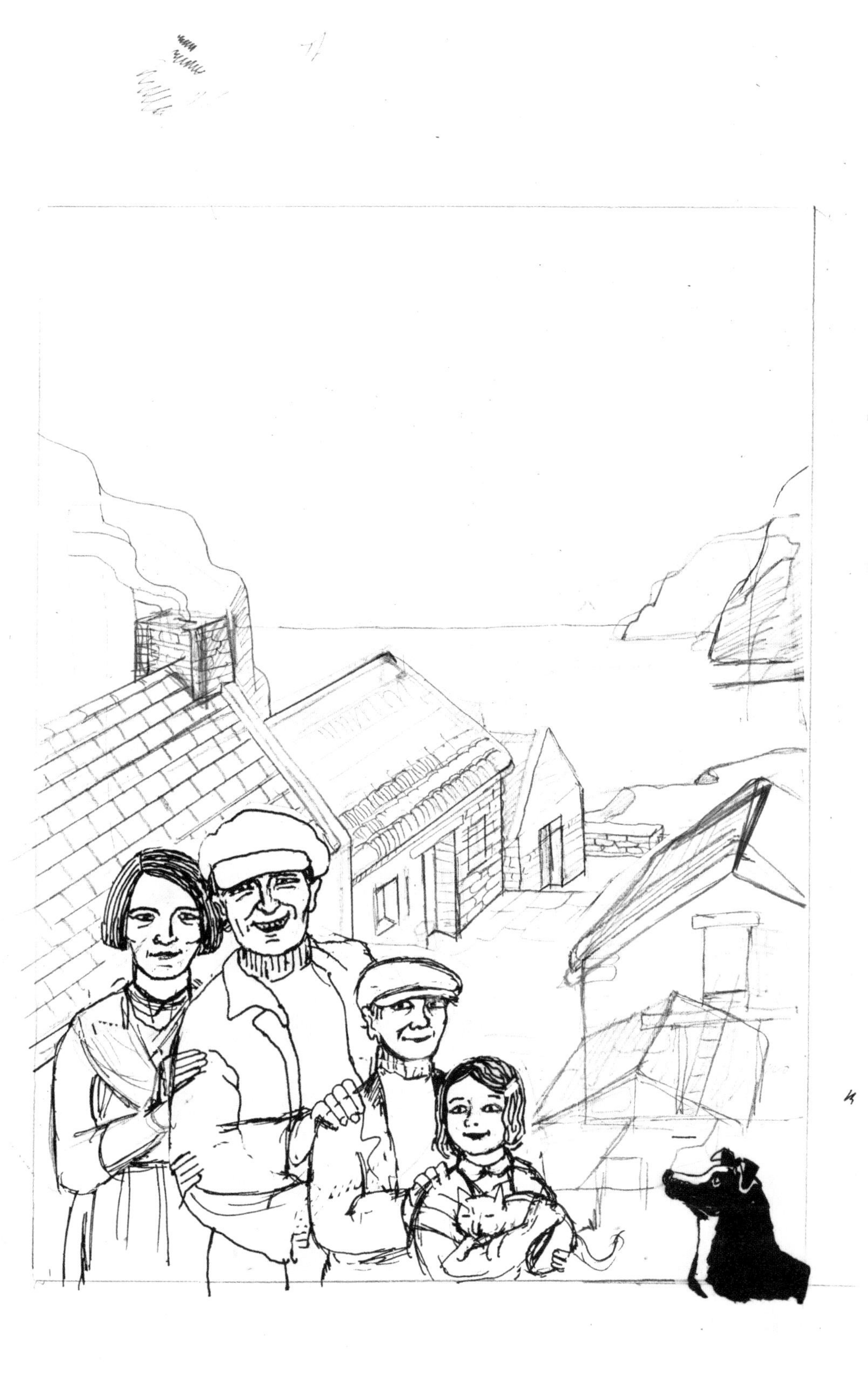

Ohne Titel / Untitled, Vorstudie zu / preparatory work for *Der Nebelmann*, 2012,
Fotokopie, Conté-Stift, weiße Korrekturflüssigkeit auf Papier / photocopy, Conté crayon, white correction fluid on paper, 42,5 × 30 cm

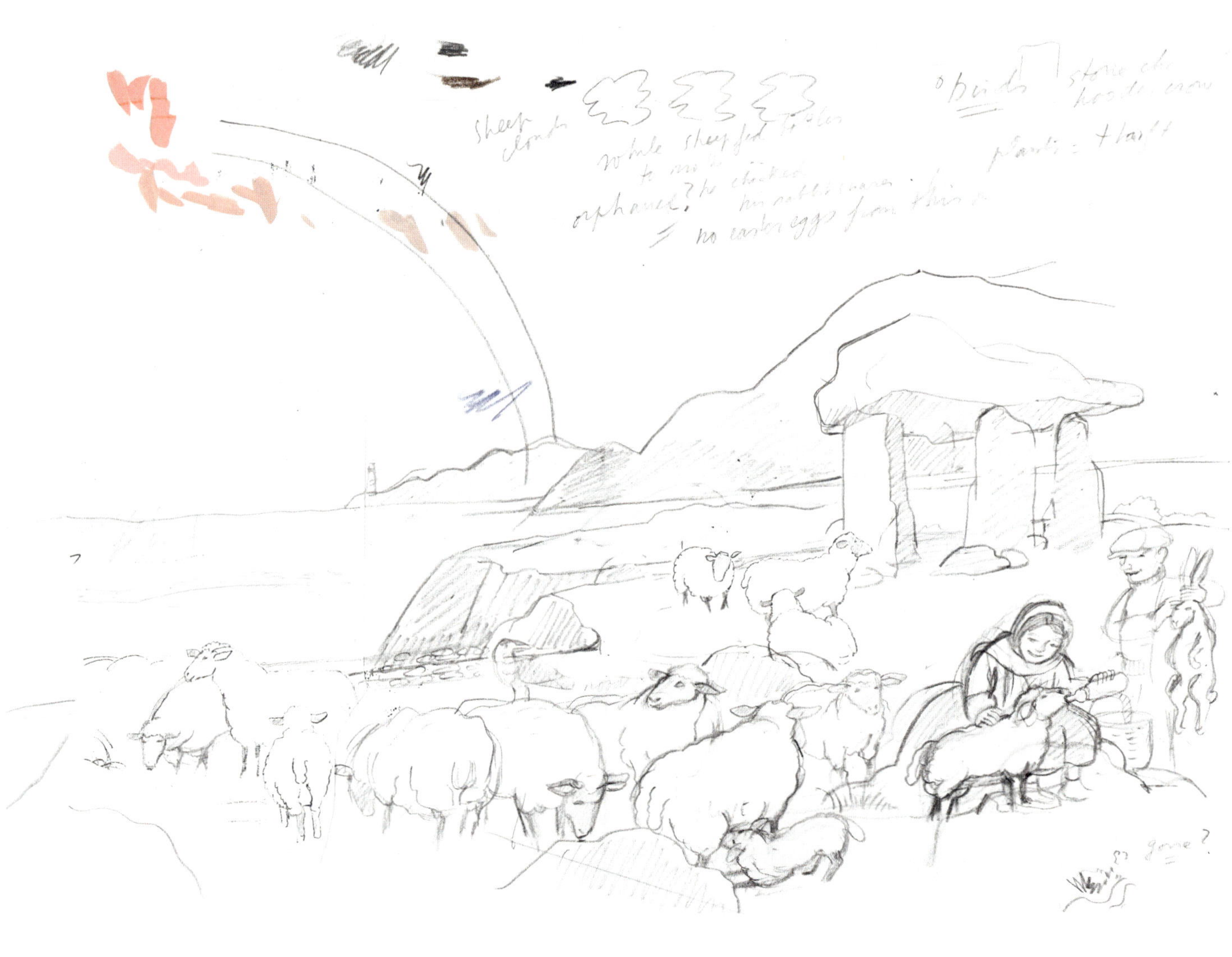

Ohne Titel / *Untitled*, Vorstudie zu / preparatory work for *Der Nebelmann*, 2012,
Conté-Stift, Collage auf Papier / Conté crayon, collage on paper, 30 × 42,5 cm

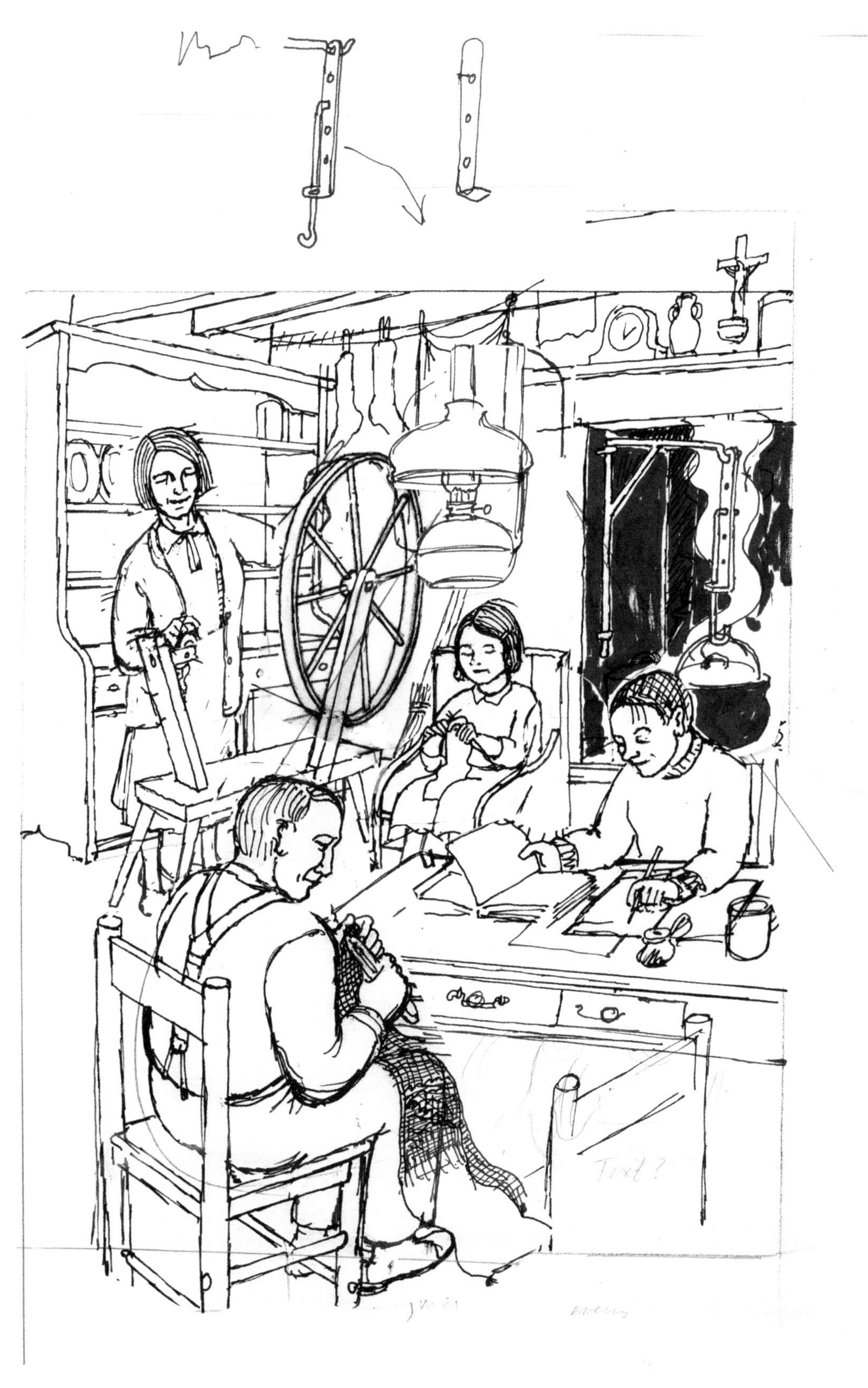

Ohne Titel / Untitled, Vorstudie zu / preparatory work for *Der Nebelmann*, 2012,
Fotokopie, Collage, Tusche auf Papier / photocopy, collage, ink on paper, 43 × 30 cm

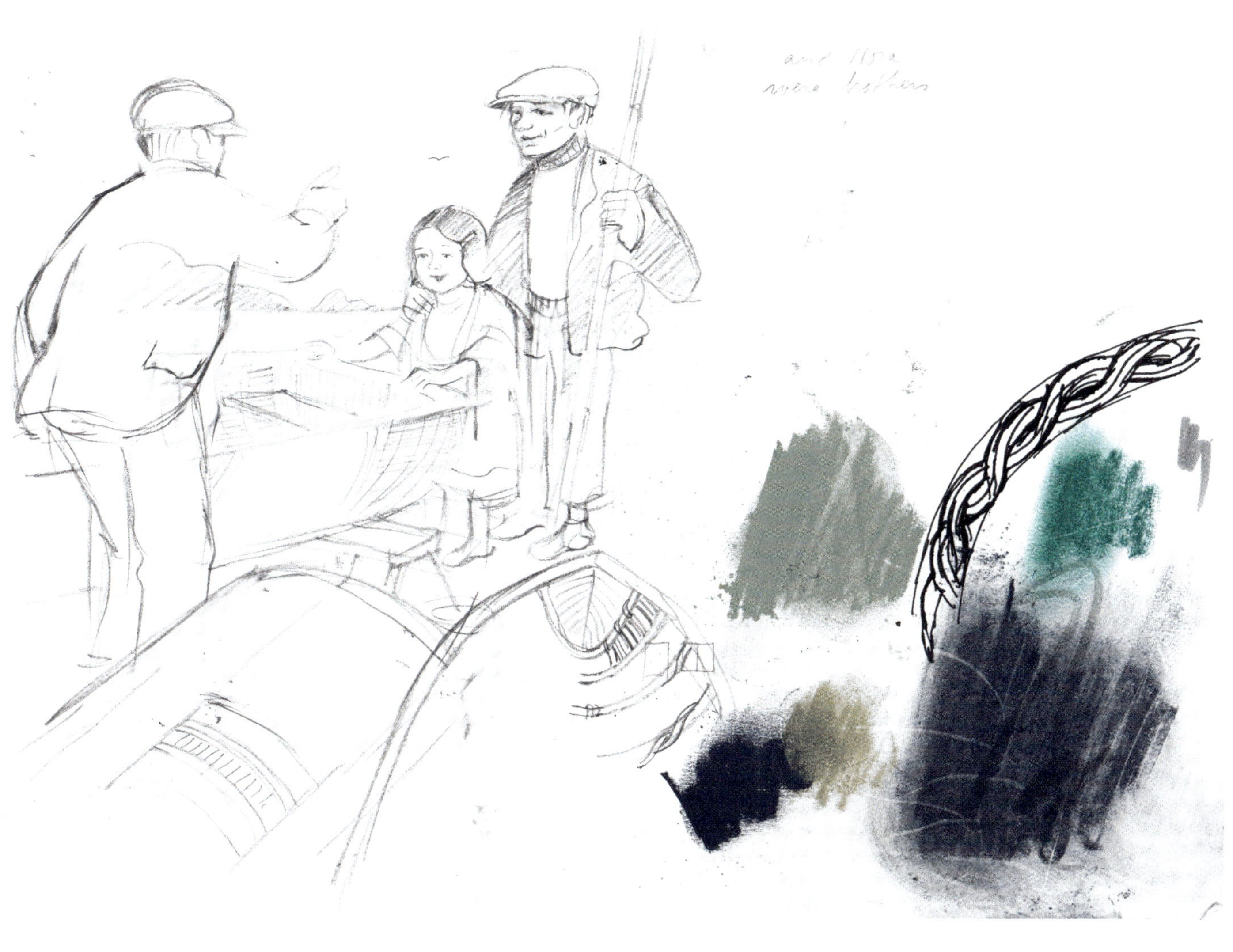

Ohne Titel / *Untitled*, Vorstudie zu / preparatory work for *Der Nebelmann*, 2012,
Conté-Stift auf Papier / Conté crayon on paper, 21,5 × 30 cm

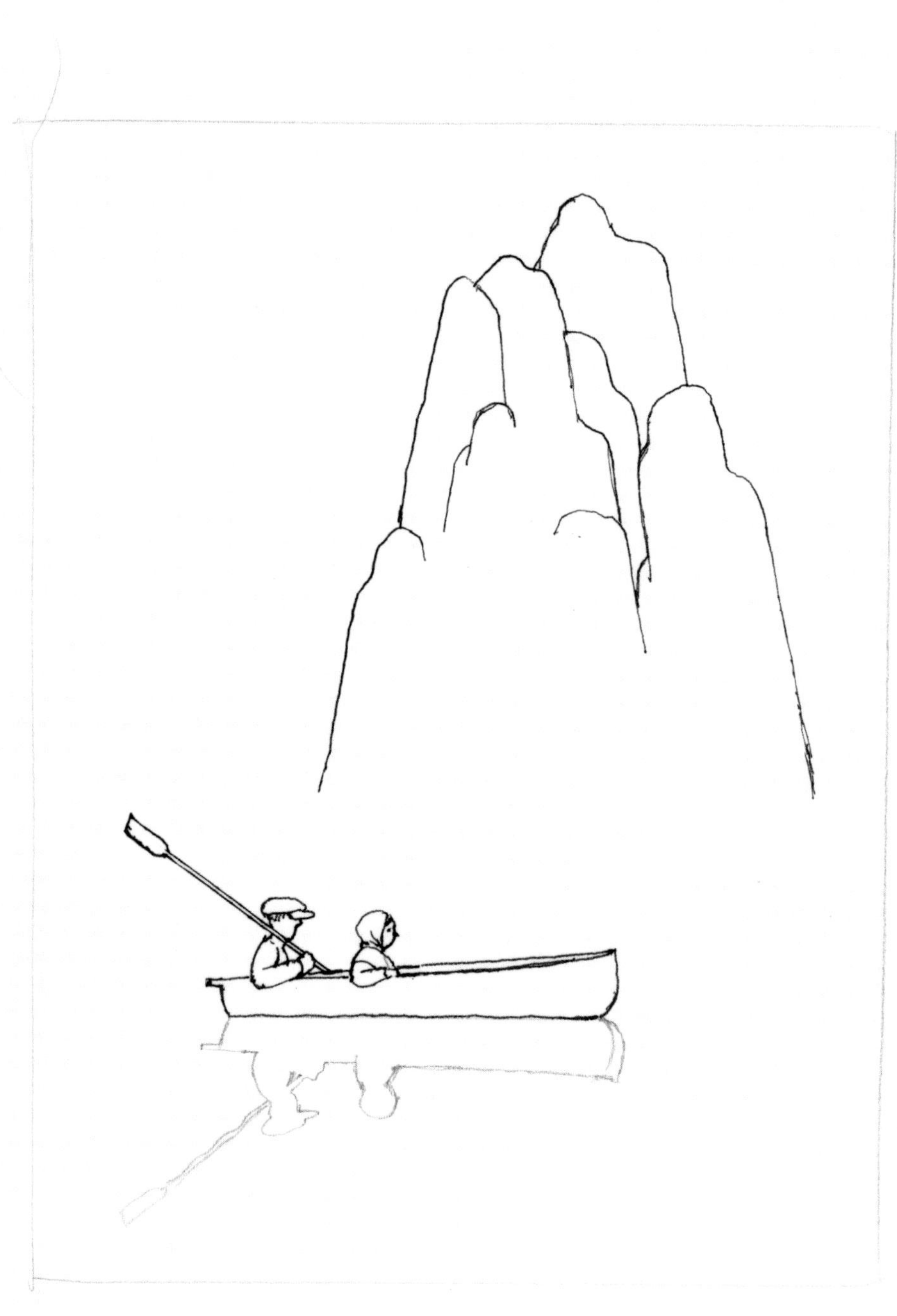

Ohne Titel / Untitled, Vorstudie zu / preparatory work for *Der Nebelmann*, 2012,
Tusche, Conté-Stift auf Transparentpapier / ink, Conté crayon on translucent paper, 42 × 30 cm

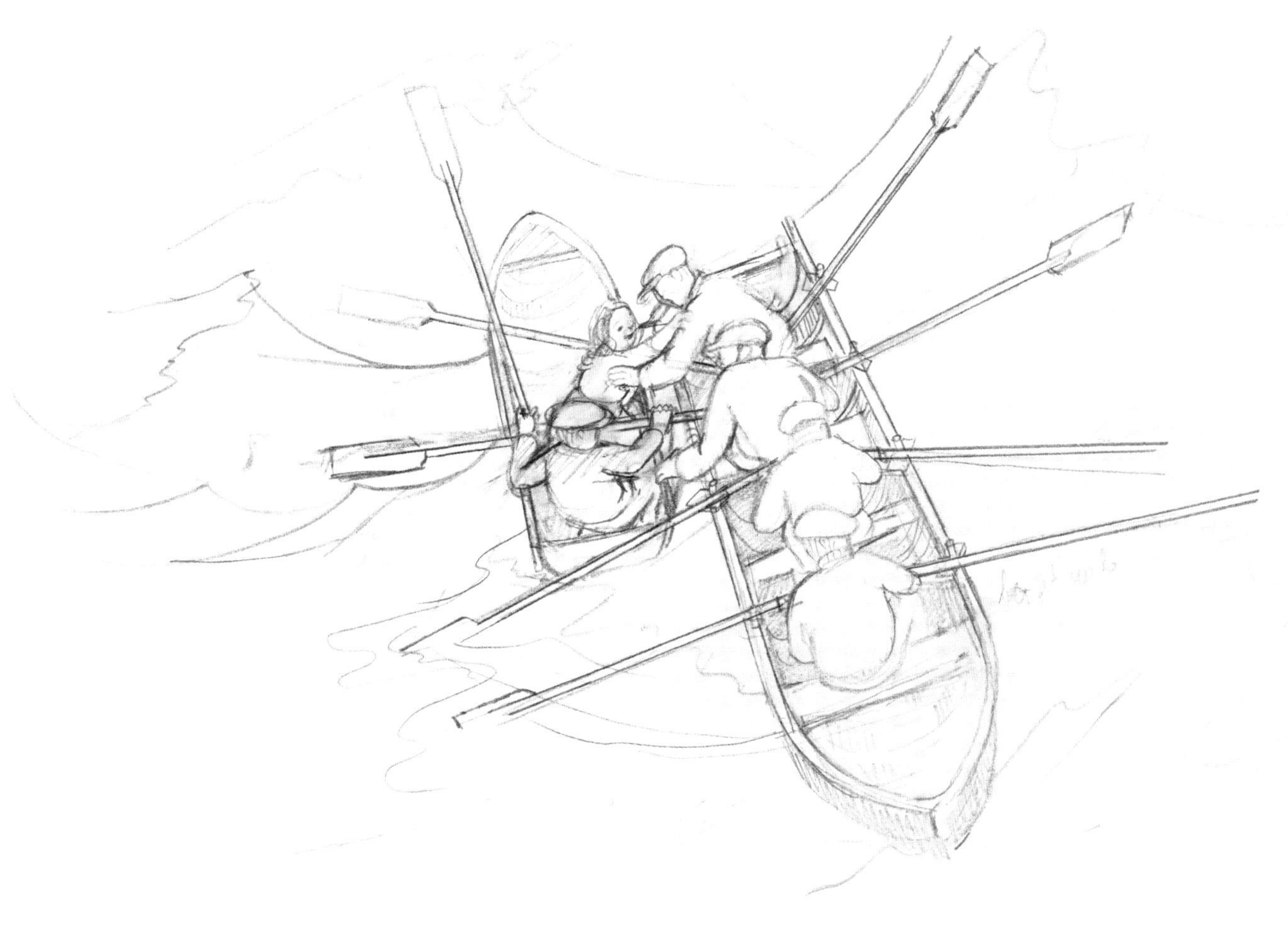

Ohne Titel / Untitled, Vorstudie zu / preparatory work for *Der Nebelmann*, 2012,
Conté-Stift auf Papier / Conté crayon on paper, 21 × 30 cm

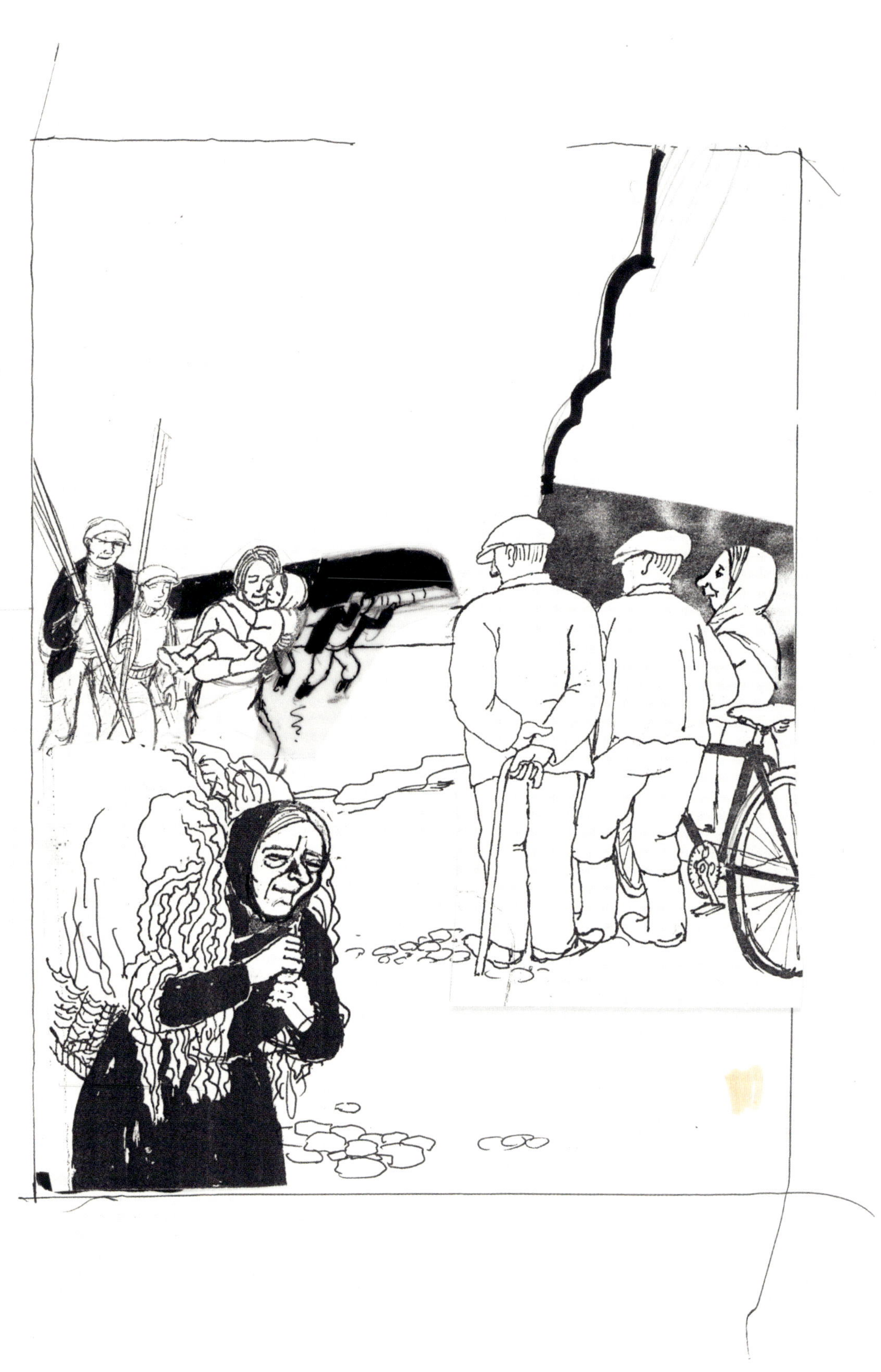

Ohne Titel / Untitled, Vorstudie zu / preparatory work for *Der Nebelmann*, 2012,
Fotokopie, Tusche, Collage auf Papier / photocopy, ink, collage on paper, 42,5 × 30 cm

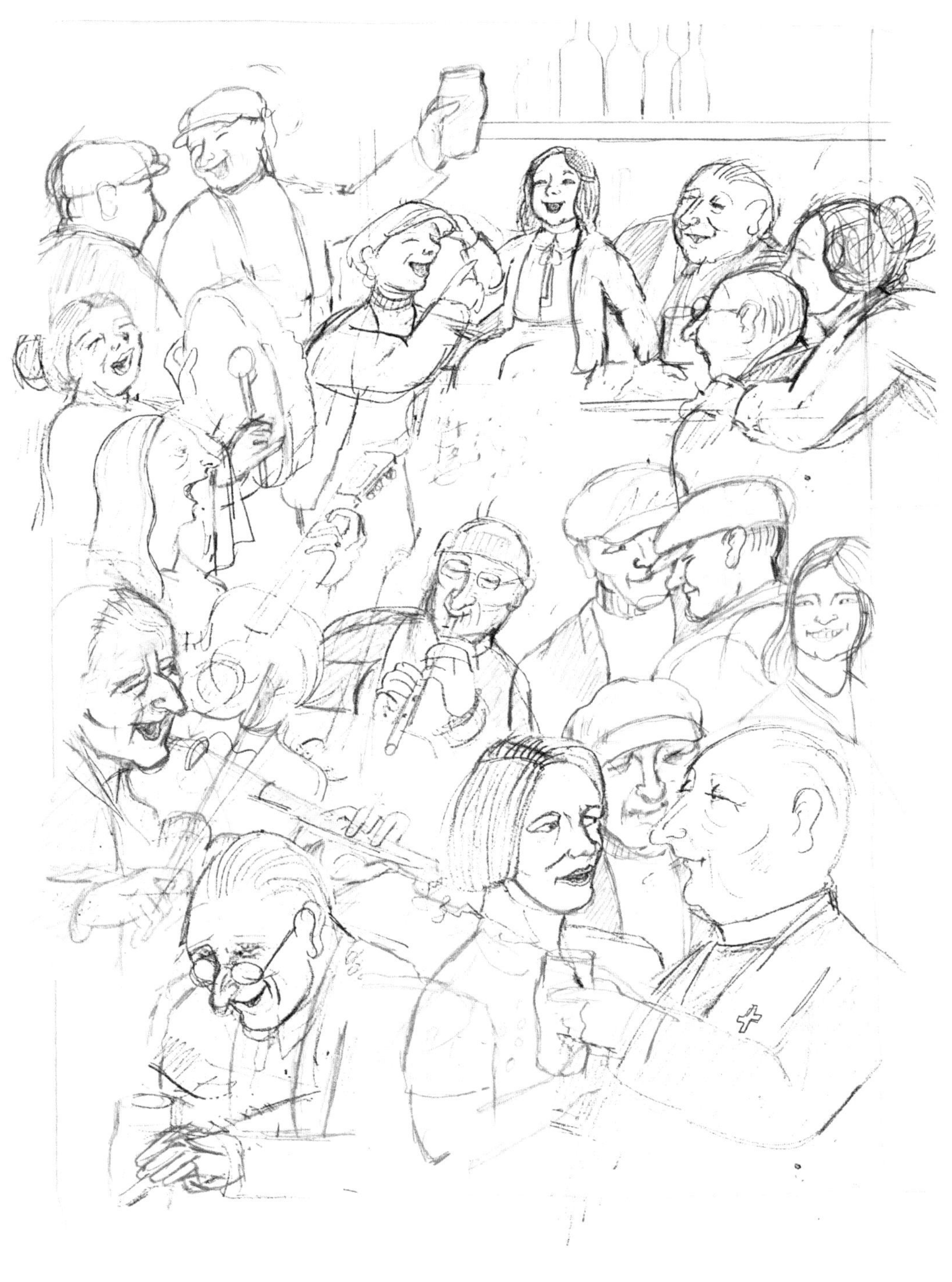

Ohne Titel / Untitled, Vorstudie zu / preparatory work for *Der Nebelmann*, 2012,
Conté-Stift, weiße Korrekturflüssigkeit auf Papier / Conté crayon, white correction fluid on paper, 42,5 × 30 cm

Otto

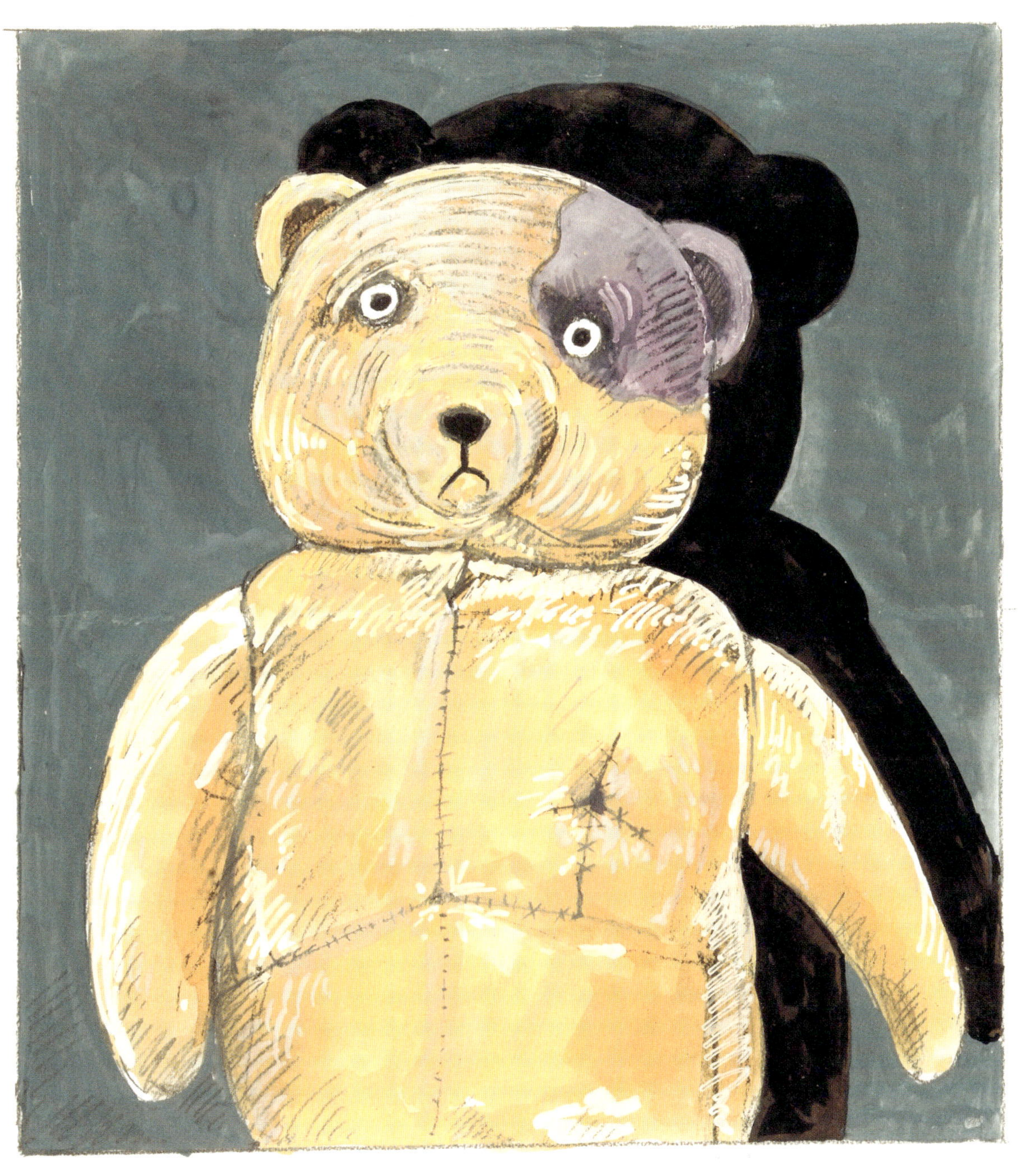

Ohne Titel / Untitled, Zeichnung / drawing for *Otto*, 1999, Bleistift, laviert mit farbiger Tinte, auf Papier / pencil, washed with colored ink on paper, 17,5 × 16 cm

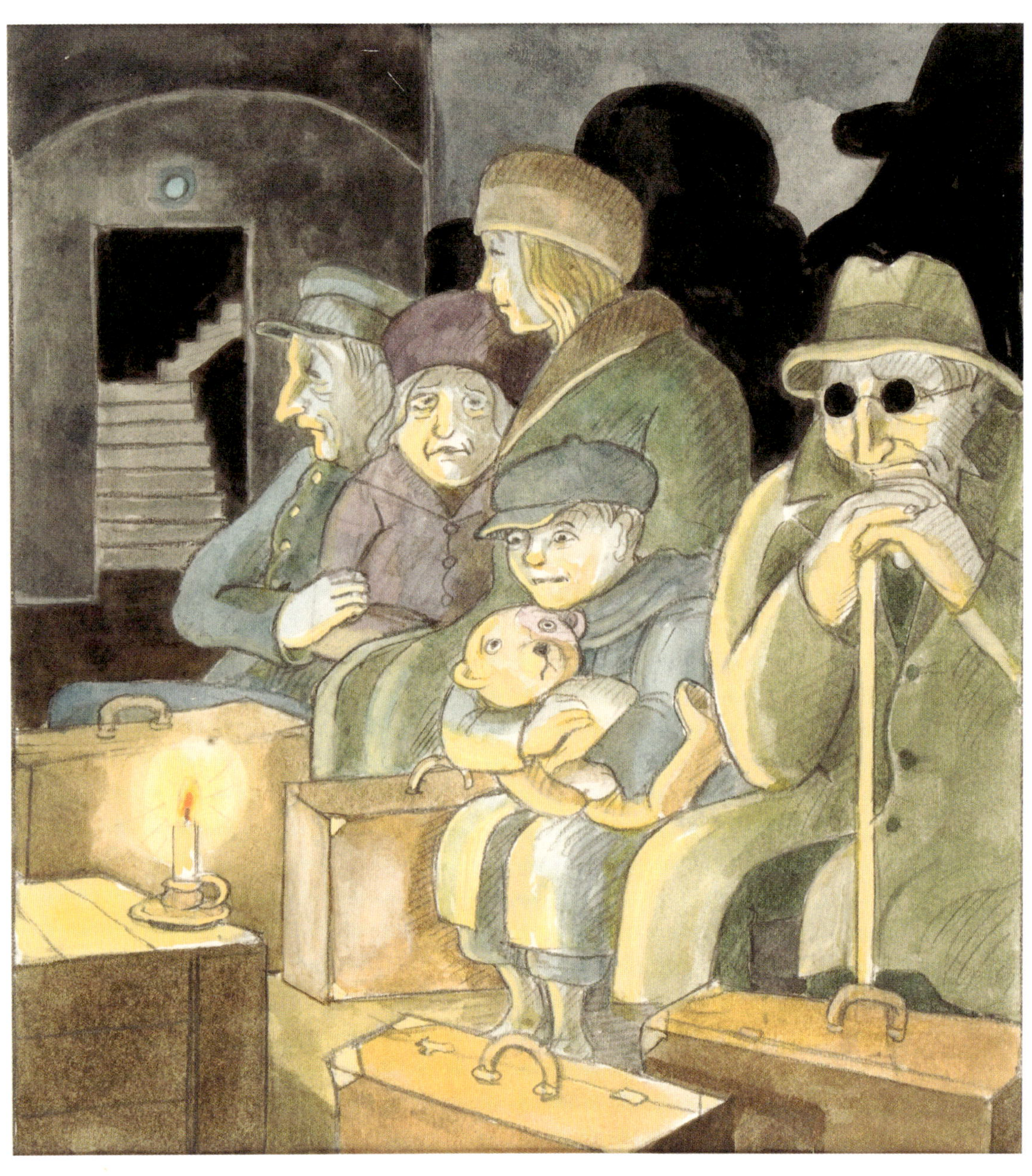

Ohne Titel / Untitled, Zeichnung für / drawing for *Otto*, 1999, Bleistift, laviert mit farbiger Tinte, auf Papier / pencil, washed with colored ink on paper, 19 × 17 cm

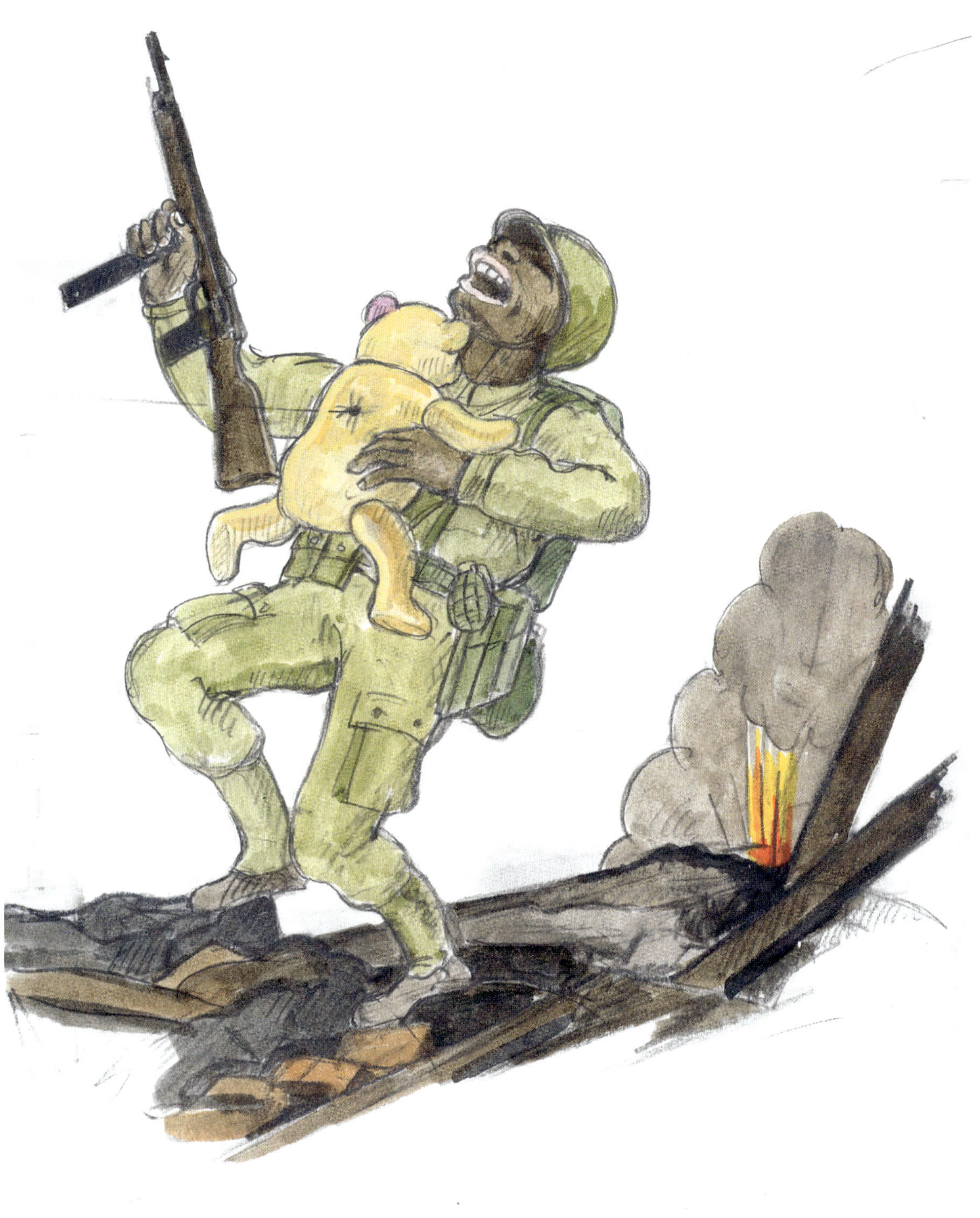

Ohne Titel / Untitled, Zeichnung für / drawing for *Otto*, 1999, Bleistift, laviert mit farbiger Tinte, auf Papier / pencil, washed with colored ink on paper, 28 × 19,5 cm

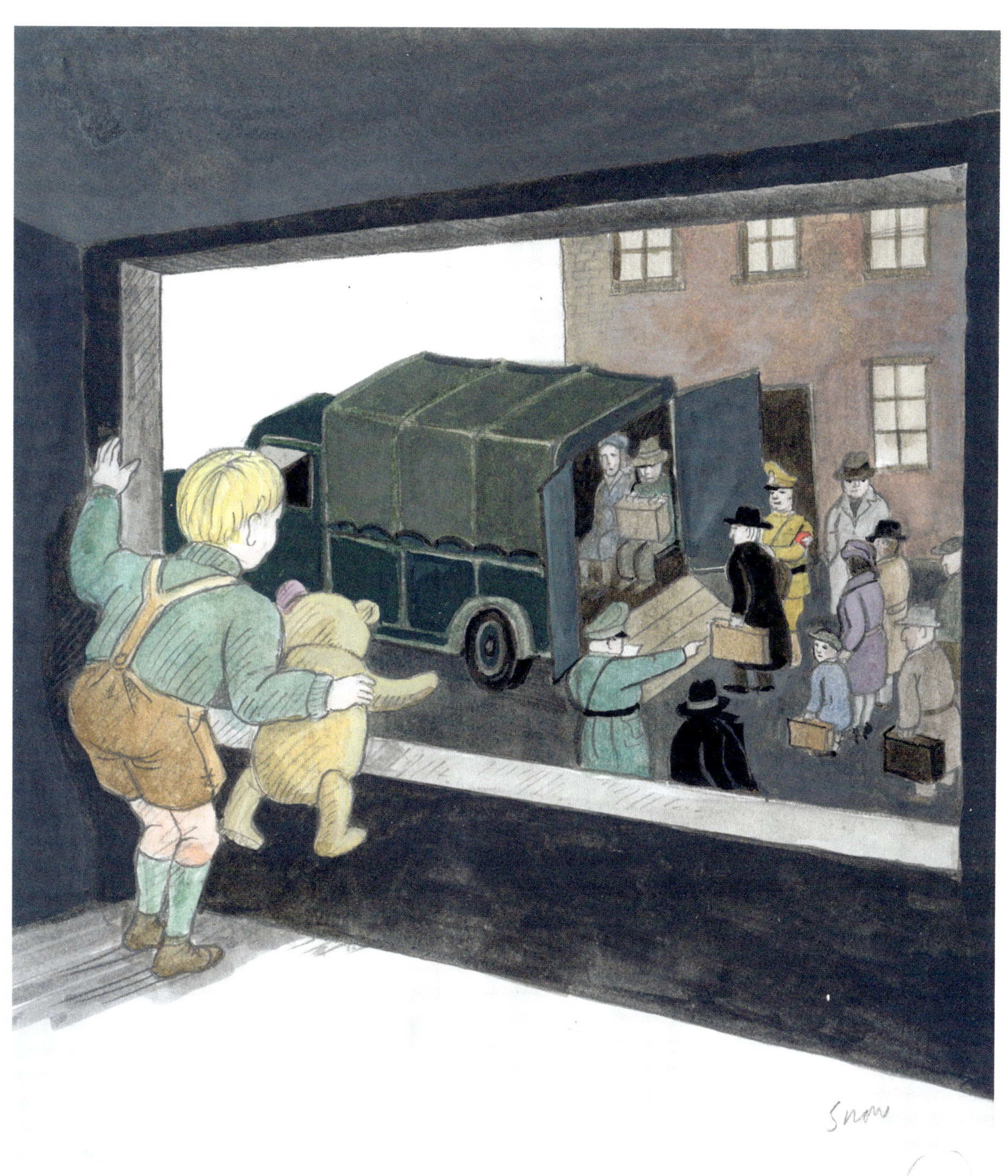

Ohne Titel / Untitled, Zeichnung für / drawing for *Otto*, 1999, Bleistift, laviert mit farbiger Tinte, auf Papier / pencil, washed with colored ink on paper, 21 × 20 cm

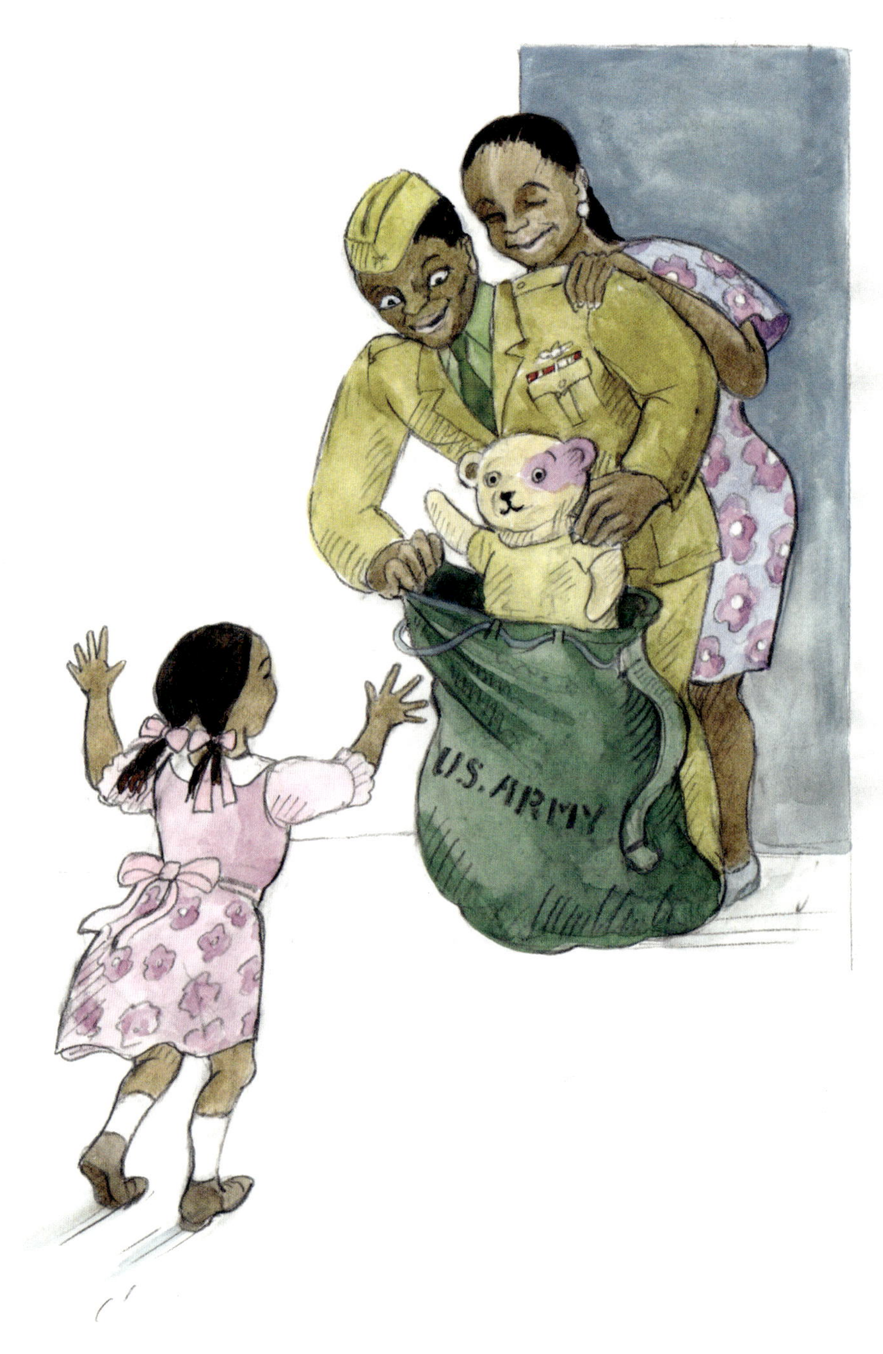

Ohne Titel / *Untitled*, Zeichnung für / drawing for *Otto*, 1999, Bleistift, laviert mit farbiger Tinte, auf Papier / pencil, washed with colored ink on paper, 23 × 18 cm

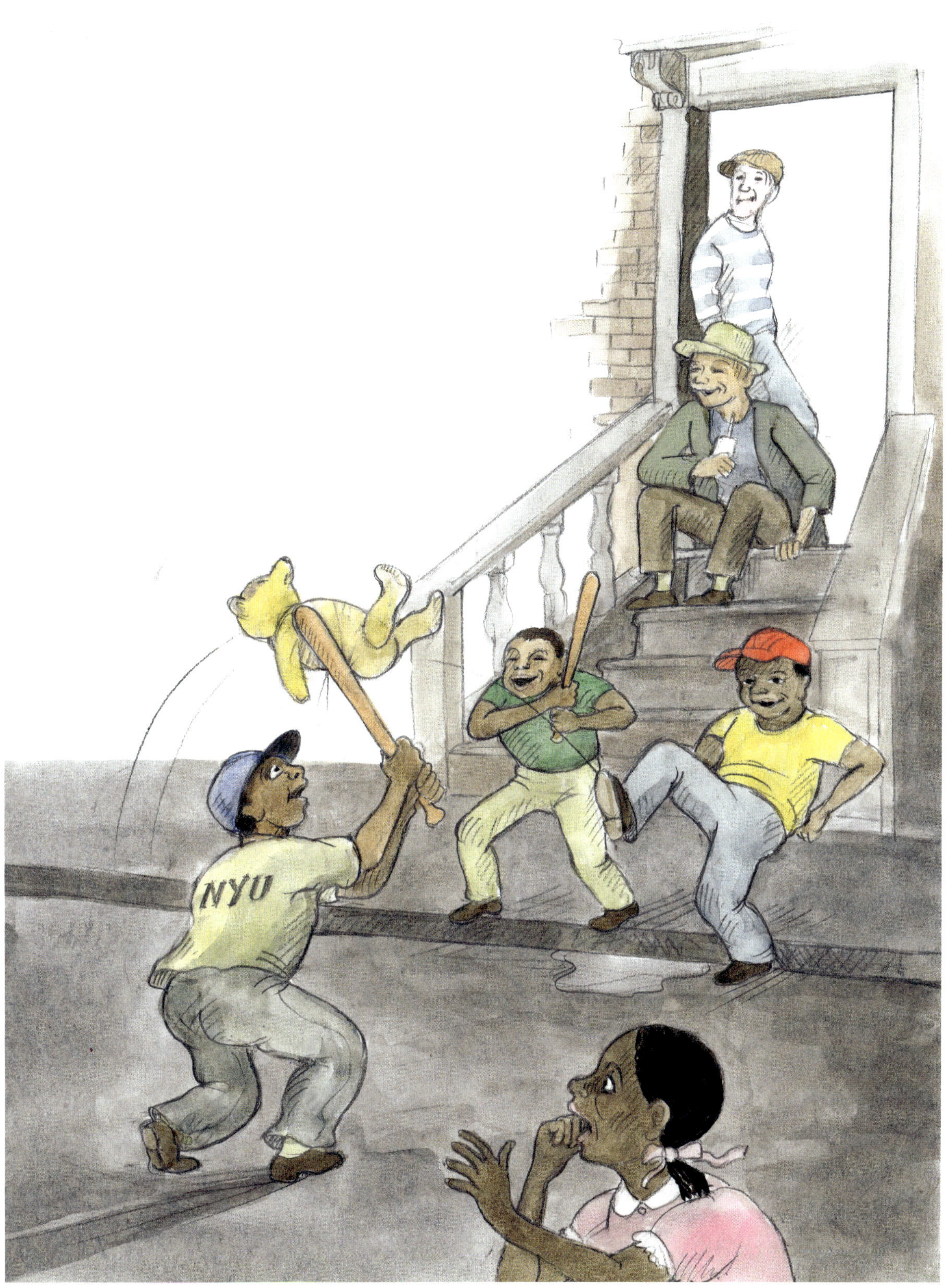

Ohne Titel / *Untitled*, Zeichnung für / drawing for *Otto*, 1999, Bleistift, laviert mit farbiger Tinte, auf Papier / pencil, washed with colored ink on paper, 28 × 20 cm

Späte Jahre

Later Life

Collagen / Collages
Objekte / Objects

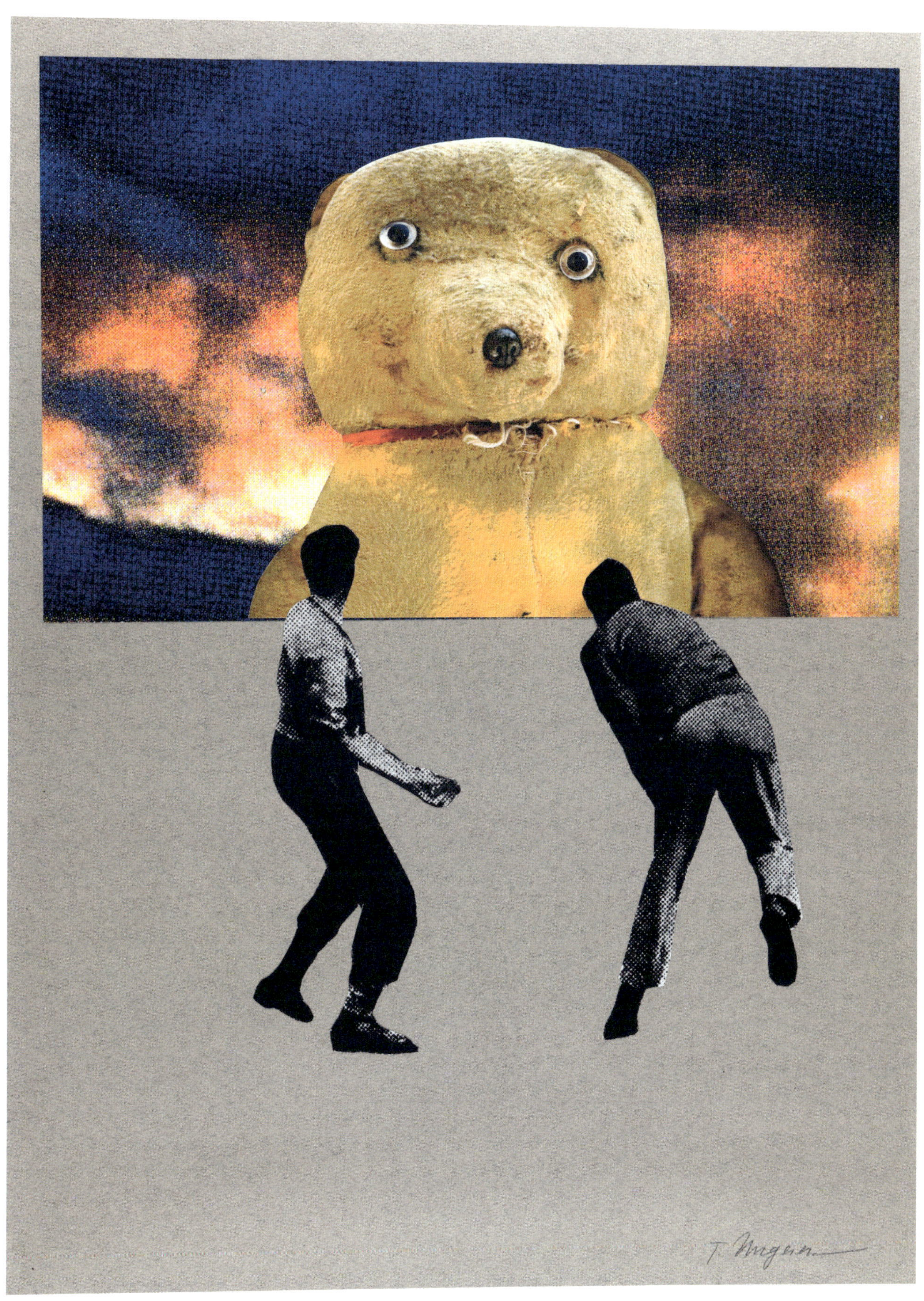

Ohne Titel / *Untitled*, 2013, Collage auf Karton / collage on cardboard, 55 × 40,7 cm

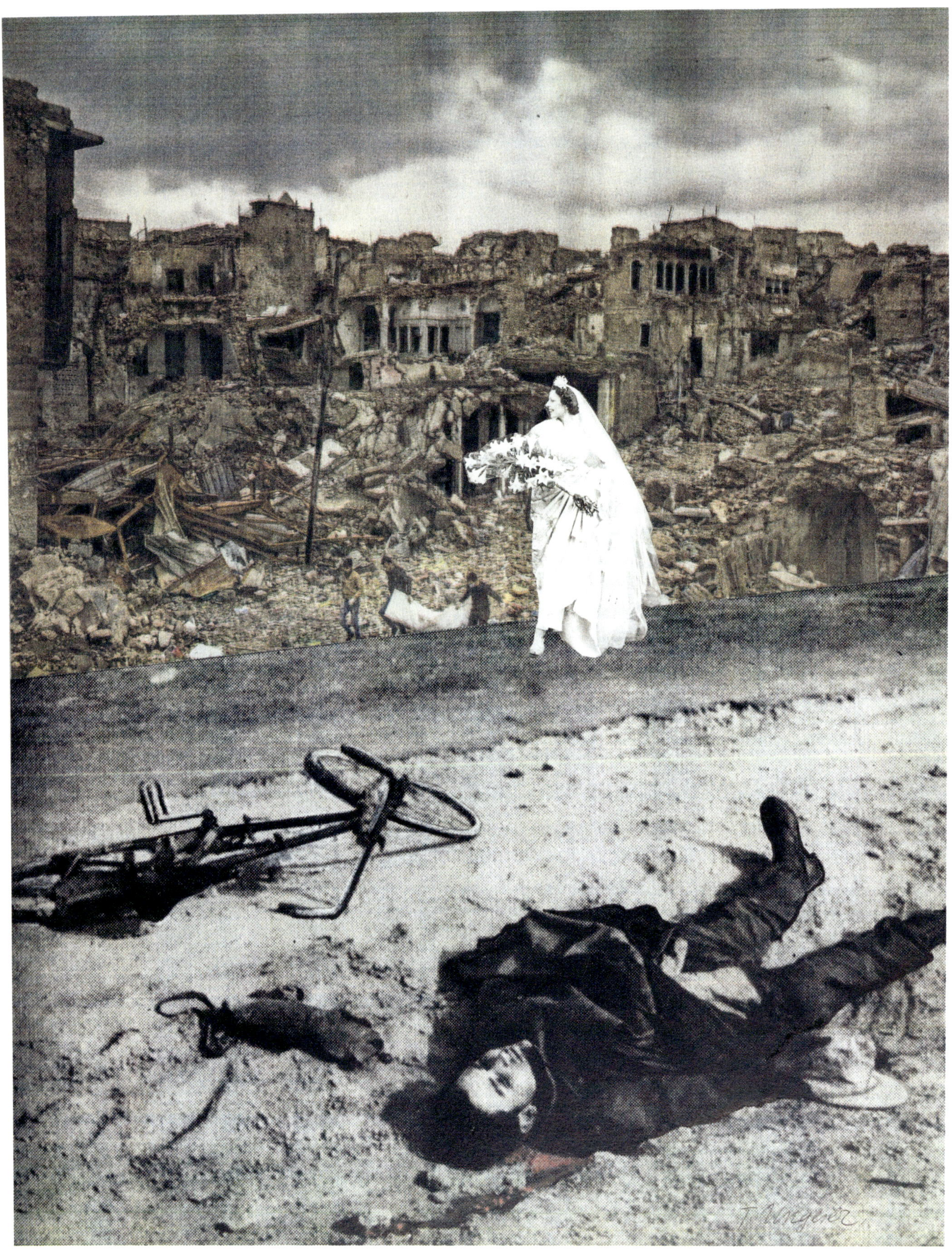

Ohne Titel / Untitled, 2018, Collage auf Karton / collage on cardboard, 70 × 50 cm

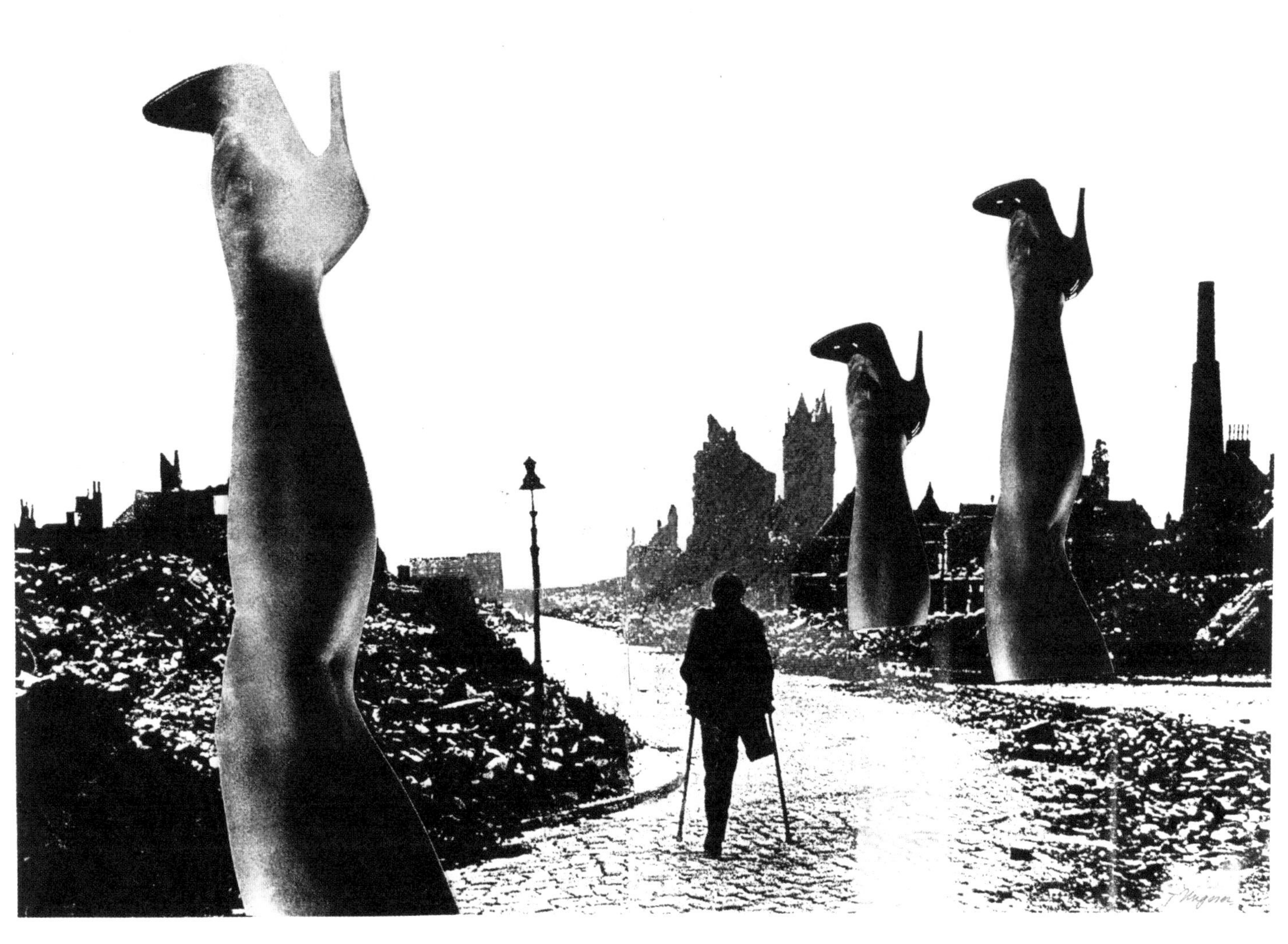

Journey's Last Leg, 2005, Collage auf Papier / collage on paper, 28,6 × 40 cm

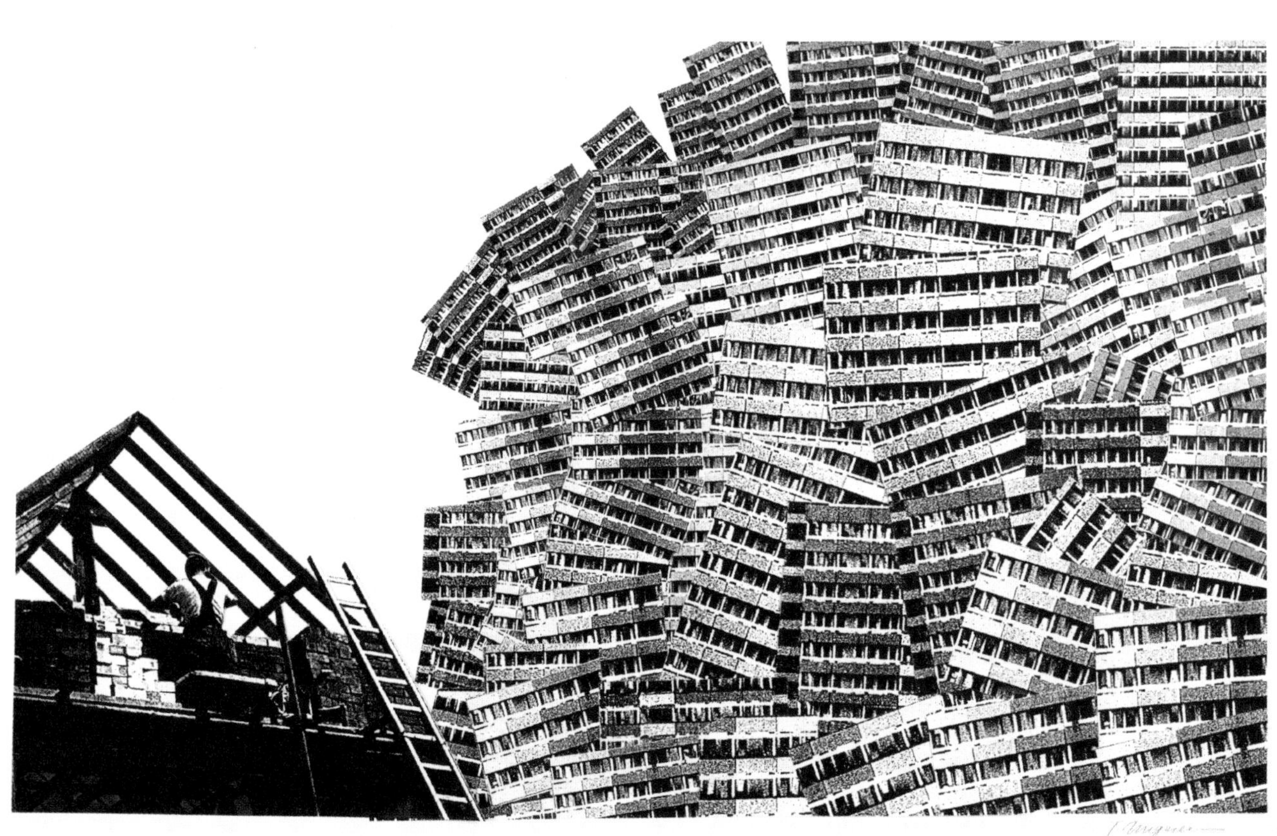

Ohne Titel / Untitled, 2009, Collage auf Karton / collage on cardboard, 41 × 65 cm

In God we trust!

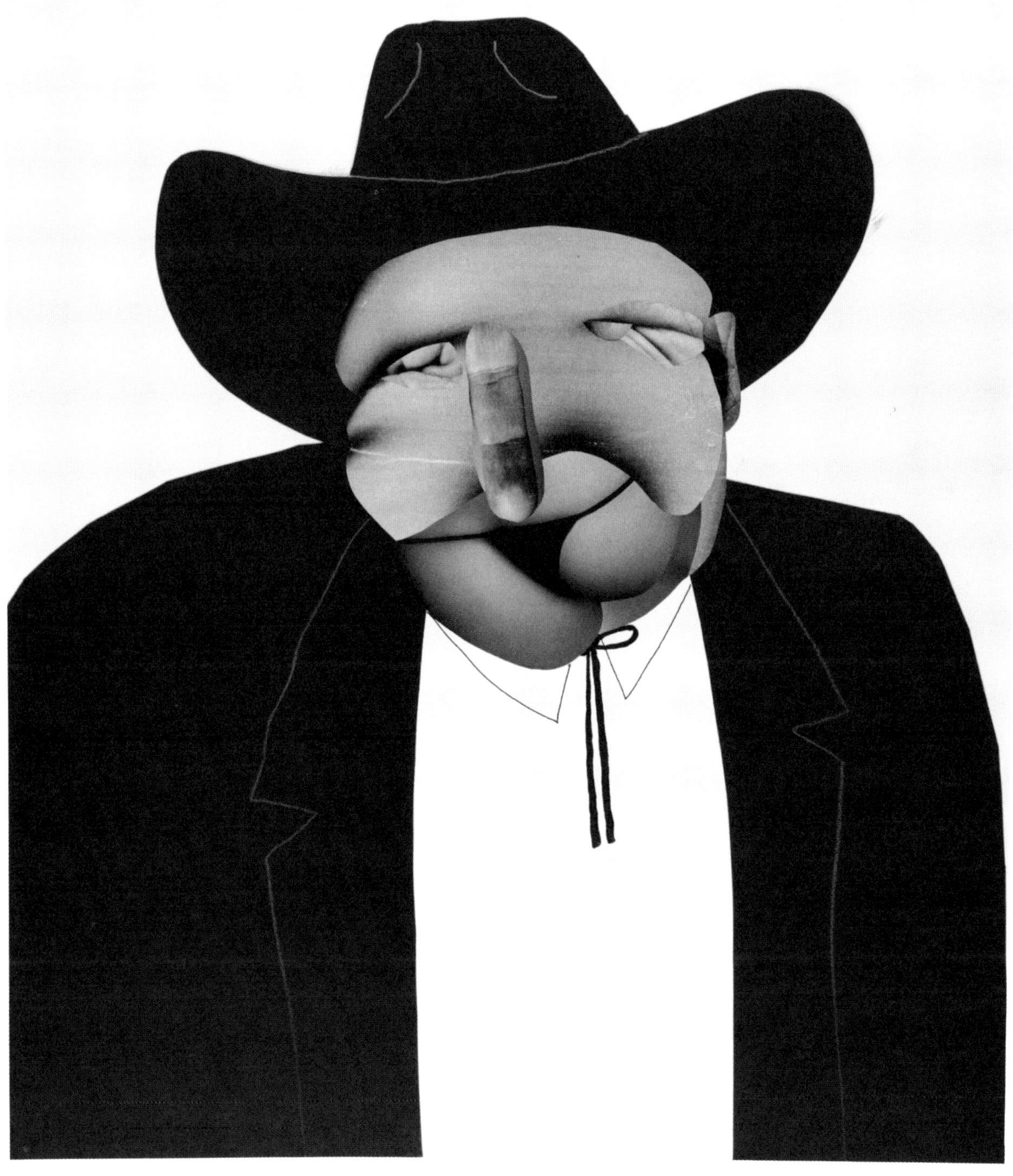

In God we trust!, 2004, Collage und Tusche auf Papier / collage and ink on paper, 69 × 47,7 cm

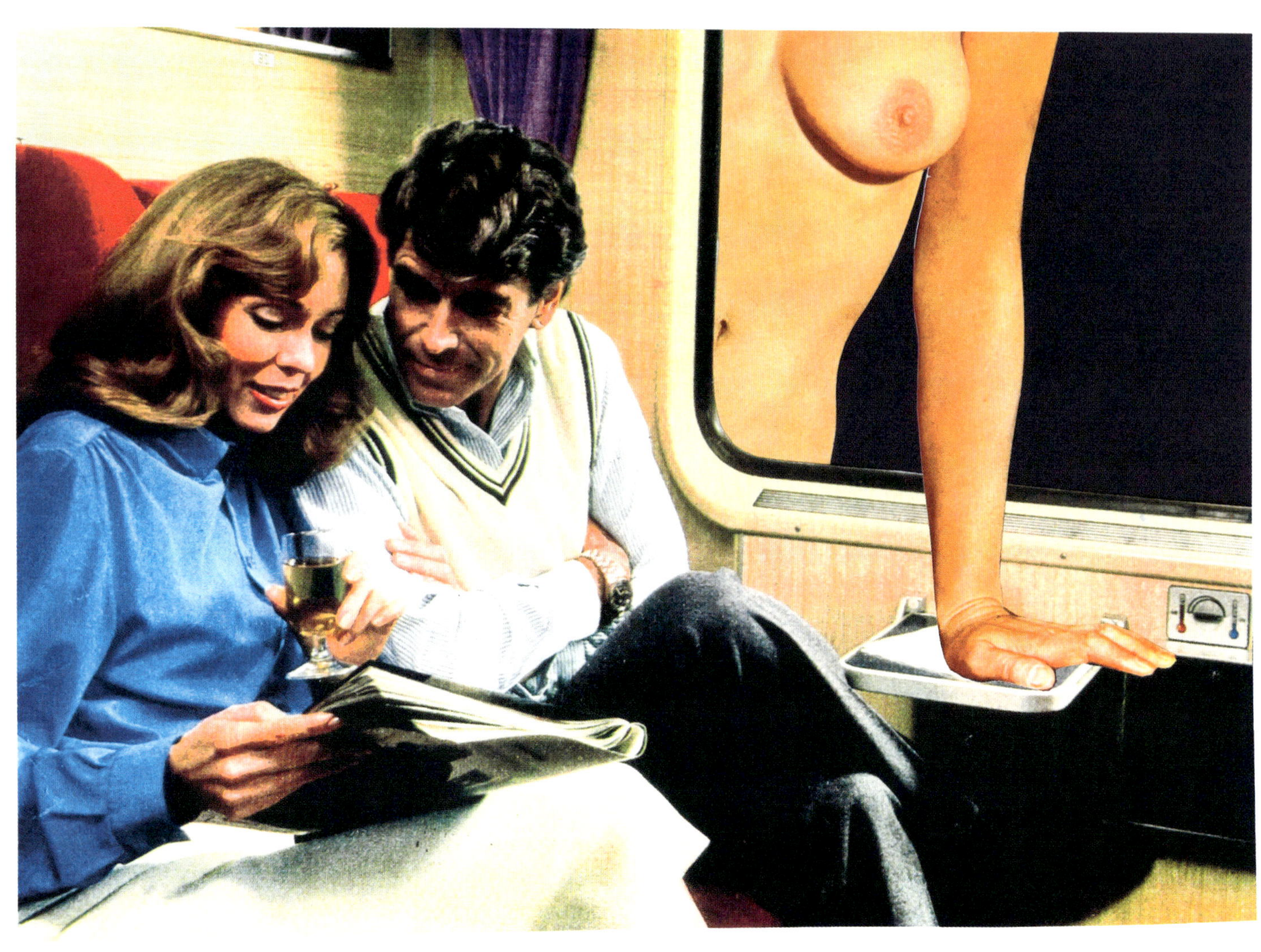

Ohne Titel / Untitled, 2015, Collage auf Karton / collage on cardboard, 42 × 59,3 cm

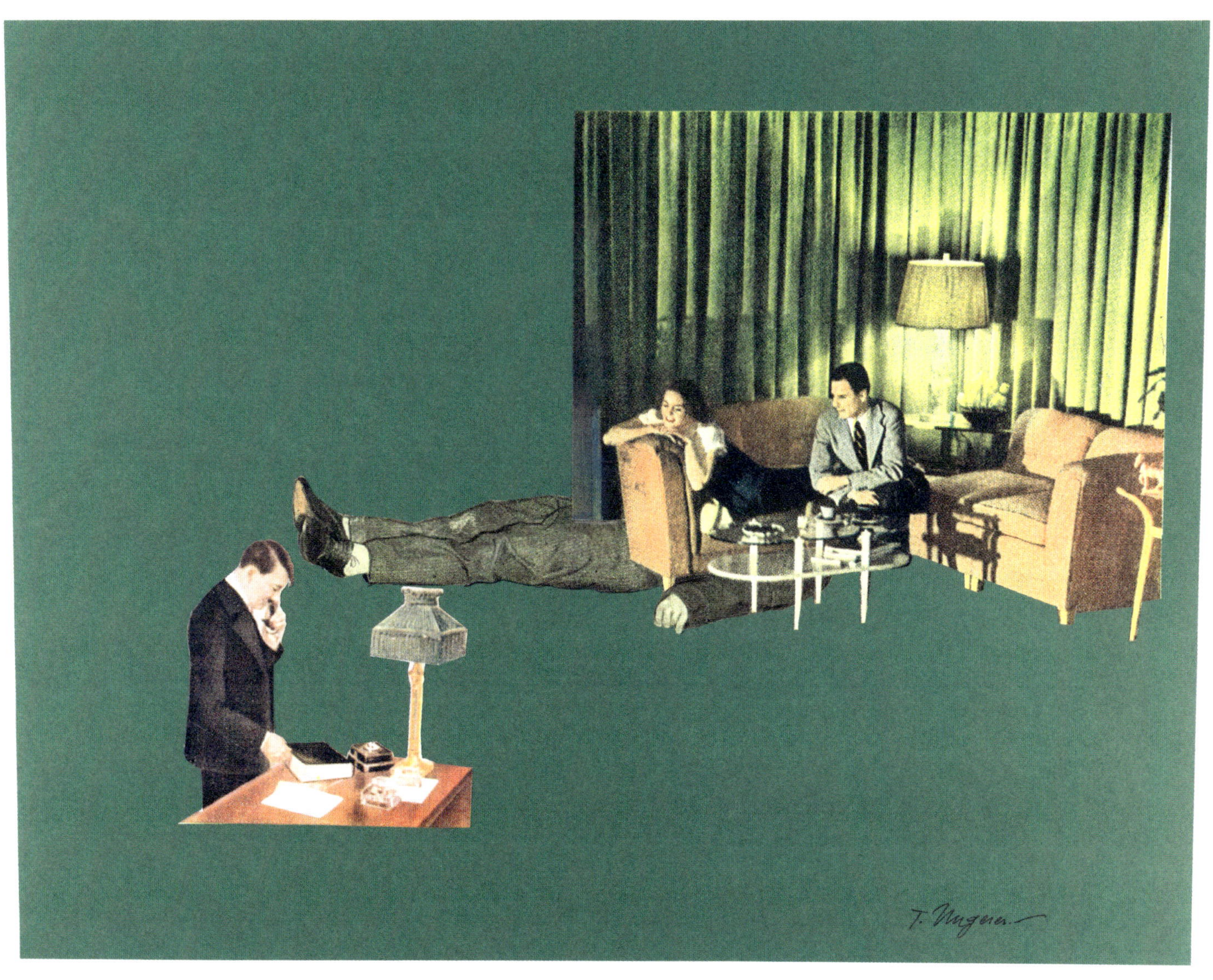

Ohne Titel / Untitled, 2014–2017, Collage auf Karton / collage on cardboard, 40,4 × 52,3 cm

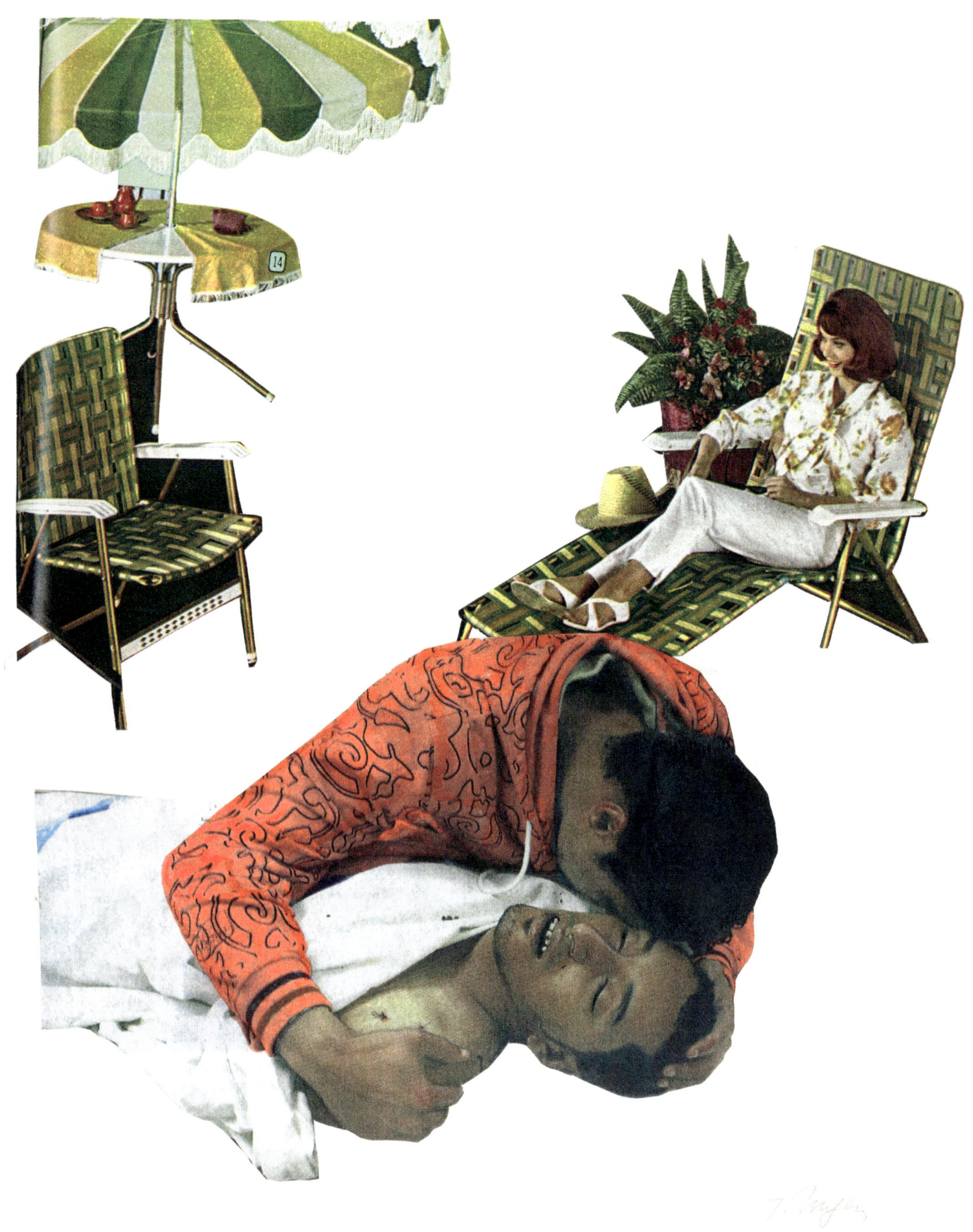

Ohne Titel / Untitled, n. d., Collage auf Karton / collage on cardboard, 49,7 × 41 cm

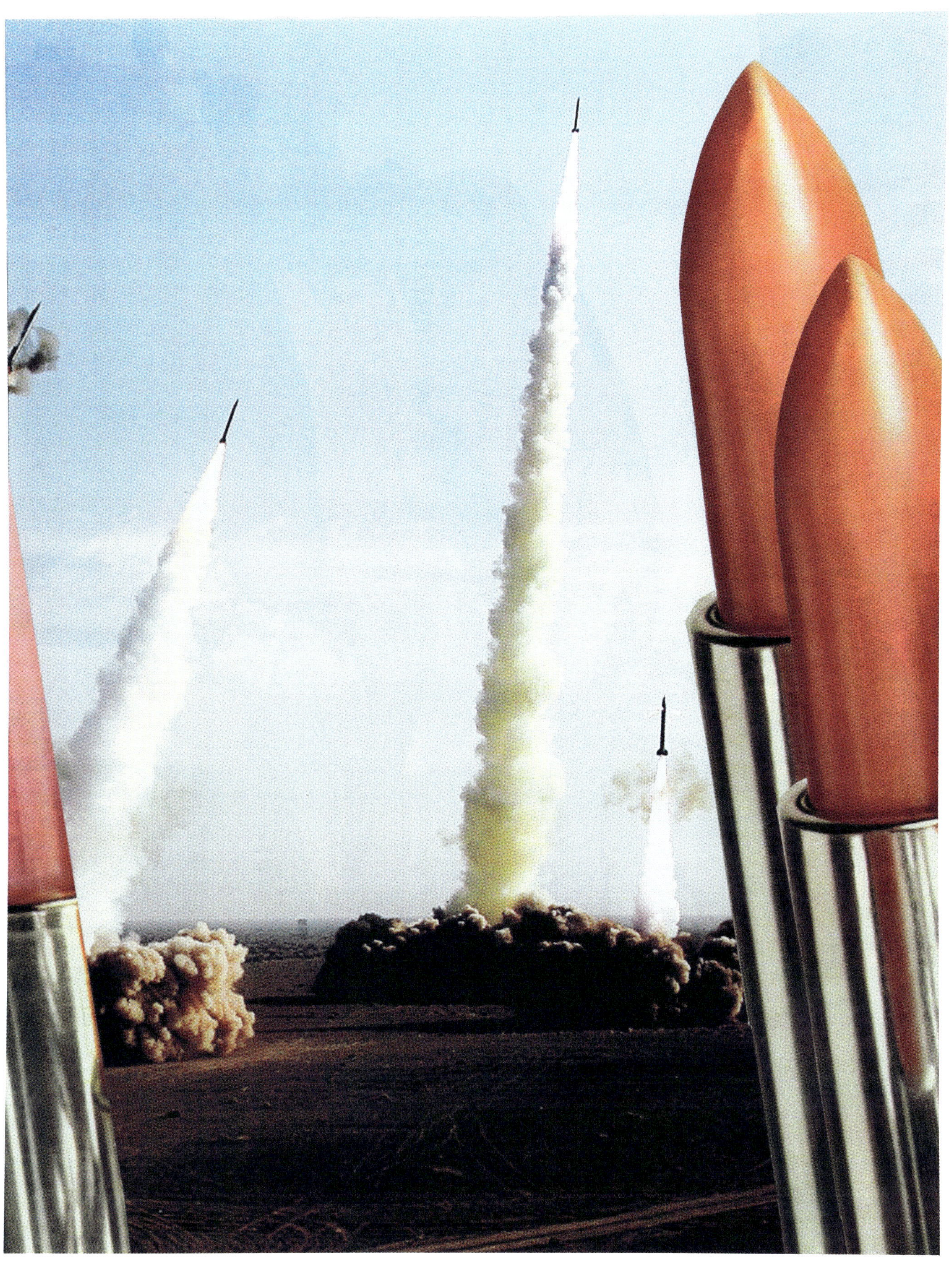

Lip Service I, ca. 2010, Collage auf Karton / collage on cardboard, 49,8 × 36,4 cm

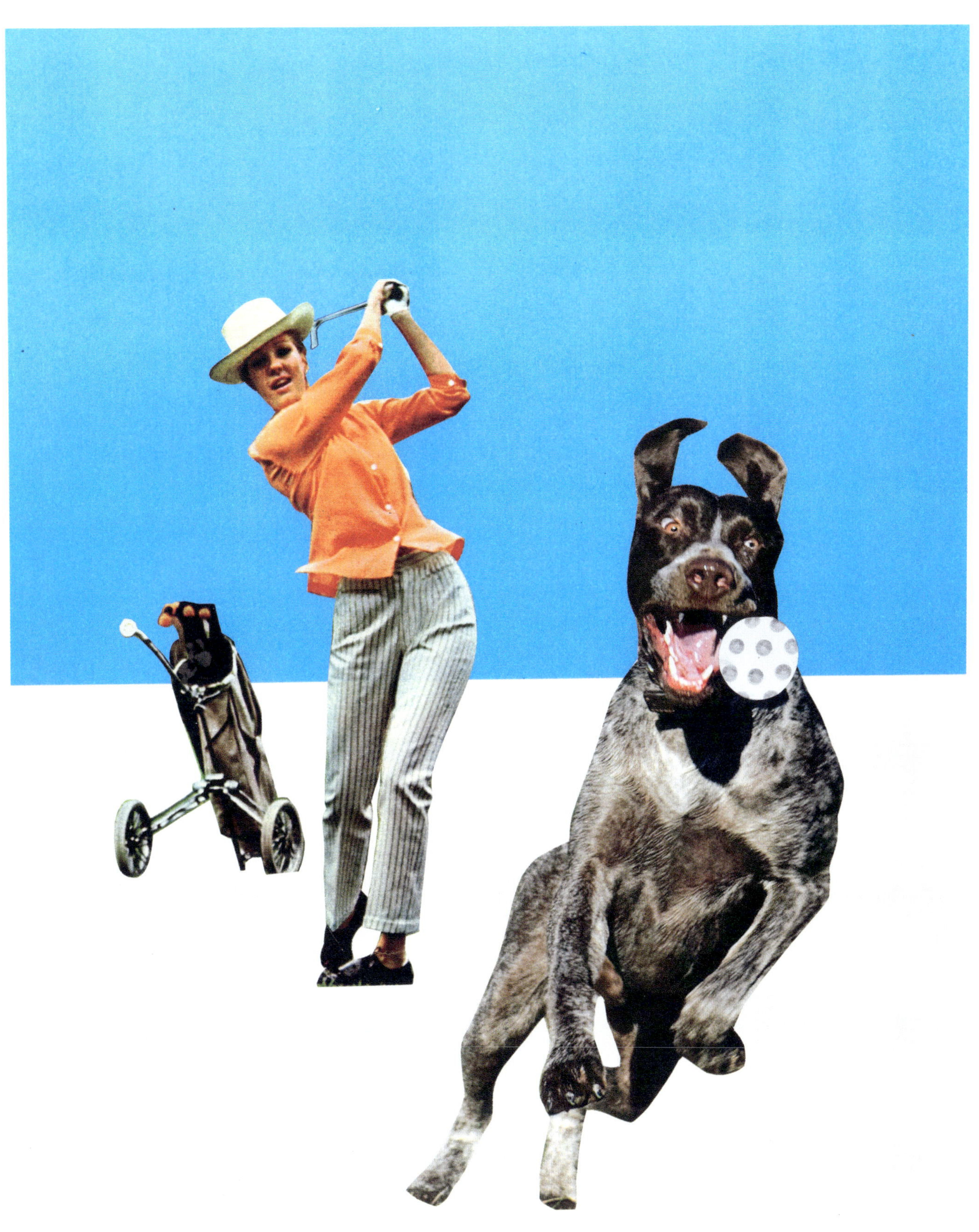

Ohne Titel / Untitled, 2013, Collage auf Karton / collage on cardboard, 59,5 × 42,5 cm

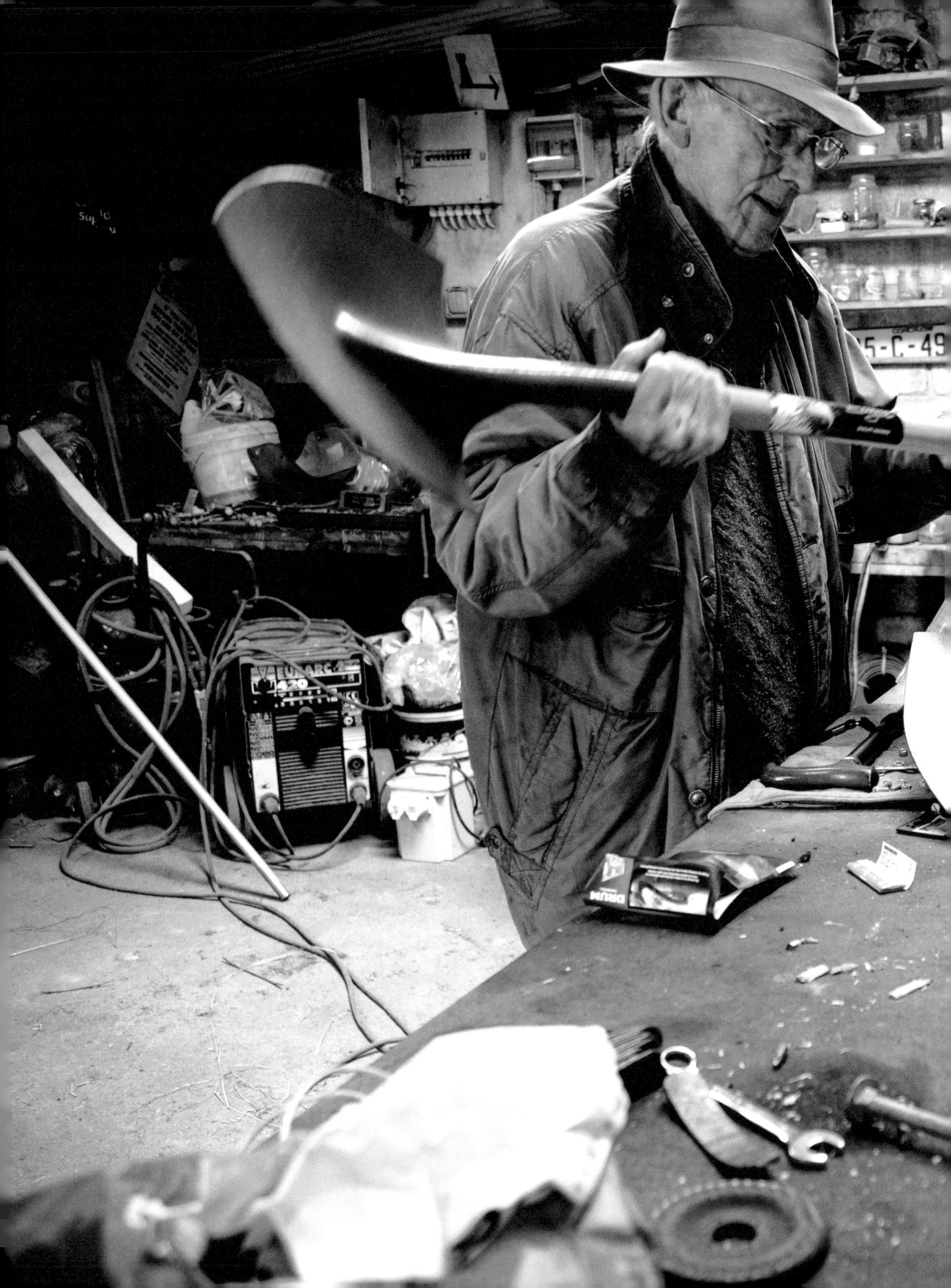
DRUM

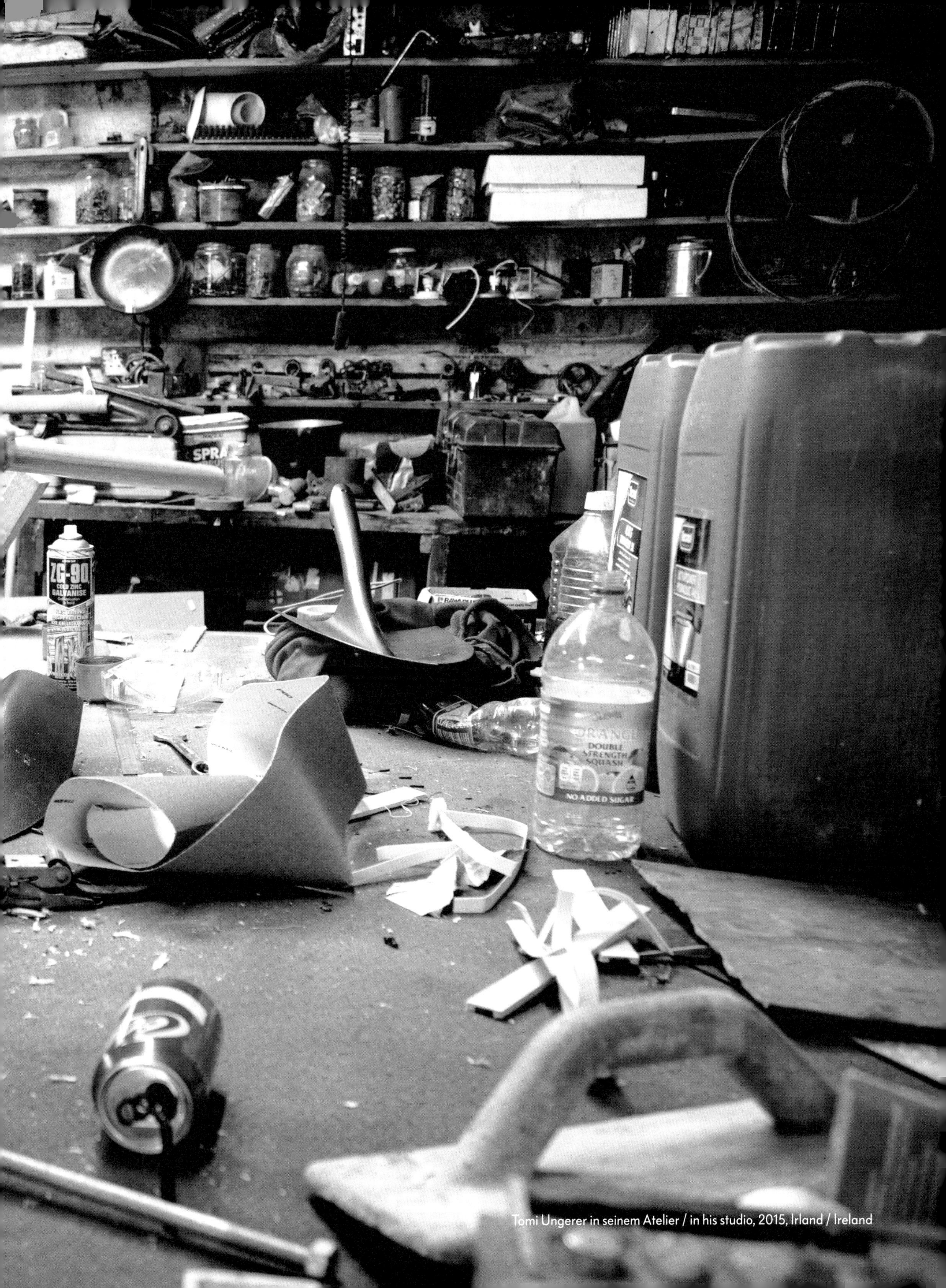

Tomi Ungerer in seinem Atelier / in his studio, 2015, Irland / Ireland

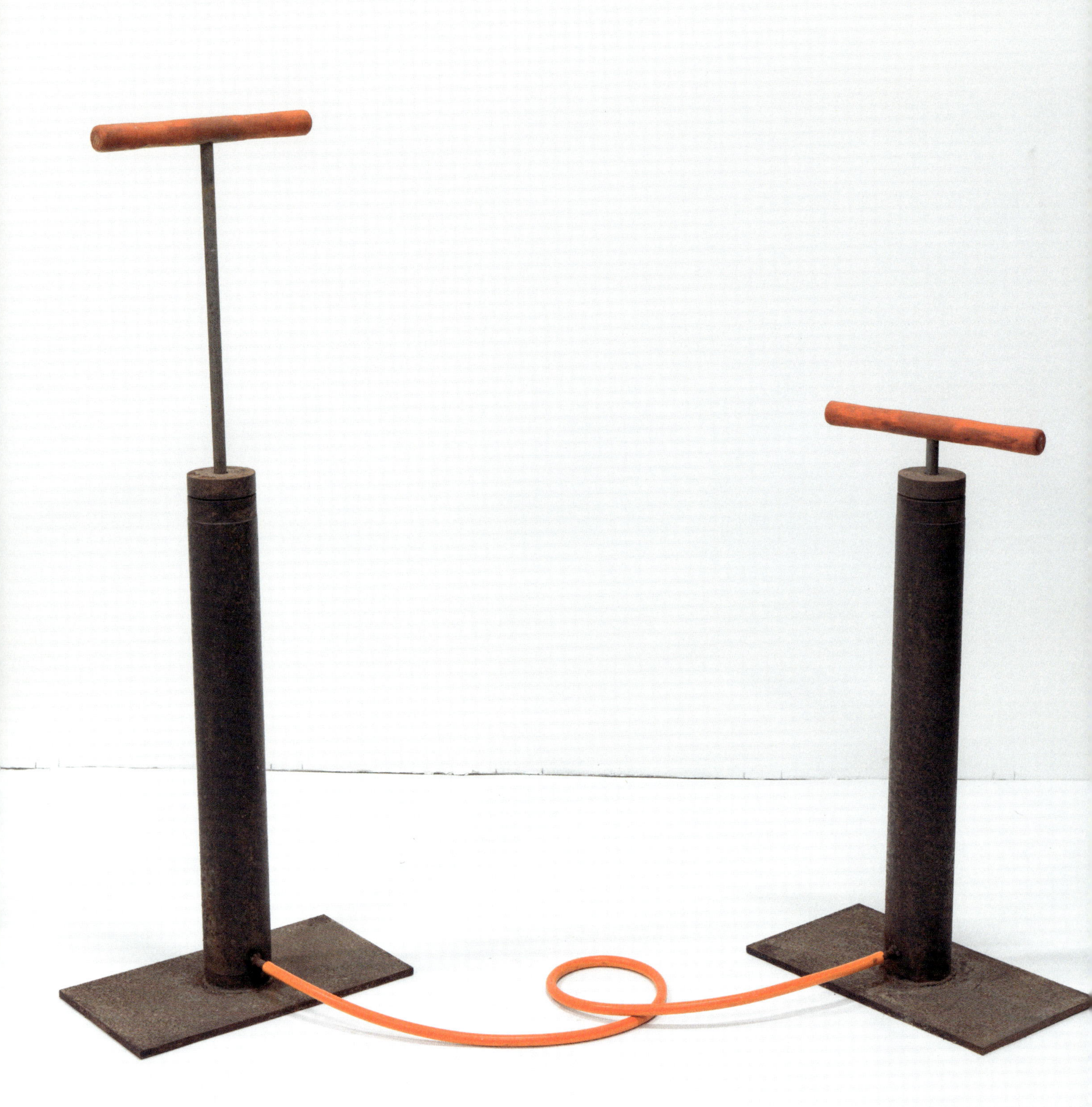

Ohne Titel / Untitled, 2013, Metall, Farbe, Gummischlauch / metal, paint, rubber hose, 116 × 104 × 50 cm

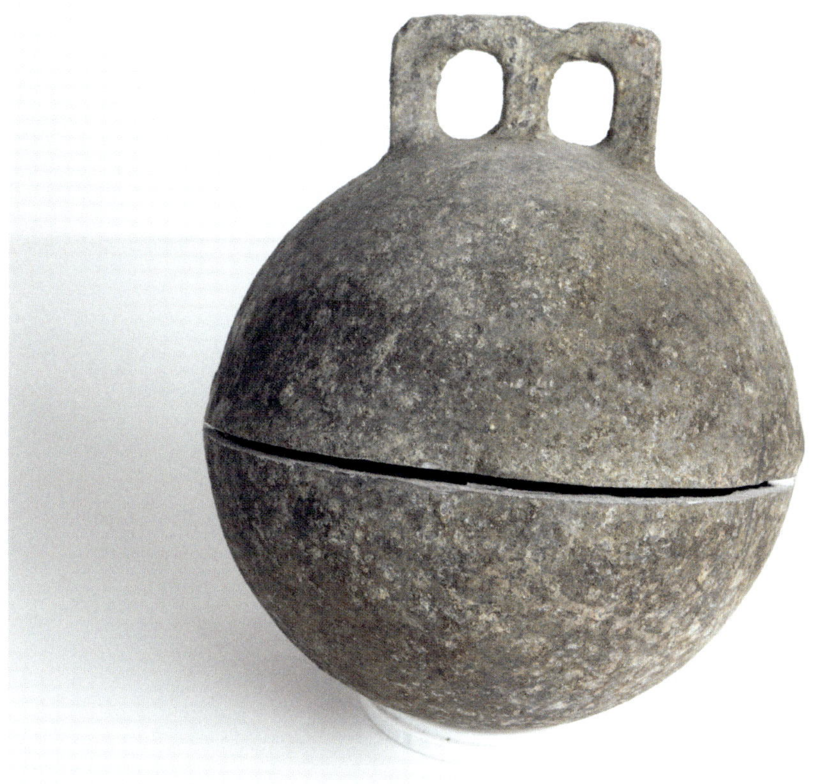

Father, 2013, Beton / concrete, 36 × 32 cm

Ohne Titel / Untitled, 2013, Kinderdreirad, Fundobjekte, Farbe / child's tricycle, found objects, paint, 65 × 80 × 43 cm

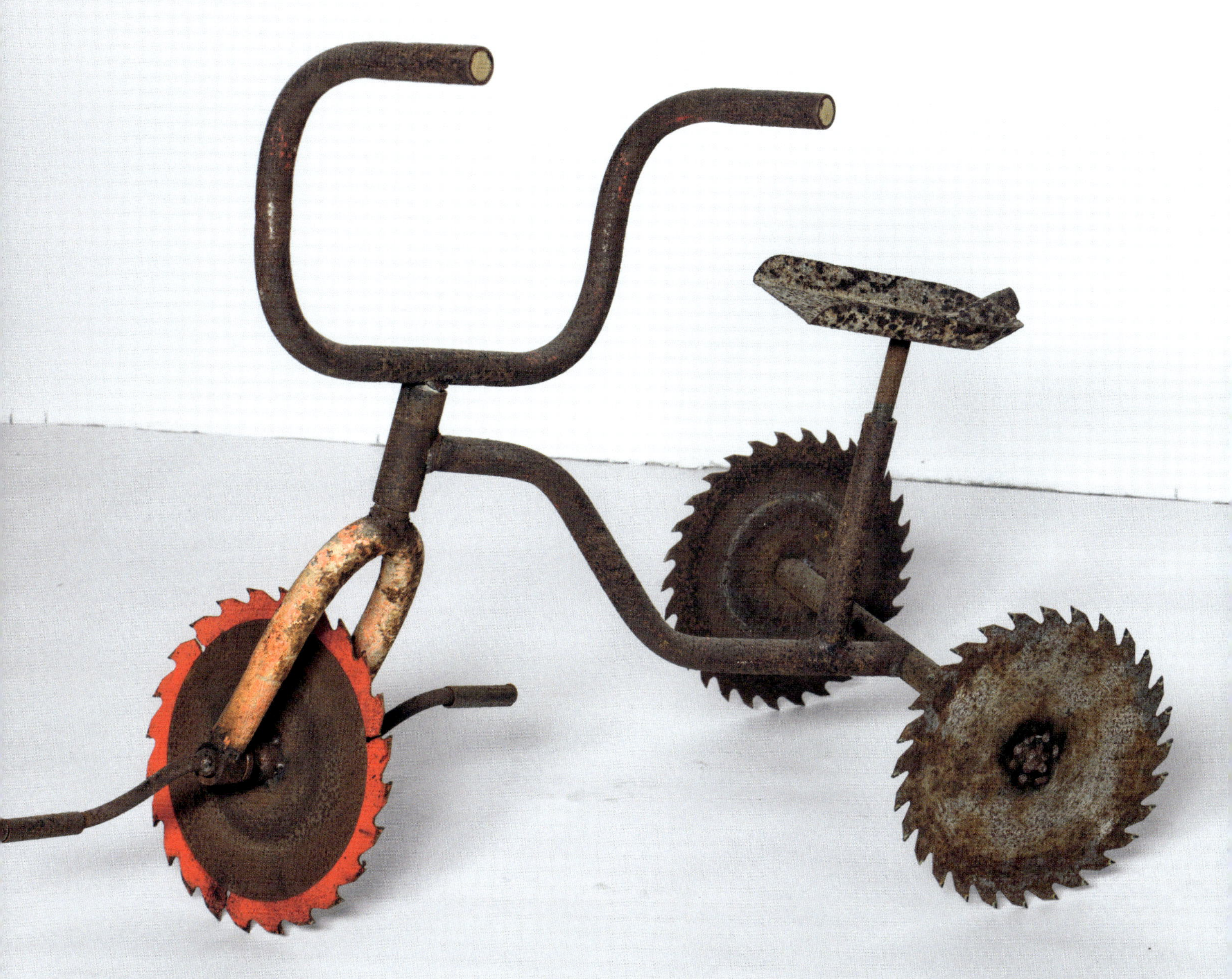

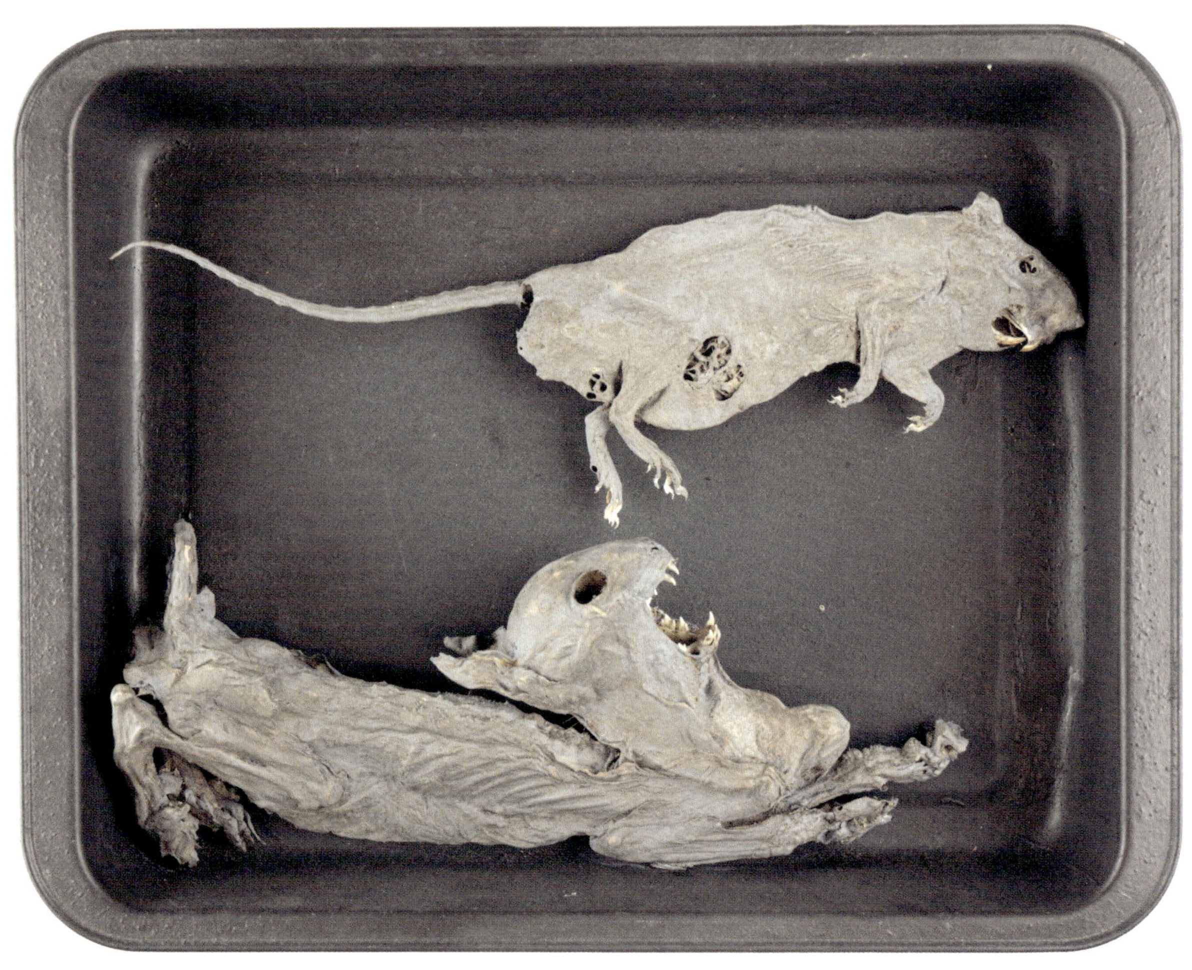

Ohne Titel / Untitled, ca. 2017, mumifizierte Tiere, Backform / mummified animals, baking tin, 30 × 39 × 6,5 cm

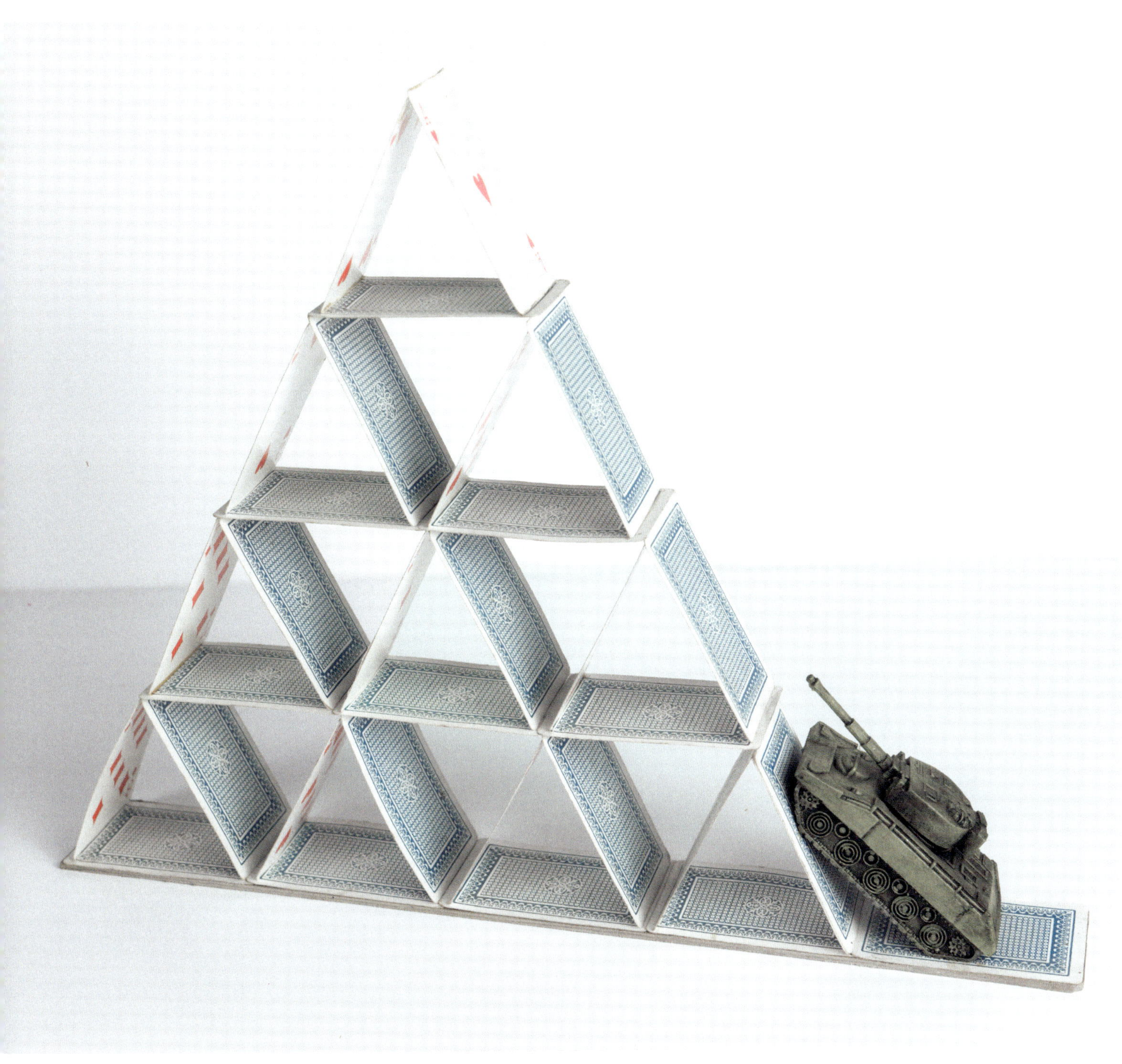

War and Peace, 2010, Spielkarten, Spielzeugpanzer / playing cards, toy tank, 32,5 × 42 × 6 cm

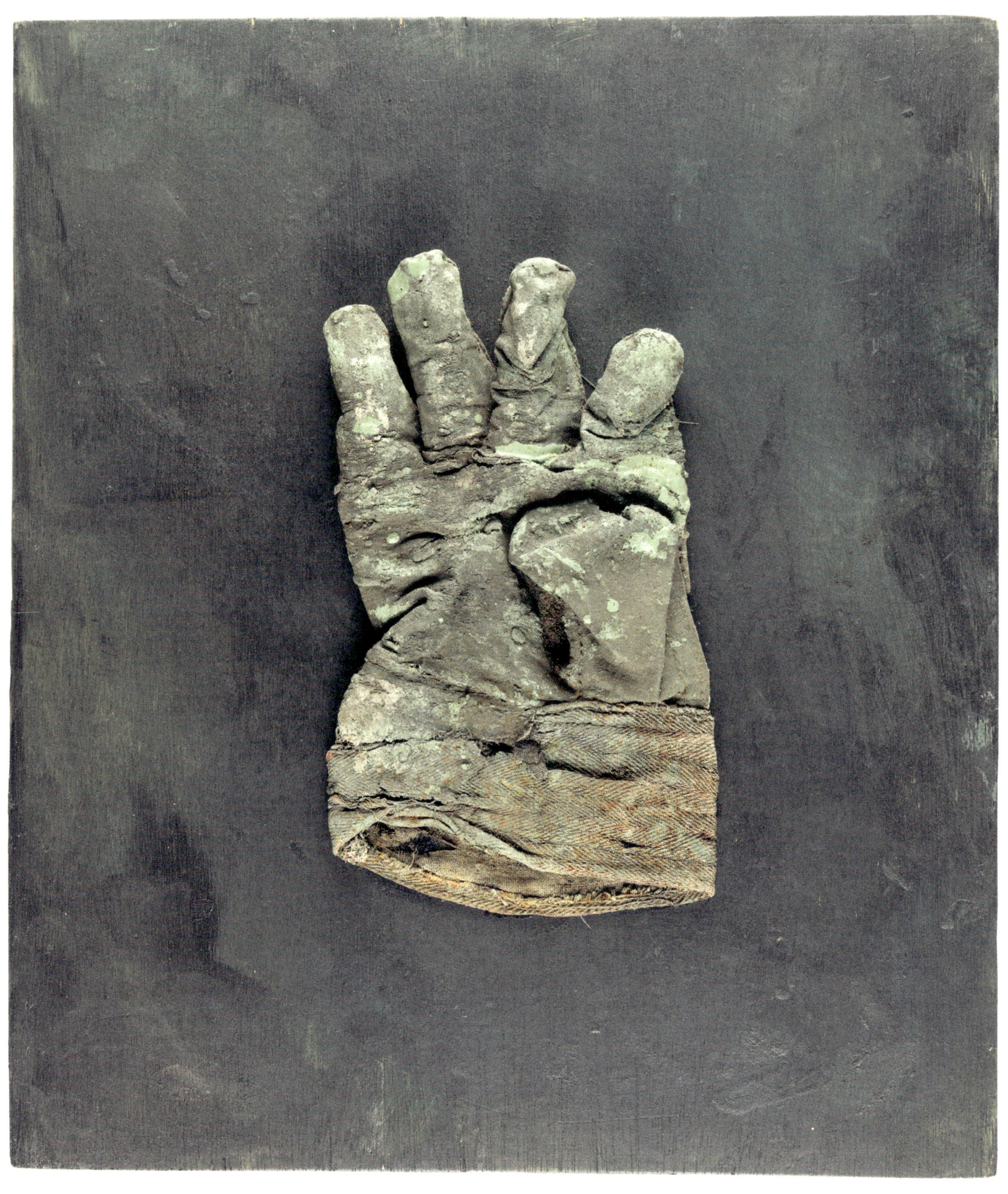

Ohne Titel / Untitled, 2012, Stoffhandschuh, Farbe auf Holz / cloth glove, paint on wood, 38,2 × 33,5 × 3,5 cm

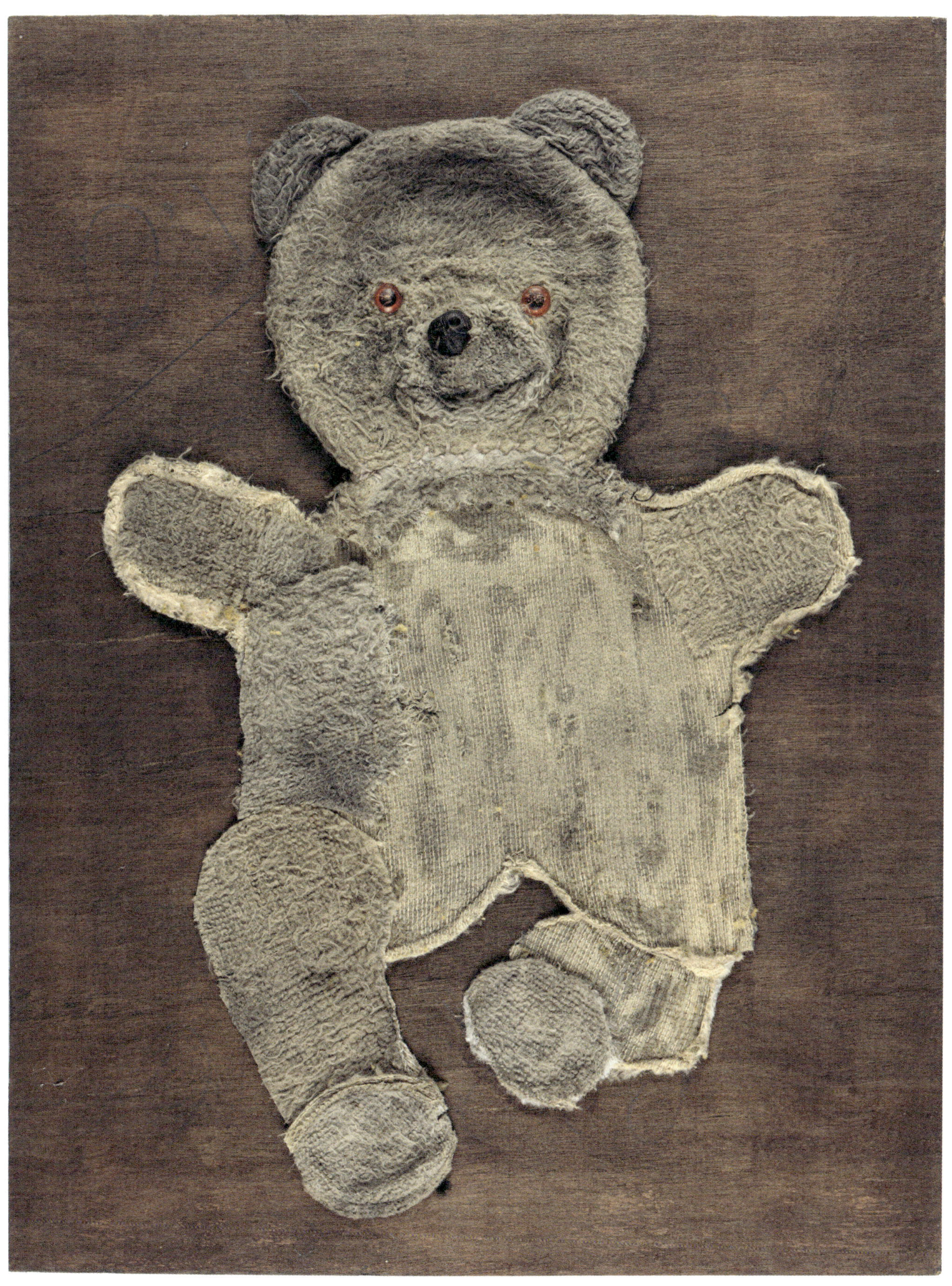

Ohne Titel / Untitled, 2012, Stoff und Farbe auf Holz / cloth and pigment on wood, 57,5 × 44,2 × 3,5 cm

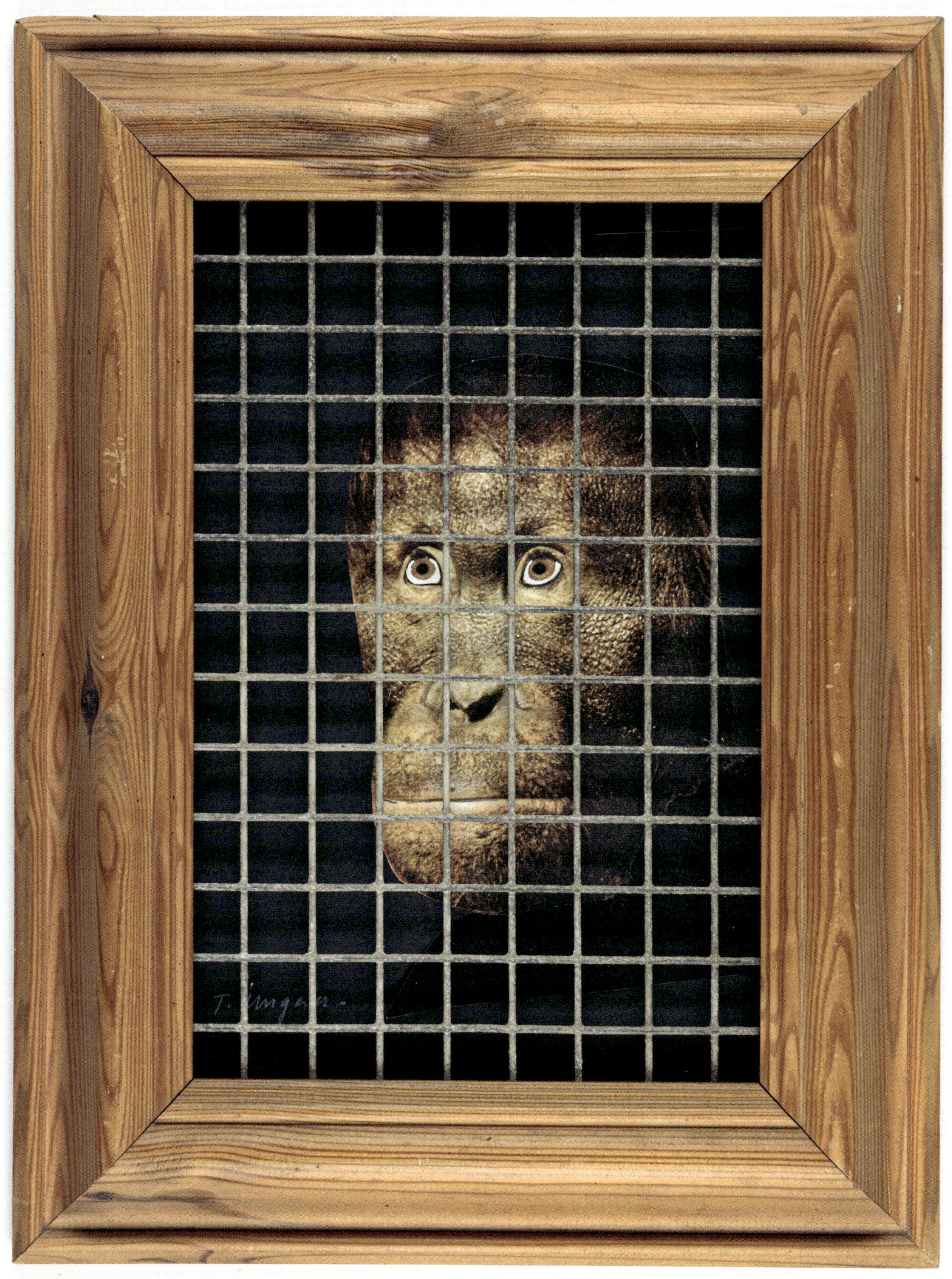

Ohne Titel / Untitled, 2018, Collage, Gitterrahmen / collage, barred frame, 46 × 35 × 4 cm

BELINDA GRACE GARDNER

Wegkreuzung Gleichgesinnter in einer absurden Welt: Tomi Ungerer zu Gast in der Sammlung Falckenberg

Schon früh entschloss sich Tomi Ungerer zur Wanderschaft als Existenzform.[1] Mit seiner zersplitterten elsässischen Identität – nie ganz Deutscher, nie ganz Franzose – vagabundierte er ohnehin zwischen verschiedenen Welten: ein habituell Heimatloser, Kulturen-, Kontinente- und Gattungsüberquerer mit ausgedehntem künstlerischen Experimentierfeld. Hier gediehen gleichwertig Kinderbuchillustrationen und satirische (Tusch-)Zeichnungen, politische Plakate, explizite erotische Bildserien und die Großcollagen seines Spätwerks. Die Erfahrung des stetigen Außenseiterseins schlug sich in seinem gesamten Werk nieder, auch in seinen Büchern für Kinder mit ihren oft sperrigen und widerspenstigen Protagonist*innen. »Die Helden meiner Kinderbücher sind alles Antikonformisten. Da ist immer einer, der nicht wie die anderen ist und für seinen Erfolg kämpfen muss. Ich habe Kinderbücher über alle diese gehassten Tiere gemacht – ob Krake oder Fledermaus oder über eine Schlange […].«[2] Sein Fokus auf die »gehassten Tiere«, die freilich in seinen Darstellungen Sympathieträger sind, entsprang einer Vorliebe für die Underdogs und Ausgestoßenen, die – wie er – durch alle Raster fallen.

Die Wanderungen des Künstlers verliefen in mäandernden Ausschweifungen, virtuosen Seitwärtsbewegungen und eigenen Variationen des »absichtslosen Umherschweifens«,[3] wie es die Situationisten zur Erschließung neuer Sicht- und Handlungsachsen in Paris und anderswo praktizierten. Ihn lockten die weniger betretenen Pfade, auf denen Hindernisse zu überwinden sind. In Ungerers Worten: »Man muss für etwas kämpfen können im Leben. Und überhaupt ist mir eine Barrikade im Leben lieber als ein Stau auf der Autobahn.«[4] Als ästhetischer Konventions- und Barrikadenbrecher ließ er sich dabei von keiner Ideologie einspannen. Schon als Schuljunge während der Nazi-, dann der französischen Besatzungszeit in Colmar zog er die herrschenden Mächte ins Lächerliche. Aufgrund seines »Aktivismus« bescheinigte ihm schließlich die Schulobrigkeit »ein willentlich perverses und subversives Wesen«:[5] der Aufbruch in eine weiter gefasste Unruhestiftung, die sich ästhetisch von der ersten großen Station seiner künstlerischen Laufbahn, New York, über die Abgeschiedenheit im kanadischen Nova Scotia bis ins irische Cork entfaltete, wo Ungerer, neben Straßburg, von 1976 bis zu seinem Tod 2019 einen längerfristigen Lebensmittelpunkt fand.

Kulturkritische Ausfallschritte

Jenes »subversive Wesen«, das sich dubiosen Diktaten widersetzt und aus Regelverstößen und einer elementaren Resistenz kreative Energien bezieht, verbindet Ungerer mit den Protagonist*innen in Harald Falckenbergs »Sammlung rebellischer Nachkriegskunst«,[6] mit denen er jetzt erstmals in Hamburg zusammentrifft. Wenn seine Pfade auch nicht direkt mit deren Wegen kollidierten, so zeigt die Gegenübestellung seiner Arbeiten mit Exponaten aus der Sammlung eine ideelle Überkreuzung der Kontexte und Inhalte in den Pendelbewegungen zwischen Europa und den USA sowie in den kulturkritischen Ausfallschritten aller Beteiligten. Auch wenn sie von unterschiedlichen Warten aus in die künstlerische Offensive gehen, so operieren sie doch allesamt von einer Position der Widerständigkeit, die sich autonome Routen bahnt.

1956 traf der jazz- und literaturbegeisterte Künstler mit leichtem Gepäck im transkulturellen Schmelztiegel New York ein – nach der kriegsbesetzten, von Grenzziehungen bestimmten Jugend im Elsass verhieß die Metropole größtmögliche Spielräume und mentale Weite: »In dieser freien Stadt gab es damals kein Denkverbot.«[7] Mit seinen Kinderbüchern hatte er rasanten Erfolg, ebenso als Werbezeichner und Cartoonist für *Esquire, Harper's Bazaar, New York Times* oder *Village Voice*. Doch die Metropole der Freigeister barg auch Schattenseiten. Das Versprechen unbegrenzter Möglichkeiten galt dort wie allgemein in der US-Gesellschaft längst nicht für alle. In den 1960er-Jahren entstanden allerorten Gegenkulturen zum bestehenden westlich-kapitalistischen System. In den USA formierten sich Bürger- und Friedensbewegungen zu Massenprotesten gegen Rassismus, den Vietnamkrieg und die Dominanz des Konsums. Zwischen West- und Ostküste gärte es auch in der Kunst, die sich zunehmend ins politisch-gesellschaftliche Geschehen einmischte, während in Europa Jugendrevolten dazu aufriefen, die erzkonservativen Staatsmächte aus den Angeln zu heben.

Auch Ungerer mobilisierte in den 1960er-Jahren zum Kampf gegen Repression und Diskriminierung, ohne sich einer bestimmten Szene anzuschließen. Seine Waffe war die Zeichenfeder, die er für scharfkantige Entlarvung, radikalen Witz und groteske Zuspitzung in Stellung brachte. Er kreierte aussagestarke Plakate, die den Vietnamkrieg, Rassismus und Unterdrückung ins Visier nahmen. So ließ er unter dem Stichwort »Give« (gib!) (Abb. S. 115) Geschenke nebst Geschossen von einem Bombenflieger regnen. Oder er führte vor, wie die Freiheitsstatue zur Waffe zweckentfremdet in den offenen Mund eines wehrlosen Opfers gerammt wird: »Eat« (iss!) (Abb. S. 116). Gerade mit seinen Plakaten wollte der Künstler das Publikum mit wenigen, gezielt gesetzten Strichen unmittelbar erreichen: »Da muss man wie ein Faustschlag wirken. Peng – und man kriegt es nicht mehr aus dem Kopf.«[8] Das aufklärerische Anliegen unterscheidet ihn dezidiert von den simultan auftretenden US-amerikanischen Pop-Artisten. Ungerer ging es nicht um formalästhetische Aneignung und kommentarlose Reflexion der bunten Warenwelt. Vielmehr lag sein Fokus auf der Formulierung einer originären Bildsprache, die mit knapper Geste akute gesellschaftliche Probleme ins Auge der Betrachter*innen springen lässt.

Automatenhafte Sexwesen in Aktion

Etliche seiner Motive wurden aufgrund ihres heftigen Schockeffekts von Auftraggeber*innen abgelehnt, was Ungerer aber nur darin bestärkte, zeichnerisch noch einen Schritt weiterzugehen. Auch die Dekadenz und Verlogenheit der New Yorker Society spießte er satirisch auf, so verdichtet in der Zeichnungsfolge *The Party* aus dem Jahr 1966. Das »Fegefeuer der Eitelkeiten«, das sein Literatenfreund Tom Wolfe im gleichnamigen Roman von 1987 in Worte fasste, lodert darin in Stichflammen dunkelsten Humors. Nach Veröffentlichung seines provokativ-satirischen Zeichnungsbandes *Fornicon* 1969 ließ ihn das Establishment, das ihn einst überschwänglich feierte, abrupt fallen.[9] Ungerer setzt darin die zynische Mechanisierung von Sexualität gebührend drastisch ins Bild und wird dafür als Pornograf desavouiert. In *Fornicon*, so Ungerer, der sich als »Teil der sexuellen Revolution« sah, ging es ihm hingegen um den »klinischen Aspekt« der Sexualität. »Es war eine Rebellion gegen eine Mechanisierung unseres Lebens, nicht nur von Sex. Wir leben in einer Welt, die komplett von Maschinen bestimmt wird.«[10]

Die krass-komische Kompilation von automatenhaften Sexwesen in Aktion, die die Entmenschlichung und Industrialisierung der Erotik auf den Punkt bringen, wurde in England verboten. In den USA wurden gleich alle Bücher von Ungerer aus den Bibliotheken verbannt. Auch das FBI warf bereits ein Auge auf ihn. Die Bigotterie einer Gesellschaft, die ihre eingefleischte puritanische Gesinnung und Ablehnung des Anderen hinter vermeintlicher Offenheit tarnt, schürte einen nachhaltigen künstlerischen Aufstand, der nach ersten Höhepunkten in den 1960er- und 1970er-Jahren bis jetzt andauert. Enttäuscht von der Engstirnigkeit seiner Wahlheimat, setzte sich Ungerer 1971 zusammen mit seiner Ehefrau Yvonne vorübergehend in die melancholische Einöde von Novia Scotia an der Ostküste Kanadas ab, wo der Industrieschwund Brachen und Dropouts hinterlassen hatte: eine als Refugium nur bedingt taugliche Region der ökonomischen Abwicklung und No-Future-Starre.

Hier entstanden neben dadaesken Assemblagen aus Treibholz intensive Zeichnungsfolgen, die in den 1983 erschienenen Bänden *Heute hier, morgen fort* und *Slow Agony* zusammengefasst sind. Ungerer hielt darin neben feingliedrigen Naturstudien und fragmentarischen Alltagsszenen seines Farmlebens desolate, von Überlandleitungen durchzogene Gegenden mit stillgelegten Tankstellen, rostenden Autos und verlassenen, verfallenden Siedlungen fest. Eine »sinistre Endzeitstimmung«[11] macht sich zwischen fahlen Grisailletönen und beklemmenden Hell-Dunkel-Kontrasten breit. Die Ansichten evozieren auf dem Terrain US-amerikanischer Malerei des 20. Jahrhunderts Edward Hoppers einsame Ortschaften, in denen die Zeit stillsteht, ebenso wie den unterschwellig aufgeladenen lakonischen Realismus von Andrew Wyeth. Atmosphärisch rufen sie zudem sozialdokumentarische Fotografie von Dorothea Lange, Walker Evans oder Robert Frank bis hin zu den aktuellen Bestandsaufnahmen von Matt Black ins Bewusstsein, in denen der amerikanische Traum rettungslos zum Erliegen gekommen ist.

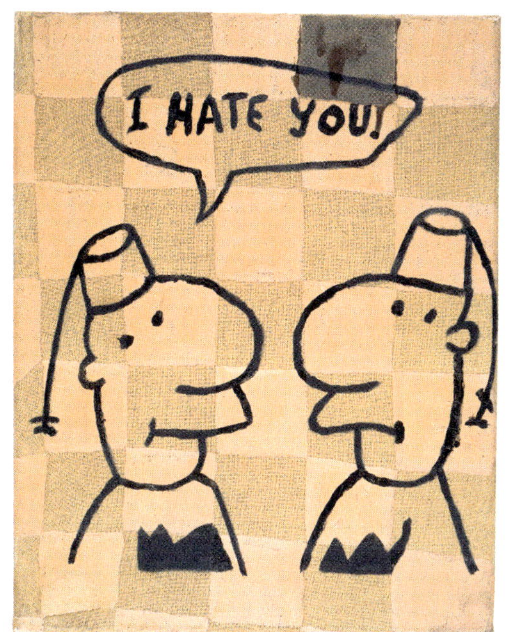

Martin Kippenberger
I Hate You!, 1990,
Öl auf Leinwand / oil on canvas, 50,3 × 40 cm

Lachen wider alles

Generell sind die gesellschaftskritischen Arbeiten, die über die Genres hinaus das Werk von Ungerer durchziehen, sittensprengende Sittenbilder. Ein akuter Sinn für die Absurdität, die auch dem Schrecken oft immanent ist, zieht sich gattungsumspannend durch seine pointierten Szenerien hindurch: »Ich glaube, dass sich die Wirklichkeit durch das Absurde selbst veranschaulicht. Aber was meine Philosophie angeht, so lautet einer meiner bewährten Sprüche: ›Nicht hoffen, sondern handeln.‹ Ich bin total realistisch. Ich glaube nicht an Illusionen. In den Zeitungen lese ich zwischen den Zeilen. Was mir wirklich ins Auge sticht, ist die komplette Absurdität unserer Welt.«[12] Das politische Engagement des Künstlers, der in späteren Zeichnungen den tabuisierenden Umgang mit der Aids-Krise ebenso deutlich anprangerte wie den anschwellenden Neofaschismus in Europa oder den Terroranschlag gegen die Karikaturisten des Magazins *Charlie Hebdo* 2015 in Paris, ist Ausdruck einer Verweigerung und Nonkonformität, die tiefe Überzeugung mit einem »Lachen wider alles«[13] koppelte. Dieses »Lachen wider alles« als Instrument des Registrierens und Spiegelns der Absurdität, die die Welt und Wirklichkeit umfasst und durchdringt, teilte Ungerer nicht nur mit den Narren der Geschichte und Gegenwart. Die dahintersteckende subversive Haltung einte ihn auch mit den Künstler*innen, die die Sammlung von Harald Falckenberg generationsübergreifend bevölkern.

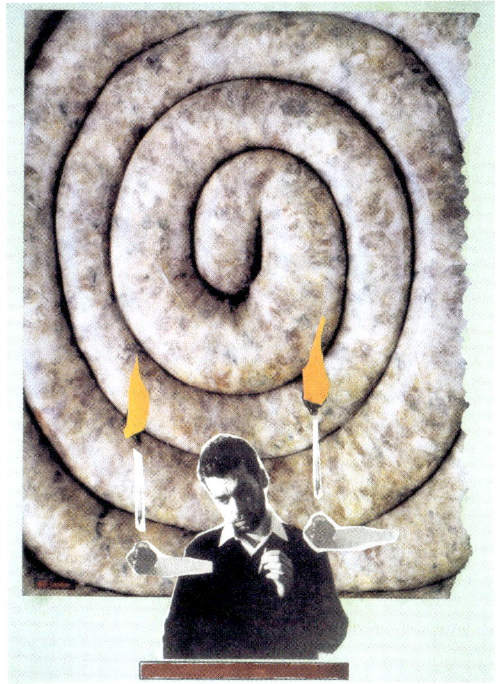

Werner Büttner
Ohne Titel / Untitled (Selbst vor Bratwurstschnecke), 2000,
Collage, 128 × 96 cm

Einer aus dem Verbund der sich darin scharenden Resistenten und Renitenten, der in Hamburg lebende Maler und passionierte Collagenproduzent Werner Büttner (neben Martin Kippenberger und Albert Oehlen, die ebenfalls in der Sammlung vertreten sind, einer der einflussreichen Initiatoren der »Bad Painting«-Antikunst der 1980er-Jahre in Deutschland) erläutert dazu treffend in einem Kommentar an seinen Freund Harald Falckenberg: »Das Lachen wider alles ist konstruktiv. Popanzdepotenzierung.

Kunst ist oft Popanz. Lachen ist aber auch Trauerarbeit. Das Dasein ist so prächtig-schäbig, dass es in kein System und keine Avantgarde-Bewegung gepresst gehört.«[14] Ebenso wenig wie die Protagonist*innen der Sammlung Falckenberg, die in vielerlei Hinsicht Berührung mit Ungerer haben, lässt sich Letzterer klassifizieren oder in Korsette – egal welcher Art – einzwängen. Genauso wie diese hatte er einen Hang zum Grotesken, zu deren entscheidenden historischen Vehikeln Falckenberg in seinen *Aufzeichnungen eines Sammlers* »Inversion, Verzerrung und Vermischung, kulminierend zu einem Gesamtentwurf der ›verkehrten Welt‹«[15] zählt. Wobei er ebenfalls betonte: »Die Künstler, die heute für das Grotesk-Komische einstehen, bekehren niemanden und machen keine Schule.«[16] Sie bewahren stattdessen eine autonome Position, die Stellung bezieht, ohne sich vereinnahmen zu lassen: eine Frage der Freiheit, der sich auch Ungerer bedingungslos verschrieben hat.

Club der Autarken

Dass er wie seine Kolleg*innen aus dem Kreis der anarchischen Abweichler*innen und Abenteuer*innen, die in Falckenbergs Club der Autarken schwerpunktmäßig anzutreffen sind, dennoch innerhalb eines verzweigten ästhetischen Bezugssystems operierte, zeigen zahlreiche Anknüpfungspunkte zu kunsthistorischen Vorläufern und zeitgenössische Wahlverwandtschaften – selbst wenn diese nicht immer offenkundig sind, sondern in Ungerers Werk oft eher implizit wirksam sind. Zu den ersten Inspirationsquellen des Künstlers gehörte der im Musée Unterlinden in Colmar befindliche Isenheimer Altar des Renaissancemeisters Matthias Grünewald, der ihn bereits als Kind fasziniert hatte: gewiss weniger der Engel als der Dämonen wegen. Echos von Hieronymus Bosch und Francisco de Goya, Hans Baldung Grien, Hans Holbein d. J. oder der mittelalterlichen Totentanztradition hallen in seinem Werk ebenso nach wie Einflüsse der deutschen Romantik. Gustave Doré und andere Zeichner des 19. Jahrhunderts waren prägend, insbesondere für Ungerers Kinderbücher und *Das große Liederbuch* (1975).[17]

Doch auch Expressionismus und Surrealismus flossen mit ein. Ersterer indes nicht in Gestalt der sozialutopischen Idealisierungen eines Conrad Felixmüller etwa, der Liebespaare vor den Fabriktoren idyllisch in Szene setzte; sondern mehr im schonungslos-ungeschönten Sinne von Otto Dix, der dem »sexuellen Menschentier«[18] im Bann seiner abgründigen Begierden Gestalt gab. Oder auch im Stil des grotesken, kriegsversehrten und krisengebeutelten Demi-Monde-Personals von George Grosz. Der Geist des Surrealismus wiederrum zeigt sich bei Ungerer, der André Bretons Schriften bereits in seiner Jugend gelesen hatte und sich später unter anderem mit Max Ernst und Marcel Duchamp auseinandersetzte, als ein Faible für die Verbindung des Widersinnigen und eine Erkundung »der hinter dem Offensichtlichen verborgenen Welt«.[19]

Zu Dada, 1916 als interdisziplinäre, länderübergreifende Auflehnung gegen das Grauen des Ersten Weltkriegs sowie die Absurdität und Unmenschlichkeit der herrschenden Machtstrukturen von Zürich aus in Gang gesetzt, hatte Ungerer von der Gesinnung her besondere Affinität – eine weitere Verknüpfung zu den Akteur*innen der Sammlung Falckenberg. Er lernte den aus Straßburg stammenden Dada-Mitbegründer Hans Arp über eine Ausstellung im MoMA in den 1960er-Jahren in New York kennen. Als Hommage zu dessen 100. Geburtstag schuf er 1986 eine Assemblage aus hölzernen Toilettenbrillen und arbeitete verschiedentlich auch mit Readymade-Objekten wie Barbiepuppen und weiteren Fundstücken dreidimensional.[20] Noch entscheidender jedoch war seine Verwendung der von den Dada-Künstler*innen zum zentralen Medium erhobenen Collage, die von John Heartfields politischen Montagen und Max Ernsts surrealen Verschränkungen des Nichtzusammengehörigen aus immer weitere Kreise zog.

Remixverfahren sinnstiftenden Unsinns

In den 1960er-Jahren breiteten sich Neo-Dada-Techniken, die – wie Assemblage und Montage – aus der Collage hervorgingen, im Zeichen des »Ausstiegs aus dem Bild«[21] weitläufig aus. Ungerer, der über Jahrzehnte hinweg Images aus unterschiedlichsten Medien unter inhaltlichen Rubriken archivierte, kombinierte wiederholt Zeichnung und Collage, zuerst in seinen Arbeiten für Werbekampagnen der 1950er- und 1960er-Jahre, später auch in freien Kompositionen – eine Technik, die unter anderem auch der von

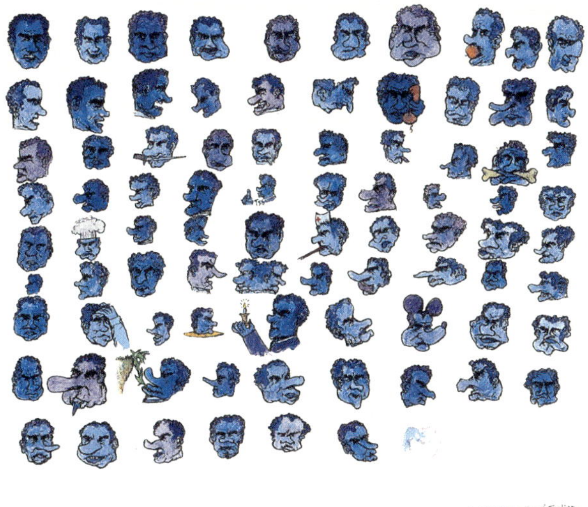

Öyvind Fahlström
Exercise (Nixon), 1971,
Tinte und Gouache auf
Papier / ink and gouache
on paper, 35,2 × 40,5 cm

Ungerer sehr geschätzte Cartoonist des *New Yorker*, Saul Steinberg, anwendete.[22] Bis heute kommen die aus der Collage erwachsenen Dekonstruktions- und Remixverfahren sinnstiftenden Unsinns, die Dada katalysierte, unter konterkulturellen Kunstschaffenden lustvoll zum Einsatz: wie auch bei Schlüsselfiguren der Sammlung Falckenberg von Öyvind Fahlström und Martha Rosler bis hin zu Werner Büttner, Thomas Hirschhorn und Jonathan Meese mannigfaltig zu beobachten.

In den letzten fünfzehn Jahren seines Lebens verlegte sich Ungerer »im Dienste einer harschen Sozial- und Politikkritik«[23] von der Zeichnung fast ganz auf die Collagetechnik, teils unter Rückgriff auf die bereits von ihm in New York verwendete Fotomontage. Die Öffnung ins Mehrdeutige durch »polysemische Auslegung«[24] war gewollt. Das Zusammenfügen disparater Elemente zu einer spannungsvollen Synthese reflektiert eine in sich vielfach gebrochene Realität, die von Widersinnigkeiten durchdrungen und in der die beunruhigend undurchsichtige Lage von Samuel Becketts ewig ausharrenden Vagabunden zum kollektiven Lebensgefühl geworden ist. Ungerer produzierte 2009 bis 2011 nach dem Drama *Warten auf Godot* des von ihm verehrten Autors eine gleichnamige Collageserie, die die Kälte der globalen Konsumkultur und deren inhärente Brutalität und Leere entlarvt. Gleichschaltung und Isolation des Menschen im allgegenwärtigen Fetischismus der Warenwelt, Intoleranz, Heuchelei, die Gefahren von Krieg und dem Wiedererstarken des Nationalismus sind wesentliche Themen der bissig-enthüllenden Collagen seines Spätwerks.

Mit seiner unangepasst-analytischen Innen-wie-außen-Sicht auf die dunklen, verborgenen Seiten der Wirklichkeit steht Ungerer als Zeichner ebenso wie als Collagist einer Vielzahl der künstlerischen Positionen in der Sammlung Falckenberg nahe. Das gilt nicht nur für die darin vereinte Generation von Künstler*innen aus Deutschland und anderen europäischen Ländern, die sich gegen die verdrängten Gräuel des Naziterrors im Wirtschaftswundertaumel der Nachkriegszeit aufbäumten und sich aus dem »Muff von 1000 Jahren«[25] und anderer reaktionärer Zwänge zu befreien suchten, die unter den Deckmänteln der institutionalisierten (Un-)Rechtssysteme weiterwucherten. In den USA gibt es ebenfalls radikale Aussteiger, die – wie Ungerer nicht minder – den jeweiligen Stilvorgaben des Kunstbetriebs den Rücken kehrten und unbeirrbar ihr eigenes Ding machten; so etwa Philip Guston, der in seiner comichaft reduzierten Malerei ab den späten 1960er-Jahren bis in sein Todesjahr 1980 dem Rassismus und der bigotten Selbstgefälligkeit des weißen Amerikas einen Vergrößerungsspiegel vorhielt.

Groteske Zuspitzung als Vehikel der Demaskierung

Philip Guston, wie Ungerer mit dem New Yorker Schriftsteller Philip Roth befreundet, teilte mit Ersterem die furchtlose Zuspitzung als Vehikel gesellschaftlicher Demaskierung. Ab den 1970er-Jahren sprengten die Performances und Subversionen der schrillen Spaßwelt von Disney und Co. des kalifornischen Video- und Installationskünstlers Paul McCarthy – ein zentraler Akteur in der Sammlung Falckenberg – gesellschaftliche Konditionierungen mit radikaler Verve. Zwischen den widerborstig-renitenten Tierfiguren, wie auch den grotesken Auswüchsen der erotischen und politischen Satiren von Ungerer und den wüsten Regelbrüchen von McCarthy gibt es ebenfalls Verbindungen. McCarthys Riesenplüschfiguren, die ins Monströs-Unberechenbare mutieren, führen die Abgründe vor, die sich hinter dem grellen Spektakel der Waren- und Entertainmentindustrie und den rigiden Konditionierungen des prüden US-amerikanischen Wertesystems auftun. Desgleichen gilt dies für die Plüschtierkonglomerate und andere ambivalente Ensembles von Mike Kelley, der auch bildliche »Strategien der Störung«[26] gegen die restriktive Nomenklatur der herrschenden Normen und Regeln der

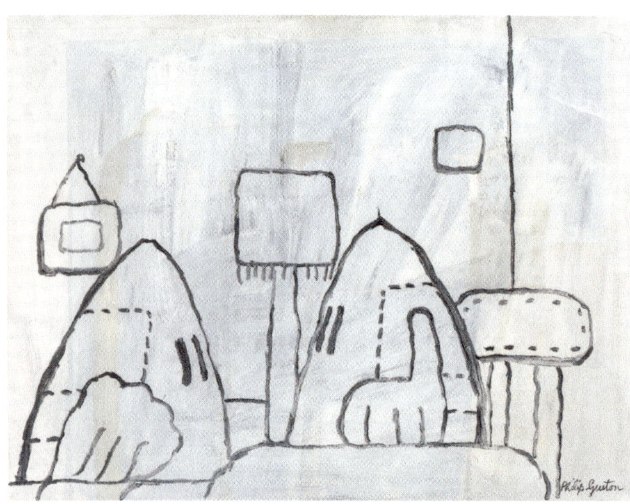

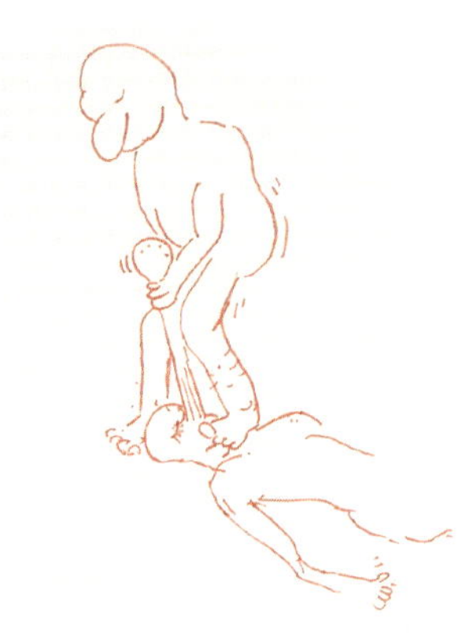

westlichen Gesellschaft entwickelte. In seinen comicartigen Tuschzeichnungen übte der kalifornische, unter anderem von Goya und William Blake inspirierte Künstler Raymond Pettibon wiederum schärfste Kulturkritik mit den Mitteln des Spotts und des schwarzen Humors, die auch Ungerer vorzugsweise einsetzte.

»Die Hoffnungslosigkeit ist für mich die achte Muse«, stellte Ungerer auf sein Werk zurückschauend fest. »Je hoffnungsloser, desto mehr Inspiration findet der Künstler, weil er dann kämpfen muss.«[27] Vom fortlaufenden Drama des Absurden, in das unsere Welt immer tiefer verstrickt zu sein scheint, ließ er sich nicht entmutigen. Er begab sich, im Gegenteil, immer wieder neu auf die Suche nach dem Sinnhaften in oft durchaus bedrohlich absurder Lage. Darin liegt der unbändige Optimismus seines Werkes, im Glauben an die Durchsetzungskraft des Menschlichen, allen Beweisen des Gegenteils zum Trotz. Insofern ist es nur folgerichtig, wenn er sich als selbst als »Humanist« bezeichnet und einen »Humanismus ohne Zweifel«[28] für undenkbar hält. »Es gibt keinen Humanismus ohne Zweifel, da man als Zweifelnder nicht aufhört, nach einer anderen Lösung zu suchen, nach anderen Wegen, die Dinge zu betrachten.«[29]

Dazu aber ist es seiner Meinung nach notwendig, hinter die Erscheinungen, die Nachrichtenberichte und Bilder des Elends zu blicken. »Es einfach nur zu beobachten reicht nicht. Man muss sich an die Stelle anderer versetzen. Da, wo es wehtut. Ich nehme an, dass es mir dadurch möglich war, solche satirischen Arbeiten zu machen.«[30] An dieser Stelle hat er auch etwas mit dem deutschen Autor provokanter Politplakate, Klaus Staeck, gemeinsam, dem Harald Falckenberg eine kompromisslos aufklärerische, »unverbrüchlich romantische Haltung« bezeugte, die gerade in »Zeiten der Indifferenz« guttue.[31] Ungerer, dem »nichts Menschliches fremd«[32] war und der in seiner Identitätslosigkeit als ständiger Wanderer in einem »Niemandsland« nicht zuletzt eine profunde Form der Freiheit sah,[33] balancierte an den Margen eines stets möglichen Scheiterns. Dass er gerade daraus seine künstlerische Energie essenziell bezog, ist eine weitere Parallele zu den »spielerischen und doch politisch-gesellschaftlichen Positionen«,[34] die in der Sammlung Falckenberg geballt ihr produktives Unwesen treiben. An den Wegkreuzungen, an denen die Mainstream-Highways zugunsten unbequemer Pfade verlassen werden, trifft Tomi Ungerer auf kongeniale Widerständler*innen, die, wie er, ausgezogen sind, Unterdrückung, Unrecht und Gleichgültigkeit mit subversivem Witz das Fürchten zu lehren und somit der hoffnungsvollen Möglichkeit einer besseren Welt auf die Sprünge zu helfen.

Philip Guston
Plotters, 1969, Öl auf Holz / oil on panel, 76 × 101,5 cm

Mike Kelley
Ohne Titel / Untitled, aus der Serie / from the series *The Painter*, 1995, Filzstift auf Papier / felt tip pen on paper, 47,5 × 60 cm

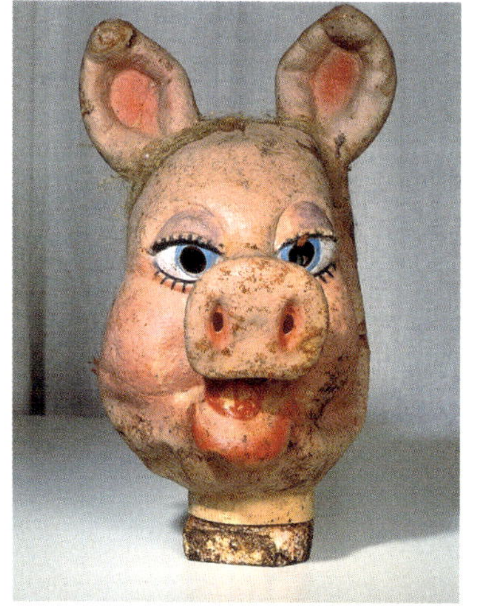

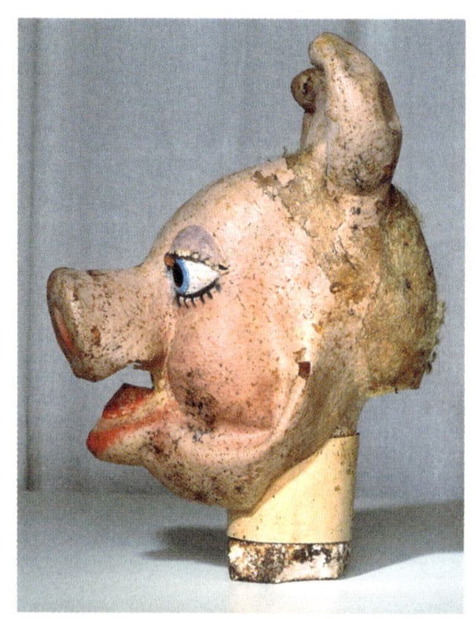

Paul McCarthy
Masks, front and side view (Pig), 1998, Cibachrome-Abzug, aufgezogen auf Sintra / Cibachrome print, mounted on Sintra, 73,5 × 104 cm

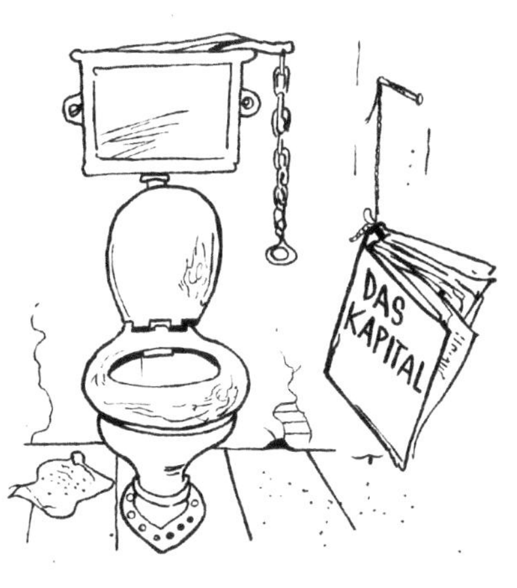

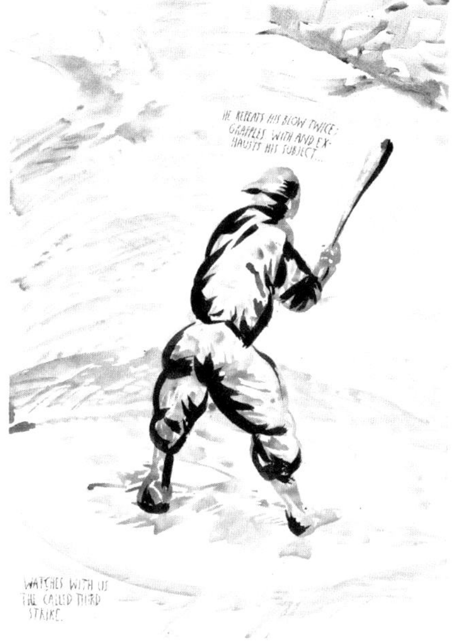

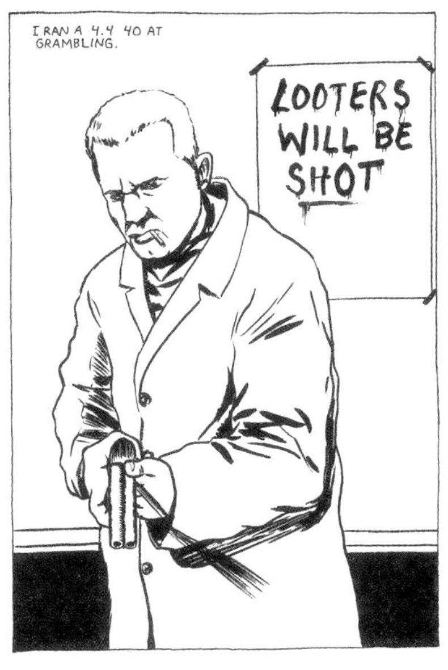

Mike Kelley
The Polish Joke, aus der Serie / from the series *John Reed Club*, 1992, Acryl auf Papier / acrylic on paper, 150 × 114 cm

Raymond Pettibon

Ohne Titel / Untitled (He repeats his...), 1999, Feder und Tusche auf Papier / pen and ink on paper, 81 × 56 cm

Ohne Titel / Untitled (I ran a...), 1984, Feder und Tusche auf Papier / pen and ink on paper, 35,5 × 26 cm

1 Tomi Ungerer stellte seinen Erinnerungen an seine elsässische Kindheit das Motto voran: »Ich bin und heiße Hans Ungerer. Ich werde der Wanderer sein. Schulheft I. Halbjahr 1943.« Vgl. Tomi Ungerer, *Die Gedanken sind frei. Meine Kindheit im Elsaß*, Zürich 1993, S. 5.

2 Tomi Ungerer, zit. nach Thomas David, »Interview mit Tomi Ungerer. Ich bin markiert vom Tod«, in: *Die Zeit*, Nr. 18, 26.4.2007, https://www.zeit.de/2007/18/KJ-Ungerer-Interview/komplettansicht (28.9.2021).

3 Vgl. zu Parallelen zwischen Ungerers Haltung und der situationistischen Methode des *dérive*: Cathérine Hug, »Collage City. Collage Life«, in: *Tomi Ungerer. Incognito*, hrsg. von Philipp Keel, Ausst.-Kat. Kunsthaus Zürich / Museum Folkwang, Essen, Zürich 2015, S. 22–27, hier S. 22–23.

4 Ungerer zit. nach David 2007 (wie Anm. 2).

5 Vgl. Ungerer 1993 (wie Anm. 1), S. 136–137.

6 Harald Falckenberg, »25 Jahre Kunst und Künstler der Counter-Culture«, in: *Counter Culture. 25 Years Sammlung Falckenberg*, hrsg. von Dirk Luckow und Goesta Diercks, Köln 2020, S. 176.

7 Vorwort von Tomi Ungerer, in: *Tomi Ungerer. Poster*, Zürich 1994, S. 7.

8 Ungerer, zit. nach David 2007 (wie Anm. 2).

9 Vgl. Tomi Ungerer, zit. nach Natalie Frank, »Tomi Ungerer«, in: *BOMB Magazine*, 15.1.2015, https://bombmagazine.org/articles/tomi-ungerer/ (28.9.2021).

10 Ebd. (Übers. des Verf.).

11 Werner Spies, »Laudatio auf Tomi Ungerer« (2008), https://www.academie-de-berlin.de/prix/laudationes/werner-spies-laudatio-auf-tomi-ungerer (1.10.2021).

12 Vgl. Sarah Cowan, »Tomi Ungerer on Drawing, Politics, and Pushing the Envelope«, in: *The Paris Review*, 30.1.2015, https://www.theparisreview.org/blog/2015/01/30/all-in-one-an-interview-with-tomi-ungerer/ (28.9.2021) (Übers. des Verf.).

13 Harald Falckenberg, *Aus dem Maschinenraum der Kunst. Aufzeichnungen eines Sammlers*, hrsg. von Wolfgang Ullrich, Hamburg 2007, S. 201.

14 Werner Büttner, zit. nach ebd., S. 203.

15 Ebd., S. 245.

16 Ebd., S. 267.

17 Vgl. Thérèse Willer, »Das vielseitige Werk eines einzigartigen Künstlers«, in: *Museum Tomi Ungerer*, hrsg. von ders. und Claire Hirner, Zürich 2008, S. 28–34.

18 Peter Barth, »Dix und Felixmüller«, in: *Halbwelt auf Papier. Otto Dix und Conrad Felixmüller aus einer deutschen Privatsammlung*, hrsg. von Herwig Guratzsch, Ausst.-Kat. Stiftung Schleswig-Holsteinische Landesmuseen Schloss Gottorf, Schleswig / Museum der bildenden Künste Leipzig, Ostfildern-Ruit 2000, S. 8–13, hier S. 8.

19 Thérèse Willer, »Erbe und Inspirationen – Tomi Ungerer und die Kunstgeschichte«, aus d. Franz. von Tanja Graf, in: Ausst.-Kat. Zürich/Essen 2015 (wie Anm. 3), S. 14–17, hier S. 15.

20 Vgl. ebd., S. 15–16.

21 Laszlo Glozer prägte diesen Begriff für den Paradigmenwechsel ab den 1950er-Jahren in der Kunst, der die Grenzen des Tafelbildes in die Wirklichkeit hinein sprengte (und umgekehrt den Einbruch der Wirklichkeit in die Kunst mit sich brachte). Vgl. Laszlo Glozer, *Westkunst. Zeitgenössische Kunst seit 1939*, Ausst.-Kat. Museen der Stadt Köln, Köln 1981, S. 226ff. und S. 234ff.

22 Vgl. Willer 2015 (wie Anm. 19), S. 15.

23 Ebd.

24 Hug 2015 (wie Anm. 3), S. 24.

25 1967 präsentierten zwei Studenten bei der feierlichen Rektoratsübergabe an der Universität Hamburg einen Banner mit der Aufschrift »Unter den Talaren – Muff von 1000 Jahren«. Die Protestaktion schlug bundesweit Wellen und wurde in Deutschland zum Symbol der Studentenbewegung; vgl. https://www.uni-hamburg.de/newsroom/campus/2017-11-08-unter-den-talaren.html (1.10.2021).

26 Mike Kelley, zit. nach »Strategien der Sublim(ation). Mike Kelley im Gespräch mit Belinda Grace Gardner«, in: Belinda Grace Gardner (Hrsg.), *Verführung des Blicks. Das Haus der Kunst, München*, Hamburg 2000, S. 74–83, hier S. 77.

27 Ungerer, zit. nach David 2007 (wie Anm. 2).

28 Vgl. Tomi Ungerer, zit. nach Frank 2015 (wie Anm. 9) (Übers. des Verf.).

29 Ebd.

30 Ebd.

31 Falckenberg 2007 (wie Anm. 13), S. 216.

32 Tomi Ungerer, zit. nach Claire Gilman, »Tomi Ungerer: All in One«, in: *Tomi Ungerer: All in One, Drawing Papers*, Nr. 120, hrsg. von Margaret Sundell und Joanna Ahlberg, Ausst.-Kat. Drawing Center, New York 2015, S. 17, https://drawingcenter.org/bookstore/books/drawing-papers-120-tomi-ungerer-all-in-one#publication_reader (3.10.2021) (Übers. des Verf.).

33 Ebd.

34 Falckenberg 2007 (wie Anm. 13), S. 289.

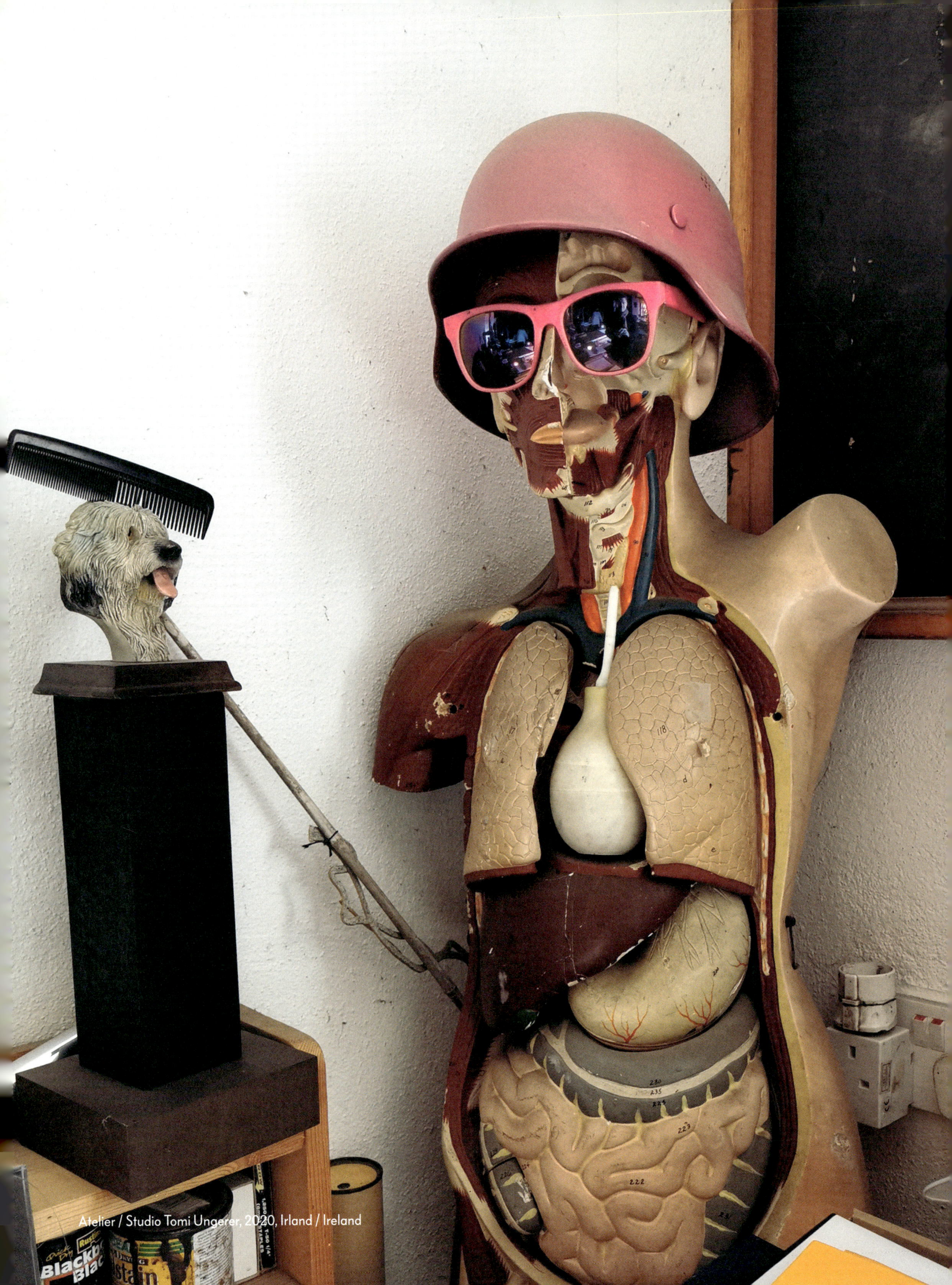

Atelier / Studio Tomi Ungerer, 2020, Irland / Ireland

Foreword

Tomi Ungerer (1931–2019) is considered to be one of the internationally most influential graphic artists, illustrators, and children's book authors. Publications like *The Three Robbers* (*Die Drei Räuber*, 1961), *Heute hier, morgen fort* (*Far Out Isn't Far Enough*, 1983), and *Fog Island* (*Der Nebelmann*, 2012) made him famous around the globe. Ungerer also designed posters against the Vietnam War in New York, produced studies of the milieu on Herbertstraße in Hamburg, processed traumatic experiences during the war in his home city of Strasbourg, and created large-format collages in which the image details assembled depict the horrors of the world. In his works, the boundaries between applied, illustrated, and free art are quasi suspended, and the ambiguous, radically pessimistic humor that is typical of Ungerer's oeuvre shines through.

The exhibition *Tomi Ungerer—it's all about freedom* at the Falckenberg Collection begins where the sharp distinction between the genres of art disappears. It presents an extensive cross-section through the work of the Alsatian artist over nine decades—from his childhood drawings from the nineteen-thirties to the commercial graphics of the nineteen-fifties and political posters of the nineteen-sixties and -eighties, to objects from the two thousand–tens. The exhibition, which opens on the occasion of Ungerer's ninetieth birthday, was created in close cooperation with the Tomi Ungerer Estate in Cork, Ireland, and the Musée Tomi Ungerer – Centre international de l'Illustration in Strasbourg.

The show sheds new light on Tomi Ungerer with nearly 400 exhibits. It calls attention with numerous hitherto unpublished works to the artistic dimension of his extensive oeuvre, which shows references to Otto Dix, Lyonel Feininger, and John Heartfield, but also to Martin Kippenberger and Martha Rosler. And it makes it clear that the question of the human condition forms the red thread that runs through his works. It shows Ungerer to be a free-wheeling artist, who, when producing his works, proceeded in an independent, and improvising way, obtained his ideas and material where they arose, generally from the abundance of stimuli in his studio. His works seem to be trying something out, appear to discern a deeper human aspect in the scenes observed in an effortless, exploratory or inquiring, nimbly charming, and nonetheless far from complacent way. In the intimate forum of the studio, it is respectively only one small step from the star of the children's book scene to the bogeyman of the middle class, who gives a face to the injustices in the world—for instance, in the *Symptomatics* series—or from the warm-hearted humanist and family man, who stages the adventures of the Mellops family in an enchanting way, to the human decadence of reproachful admonishers—as, for example, in the group of works titled *The Party* (1966).

Beyond Ungerer's cryptic wit, the exhibition also makes it possible to comprehend the political and stylistic lines and breaks, from expressionist depictions of the war to his soft spot for Technicolor, or for the stage-like and the decorative. One thematic strand in the exhibition traces the realism of motifs from Ungerer's children's books and those of his sociopolitical and more biographical books, such as the preliminary studies for the book *Fog Island*, which are being presented in the exhibition for the first time. While the children's books frequently convey a sense of the ambivalence of freedom—a space set up especially for children and young people presents the particular spectrum of expression in Ungerer's children's book worlds—the focus in the publications, sketches, and independent groups of works for adults is on the violence, forlornness, and bigotry of people, which is exaggerated in a pointed way—for example, in *Babylon* of 1979 or *Rigor Mortis* of 1983. A passion for experimenting is shown again and again in Ungerer's work. By breaking with the particular time and style, it moves between drawing, collage, and assemblage. Ungerer can thus never be pigeonholed; it always seems as if the sorts of promises or disillusionment that were in the air at the respective point in time are discharged in his works in a fascinating way. In this we find important reference to the holdings of the Falckenberg Collection, which are being presented in parallel with the Ungerer exhibition.

Ungerer's oeuvre was strongly influenced by the political events of his time. During the German occupation in World War II and after its end, he witnessed the reciprocal language prohibitions of the German and French governments in Strasbourg. While growing up in the border region there, he also experienced the loss of cultural and social belonging. In 1956, Ungerer went to New York, where he processed and analyzed the contradictions he encountered in freelance and commissioned works. During this time, he produced, among other things, a series of posters for the *New York Times* and created *The Underground Sketchbook* (1964), with its critical, caricatural depictions of American society. In other poster illustrations, he pilloried everyday racism.

Ungerer's critique of US society and politics—in particular as expressed in his satirical volume of drawings *The Party*—met with little acceptance. This prompted him to move to Canada with his family in 1971. He was, however, also disappointed by political conditions there and increasingly found the social environment to be disillusioning. The morbidity, gradual decline, and gloom with which Ungerer saw himself surrounded in Canada are also reflected in his book *Slow Agony* (1983), among other works. In 1976, he finally moved with his wife, Yvonne Wright, and their children to a farm in Southern Ireland, where he—with a break of several months in Hamburg for his book *Schutzengel der Hölle* (*Hell's Guardian Angels*, 1986)—lived and worked until his death.

The works selected for the catalogue largely run parallel to the chronology in Ungerer's life. The texts by Thérèse Willer, Thomas David, Aria Ungerer, and Belinda Grace Gardner that are interspersed between the groups of works thus move from the artist's childhood to the connection between his works and those in the Falckenberg Collection, which invite the reader-viewer to compare their black humor and irony. While the text by Thérèse Willer deals with Ungerer's early work, which she classifies between that of Saul Steinberg, George Rouault, and the French poster artist Savignac, among others, Thomas David's perspective as Ungerer's biographer is oriented in an episodic way toward the formative years in New York, where he produced works with a wealth of allusions to his American surroundings. Aria Ungerer's contribution in turn gives us an atmospherically concentrated look behind the scenes into the artist's life, introducing us to the making of a gigantic oeuvre that continued to develop unceasingly, while Belinda Grace Gardner refers to the great topicality, presence, and outstanding quality of Tomi Ungerer's works within the context of contemporary art via connections to the Falckenberg Collection. We express our great gratitude to the authors, who shed light on and interpret themes in and backgrounds for Ungerer's works like a large mosaic, based on a biography that hovers between Strasbourg and New York, Nova Scotia, and Cork on the Atlantic coast, as well as his stay in Hamburg in 1984.

The exhibition, which was preceded by a two-year preparation period, was conceived in cooperation with the Tomi Ungerer Estate in Cork and the Musée Tomi Ungerer – Centre international de l'Illustration in Strasbourg. Tomi Ungerer's daughter, Aria Ungerer, who manages the estate and gave us access to her father's archive, was involved in the project from the very beginning. She participated to a substantial extent in all the important curatorial decisions, as did Thérèse Willer, the director of the Ungerer museum, an expert who has in-depth knowledge of Ungerer's oeuvre. Naturally, it would not have been possible to realize the exhibition and the catalogue in such a convincing form without the great trust and tireless engagement of both. These two women were therefore extremely helpful as important dialogue partners in every phase of the project. Our gratitude to them is correspondingly great.

Both the Tomi Ungerer Estate and the Musée Tomi Ungerer made available a large number of important works by the artist from their holdings for the exhibition in Hamburg. At this point, we would also like to give our heartfelt thanks to Yvonne Ungerer, Tomi Ungerer's widow, as well as to Paul Lang, the general director of the museums of the city of Strasbourg, for their enthusiasm, encouragement, and special support for this international cooperation. We also express our great gratitude to both of them for their hospitality during our visits in Strasbourg and Cork. This collaboration once again underscores the cooperative partnership between the two cities over many years. Thanks also go to Herman Baily, the archivist of the estate, who made a considerable contribution in terms of both production technique and advising to enabling this project to be realized successfully. We also express our gratitude to the Galerie Vallois in Paris and the Michael Fuchs Galerie in Berlin for providing important loans for the exhibition in Hamburg. Our heartfelt thanks also go to Percy and Eleonore Adlon for their extraordinary documentary films about their friend Tomi Ungerer, which they made available for the exhibition. We also express special thanks to the Patrons of the Deichtorhallen for their important financial support for the exhibition in Harburg. Gratitude also goes to the Hatje Cantz Verlag, namely Nicola von Velsen and Richard Viktor Hagemann and their team for the excellent collaboration on the creation of the catalogue, as well as to the graphic designers Lena Mozer and Ernst Georg Kühle for the outstanding design.

A great debt of gratitude is also due Harald Falckenberg, cosigner of this foreword, who learned about Ungerer's multilayered artistic personality in 2019 as a result of an obituary by Andreas Platthaus and provided the first fundamental impulse for the exhibition. His interest in this sort of caricature—which sits uneasily between satire and the bitterly earnest with Ungerer, who never bothered with conventions and who acted as a furious yet amused mediator between cultures—was decisive in this.

The exhibition was organized by the Deichtorhallen Hamburg. Particular thanks are therefore due Bert Antonius Kaufmann, the commercial director, who, as always, supervised the ambitious project thoughtfully and superbly. The success of the exhibition is also thanks to the tremendous dedication to the complex preparations for the exhibition by Goesta Diercks, project manager for the Falckenberg Collection, who was centrally involved in all the steps from a curatorial perspective, and the curatorial assistant, Clara Brandt. We also express our warm thanks to Elaine Progscha and Alexa Gieseler for their supportive and careful work in various respects. Last but not least, our very heartfelt gratitude goes to all the members of the teams of both the Falckenberg Collection and the Deichtorhallen Hamburg, for which we representatively name Matthias Schönebäumer and Dominik Nürenberg for the press and public relations work, and Isabel Abele for the cultural education program.

DIRK LUCKOW
General Director of the Deichtorhallen Hamburg

HARALD FALCKENBERG
Collector

THÉRÈSE WILLER

Tomi Ungerer—from Strasbourg to New York

1. Childhood and Youth: 1931–1956[1]

Jean-Thomas "Tomi" Ungerer was born in Strasbourg on November 28, 1931, at a time when Alsace had become French again after forty-seven years of German rule. He was born into a very conservative, bourgeois Alsatian Protestant milieu. On his father's side, the Ungerers belonged to a dynasty of turret clockmakers established in Strasbourg for several generations; on his mother's side, the Esslers were part of a family of Alsatian textile manufacturers. His father, Théodore, who had taken up the family business and made the astronomical clock at the Cathedral of Messina, was a talented writer and draftsman. Tomi's mother, Alice, liked to compose her letters in alexandrines and had a gift for music.[2] The youngest of four children, he was less than four years old when he faced the first tragic event of his life: the death of his father in September 1935 from septicemia. Many years later, he would declare with his customary knack for a well-turned phrase: "I was born with death."[3] In reality, he never recovered from this trauma, and death would become one of his work's major themes. For Alice Ungerer, the death of the head of the household also had economic consequences. In 1936, they were forced to leave Strasbourg[4] and move to Logelbach, an industrial suburb of Colmar.[5] This is where the future illustrator would forge his artistic personality. Tomi had unquestionably inherited his parents' sensibilities in that domain, and he began to draw at a very young age, as early as 1935. These drawings were spared from oblivion thanks to his mother Alice, who carefully collected them. As Tomi Ungerer recounted: "My mother kept everything, and so did I. Nothing was thrown away. Mementos, letters, and documents of all kinds were hoarded..."[6] Today, these constitute an exceptional set of 600 drawings preserved at the Musée Tomi Ungerer in Strasbourg, thanks to the artist's bequest.[7] The drawings testify to the period from 1935 to 1945 and reveal the young boy's earliest influences. Before the 1939 declaration of war, he read *Le Journal de Mickey* as a child, defying the interdiction of his pastor uncle, was opposed to caricatural representations of man.[8] Fascinated by this American cartoon character who was taking European children's literature by storm, Tomi was inspired to make several drawings adapting the character to current events (fig. pp. 13, 56, 133f.).[9] At age nine he became German, like all Alsatians after the occupation of Alsace in 1940. And when the region was annexed to the Reich on June 21, 1941, he was forced to speak German as well. As a student at the Mathias Grünewald Schule in Colmar,[10] his official first name was Hans Thomas or Johann,[11] and his school notebooks testify that the entire curriculum was conducted in German.[12] He was not a very good student, but his teachers recognized his talent for drawing.[13] Throughout these years, the budding artist passionately illustrated the events of his youth, interweaving the day-to-day happenings of his personal life with history. He thus set down and illustrated the various episodes of the war: "*la drôle de guerre* [the "Phoney War"], the German invasion, the Colmar Pocket, the liberation, the liberation from the liberators," as he noted.[14] Scenes of bombardments, military offensives, Gestapo arrests and descriptions of daily life followed one after the other in the coming years.[15] These vivid childhood sketches testify to a precocious sense of observation that partly prefigures the satirical works of his adult years. The German army and occupation are depicted in a heavily caricatural light: the drawings, sometimes inspired by newspaper photographs, are heavily influenced by the books of the Alsatian illustrator Hansi (Jean-Jacques Waltz). The latter had been so critical of the Germans from as early as 1910 that they sentenced him to prison and banned his books.[16] In fact, Hansi's depictions of German soldiers in *L'Histoire d'Alsace racontée aux petits enfants de France et d'Alsace par l'Oncle Hansi*[17] had so marked the young Tomi that upon their arrival in 1940 he was quite surprised to find they looked nothing like the ferocious Huns the elder artist had drawn.[18] The sketch of a German soldier shouldering his pack and carrying off his loot from the war[19] (fig. p. 27) thus resembles line-for-line the figure that Hansi drew during World War I.[20] "Unquestionably, I hated the Germans with fervor, hated the Nazis with abhorrence—look at the pictures," as Tomi Ungerer later recalled.[21] Indeed, at the initiative of Alice Ungerer, his family remained resolutely Francophile despite the various edicts and denunciations, and they spoke exclusively French at home.[22] Young Tomi, for his part, had invented a secret handwriting so he could write what he thought in complete freedom. Despite being out of practice after three years of German schooling, he nevertheless chose to write in French for the journal he kept from May 2, 1943 to February 15, 1944. Set down each day in a school notebook, *Mon Journal* combines everyday life and historical events: the young boy was thus making the antithesis, as it were, of the official *Kriegstagebuch* that Nazi schoolmasters forced their students to keep in class.[23] His handwritten notes were illustrated in the notebook's left margin, sometimes directly within the text in the manner of illuminated manuscripts, to create a chronicle of images. While notebooks would become one of his principal materials in the postwar years, at this time he like drawing on the back of printed paper, particularly bureaucratic forms.[24] Most of the time, he used graphite and colored pencils—and later watercolors—and showed ingenuity in his choice of techniques: for example, he crafted silhouettes (fig. p. 26),[25] in the tradition of a German practice dating from the nineteenth century, employed on occasion by his father Théodore (fig. p. 12).[26] But young Tomi's world was inhabited by many other figures. Like all boys of his time, he liked drawing stories about "cowboys and Indians," whose adventures he read about the books of Karl May.[27] Sometimes he also sketched family members from life, including his uncle Paul Wilsdorf, and was apt to use a caricatural style, rife with humor, when he did so.[28]

It is certain that Tomi Ungerer was profoundly marked by this early period of his life. Like all his peers, he was a victim of the Nazis' highly effective, systematic propaganda. "Tägliche, systematische Indoktrinierung" [Indocrination was daily and systematic.][29] anchored some of its concepts in his life, which demonstrates to a certain extent that the oppressors achieved their goal.[30] At the same time, the war lay at the root of his hatred for all forms of fascism and violence, which he expressed throughout his future works. The children's book *Otto*[31] and the poster *Pig Heil!*[32] each bear equally strong witness to this, even if they have radically different visual registers.

The end of World War II also marked the end of Tomi Ungerer's childhood. The young man had no intention of taking up the family turret-clockmaking business, and this was a tormented period, filled with incertitude. The postwar years were marked by stays in Paris, military service in Algeria, life in Strasbourg, and European travels.[33] His faith in his artistic career was shaken by a brief period at the École Municipale des Arts Décoratifs in Strasbourg and a failed entrance examination to the École des Beaux-Arts in Paris. Nonetheless, he kept drawing, influenced by Existentialism and Surrealism, and repeated the same themes *ad infinitum*. Misery, loneliness, women, and city life recur like leitmotifs in his free drawings from that time, perceptibly influenced by the works of the painter Georges Rouault.[34] Though the works of this period are by no means milestones, they nonetheless have the merit of prefiguring his future subjects. These are the themes that will burst out in his critique of nineteen-sixties society, albeit in a very different visual style. Tomi Ungerer's personality as an artist truly emerged when he began to work in advertising while still a student in Strasbourg around 1953–54. His first striking poster is the one he made for Corona school notebooks on commisson from the Schwindenhammer stationary factory in Alsace.[35] Nevertheless, many other projects from this period, conceived for Alsatian companies like Feyel Foie Gras and Dopff Alsatian Wines, still survive today. In these works, he applies the principles of the French poster artist Raymond Savignac,[36] whom he had discovered during his studies. Savignac notably claimed that an advertising drawing must trigger a visual shock in the viewer through three factors: the absurdity of the theme, the composition of the drawing, and the contrast between a dark background and vivid colors. In the same period, Ungerer frequented the Centre Culturel Américain in Strasbourg, where he struck up friendships with Fulbright scholars, including Nancy White and Burton Pike, and discovered the drawings of Saul Steinberg and *New Yorker* cartoonists like Chas (Charles) Addams and James Thurber. In time, American graphic art would come to have a predominant influence on Tomi Ungerer and leave its mark on his first satirical works.

2. The New York Years: 1956–71

In 1943–44, the young Tomi had drawn up a card game featuring the various figures of the war, among which Hitler appears as "Schwarzer Peter." On one of these cards, the Statue of Liberty rises in the background, like a premonitory image of the artist's departure for New York.[37] Years later, disappointed at not being published, Ungerer did indeed decide to leave Europe and set out for New York. It was thanks to his friend Nancy that he obtained his first residency permit for the United States in 1956. He brought his drawings with him and submitted them, sometimes in vain, to French, German, and English newspapers. And so it was that in 1955, the Munich-based magazine *Simplicissimus* accepted only a single drawing from a series devoted to angels;[38] the magazine *Punch*, meanwhile, did not even acknowledge his inquiries. During this period, his drawings were sketched with pen and India ink in rapid strokes inspired by Steinberg's minimalist line. But they also recall Jean-Jacques Sempé's drawings and more generally evoke the graphic style of the nineteen-fifties. After six months, Ungerer was forced to return to France, but he undertook a number of projects that testify to his continuing interactions with New York. Notably, on a commission from the French branch of the American agency J. Walter Thompson, he drew advertisements for LU biscuits that would be published in *Paris Match* (fig. p. 15).[39] After marrying Nancy White, he settled in New York. Things were certainly difficult in the beginning, but his advertising work for the Burroughs Adding Machine Company, commissioned this time by Dione Guffey, the New York artistic director of J. Walter Thompson, finally kick-started his success. From then on, he elicited the enthusiasm of artistic directors and publishers and tackled all the graphic genres proposed to him: satirical drawings, advertising drawings, children's drawings.[40] Tomi Ungerer's graphic style evolved and blossomed in accordance with each subject, all while nourishing itself from the others. This is how his children's books developed a constant satirical vein that grew increasingly significant from *Mellops* to *Allumette*.[41] The same was the case with his advertising work, which, from the late nineteen-fifties onward, sometimes played devil's advocate to the very products it was supposed to glorify. The subtitle of the collection *Horrible: An Account of the Sad Achievements of Progress*—comprising his collage-drawings for the promotion of American companies—gives an inkling of its contents.[42] The drawings are sometimes not far removed from those of his strictly satirical work, *The Underground Sketchbook* (fig. pp. 71ff.).[43] Profoundly influenced by Steinberg and his invention of "one line drawing," these drawings illustrate the mechanization of society, the power of the army, the travesty of war, and the battle of the sexes in an unflinching portrait of the modern world. But it was with *The Party*, a satire of New York high society, that Ungerer indisputably reached one of the pinnacles of his art. He was well acquainted with the New York scene, to which he had been introduced by his second wife, Miriam Strandquest, and which he observed with a critical eye. He shifted from the small-format paper he had used until that time to larger sheets that lend an altogether different dimension to his India ink drawings (fig. p. 101). To give more bite to his lines, he used an old satirical technique that dates from antiquity, mixing human and animal figures. Even if the combined influences of Otto Dix, George Grosz, and Saul Steinberg[44] (fig. p. 105) are readily recognizable in *The Party*, the individual style Tomi Ungerer forges here is highly personal.[45] He pushes the graphic cruelty quite far and, in the captions inspired by society magazines, twists the names of characters taken from real life in a series of puns, such as "Senator Rockfester" [*sic*].[46] By now, American society as a whole had become his target: *America*, his American last will and testament, depicts the ordinary man or woman in the street along with people of all social classes and faiths without making the least distinction. Tomi Ungerer acts as a sociologist, pointing out each figure's characteristics and weaknesses with the tip of his pen. In parallel with his satirical work, Ungerer also devoted himself to advertising. A *New York Times* publicity campaign plastered the subway with his large-format works, among the most representative of the time. Tomi Ungerer summed up his principle here in a slogan he authored for the New York Lottery—"Expect the Unexpected"—which he established as a rule for all his works. Accordingly, in his 1969 posters promoting the New York nightclub The Electric Circus,[47] he evoked the electrical theme by means of lightbulbs, lamps, and household appliances among men and women in risqué positions (fig. pp. 118f.).[48] The drawing is not in color but is simply executed in black lines, a rare occurrence in a field where color usually plays such an essential role. If his critical vision sometimes caused certain preliminary designs to be abandoned, as in the case of the poster for Stanley Kubrick's *Dr. Strangelove*, his drawings for the press were all the more flagrant. Although caricature was not one of his usual graphic methods, he drew caricatures of two American presidents, Johnson and Nixon.[49] But his protest posters constitute the most brilliant testament to his political stance in the nineteen-sixties. The posters against the Vietnam War and racial segregation even became icons of the genre, alongside the works of Paul Davis, Seymour Chwast, and Milton Glaser (fig. p. 17).

In 1971, perhaps feeling the pressure exerted on him by the FBI for his critical drawings, or simply weary of city life, Ungerer and his new wife Yvonne decided to leave New York and move to Nova Scotia in Canada. Another existence began for him there, far from cities and marked by vast open spaces. A new chapter in Tomi Ungerer's artistic journey opened there as well, with its own copious discoveries and graphic inventions.

1 Cf. the autobiographical text *Tomi: A Childhood under the Nazis* (Boulder/ Dublin/London/Sydney: The Robert Rinehart Publishing Group, 1998), p. 1.
2 For the biographical details about Tomi Ungerer's parents, see *Es war einmal mein Vater*, German edition of *De père en fils* (La Nuée Bleue/DNA, Strasbourg, 2002).
3 See Michel Polac's French television show, "Libre et Change," 1988.
4 In Strasbourg, they lived in the Tivoli district in a house designed by Théodore.
5 Alice Ungerer, whose father had been the technical director of the Haussmann textile factories, was raised in Colmar.
6 Tomi Ungerer, *Die Gedanken sind frei. Meine Kindheit im Elsass* (Zürich: Diogenes, 1993), p. 11.
7 Cf. the exhibition catalogue *L'art de l'enfance. Tomi Ungerer 1935–1953* [dir. Thérèse Willer] (Strasbourg, Editions des Musées de la Ville de Strasbourg, 2017).
8 Young Tomi Ungerer was a student at the École Primaire de Colmar and later at the Lycée Bartholdi.
9 Cf. catalogue, p. 56.
10 This was how the Germans had renamed the Lycée Bartholdi.
11 Ungerer, *Die Gedanken sind frei* (see note 6), p. 48.
12 The notebooks before 1940 show French writing exercises, such as the poem "Vive la France, vive L'Alsace et la Lorraine," illustrated with little figures in folk costumes bearing cockades and the French Tricolor. Cf. Collection Musée Tomi Ungerer – Centre international de l'Illustration, Strasbourg.
13 "Ich war kein guter Schüler, aber ich konnte zeichnen," in Ungerer, *Die Gedanken sind frei* (see note 6), p. 57.
14 Ibid., p. 11.
15 Cf. catalogue, pp. 22, 27, 201.
16 (Colmar, 1873–1951). Was it any coincidence that young Tomi's classmates nicknamed him "Hansi"?
17 Paris, Floury, 1912, p. 5.
18 Ungerer, *Die Gedanken sind frei* (see note 6), p. 37.
19 Cf catalogue, p. 27.
20 Cf. catalogue, p. 12.
21 Ungerer, *Die Gedanken sind frei* (see note 6), p. 57–58.
22 Ibid., p. 83.
23 99.991.21.530, 116-page notebook, May 1943 – March 1944, mixed techniques, 21.9 × 17 cm, Collection of the Musée Tomi Ungerer – Centre international de l'Illustration, Strasbourg.
24 His sister Geneviève had brought him family-allowance forms for recruits from the prefecture where she worked before the war. Cf. catalogue p. 22, *Untitled*, 1940, 99.991.21.519, Collection of the Musée Tomi Ungerer – Centre international de l'Illustration, Strasbourg.
25 Cf. catalogue, p. 22.
26 Cf. catalogue, p. 12, top.
27 Cf. catalogue, p. 25.
28 Cf. catalogue, p. 10.
29 Ungerer, *Die Gedanken sind frei* (see note 6), p. 56.
30 In 1989, two weeks before the fall of the Berlin Wall, during a press conference in East Berlin, Tomi Ungerer provoked a scandal by using Goebbels's infamous slogan "Kraft durch Freude" to explain what the driving principle in his life had been, in reference to his indoctrination during the Nazi period.
31 Cf. catalogue, pp. 197ff.
32 Cf. catalogue, pp. 121.
33 Tomi Ungerer returned to Strasbourg with his mother in 1953 for his studies.
34 Paris, 1871–1958.
35 Collection of the Musée Tomi Ungerer – Centre international de l'Illustration, Strasbourg.
36 Paris, 1907–Trouville-sur-Mer, 2002.
37 99.991.21.508 6), *Untitled*, card game, 1943–1944, pencil on paper, India ink and watercolor on paper, 10 × 6.2 cm, Collection of the Musée Tomi Ungerer – Centre international de l'Illustration, Strasbourg.
38 Numerous variants have been preserved, cf. Collection of the Musée Tomi Ungerer – Centre international de l'Illustration, Strasbourg. Certain drawings were reproduced in the magazine *Yugen: A New Consciousness in Arts and Letters*, n°1 (New York: Troubadour Press, 1958).
39 Collection of the Musée Tomi Ungerer – Centre international de l'Illustration, Strasbourg.
40 Ungerer's New York success was consolidated by his publishing debut in Europe. Daniel Keel, the founder of Diogenes Verlag, published him in the late 1950s in his Diogenes Tabu series.
41 The latter book, and certain others, were published in New York even though Ungerer was already living in Canada.
42 Cf. catalogue, p. 41, *Horrible. An Account of the Sad Achievements of Progress*, New York, AtheneumPublishers, 1960.
43 Cf. catalogue, pp. 71ff.
44 In the case of Steinberg, Ungerer was inspired by the panels "The Americans" for the 1958 Brussel's World's Fair.
45 Cf. catalogue, pp. 101ff.
46 *The Party*, 1966, India ink and India ink wash on paper, 45.8 × 45.6 cm, 77.979.17.304, Collection of the Musée Tomi Ungerer – Centre international de l'Illustration, Strasbourg.
47 The title of the advertising campaign proclaimed it as "The Ultimate Legal Entertainment Experience." Cf. catalogue, pp. 118f.
48 The images provoked heated debate at the time.
49 Cf. catalogue, p. 112.

THOMAS DAVID

"What's up around town?"
Tomi Ungerer and New York—Fragments of an American Dream

In a childhood drawing from 1938, Mickey Mouse carries a bow and arrow. A pistol is stuck in his belt, and his right hand holds a Bowie knife. Despite his cheerful expression and upraised left hand, as if about to wave, Mickey seems bent on conquest. He has spindly legs, and his thin arms also seem stiff and awkward. The words "Vive Mikey et LS FR" are written in block letters in the top corner of the page, and, under the drawing, "Mickey chez Robin des bois" as well as the initials T.U. (fig. p. 56). In November 1938, Tomi Ungerer was seven years old. His father had been dead three years, and he lived with his mother and three older sisters in Logelbach, an industrial suburb of Colmar, when he created the pencil drawing of Mickey Mouse, as the inscription on the bottom edge of the page seems to indicate. In *Tomi: A Childhood Under the Nazis*, a book about his childhood in Alsace, Ungerer also recalls the neighbor's son, who placed an issue of *Le Journal de Mickey*, the French edition of the Mickey Mouse magazine first published in 1934, before his door every Saturday.[1]

"As I already told you: there are two things I need to live: books and the ocean. The Mediterranean would not be acceptable for me, and neither would a lake. It has to be an ocean. At the end of *A Childhood Under the Nazis*, I described how I discovered the ocean for the first time. It was surely one of the most important, perhaps even the most important moment in my life." In the spring of 2014, Tomi Ungerer stood on the rugged land of the Mizen peninsula, in the extreme southwest of Ireland, and looked at the Atlantic. He wore a brown anorak, baggy corduroy trousers, black rubber clogs, and a dark green hat whose wide brim was pulled down low over his forehead because the sunshine hurt his eyes. In his hatband were crow feathers that he had found on a meadow sloping down to the bay. Ungerer's farm was situated roughly two hours by car to the southwest of Cork, on the final meters of Europe, on the outermost promontory extending into the Atlantic. "We have quite rare birds here," he said. "Migratory birds that can't fly any further from here. Since the point where we find ourselves is the last one before America."[2] The Atlantic was deep blue and resembled a flawless mirror extending out to the horizon in the distance.

"I am and am named Hans Ungerer. I will be a wanderer."[3]

A mountain of charred rubble. The ruins of bombed-out houses in which fire is still blazing. A world of debris and ashes. "Then came tanks and soldiers. There was a lot of shooting. I found myself in the middle of a raging battle. Suddenly a soldier saw me and stopped." [4] In *Otto*, a picture book from 1999 about the Nazi dictatorship, World War II, and the trauma of the war that persisted into old age, Tomi Ungerer narrates his autobiography as a teddy bear. The GI who rescues Otto from the rubble and ultimately takes him to America calls to mind the soldiers in drawings of the heated battle for the Colmar bridgehead in February 1945 that the fourteen- or fifteen-year-old boy produced after the war. "Apart from the great material damage, the war claimed roughly 50,000 victims on the Alsace side, including 5,000 Jews, as a result of the compulsory draft, deportations, and the chaos of war."[5] The Camel cigarette handed to Ungerer's sister by a soldier from the hatch of a Sherman tank that came racing toward them over the fields seems, in retrospect, to be an emblematic prop in the final scene of an old film.

"When we came back to the house later on, the Americans were already there. They pushed us up against the wall with their machine guns and behaved like they still do today. We trembled with fear. Then they went through the house and ransacked it. They found old swords from the Battle of Reichshoffen that had belonged to my father. My mother had saved two jars of marmalade for the *libération*, which they also took with them."[6]

"The thing with the ocean then developed further and further. That's why I hitchhiked after the war to Norway and such countries, to Iceland. You know how I worked there with cargo." Ungerer stood on the path leading to the house, supporting himself on his cane. In the spring of 2014, he was eighty-two years old. A clear blue sky, phosphorescent grass, scattered sheep. In the corner of Ungerer's mouth hung a hand-rolled cigarette. "Then I went to America, and in America the ocean was beach. I had a house on Long Island, and there were these big waves. You jump in, then stand for a while, and then the next wave comes, and you jump into it. It was after a huge storm, and I wanted to fly my kite, those monsters that I built back then, and I miscalculated. And, all of a sudden, this big wave came and hurled me back onto the sand, almost unconscious."[7]

Ungerer talked about the American exchange student he enticed to Logelbach after the war. About *The Last Flower*, the parable by the American cartoonist James Thurber, which the girl gave him as a present. "In it, I learned that it is possible to publish an entire book with drawings and text."[8] He talked about the grantees of the Fulbright Program, established in 1946, whom he got to know in 1953 in Strasbourg, where he studied at the École Muncipale des Arts Décoratifs. At the Centre Culturel Américain, the cultural center that was opened after the end of the war as part of the international cultural policy of the United States, he discovered magazines like *Esquire* and *The New Yorker*, and drawings by Saul Steinberg and other cartoonists for the magazine. "They were my guides."[9] He went for walks backwards through the city in a yellow rain jacket, with a red hat and an open green umbrella. He read Salinger and Capote. In his cellar, decorated with existential drawings, he listened to the blues and jazz.

One morning shortly after half past ten, Tomi Ungerer sat at a small table in his apartment in Strasbourg and drew the Mellops. Behind him, the slanting roof windows and the display cases with malachite from Tsumeb, along with other showpieces in his collection of minerals. In the drawers were medallions, postcards, special buttons, his Luger, and a German gas mask; all sorts of different things that he had collected over the decades. White walls, gray wall-to-wall carpeting, furniture of black leather and chrome. A wide range of his own objects and sculptures, including the connected buttocks of two kneeling mannequins. On a wax head, Ungerer's uniform cap from his time as a mounted soldier in the French Saharan troops in Algeria. Bookshelves and a trumpet, his grandfather's globe. Further behind him a grandfather clock with a Schmeisser submachine gun in its case. Next to it a small altar commemorating his mother, who died in 1989. After moving back to Strasbourg from Logelbach, she and Ungerer shared this attic apartment in the nineteen-twenties villa based on designs by his father. On the altar table, a bust of his mother, a photo, a rose with a branch made of barbed wire. In the display cases under the rearward windows of the apartment were naked Barbies and surgical instruments, an old skull drill for trepanations. The artificial, amputated leg that he had bought in a joke shop somewhere in America. A rubber mask with the face of George W. Bush. Ungerer bent over the sketchbook, a pen in his right hand. He said: "I never thought that I would draw this mess again."[10]

"I can draw as well as ever."[11]

With a pen, he drew a black frame on the page. He then reached for a ballpoint pen and drew Mr. Mellops, in tailcoat and striped trousers, his bandaged left arm hanging in a sling. Mrs. Mellops wore a head bandage and leaned on her husband's shoulder. Ungerer said: "I trained myself to draw with one eye; it was very difficult."[12] He drew the outline of the ruins of the house in front of which the pig couple was standing. It was quiet; one heard only his breathing and the ticking of a wristwatch, the sound of the pen skimming over the rough paper. At the age of eighty-two, Ungerer still worked with the oblivious concentration already observed by his friend Burton Pike in the nineteen-fifties.[13] He said: "Back then in New York, I drew the Mellops with a very fine nib pen and India ink, but, with only one eye, I have to feel the paper. I have no sense of depth, and with this pen I can really feel it. A fine nib pen would be too light." He drew Casimir, Isidor, Felix, and Ferdinand, the four sons of Mr. and Mrs. Mellops. He asked: "Hey, what's up with Ferdinand? Does he always have a flower?" Since *The Mellops Go Flying*, Ungerer's first picture book, published in 1957, Ferdinand has always had a flower in his mouth. He said: "I don't know the four guys anymore." Casimir, who is kidnapped by Indians and tied to the stake in the first of the five books about the family of pigs, wears a checkered shirt in all the books. Ungerer drew the flower and the checkered shirt. He said: "It's like a time machine." He drew *Mr. Mellops Builds an Airplane* on the kitchen table in the one-room apartment in the cellar of a building on 71st Street that his friend Nancy White, a former Fulbright student, had rented prior to Ungerer's arrival in New York on February 21, 1956.[14] Ungerer leaned back and looked at the drawing. He said: "If it weren't for the fine nib pen, one would almost swear it's an original from long ago." He reached for a red colored pencil and said: "Now let's have some fun." He drew two bloody holes in Mr. Mellops's right ear and blood on the bandage on his arm. Mrs. Mellops has a bloody eye. Ferdinand is cowering injured on the floor. Casimir is on crutches and has a bloody ear. A bomber flies away over the ruins of the destroyed house. The drawing has nothing to do with the charm and innocence of his first book, in which Ungerer's adventure-seeking little pigs stroll blithely through the Wild West, and the Indians appear outfitted with a tomahawk or bow and arrow as "mythical beings,"[15] whose "historical reality, their oppression, their annihilation" was still unfamiliar to Ungerer's Karl May–reading public in the mid-nineteen-fifties. Ungerer put the colored pencil aside. He said: "Does this look okay on the wall?" Felix has a bandaged head, and blood is flowing from Isidor's mouth. The title of the drawing is *United We Stand*. Ungerer said: "Well, I couldn't live with something like this." The Mellops's dead dog lies in front of them in a pool of blood.

On February 22, 1956, Elvis Presley made it onto the Billboard charts with "Heartbreak Hotel." On February 23, Norma Jeane Mortenson legally changed her name to Marilyn Monroe. Shortly before, in December 1955, the seamstress Rosa Parks had been sentenced to pay a fine because she refused to give up her seat in one of the rows of seats in a bus that was reserved for white passengers, leading the Black citizens of Montgomery, Alabama, to protest racial segregation in February 1956 with a boycott of all municipal buses. On February 29, President Eisenhower announced his candidacy for a second term in office in a televised address from the White House. In the cellar apartment on 71st Street, where Ungerer discovered his passion for canned ravioli, there was "no radio, no record player, and, naturally, no television."[16]

Broadway and the Brooklyn Bridge; the yellow cabs in the canyons between the tall buildings of Manhattan. Scintillating in the eyes of constantly renewing generations, the auspicious iconography of a city that was also a projection screen for Ungerer's longings. The backdrop of fire escapes and water tanks, the lights of the big city. The tailfins of cars staged in numerous movies of the nineteen-fifties, part of the familiar inventory of the American metropolis, whose omnipresent pictorial program Ungerer had to decipher in order to comprehend the reality of this imaginary city, like that of the myth embodied by Uncle Sam and the Statue of Liberty and the fabled symbolism of the dollar bill.

"I went to a hospital, they put me in a bed. Before being examined by a doctor there came a lady with a distinct twang: 'Give me the name of your bank, the number of your account, and your social security number.' My answer was bare and misbegotten: 'I have none, I have no money!' She snapped like a turtle: 'In that case, get out of this bed and go back where you came from!'"[17]

"Even though there was no television back then, there were fifty times as many magazines. All the advertisements ran in magazines, almost fifty percent of which consisted of illustrations. It was the golden age of illustrators."[18] Photos from that time show Ungerer in wrinkled shirts, sleeveless pullovers, and suits or tweed jackets. For visitors, he sometimes had "more similarities with a student of physics, chemistry, or theology ... than with a bohemian."[19] He first grew the goatee that one sees in later photos in 1960. "The first art director with whom I had a meeting was Jerome Snyder at *Sports Illustrated*. He bought a couple of cartoons and then immediately called his wife. She was the art director of *Charm Magazine*." Ungerer had already learned English under the Nazis. "He said: 'Listen, there's this young French artist here. Could you come and see him? You should look at his work, I think he is pretty gold.' Then I sold my first collage." He produced his first advertising campaign for Burroughs adding machines in 1956. "Then Jerome Snyder also sent me to Henry Wolf at *Esquire*. These people were so nice. They called other people every time and things continued from one name to the other." From *Esquire* to *Look* and *Life*, to *Holiday*, *Harper's Bazaar*, and the *New York Times*. From Nancy White, with whom Ungerer entered into a marriage of convenience in September 1956, enabling him to stay in the United States after his visitor's visa expired, to Miriam Strandquest, whom he married in 1959. From *Crictor*, a picture book about a snake, to *Adelaide*, the flying kangaroo, and *Emile*, the helpful octopus. "One door opened another and then there was such a draft you could fly like a kite in it."

New York, one grand collage. A bustling assemblage of stone and steel and glass. The sky above a cutout silhouette of the skyline, the streets a play of light and shadow. The Chrysler Building with its décor in the form of hubcaps and engine hoods. The Empire State Building, cut off halfway up by the umbrella of a pedestrian blocking the view. The display windows of Tiffany's, whose decorations are overlaid by the reflections of cars and passersby. A collaged coexistence of colors and shapes, a world of surprising pictures that is assembled anew at every turn. "If the New York artists were first and foremost dialecticians—instinctive students of histories of styles, which they spliced and diced, accepted and rejected—who can wonder that collage itself and the image of New York as a grand collage were so dear to their hearts?"[20] Lee Krasner, Paul Rand, Jasper Johns. Joseph Cornell, who had already roamed through Manhattan a generation before Ungerer and collected materials for the collages and boxed assemblages he began creating in 1931. Ungerer foraged in junkshops and secondhand bookshops, salvaged well-thumbed issues of a "nudist" magazine from a neighbor's garbage bin. Found objects, broken pieces, fragments. A hodgepodge of things containing the cryptic poetry of the present. Brochures, newspapers, colorful posters; a catalogue picture of a crystal chandelier that Ungerer collaged onto the portrait of a Napoleonic general, his chest decorated with medals. "America is the place where the old world shipwrecked. Flea markets and garage sales cover the land. Here's everything the immigrants carried in their suitcases and bundles to these shores and their descendants threw out with the trash."[21] In his Victorian phase, Ungerer scoured the antique shops of New Collage City for furniture for his home on Commerce Street.

"Disgust has become almost a guiding principle in my life. Uncertainty, exasperation, resentment—it's all fuel. But disgust is like the yeast that makes the other things rise."[22]

"The daily newspapers, then, fill us with wonder and awe (Is it possible? Is it happening?), also with sickness and despair," as Philip Roth, a friend of Ungerer's, wrote at the end of the nineteen-fifties about the reality of America, which had just emerged from the McCarthy era and was darkened by the machines of mass destruction mobilized for the Cold War. "The fixes, the scandals, the insanity, the idiocy, the piety, the lies, the noise ..."[23] Ungerer, who had escaped to the Promised Land of his American liberators, was distraught by the war; he did not even have to read a newspaper to recognize the sordidness mixed with the pure colors of the "innocence," "bravery," and "fairness" of the Star-Spangled Banner. Ungerer was streetwise, a man of the streets, who was dazzled as little by the expensive luster of Madison Avenue, where he earned his money, as by the cheap glitter of 42nd Street, that strip of pornography and prostitutes near Broadway, where his studio was eventually located. As a wanderer in a foreign land, his itinerary ranged from the sordid pulp and noir of the city, its "dime-novel exterior,"[24] as Marianne Moore writes in her poem "New York," to the Xanadu of Long Island, where he had a stately pleasure palace all to himself for a time and where he rode the waves of the sexual revolution, to the ghastly soirees of New York high society, which he attended for the express purpose of unmasking the darkness of the beautiful and the damned like an awkward and unwelcome party guest.

"This chair was the first piece of furniture that I bought with my first money in New York. It's broken, the cushion is tattered, but it's part of me, you see? Look how solid and erotic it is."[25]

Ungerer described himself as having no politics, no religion, no faith: as a born outsider, as an outlaw blessed with a stubborn sense of justice, who moved through the jazz of the streets and collected experiences where he found them, he had a keen eye for the relentless materialism that he encountered on the streets of New York. For the hypocrisy of an infantile culture of consumption, the inhumane exceptionalism of white supremacy, the latent violence and silent tragedy of law and order. For all the political and social clutter, for the historical refuse piled up by generations, which he found next to the cast-off televisions and junked cars, the cola bottles and condoms, the slot machines and prostheses on the side of the street; in front of the display windows and billboards that lined his way through the moral "waste land" of his American utopia; in the diners, workshops, and junkshops in whose sanctified trash he read the signs of the times. "Come senators, congressmen/Please heed the call/Don't stand in the doorway/Don't block up the hall":[26] In the 1961 still life of a discarded senator of the old school, wrapped in the Stars and Stripes in the display window of an antique shop, Ungerer celebrates a farewell to the old order three years before Bob Dylan: "For the times they are a-changin'."

"And take a look at these pencils. I still have them from New York. You can't find them here."[27] In October 2010, Tomi Ungerer stood in his studio in Ireland next to a tall Shannon filing cabinet with several dozen drawers. Cigarette smoke obscured the light, and the wind whistled outside. "I still have my old clothes, still have the duffel coat I wore when I was young. My old nib pens. I still have the acrylic paints that I bought in New York. They are still loyal to me, and I've been using them for fifty years." He was wearing a black sweater, black work trousers, and nearly knee-high boots. On a workbench lay folders of newspaper clippings and photocopies, long scissors. A vast number of body parts copied in amorphous shapes and cut out, which he needed for the collages he was working on at the time. Naked legs in high heels, a color copy of a Marlboro cowboy. Photos from a sixty-five-year-old edition of the *New York Times*. "So, I had this guy as a neighbor who bought nudist and other such adventure magazines, which I always pulled out of the trash after he threw them away. I started collecting magazines back then. I still have the whole *Police Gazette* from the years of Al Capone."

"The way I judge painting is very simple. Would I have this picture in my apartment on the wall? I would give *anything* for a Rothko, and I loved Jasper Johns. For me, Pop Art was a big joke. As a fan of Duchamp, I could only marvel at Warhol, but I couldn't live with a Lichtenstein. Does one need talent for a Lichtenstein? Or even for a Rothko? In one week, I can make you twenty pieces."[28]

In November 1964, the stand-up comedian Lenny Bruce was arrested for obscenity in a club in Greenwich Village and sentenced to four months of detention in a workhouse. In February 1965, President Johnson celebrated the start of the Rolling

Thunder Revue in America by bombing North Vietnam. In *The Moon Man*, a picture book published in 1966, Ungerer tells of an alien whose search for freedom and pursuit of happiness quickly lands him in jail. "Nobody ever saw [*Moon Man*] as a parable of life as a problem of the individual on Earth, as a parable of how it is to be different on Earth. Because if you were different, you were an anarchist, you were a commie during the McCarthy years, and they put you in jail."[29] In *The Moon Man*, the strange visitor escapes through the bars by losing weight, waning until he is a slender sickle. "If you know Moon Man, the only thing you can do is get out of there and go back where you came from. And that is exactly what he did." The Moon Man has never set foot on earth again since then. "That is *my* story."

"'Look at this fucking idiot, he is flying kites! What is he? A child?' I was almost reported because of my kite. 'Look at this Frenchy flying his kites!'"[30]

The early picture of Mickey Mouse in a display case with children's drawings. In another part of the exhibition at the Drawing Center New York, there are drawings from Ungerer's 1979 book *Babylon*, another drawing of Mickey Mouse, whose iconic figure over time became the prophet of an apocalyptic consumer society for Ungerer, hanging on a cross and receiving the prayers of a kneeling girl.

"'How much did you pay? How much did you earn?' Everything is 'in gold we trust.' America is the land of mammon. I became so famous. Because I was able to sell my things well."[31]

On one of the walls, *Black Power/White Power* (fig. p. 117), the poster in the form of a playing card with which Ungerer took a stand against the cannibalism of racial segregation in 1967. *Choice Not Chance* and *Give* (fig. pp. 115), two of the posters he designed the same year in protest against the Vietnam War. *Eat* (fig. pp. 116), the poster that also adorned the catalogue for an exhibition at a gallery on Wooster Street specialized in drawing, makes the Statue of Liberty into a triumphal symbol of American imperialism, which is being shoved down the throat of a defenseless Vietnamese by a powerful white hand.

"One time I had an exhibition with oil paintings and sculptures but didn't sell a single piece. Castelli, Andy Warhol's gallerist, said to me: 'Tomi, if you don't go along with the fashion, you don't have a chance.'"[32]

"I was a good friend of John Gruen, a famous art critic, who came to my studio on 42nd Street. He said: 'Tomi, if I wrote about you, I would lose my reputation.'"[33]

Drawings of the Mellops, the Three Robbers, and the Moon Man. Advertising posters designed for the *New York Times* and the *Village Voice*. The biting satire of the *Underground Sketchbook*, which was published in 1964; the fairy-tale-like romanticism of *The Great Song Book*. Pictures from *The Party*, created in 1966, which were inspired by loathing and disgust for the high society of Long Island, and which seem to cast a spell on visitors to the exhibition at the Drawing Center, as do the melancholy pictures from the nineteen-eighties for the book *Slow Agony*, which recall the realism of the photographs of Walker Evans or the paintings of Andrew Wyeth. In this book, Ungerer looks back at the death of a fishing village in Nova Scotia, to which he was drawn in the spring of 1971. Someone said to his female companion: "It's so alive."[34]

"Castelli said: 'You make children's books, illustrations, and so on. That doesn't work here.' America is a country of specialists; you can only do one thing."[35]

Ungerer's erotic drawings hung in an alcove. Various studies from 1968 onwards of the daughter of a friend, who offered herself to Ungerer as a slave. *Die Kleine hängt im Atelier* (The little one's hanging in the studio), a portrait of the young woman with a collar and a leash. Next to it a series of cold, austere pages from 1969's *Fornicon*, in which Ungerer violates long-since eroded social taboos as well as the unwritten law forbidding an illustrator of children's books from depicting a masked woman in bondage gear riding on a huge mechanical phallus steered by a naked man. When Ungerer arrived at the Drawing Center at 6:30 p.m., the public was already crowded around his pictures.

"To put things clearly—when I left the US in 1970 it was a point of no return, having developed a severe case of allergy for a continent populated by SS—(savages and specialists)."[36]

Ungerer sat on a black office chair, his cane in his hand. Around him a throng of people photographing him with their smartphones or waiting to have a book signed. Hipsters of all generations, millennials, parents and their children. Friends and acquaintances from long ago; friends from Europe who had traveled to the opening of the retrospective *All in One*. Ungerer's daughter Aria, who was trying to control the people thronging around her father. Somewhere on the edge of the crowd his wife, Yvonne, whom he had met in the spring of 1970 and with whom he began a new life in the solitude of Nova Scotia the following year. A poltergeist had lived in his last house in New York. Ungerer shook hands, his white shock of hair gleaming in the light. On the wall behind him *Pig Heil!* (fig. p. 121), a poster designed in 1994 in protest against the burgeoning neo-fascism.

Next to it the drawing of the crucified Statue of Liberty, produced only a week before, right after the terrorist attack on the editorial office of the French satirical magazine *Charlie Hebdo*. In the *New Yorker*, an almost full-page illustration from Ungerer's picture book *The Three Robbers*. They are wearing big, black coats and tall, black hats, and standing in front of a chest full of gold. In January 2015, Ungerer was the talk of the town in New York.

1 Tomi Ungerer, *Tomi: A Childhood Under the Nazis* (Niwot, Colorado: The Roberts Rinehart Publishing Group, 1998), p. 17.
2 Tomi Ungerer in conversation with the author, Three Castle Head, May 23, 2014. See also Thomas David, "Das irische Panoptikum des Tomi Ungerer," in *mare—die Zeitschrift der Meere* 112 (October/November 2015), pp. 80–90.
3 Tomi Ungerer, January 27, 1943, Cahier de Calligraphie, Corona, Matthias-Grünewald-Schule Colmar (from the archive of the Musée Tomi Ungerer, Strasbourg, copy in the archive of the author).
4 Tomi Ungerer, *Otto: The Autobiography of a Teddy Bear* (London and New York: Phaidon, 2010), p. 14.
5 Bernard Wittmann, *Die Geschichte des Elsass. Eine Innenansicht* (Kehl: Morstadt, 2009), p. 281.
6 Tomi Ungerer in conversation with the author, Münstertal/Black Forest, October 8, 2013.
7 Tomi Ungerer in conversation with the author, May 23, 2014.
8 Tomi Ungerer in conversation with the author, Zurich, November 9, 2013.
9 Ibid.
10 Tomi Ungerer in conversation with the author, Strasbourg, January 15, 2014.
11 Tomi Ungerer in conversation with the author, Strasbourg, January 14, 2014.
12 Tomi Ungerer in conversation with the author, Strasbourg, January 15, 2015.
13 Burton Pike in conversation with the author, New York, February 8, 2014.
14 Nancy Dennis, *Tomi—Early On: Pages from a Fifties Memory Book*, 2011, p. 30 (from the archive of the Musée Tomi Ungerer, Strasbourg, copy in the archive of the author).
15 Tomi Ungerer cited in Burton Pike, "Tomi Ungerer in the City," *Les années new-yorkaises, 1956–1971:* Édition *bilingue français/anglais* (Strasbourg: Edition Association, 2002), p. 147.
16 Dennis, *Tomi—Early On*, p. 29.
17 Tomi Ungerer, "USA," unpublished manuscript, 2013, p. 7 (copy in the archive of the author).
18 Tomi Ungerer in conversation with the author, Zurich, November 10, 2013.
19 Hans Pflug, "Tomi Ungerer," in *Graphis*, no. 82 (Zurich: The Graphis Press, 1959), p. 104.
20 Jed Perl, *New Art City: Manhattan at Mid-Century* (New York: Vintage Books, 2007), p. 281.
21 Charles Simic, *Dime-Store Alchemy: The Art of Joseph Cornell* (New York: NYRB, 1992), p. 18.
22 Tomi Ungerer in conversation with the author, Münstertal/Black Forest, October 9, 2013.
23 Philip Roth, "Writing American Fiction," in idem, *Reading Myself and Others* (New York: Farrar, Straus and Giroux, 1975), pp. 117–35, esp. p. 121.
24 Marianne Moore, New York, in idem, *The Complete Poems of Marianne Moore* (New York: ##, 1981), p. 54.
25 Tomi Ungerer in conversation with the author, Three Castle Head, October 25, 2010. See also Thomas David, "Es gibt was Neues hier seit gestern," in *du – das Kulturmagazin* 812 (December 2010), pp. 20–36.
26 Bob Dylan, "The Times They Are A-Changin'," in idem, *The Lyrics 1961–2012* (New York: Simon & Schuster, 2016), p. 81.
27 Tomi Ungerer in conversation with the author, Three Castle Head, October 25, 2010.
28 Tomi Ungerer in conversation with the author, Münstertal/Black Forest, October 10, 2013.
29 Tomi Ungerer cited in Michael Patrick Hearn, "Expecting the Unexpected with Tomi Ungerer and His Children's Books," in *Tomi Ungerer. Les années new-yorkaises*, p. 120.
30 Tomi Ungerer in conversation with the author, Zurich, November 10, 2013.
31 Tomi Ungerer in conversation with the author, Zurich, November 11, 2013.
32 Tomi Ungerer in conversation with the author, Zurich, November 10, 2013.
33 Ibid.
34 Author's notes, New York, January 15, 2015.
35 Tomi Ungerer in conversation with the author, Münstertal/Black Forest, October 10, 2013.
36 Tomi Ungerer in a letter to Roger Straus, undated (Grove Press Records, Syracuse University Libraries, copy in the archive of the author).

ARIA UNGERER

Tomi's Studio—
A Breeding Ground for Ideas

THE STUDIO

Ever since I can remember, Tomi wielded a pair of scissors or a knife in the same way as a pencil—as a tool to imagine, or re-imagine the world, and as a means not just of placing something where previously there was nothing—the blank page, the empty wine glass, the unoccupied room—but also as a means of asking the viewer or friend or family member to embark on a voyage of the imagination with him. On this voyage, there was seldom a compass or map; every step of the way consisted of an open-ended discovery—you could be walking along a road and have to stop twenty-five times to examine a variety of leaves, roots, stones. Simply travelling directly from A to B was not an option. If you looked at something with Tomi, it was like standing in front of a portal, on the other side of which everything was more colorful, illuminated, nebulous, and wacky—it was simply a starting point for the mind to go somewhere else. I think of Tomi crossing a threshold into another realm each time he was confronted by a piece of blank paper. In person and through his work, Tomi insisted on showing us new and different ways of looking at the world—both on a macrocosmic and a microcosmic scale. Be it a political system or the stamen of a flower, an ideology or the wings of a dead fly, his work shows us time and again that there are myriad angles and distorted lenses through which to look at everything.

Tomi had a natural affinity for transformation or metamorphosis. This is clear across many aspects of his life—not just his life as an artist. For example, there was Tomi's skill as a butcher: on arrival in Ireland, he discovered that the local cuts of meat did not comply with his Frenchman's tastes and preferences, so he learned to parse a pig or sheep or cow's carcass into the cuts that Larousse so carefully diagrammed, and whose instructions Tomi followed to the letter. It turns out that even an animal carcass has different ways of being ordered according to cultural preferences—this expression of relativity certainly tickled Tomi! When I was a child, he taught me to soak wine bottles so that their labels might be ever so gently removed and pasted into a scrapbook. There was the pressing of flowers, the cutting up of doilies to make skirts for my dolls, and later, to my disgust, the fashioning of black trash bags into outfits for my Barbies. (Tomi hated Barbies with a vengeance, so to be honest, it is fitting that he wanted to dress them in trash bags.) I learned early that while everything starts out with one seeming purpose, that purpose is easily transformed through a variety of interventions into something entirely different. Of course, to a child this makes total sense, as the imagination has not yet been tainted by so-called logic or constrained by societal systems, and in many ways, it was the nurturing of that childlike mind that enabled Tomi to create such a diverse body of work as an artist.

Tomi's studio was an ever-evolving testament to these diverse interests and to the polar forces of order and chaos. Just as the ouroboros was a recurring motif in Tomi's work, the best-known example being his *Black Power / White Power* poster, the studio itself was like a living, breathing autophagist—devouring itself and then starting over—in an endless cycle of digestion, or indigestion as the case may be. Like a multidimensional collage, Tomi's studio was brimful of layers of found objects, books, paper, art materials, curiosities, and so on, that were constantly being moved around in an effort to create the illusion of more space. The studio was a constantly evolving expression of Tomi's current state of mind and fascinations, almost a living organism. An array of objects entered as raw materials, only to be replaced, recontextualized, transformed; broken things arrived for rehabilitation. If Tomi could find a way to bring life back into something discarded or crumpled or smashed, he would—anything to avoid throwing stuff away!

Tomi's Dadaesque worldview—satirical, absurdist, provocative—could come across as chaotic, and yes, there was chaos, but Tomi craved order. His studio is a tribute to systems and taxonomies, full of classified and labelled drawers, files, and boxes. In order for him to connect the dots of abstract thinking necessary for his work, the dots of consensus reality first needed to be defined. He often referred to his studio as ordered chaos and was always terrified of it becoming messy. It was often teetering on the brink of becoming so, and in those moments, you could feel his panic levels rising. In a way, this compulsion to have an ordered and tidy space was always going to be something of a losing battle for Tomi. He was such an avid collector of things—toys, books, knickknacks. The only way to live with them was to process them, to give them a new purpose.

I am always fascinated by early photographs of Tomi's studio in Ireland, a rather sparse and open room, with its handmade desks and shelves, reminiscent of photographs I have seen of Donald Judd's homes. It seems that Tomi started living and working in quite a minimalist space. But as the years went by, objects, the collections of toys and books and bits of random stuff, accumulated more and more—the expression of a mind overrun by ideas. This regularly necessitated finding or creating new places to store things. Sometimes it meant giving whole collections away—such as, for example, his extensive library and incredible toy collection, gifted to the city of Strasbourg. He was constantly running out of space! Friends and fans would show up quite regularly, eager to please, bringing all kinds of junkshop finds and weird objects, knowing that these would put a smile on Tomi's face. With age, the space kept filling and filling, a shrine not just to his artistic endeavors and fascinations, but to his friendships too. Like the Atlantic currents outside the window where he sat down each day to work, the space swelled and emptied, but the tide always seemed to be incoming. The vacuum of empty space must be filled. Just as the mockery of a blank page of paper compelled him to fill it.

COLLAGE

In his later years, Tomi largely abandoned the drawn element in his work, focusing instead on the ways in which he could use the photocopier to manipulate and reconfigure photographic images to build collages. These were sourced from magazines and newspapers, some of which he had been collecting since the nineteen-fifties and -sixties: American funeral magazines, old Sears, Roebuck and Co. catalogues, postcards, doilies of course, and photos taken by Tomi himself.

The inclusion of cutouts in his drawings dates all the way back to his earliest work; it was a technique that he dipped in and out of throughout his artistic career and used to create books like *Horrible* and *Schnipp Schnapp*. Most of these earlier cutout works are in fact collage/drawing hybrids. His instinct to subvert the purely photographic image also dated back to the beginning of his career—in 1966 he self-published a book of photographs of Adolf Hitler with children, accompanied by a text by Curzio Malaparte—the book was called *Nicht Wahr? (Isn't It So?)*. In the preface, Tomi writes:

> The pictures in this book stem from propaganda booklets widely distributed during the occupation. The narratives by Curzio Malaparte are from his book *Kaputt*. They depict the horror of those years as well as the German state of mind. From smiling children to torturers ... the question remains: Can we turn into assassins provided we are given proper training and faith to put into practice?

For my generation in the West, the question he asks has become a largely intellectual one but for Tomi, it was both personal and political—he had grown up under Nazi occupation and experienced institutionalized brainwashing at school every day. With age, I think Tomi's skin became thinner, and making collage was how he felt best able to comment on what he perceived as the absurdity all around him. He saw the world as increasingly living up to his low expectations—climate change, mass farming practices, environmental ruin, endless wars, mass movements of refugees seemingly never welcome anywhere, the blanket razing of natural habitats and wiping out of entire species—all of these things upset Tomi enormously. He had spent a lifetime fighting for many causes, but often spoke of how futile it was in the face of "man's inhumanity to man." Nevertheless, he kept trying to do his bit while frequently encouraging younger artists to take up the activist mantle.

Tomi's late-life collages for the most part include very few drawn elements and where they do appear, they are often only visible when seen close up. These collages often appear simple insofar as the finished piece can be quite minimal, but having watched Tomi spending hours, days, sometimes weeks laboring over a single piece—I can attest to their complexity. In some ways, these late collages are a culmination of a life's work chasing lines (of text and drawings), playing around with layouts to create graphic and commercial art, and the practice of a draftsman who spent his life studying and drawing tiny details, such as machine mechanisms, plants, anatomy. The often time-consuming processes of his collage-making put him in a different state of mind. Gone was the fast gesture of moving pencil or ink across the page, the instant gratification of a drawing made in quick anger or delight, the brief moments of mirth that had to be expressed as quickly as possible. His eyesight, due to macular degeneration, was not as it once was, and this also played a part in his turn from drawing to collage. On a bad day, when his eyes were bothering him, he could still cut pages of magazines or work on the photocopier. Thus would begin a generally long process of moving things around on paper—modifying their scale, their relationship to each other, making changes to the original source material by drawing over them or recutting. This use of time rendered Tomi more thoughtful about the works he was making, more intentional, more introspective about himself and his life. I think that he was in fact changed by the making of them.

While Tomi's drawing technique was very often very fast—like a reflex travelling from gut to hand, following a single line to its conclusion—in later years, we can see that his drawing technique became in many instances more time consuming and detail oriented. Where previously he often drew the same thing over and over until he was satisfied with it, in later years we see fewer variations of the same drawing and more preparatory drawings and studies culminating in a single finished piece. This is evident, for example, in the drawings for *Fog Island* (*Der Nebelmann*, 2012) and *Nonstop*. I wonder whether this change in his drawing process was linked to the lengthening of time that was very much part of his collage-making practice. It is interesting to me that as he reached the last decade of his life, knowing of course that his time on this planet was shortening, he turned to methods of working that took more time, required him to "stay" with a work longer. It was as if he was both hurtling towards the finish line and also taking as long as he could to get there.

IDEAS

Tomi never really knew where his ideas or inspiration came from, and this meant that he often made work that seemed to surprise him, delight him, make him laugh, make him cry—almost as if it had been created by someone else. For example, when working on illustrations for Jossel Rakover's book about the Warsaw Ghetto, *Zwi Kolitz*, the walls of the studio were covered in photographs of the Shoah. And some of them were never taken down. I sometimes think of how much courage must have gone into working this way—facing head on what so many wish to turn away from. In this case, the result was a series of delicate, haunting, and poetic drawings. Tomi felt a moral obligation to feel the pain of his generation, to face it, to try and turn it into something that could be useful, could provide hope, even if he professed to be anti-hope. He told me once that he cried every day working on that book. Similarly, in the case of *Fog Island*, he did extensive research on the landscape, traditions, flora, fauna, and history of the Blasket Islands, and again, he surrounded himself with reference photographs, allowing these to speak to him as he shaped the story of Finn and Cara and the Fog Man. After many years spending minimal amounts of time in Ireland, Fog Island coincided with a spiritual return, and is as much an ode to contemporary Ireland as it is to an often-romanticized, bygone era. Tomi often said that he did not allow himself sentimentality, but every now and again, it is clear that he didn't quite manage to avoid it! Once I came into the studio and he showed me, with tears in his eyes, his latest collage, about a Palestinian refugee that had been killed: "This is the saddest thing I've ever seen," he said, looking for encouragement—"isn't it?"

Tomi often worked in a manic way—when infiltrated or possessed by a project or idea, he became unable to stop—fueled by caffeine, cheap wine, endless cigarettes, he easily worked fourteen hour a day. This might sound like a cliché, but in Tomi this was just a natural extension of his way of being—he became completely wrapped up in something to the exclusion of all else and then, BAM! Finished! At that point he would collapse. And eventually reemerge fidgety, until he was carried away by the next obsession or project. As always, his studio reflected these frenzies.

Now Tomi's studio remains almost frozen in time, as he left it, mid-sentence. Sometimes I sit at his desk to work, look out the window at the sea beyond, always the same and yet always changing. The echoes of "*Merde!*" and "Look at this!" still rebounding in the silent space. I think of the many thousands of hours he spent here, his mind never resting, his hands only ever trying to keep up. It is official—the artist has left the building. But he has left it full.

BELINDA GRACE GARDNER

Crossing Paths in an Absurd World—Tomi Ungerer at the Falckenberg Collection

Early on, Tomi Ungerer chose to be a wanderer as a state of existence.[1] With his fractured Alsatian identity—never quite German, never quite French—he was already vagabonding between different poles: a habitually homeless traverser of cultures, continents, and genres, covering an extensive field of aesthetic experimentation, where illustrations for children's books, satirical (ink) drawings, political posters, explicit erotic series, and the large-scale collages of his later years thrived with equal vigor. The experience of being a perpetual outsider manifests itself in his entire work, not least in his books for children, with their often self-willed and unruly protagonists. "The heroes of my children's books are all nonconformists. There is always someone who isn't like the others and has to fight for his success. I created children's books about all these hated animals, be it an octopus, or a bat, or a snake . . . ."[2] His focus on the "hated animals," who are nonetheless likable in his portrayals of them, arises from a preference for the underdogs and outcasts who, like him, fall through all the cracks.

The artist's wanderings proceeded in meandering deviations, virtuoso sideways moves, and his own unique variations of the aimless roaming[3] practiced by the Situationists to open up new axes of vision and action in Paris and elsewhere. He was drawn to the roads less travelled, on which obstacles must be overcome. In Ungerer's words: "You have to be able to fight for something in your life. And in general I prefer a barricade in life to a traffic jam on the highway."[4] As an aesthetic convention- and barricade-breaker, he refused to be harnessed by any ideology. Already as a schoolboy in Colmar during the Nazi era and the French occupation, he ridiculed the ruling powers. Due to his "activism," the school authorities eventually declared him to have "a willfully perverse and subversive character."[5] This was a departure into a broader kind of troublemaking, which aesthetically unfolded from the first major destination of his career as an artist, New York City, to the remoteness of Nova Scotia, Canada, and finally to Cork in Ireland, where, along with Strasbourg, Ungerer found a longer-term home base from 1976 to his death in 2019.

Culture-critical Swerves and Sidesteps

This "subversive character," which defies dubious doctrines and draws creative energies from the violation of rules and an elemental resistance, connects Ungerer with the protagonists in Harald Falckenberg's collection of "rebellious postwar art,"[6] whom he is now encountering for the first time in Hamburg. Even if his paths did not directly collide with their routes, the dialogue of his works with pieces from the collection reveals an intellectual intersection of contexts and contents in the pendular movements between Europe and the United States, and the culture-critical swerves and sidesteps of all involved. Although they embark on the offensive as artists from different vantage points, they all operate from a position of resistance that follows autonomous trajectories.

In 1956, Ungerer, a lover of jazz and literature, arrived in the transcultural melting pot New York with light luggage—after a war-occupied youth in Alsace determined by border demarcations, it offered the prospect of the greatest possible latitude and mental spaciousness: "Back then, there was no prohibition against thinking in this free city."[7] He had rapid success with his children's books, and likewise with his drawings as a commercial artist in the field of advertising, and as a cartoonist for *Esquire*, *Harper's Bazaar*, *The New York Times*, and *The Village Voice*. Yet the metropolis of free spirits also had its downsides. As in US society in general, the promise of boundless opportunities certainly did not apply to everyone. In the nineteen-sixties, countercultures to the prevalent Western capitalist system emerged everywhere. In the United States, the civil rights and peace movements ignited mass protests against racism, the Vietnam War, and the dominance of consumerism. Between the West and East Coasts, art reached a boiling point as well, increasingly intervening in politics and societal matters, while youth revolts in Europe assembled to overturn the archconservative state powers.

In the nineteen-sixties, Ungerer likewise mobilized to fight against repression and discrimination, without affiliating himself with any particular scene. His weapon was the drawing pen, which he employed for sharp-edged exposure, radical wit, and grotesque exaggeration. He created powerful posters that took aim against the Vietnam War, racism, and suppression. Thus, for instance, he let gifts rain down along with projectiles from a bomber plane under the heading: "GIVE." Or he depicted the Statue of Liberty being turned into a weapon and rammed into the open mouth of a defenseless victim: "EAT (fig. p. 115f.)." With his posters in particular, the artist sought to reach thpe audience with just a few, targeted strokes: "Your impact has to be like a fist punch. Bang—and you can't get it out of your head."[8] This concern with edifying the audience distinguishes him decisively from the simultaneously active US pop artists. Ungerer is not interested in an appropriation of the formal aesthetics and a noncommittal reflection of the colorful world of commodities, but rather in the formulation of a unique pictorial language that brings acute societal problems to the viewer's attention in a concise gesture.

Sex Automats in Action

Due to their forceful shock effect, a number of his images were rejected by clients. This, however, only encouraged Ungerer to take his drawings a step further. He also satirically skewered the decadence and hypocrisy of New York society, as condensed in his 1966 series of drawings, *The Party*. Here, the "bonfire of the vanities," captured in words by his writer friend Tom Wolfe in the 1987 novel of the same name, flares forth in flashes of darkest humor. After the publication of his provocatively satirical volume of drawings, *Fornicon*, in 1969, the establishment, which earlier on had enthusiastically celebrated him, abruptly dropped Ungerer.[9] In this series, the artist duly depicts the cynical mechanization of sexuality in drastic images and is thus disavowed as a pornographer. In fact, in *Fornicon*, Ungerer, who perceived himself as part of the "sexual revolution," was concerned with the "clinical aspect" of sexuality. "It was a rebellion against a mechanization of our lives, not only of sex. We live in a world that's completely ruled by machines."[10]

The crassly comical compilation of machine-like sex creatures in action, which succinctly highlights the dehumanization and industrialization of eroticism, was banned in England. In the United States, all of Ungerer's books were immediately banished from all libraries. The FBI already had an eye on the artist as well. The bigotry of a society that camouflages its ingrained puritanism and its rejection of the other behind the appearance of openness fueled a long-term uprising in the realm of art, which, after its first climaxes in the nineteen-sixties and -seventies, continues to this day. Disappointed by the narrow-mindedness of his adopted country, Ungerer and his wife Yvonne temporarily retreated to the melancholy solitude of Novia Scotia on Canada's east coast, where industrial decline had left behind fallow areas and dropouts: a region of economic decay and no-future stagnation that was not particularly ideal as a refuge.

Here, in addition to Dadaesque assemblages of driftwood, the artist created intense series of drawings, which are gathered in the volumes *Here Today, Gone Tomorrow* and *Slow Agony*, both published in 1983. Apart from delicate nature studies and fragmentary scenes of his farm life, in these drawings, Ungerer captures desolate landscapes interspersed with overhead powerlines, shuttered gas stations, rusting cars, and abandoned, deteriorating settlements. A "sinister atmosphere of doom"[11] unfolds between wan grisaille tones and dire chiaroscuro contrasts. On the terrain of North American painting of the twentieth century, the scenes evoke Edward Hopper's lonely sites in which time seems to stand still, as well as the subtly charged, laconic realism of Andrew Wyeth. Atmospherically, they furthermore call to mind the social documentary photographs produced by Dorothea Lange, Walker Evans, or Robert Frank up to the present-day surveys of Matt Black, in which the American dream has collapsed beyond repair.

Laughter Versus Everything

In general, the socio-critical works that pervade Ungerer's oeuvre across the genres are moral-defying morality plays. An acute sense of absurdity, which is often also immanent to horror, runs through his pithy scenarios: "I believe reality illustrates itself by the absurd. But in terms of my philosophy, one of my famous sayings is, 'Don't hope, cope.' I'm totally realistic. I don't believe in illusions. In the papers, I read between the lines. What really strikes me is the total absurdity of our world."[12] The political engagement of the artist, who in later drawings clearly denounced the stigmatization attached to the AIDS crisis as well as the rise of neo-Fascism in Europe and the terror attack against the caricaturists of the magazine *Charlie Hebdo* in Paris in 2015, is an expression of a rebelliousness and nonconformity that combines a deep sense of conviction with "laughter versus everything."[13] As an instrument of registering and mirroring the absurdity that encompasses and permeates the world and reality, Ungerer shares this "laughter versus everything" with the fools of history and the present, but not exclusively. The underlying subversive attitude also unites him with the artists who populate Harald Falckenberg's collection across the generations.

This group of resistant and reticent artists includes the Hamburg-based painter and passionate collage producer Werner Büttner, together with Martin Kippenberger and Albert Oehlen an initiator of the "Bad Painting" anti-art movement of the nineteen-eighties in Germany. As Büttner aptly outlines in comments to his friend Harald Falckenberg: "Laughter versus everything is constructive. Specter de-potentiation. Art is often a specter. But laughter is also the work of mourning. Existence is so splendidly shabby that it does not belong to any system or avant-garde movement."[14] Just like the protagonists of the Falckenberg collection, who in many respects have ties to Ungerer, the latter cannot be classified or forced into any corsets. Like them, he has a penchant for the grotesque, among whose pertinent historical vehicles Falckenberg counts "inversion, distortion, and amalgamation, culminating in an overarching concept of an 'inverted world'"[15] in a publication of his essays reflecting upon his collection. But he also emphasizes that the artists who champion comical grotesqueness today are not interested in converting anyone or establishing a school of thought.[16] Instead, they preserve an autonomous position that takes a stand without allowing itself to be monopolized: a question of maintaining freedom, to which Ungerer was also unconditionally committed.

Club of the Autonomous

The fact that he, like his colleagues from the circle of anarchist deviants and adventurers who are at the core of Falckenberg's club of the autonomous, nonetheless operates within a complex aesthetic system of references becomes apparent in numerous connections to art-historical precursors and contemporary affinities. Even if these are not always evident, they often implicitly affect Ungerer's work. One of the artist's first sources of inspiration was the Isenheim Altarpiece, created by the Renaissance master Matthias Grünewald and located in the Musée Unterlinden in Colmar, which already fascinated him as a child: undoubtedly less for its angels than for its demons. Echoes of Hieronymus Bosch and Francisco de Goya, Hans Baldung Grien, Hans Holbein the Younger, or the medieval *danse macabre* tradition resonate in his work, as do the influences of German Romanticism. Gustave Doré and other nineteenth-century artists in the field of drawing were formative as well, particularly with respect to Ungerer's children's books and *The Great Songbook* (English version published in 1978).[17]

Expressionism and Surrealism also had an impact. The former, however, did not take the shape of the socio-utopian idealizations of artists such as Conrad Felixmüller, who placed lovers idyllically before factory gates. It was more in the relentlessly stark sense of Otto Dix, who gave shape to the "sexual human animal"[18] in the spell of abysmal desires. Or in the style of the grotesque, war-ravaged and crisis-ridden demi-monde figures of George Grosz. The spirit of Surrealism, in turn, reveals itself in the works of Ungerer, who read the writings of André Breton in his youth and later studied Max Ernst and Marcel Duchamp, among others, as a fascination with the conflation of paradoxical elements and an exploration of "a world hidden behind appearances."[19]

Ungerer had a particular affinity to Dadaism, launched in Zurich in 1916 as an interdisciplinary, transnational revolt against the horrors of World War I and the absurdity and inhumanity of prevailing power structures: a further link to the artists assembled in the Falckenberg collection. He became acquainted with Strasbourg-born Dada co-founder Jean Arp through an exhibition at the MoMA in the nineteen-sixties in New York. As a tribute to Arp's 100th birthday in 1986, he created an assemblage of wooden toilet seats, having already worked three-dimensionally on various occasions, using readymade objects such as Barbie dolls and other found items.[20] Even more decisive, however, is his use of the collage, the central medium of the Dada artists, which expanded in ever wider circles from John Heartfield's political montages and Max Ernst's surreal juxtapositions of incongruities.

Remix-processes of Sense-inducing Nonsense

In the nineteen-sixties, sparked by the "exit from the image,"[21] neo-Dada techniques, which—like assemblage and montage—evolved from collage, widely proliferated. Ungerer, who archived images from a broad variety of media under thematic categories over decades, repeatedly combined drawing and collage. He first used this technique in his works of the nineteen-fifties and -sixties for advertising campaigns, and later also in his independent compositions, a method used, among others, by the cartoonist of *The New Yorker*, Saul Steinberg, whom Ungerer held in high esteem.[22] To this day, the sense-inducing deconstruction and remix procedures that emerged from collage and were triggered by Dada are employed with gusto by counter-culturally inclined artists: as can be abundantly observed among key figures of the Falckenberg collection, from Öyvind Fahlström and Martha Rosler to Werner Büttner, Thomas Hirschhorn, and Jonathan Meese.

In the last fifteen years of his life, Ungerer shifted almost entirely from drawing to the collage technique "in the service of a harsh social and political critique,"[23] partly resorting to photomontage, which he had already employed in his New York days. This expansion into ambiguity through "polysemic interpretation"[24] was intentional. The fusion of disparate elements into a tension-filled synthesis reflects a reality that in itself is multiply fractured: a reality imbued with contradictions, in which the disconcertingly opaque situation of Samuel Beckett's eternally waiting vagabonds has become a collective life experience. Referring to the drama *Waiting for Godot* by the revered author, Ungerer produced an eponymous collage series between 2009 and 2011, which exposes the coldness of global consumer culture and its inherent brutality. The standardization and isolation of women and men in the omnipresent fetishism of the commodity world, intolerance, hypocrisy, the dangers of war, and the resurgence of nationalism are major themes of the bitingly revealing collages of his late work.

With his unconventional, analytical view from the inside and the outside onto the dark, hidden aspects of reality, Ungerer is closely related in both his drawings and his collages to a large number of the aesthetic positions represented in the Falckenberg collection. This applies in the first instance to the generation of artists from Germany and other European countries united here, who rebelled against the repressed horrors of the Nazi terror in the boom of the postwar economic miracle and who sought to liberate themselves from "1,000 years of rot"[25] and other reactionary constraints that continued to exist under the robes of institutionalized (in)justice systems. The United States, too, had its share of radical dropouts, who—just like Ungerer—turned their back on the prevailing style guidelines of the art establishment and determinedly did their own thing.

Grotesque Amplification as a Vehicle of Revelation

In the reduced, cartoon-like paintings that he produced from the late nineteen-sixties until his death in 1980, Philip Guston held up a magnifying mirror to the racism and bigoted complacency of white America. Guston, like Ungerer a friend of the New York novelist Philip Roth, shared with the former fearless exaggeration as a vehicle of unmasking society. From the nineteen-seventies onward, the performances and subversions of the gaudy amusement world of Disney and Co. by the California video and installation artist Paul McCarthy, a key player in the Falckenberg collection, shattered social conditionings with radical verve. There are also interconnections between the recalcitrant, rowdy animal figures and the grotesque excesses of Ungerer's erotic and political satires and McCarthy's rampant rule violations. McCarthy's giant plush figures, which mutate into the monstrous and unpredictable, reveal the abysses that loom behind the garish spectacle of the commodity and entertainment industries, and the rigid conditionings of the prudish US value system. The same holds true for the stuffed animal conglomerates and other ambivalent ensembles of Mike Kelley, who developed pictorial "strategies of disruption"[26] against Western society's restrictive nomenclature of the dominant norms and regulations. In turn, the cartoon-like ink drawings of the California artist Raymond Pettibon, inspired by Goya and William Blake, among others, exercise the harshest cultural criticism with the means of mockery and dark humor, which Ungerer also favored.

Looking back at his work, Ungerer came to the following conclusion: "For me, hopelessness is the eighth muse. The more hopeless the artist is, the more inspiration he finds, because then he has to struggle."[27] And yet he was not discouraged by the ongoing drama of the absurd in which our world seems to be ever more deeply entangled. On the contrary, he set out time and again on a quest for the meaningful in often dangerously absurd situations. Therein lies the uncontainable optimism of his work: in his belief in the perseverance of humanity in spite of all evidence to the contrary. In this respect, it is therefore only logical that he called himself a "humanist" and deemed "humanism without doubt"[28] unimaginable. "You could not have humanism without doubt, because with doubt, you keep looking for another solution, for other ways of looking at something."[29]

To achieve this, however, he considered it necessary to look behind appearances, news stories, and images of suffering. "To just watch it is not enough. You must put yourself in the place of others. Where it hurts. I think this is what enabled me to do such satirical work."[30]

In this sense, he also has something in common with the German creator of provocative political posters, Klaus Staeck, to whom Harald Falckenberg ascribed an uncompromisingly enlightening, "unbreakably Romantic attitude" that offers particular comfort in "times of indifference."[31] Ungerer, who emphasized that "nothing that is human is foreign to me,"[32] and who perceived his lack of identity as a constant wanderer in a "no man's land" as a profound state of freedom,[33] balanced along the margins of constantly possible failure. The fact that it was precisely from this that he drew his energy as an artist is another parallel to the "playful and still political-social positions"[34] that are productively clustered in the Falckenberg collection. At the intersections, where mainstream highways are abandoned in favor of more cumbersome paths, Tomi Ungerer encounters congenial rebels, who, like him, embarked to strike fear into repression, injustice, and indifference with subversive wit, and thereby continue to vitalize the hopeful possibility of a better world.

*Unless otherwise indicated, English quotes were translated by the author.

1 Tomi Ungerer prefaced his recollections of his childhood in Alsace with the motto: "Ich bin und heiße Hans Ungerer. Ich werde der Wanderer sein. Schulheft, I. Halbjahr 1943." ("I am, and my name is, Hans Ungerer. I will be the wanderer. Exercise book, I. term, 1943.") Cf. Tomi Ungerer, *Die Gedanken sind frei. Meine Kindheit im Elsaß* (Zurich: Diogenes Verlag, 1993), p. 5.

2 Tomi Ungerer, interview by Thomas David, "Interview mit Tomi Ungerer. Ich bin markiert vom Tod," *Die Zeit*, no. 18, April 26, 2007: https://www.zeit.de/2007/18/KJ-Ungerer-Interview/komplettansicht (accessed September 28, 2021).

3 On parallels between Ungerer's mindset and the Situationists' method of the "derive," see Cathérine Hug, "Collage City: Collage Life," trans. Allison Moseley, in: Philipp Keel, ed., *Tomi Ungerer. Incognito*, exh. cat. Kunsthaus Zurich; Museum Folkwang, Essen: 2015–2016 (Zurich: Diogenes Verlag, 2015), pp. 44–45.

4 Tomi Ungerer, quoted in David, "Interview" (see note 2).

5 Ungerer, *Die Gedanken sind frei* (see note 2), p. 136ff.

6 Harald Falckenberg, "Twenty-Five Years of Counter-Culture," trans. Nicholas Grindell, in: Dirk Luckow and Goesta Diercks, eds., *Counter Culture. 25 Years Sammlung Falckenberg* (Cologne: Snoeck, 2020), p. 176.

7 Introduction by Tomi Ungerer in: *Tomi Ungerer. Poster* (Zurich: Diogenes, 1994), p. 7.

8 Tomi Ungerer, quoted in David, "Interview" (see note 2).

9 Tomi Ungerer, quoted in Natalie Frank, "Tomi Ungerer," *BOMB Magazine*, January 15, 2015. https://bombmagazine.org/articles/tomi-ungerer/ (accessed September 28, 2021).

10 Ibid.

11 Werner Spies, "Laudatio auf Tomi Ungerer" (2008), in: *Académie de Berlin*, https://www.academie-de-berlin.de/prix/laudationes/werner-spies-laudatio-auf-tomi-ungerer (accessed October 1, 2021).

12 Sarah Cowan, "Tomi Ungerer on Drawing, Politics, and Pushing the Envelope," *The Paris Review*, January 30, 2015: https://www.theparisreview.org/blog/2015/01/30/all-in-one-an-interview-with-tomi-ungerer/ (accessed September 28, 2021)

13 Harald Falckenberg, *Aus dem Maschinenraum der Kunst. Aufzeichnungen eines Sammlers*, edited and with an afterword by Wolfgang Ullrich (Hamburg: Philo & Philo Fine Arts / EVA Europäische Verlagsanstalt, 2007), p. 201.

14 Werner Büttner, quoted in Falckenberg, *Aus dem Maschinenraum* (see note 13), p. 203.

15 Falckenberg, *Aus dem Maschinenraum* (see note 13), p. 245.

16 Idem, p. 267.

17 Thérèse Willer, "Das vielseitige Werk eines einzigartigen Künstlers," in: idem and Claire Hirner, eds., *Museum Tomi Ungerer*, German transl. Ina Kronenberger (Zurich: Diogenes, 2008), pp. 28–34.

18 Peter Barth, "Dix und Felixmüller," in: Herwig Guratzsch, ed., *Halbwelt auf Papier. Otto Dix und Conrad Felixmüller aus einer deutschen Privatsammlung*, exh. cat. Stiftung Schleswig-Holsteinische Landesmuseen Schloss Gottorf, Schleswig; Museum der bildenden Künste Leipzig: 2000 (Ostfildern-Ruit: Hatje Cantz Verlag, 2000), p. 8.

19 Thérèse Willer, "Heritage and Inspirations: Tomi Ungerer and the History of Art," trans. Bernard Wooding, in: Keel, *Tomi Ungerer. Incognito* (see note 3), p. 37.

20 Idem, pp. 37–38.

21 Laszlo Glozer coined this term for the paradigm shift that took place in art in the 1950s, which exploded the boundaries of the panel painting into reality (and, conversely, led to the intrusion of reality into art). Cf. Laszlo Glozer, *Westkunst. Zeitgenössische Kunst seit 1939*, exh. cat. Museen der Stadt Köln: 1981 (Cologne: DuMont Buchverlag, 1981), pp. 226ff; pp. 234ff.

22 Willer, "Heritage and Inspirations" (see note 19), p. 15.

23 Ibid.

24 Hug, "Collage City" (see note 3), p. 46.

25 In 1967, during the inauguration ceremony for the rector of Hamburg University, two students unfurled a banner with the slogan: "Under these robes—1,000 years of rot!" Their act of protest had great impact throughout West Germany and became a symbol for the German student movement. Cf.: https://ct.uhh.de/en/tour/audimax.html (accessed October 12, 2021).

26 Mike Kelley in "Strategien der Sublim(ation). Mike Kelley im Gespräch mit Belinda Grace Gardner," in: Belinda Grace Gardner, ed., *Verführung des Blicks. Das Haus der Kunst, München* (Hamburg: Helmut Metz Verlag), 2000, p. 77.

27 Tomi Ungerer, quoted in David, "Interview" (see note 2).

28 Tomi Ungerer, quoted in Frank, "Tomi Ungerer" (see note 9).

29 Ibid.

30 Ibid.

31 Falckenberg, *Aus dem Maschinenraum* (see note 13), p. 216.

32 Tomi Ungerer, quoted in Claire Gilman, "Tomi Ungerer: All in One," in: Margaret Sundell and Joanna Ahlberg, eds., *Tomi Ungerer: All in One, Drawing Papers*, no. 120, exh. cat. Drawing Center (New York, 2015), p. 17: https://drawingcenter.org/bookstore/books/drawing-papers-120-tomi-ungerer-all-in-one#publication_reader (accessed October 3, 2021).

33 Ibid.

34 Falckenberg, *Aus dem Maschinenraum* (see note 13), p. 289.

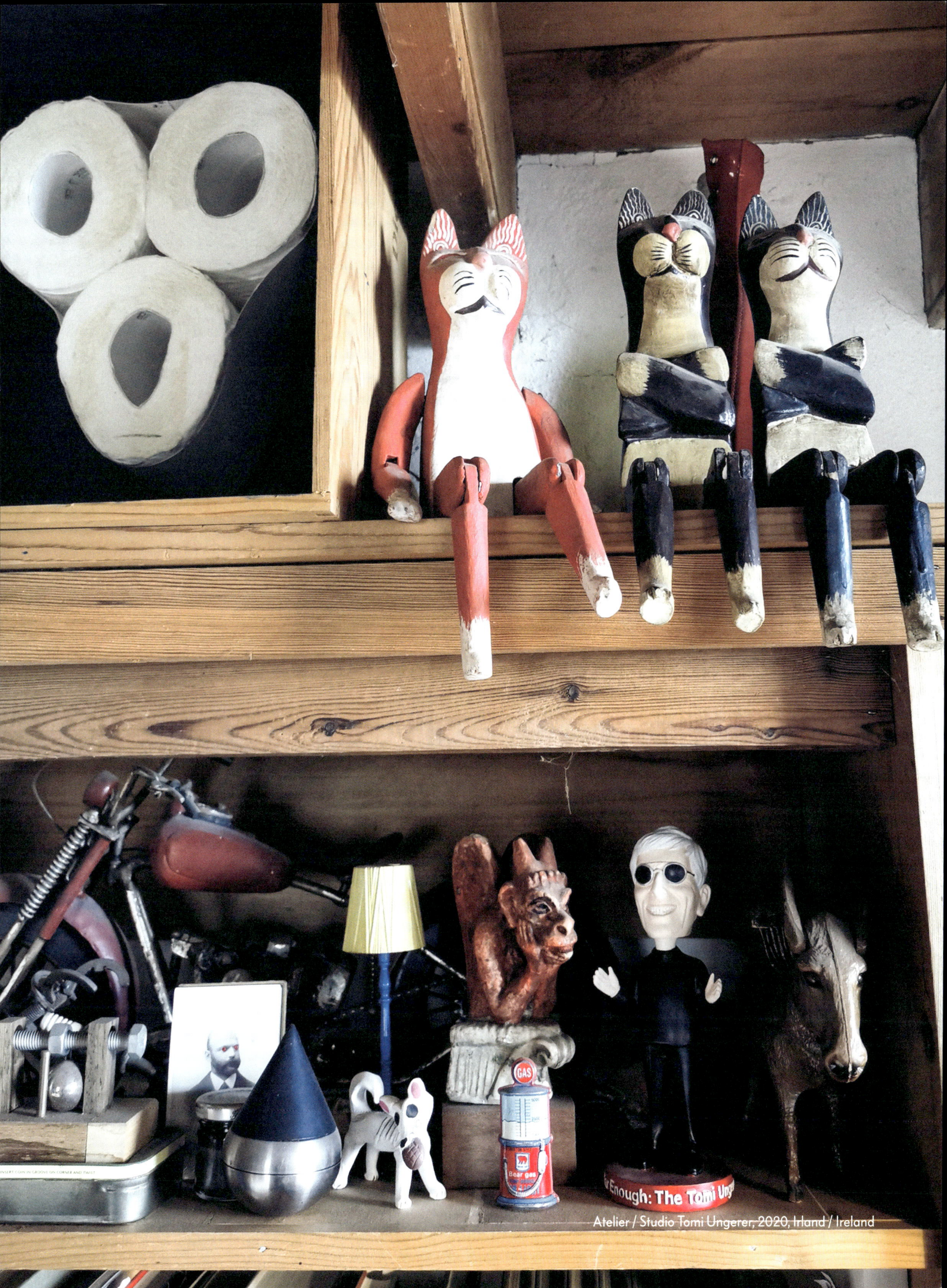

Atelier / Studio Tomi Ungerer, 2020, Irland / Ireland

Tomi Ungerer

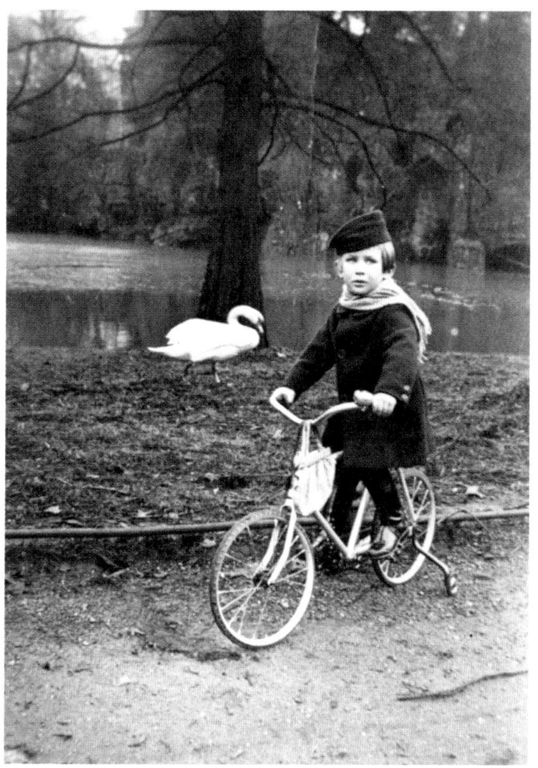

Tomi im Alter von drei Jahren im Orangerie-Park in Straßburg /
Tomi at the age of three in the Orangerie Park in Strasbourg, 1935

1931

Jean Thomas Ungerer, genannt Tomi, kommt am 28. November in Straßburg als Sohn von Alice Ungerer, geborene Essler, und Théodore Ungerer, Ingenieur, Hersteller astronomischer Uhren, Künstler und Historiker, zur Welt.

On November 28, Jean-Thomas Ungerer, known as Tomi, is born in Strasbourg to Alice (née Essler) Ungerer and Théodore Ungerer, an engineer, astronomical clock maker, artist, and historian.

1935

Tod des Vaters.

Death of his father.

1939/45

Er erlebt die Kriegsjahre in Logelbach bei Colmar.

He spends the war years in Logelbach, near Colmar.

1946/48

Er berichtet in seinen Tagebüchern ausführlich über zahlreiche Fahrten mit dem Fahrrad durch Frankreich und den Beschluss, nach Norwegen zum Nordkap zu trampen.

He describes his numerous cycling trips across France in his notebook and decides to hitchhike to the northern coast.

1952/53

Er engagiert sich für kurze Zeit beim Reiterkorps der Méharisten, einem Kamelreiterkorps, in Algerien. Im Oktober tritt er in die École municipale des arts décoratifs in Straßburg ein.

He joins the Camel Corps in Algeria and in October 1953 enters the École municipale des arts décoratifs in Strasbourg.

1956

Tomi Ungerer fährt per Schiff nach New York. Er erzählt, dass er mit »60 Dollar in der Tasche und mit einer Mappe voller Zeichnungen und Manuskripten« ankommt.

After travelling in various European countries he sets off for New York with, as he puts it, "sixty dollars in my pocket and a portfolio of drawings and manuscripts."

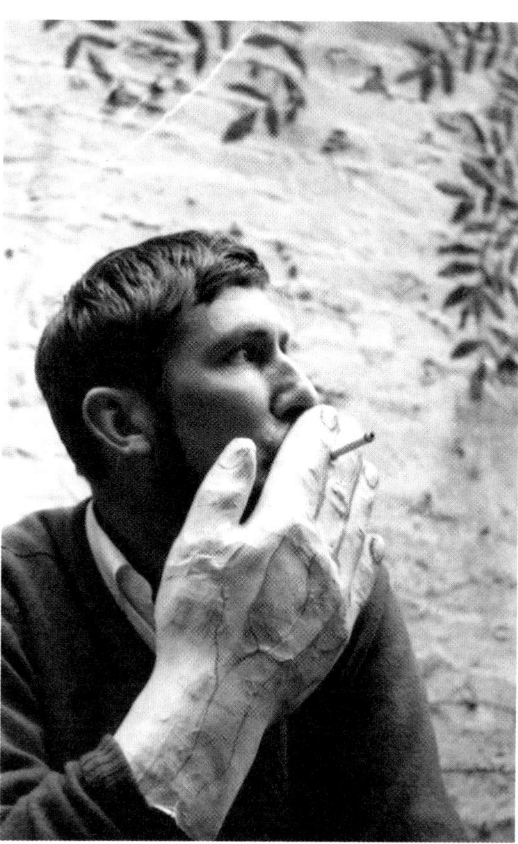

Tomi in seinem New Yorker Studio in der 93rd Street /
Tomi in his New York studio on 93rd Street, 1961–1965, New York

1957

Sein erstes Kinderbuch, *The Mellops go Flying*, erscheint im Verlag Harper & Row und seine ersten Cartoons in New Yorker Zeitschriften.

His first children's book, *The Mellops Go Flying*, is published by Harper & Row and his first cartoons in New York magazines.

1959

Goldmedaille der Society of Illustrators von New York.

Golden Medal from the New York Society of Illustrators.

1961

Die drei Räuber ist sein erstes Buch, das er in Europa veröffentlicht.

First children's book published in Europe is *The Three Robbers*.

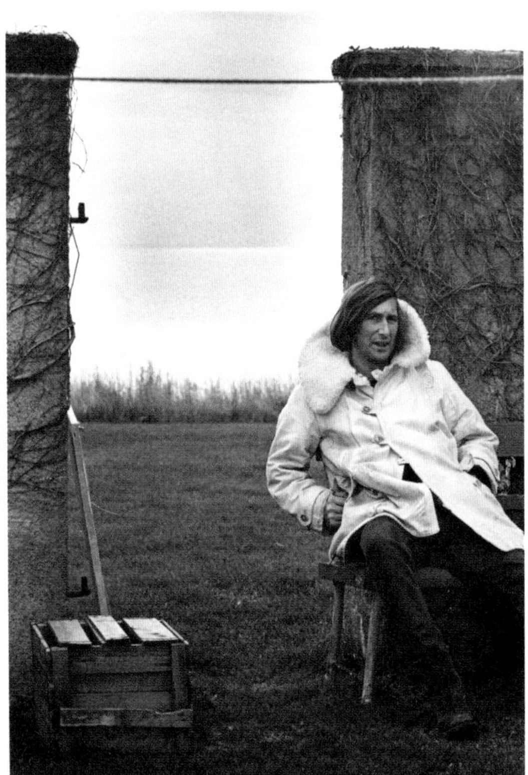

Tomi in in East Hampton, 1965, New York

1966

Das Buch *The Party* erscheint, in welchem er seiner Kritik der New Yorker Gesellschaft Ausdruck gibt.

The Party, a book satirizing New York high society, is published.

1967

Er engagiert sich gegen die Rassentrennung und den Vietnamkrieg in einer ausdrucksstarken Plakatserie.

Publication of a series of posters against racial segregation and the Vietnam War.

1971

Er verlässt New York und zieht nach Nova Scotia in Kanada.

He quits New York for Nova Scotia in Canada.

1975

Er vermacht den Straßburger Museen eine Sammlung mechanischer Spielsachen und Zeichnungen als Schenkung. Er illustriert *Das große Liederbuch*.

Donation of his work and toy collection to Strasbourg Museums. Illustrates *The Big Songbook* (an anthology of German popular songs).

1976

Er lässt sich in Südirland nieder.

He moves to Southern Ireland.

1981

François Mathey organisiert eine große Retrospektive im Musée des Arts Décoratifs in Paris. Der »Salon international de la Caricature« von Montreal bezeichnet ihn als »Welt Cartoonist des Jahres«.

Retrospective organized by François Mathey at the Musée des Arts Décoratifs in Paris. Named World Cartoonist of the Year by the Montreal International Caricature Salon.

1995

Er erhält den französischen »Grand Prix National des Arts Graphiques«.

He is awarded the Grand Prix National des Arts Graphiques by the French Ministry of Culture.

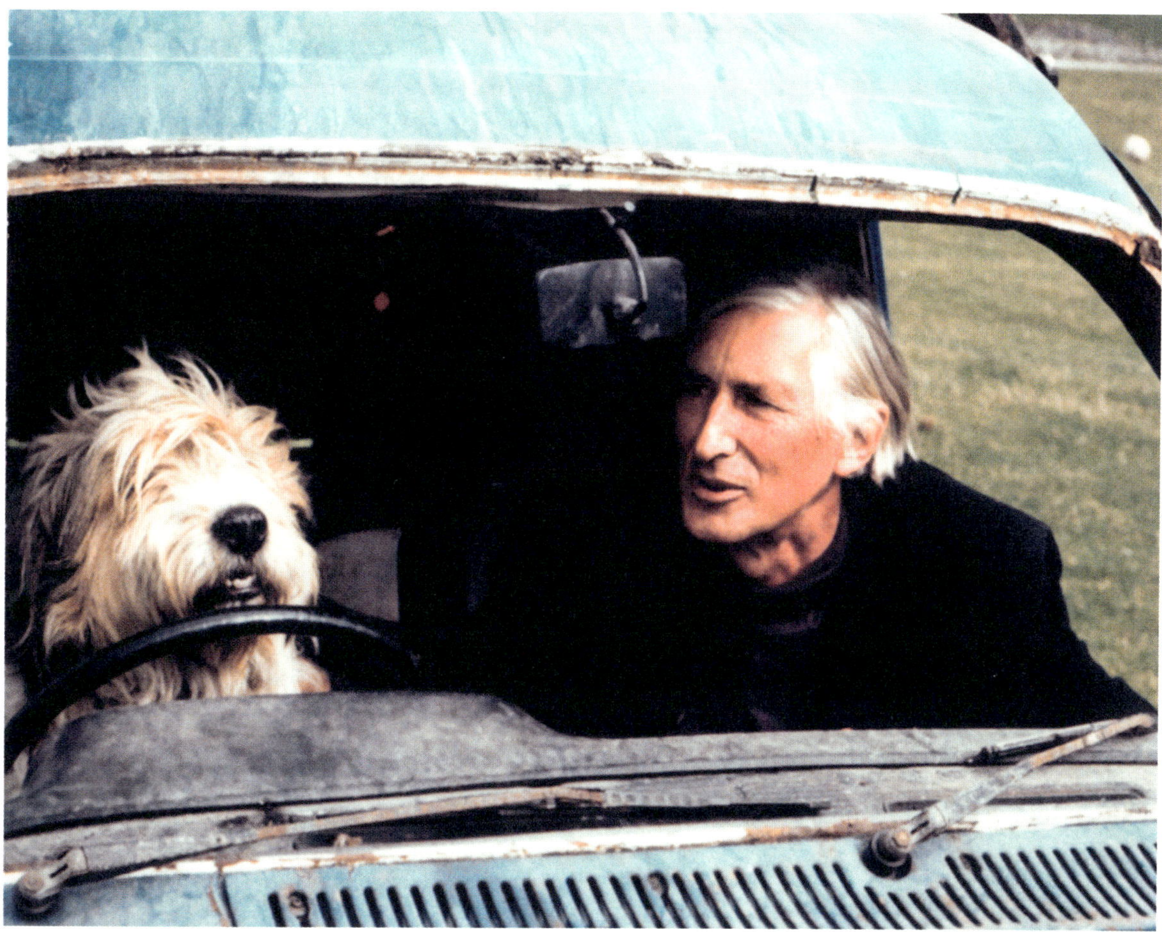

Tomi Ungerer im Auto mit seinem Irischen Wolfshund / in his car with his Irish wolfhound, 1986

1998

Erhält den Hans Christian Andersen Preis, die wichtigste internationale Auszeichnung für Kinderbuchautor*innen und -illustrator*innen.

He is awarded the Hans Christian Andersen Prize, the most prestigious award for youth literature, for all his work in this area.

2000

Er wird offizieller Botschafter des Europarats in Straßburg für Jugend und Erziehung.

He is named honorary ambassador for childhood and education to the Council of Europe

2001

Anlässlich seines 70. Geburtstags wird das Werk von Tomi Ungerer zum ersten Mal in Japan gezeigt. Im Straßburger Museum für moderne und zeitgenössische Kunst (MAMCS) ist eine Ausstellung über seine New Yorker Zeit zu sehen.

To mark his seventieth birthday, Tomi Ungerer's work is shown in Japan for the first time and an exhibition of his New York period is presented at the Strasbourg Museum of Modern and Contemporary Art (MAMCS).

2007

Eröffnung des Musée Tomi Ungerer – Centre international de l'Illustration.

Creation of the Musée Tomi Ungerer – Centre international de l'Illustration.

2019

Tomi Ungerer stirbt am 9. Februar in Irland.

On February 9, Tomi Ungerer dies in Ireland.

Wir danken den Leihgeber*innen der Ausstellung / We thank the lenders to the exhibition

Tomi Ungerer Estate
S./pp. 19, 28–49, 52–55, 64, 67–73, 75–102, 105, 107, 108, 110, 111, 118–121, 123–129, 131–135, 139–141, 144–145, 148–150, 153–157, 161–169, 187–195, 205–208, 211, 212, 215, 218–226

Musée Tomi Ungerer – Centre international de l'Illustration
S./pp. 10, 12, 22–27, 56, 61, 66, 104, 112–117, 137, 138, 143, 147, 151, 152, 170–177, 197–203

Privatbesitz / Private collection Fribourg
S./p. 6

Michael Fuchs Galerie, Berlin
S./pp. 74, 130, 210

Galerie Georges-Philippe & Nathalie Vallois, Paris
S./pp. 103, 106, 109, 209, 213

Bildnachweise / Copyrights

Collection Musée Tomi Ungerer – Centre international de l'Illustration
© Tomi Ungerer Estate / Diogenes Verlag AG, Zürich

Foto / Photo: Musées de la Ville de Strasbourg / Mathieu Bertola
S./pp. 114, 116, 170–177, 137, 147

Foto / Photo: Musées de la Ville de Strasbourg / Martin Bernhart
S./pp. 115, 117, 135

Foto / Photo: Musées de la Ville de Strasbourg
S./pp. 22–27, 56, 61, 68, 113, 138, 143, 151, 152, 185

Tomi Ungerer Estate
© Tomi Ungerer Estate
Foto / Photo: Herman Baily
S./pp. 19, 28–49, 52–55, 64, 67–71, 73, 75–102, 105, 107, 108, 110, 111, 118–121, 123, 124, 126–128, 131–135, 140, 143–145, 148–150, 153–157, 166–169, 187–195, 205–208, 211, 212, 215, 218–226

© Tomi Ungerer Estate / Diogenes Verlag AG, Zürich
Foto / Photo: Herman Baily
S./pp. 71, 72, 109, 125, 127, 129, 139, 141, 161–167

Courtesy of Galerie Georges-Philippe & Nathalie Vallois, Paris
© Tomi Ungerer Estate / Diogenes Verlag AG, Zürich
Foto / Photo: Herman Baily
S./pp. 103, 106, 109, 209, 213

Courtesy of Michael Fuchs Galerie
© Tomi Ungerer Estate / Diogenes Verlag AG, Zürich
Foto / Photo: Herman Baily
S./pp. 74, 130, 210

Vergleichsabbildungen im Text von Thérèse Willer / Comparative illustrations in Thérèse Willer's text

Coll. Musée Tomi Ungerer – Centre international de l'Illustration
© Tomi Ungerer Estate / Diogenes Verlag AG, Zürich
Foto / Photo: Musées de la Ville de Strasbourg / Martin Bernhart
S./pp. 14, 15

© Paul Davis
Foto / Photo: Musées de la Ville de Strasbourg
S./p. 17

© Raymond Savignac / ARS, New York, ADAGP, Paris und / and VG Bild-Kunst Bonn, 2021
Photo: Musées de la Ville de Strasbourg
S./p. 16

© Saul Steinberg, The Saul Steinberg Foundation, ARS, New York, ADAGP, Paris und / and VG Bild-Kunst Bonn, 2021
Foto / Photo: Musées de la Ville de Strasbourg
S./p. 15

© Théodore Ungerer
Coll. Musée Tomi Ungerer – Centre international de l'Illustration
Foto / Photo: Musées de la Ville de Strasbourg / Mathieu Bertola
S./p. 12

© Hansi (Jean-Jacques Waltz)
Foto / Photo: Musées de la Ville de Strasbourg / Mathieu Bertola
S./p. 12

Porträt- und Atelierfotografien / Portrait and studio photography

© Herman Baily
S./p. 217

© Goesta Diercks
S./p. 181, 182, 234, 256

© Marc Felten
S./p. 259

© Art Goldstein
S./p. 4

© Jay J. Good
S./p. 48

© Marie-Madeleine Thomas-Kern
S./p. 257

© Dick Nye
S./p. 257

© Sam Norval
S./p. 264

© Burton Pike
S./p. 258

© Aria Ungerer
S./p. 183

Sammlung Falckenberg / Falckenberg Collection

© Werner Büttner, VG Bild-Kunst Bonn, 2021
S./p. 229

© Öyvind Fahlström, courtesy The Öyvind Fahlström Foundation and Sharon Avery-Fahlström, VG Bild-Kunst Bonn, 2021
S./p. 231

© Mike Kelley, Mike Kelley Foundation und VG Bild-Kunst Bonn, 2021
S./p. 233

© Martin Kippenberger, Estate of Martin Kippenberger, Galerie Gisela Capitain, Köln / Cologne
S./p. 229

© Paul McCarthy, courtesy the artist and Hauser & Wirth
S./p. 232

© Raymond Pettibon, courtesy the artist and David Zwirner, New York
S./p. 233
Foto/Photo: Deichtorhallen Hamburg/ Sammlung Falckenberg, Egbert Haneke

© Philip Guston, The Estate of Philip Guston, courtesy McKee Gallery, New York
S./p. 232
Foto/Photo: Deichtorhallen Hamburg/ Sammlung Falckenberg, Henning Rogge

Anmerkungen der Kurator*innen

Die Kapitel *The Underground Sketchbook*, *The Party*, *Babylon*, *Rigor Mortis*, *Heute hier, morgen fort* und *Slow Agony* beinhalten Werke, die in den genannten Publikationen veröffentlicht wurden. Sie umfassen ebenfalls Vorstudien, unveröffentlichte und später entstandene Zeichnungen zu den publizierten Themen. Zur besseren Vergleichbarkeit bestimmter Werke werden einzelne Blätter kapitelübergreifend im Katalog wiedergegeben.

The Hamptons ist kein Originaltitel von Tomi Ungerer, sondern wurde von den Kurator*innen für diese Werkgruppe gewählt.

Publikationstitel werden in der Sprache ihrer jeweiligen Erstveröffentlichung genannt.

Curatorial notes

The chapters *The Underground Sketchbook*, *The Party*, *Babylon*, *Rigor Mortis*, *Heute hier, morgen fort* and *Slow Agony* include works that were published in the books of the same name. They also include preparatory studies and unpublished or later drawings on the subject. Individual drawings from these books are reproduced here across different chapters to allow for easier comparison.

The Hamptons is not an original title by Tomi Ungerer but was given by the curators for this series of works.

Publication titles are cited in the respective language of their first publication.

Dieser Katalog erscheint anlässlich der Ausstellung / This catalogue is published on the occasion of the exhibition

TOMI UNGERER
it's all about freedom

in der Sammlung Falckenberg / at Falckenberg Collection, Deichtorhallen Hamburg
27. November 2021 – 24. April 2022 / November 27, 2021 – April 24, 2022

Eine Ausstellung der / An exhibition of Deichtorhallen Hamburg – Sammlung Falckenberg / Falckenberg Collection in Kooperation mit dem / in cooporation with the Musée Tomi Ungerer – Centre international de l'Illustration und dem / and the Tomi Ungerer Estate

DEICHTORHALLEN
SAMMLUNG
FALCKENBERG
HAMBURG

Herausgeber / Editor
Deichtorhallen Hamburg

*Kurator*innen / Curators*
Goesta Diercks, Dirk Luckow, Aria Ungerer, Thérèse Willer

Redaktion / Catalogue editing
Clara Brandt, Goesta Diercks

Redaktionsassistenz / Editorial assistance
Isabel Abele, Linda Epp, Alexa Gieseler

Grafischer Entwurf / Graphic design
Kühle und Mozer, Köln / Cologne

Texte / Texts
Thomas David, Harald Falckenberg, Belinda Grace Gardner, Dirk Luckow, Aria Ungerer, Thérèse Willer

Lektorat / Copyediting
Ilka Backmeister-Collacott, Irene Schaudies

Übersetzungen / Translations
Belinda Grace Gardener, Amy Klement (Luckow, David), Cordula Unewisse (Ungerer, Willer), Peter Behrman de Sinety (Willer)

Reproduktion / Reproductions
DruckConcept, Berlin

Verlagsherstellung / Production
Thomas Lemaître

Papier / Paper
Pergraphica Classic Smooth, 150 g/m^2

Druck und Bindung / Printing and binding
Livonia Print, Riga

Erschienen im / Published by
Hatje Cantz Verlag GmbH
Mommsenstraße 27
10629 Berlin
www.hatjecantz.de

Ein Unternehmen der Ganske Verlagsgruppe / A Ganske Publishing Group Company

Printed in Latvia
ISBN: 978-3-7757-5205-3

S. / p. 4:
Porträtserie / Portrait series, 1960er / 1960s, New York

Cover:
Ohne Titel / Untitled, 2013
(siehe S. / see p. 215)

Partner der Deichtorhallen Hamburg / Partners of Deichtorhallen

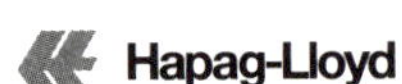

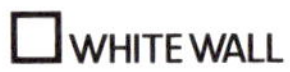

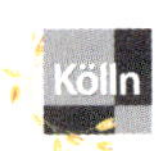

KULTURPARTNER
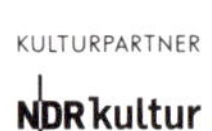

Unterstützt von / Supported by

FÖRDERKREIS
DEICHTORHALLEN
HAMBURG

Halle für aktuelle Kunst / Hall of Contemporary Art

Ausstellungsmanagement / Exhibition manager
Annette Sievert

Volontariat / Assistant
Cosima Grosser

Registrarin / Registrar
Lydia Jung

Buchhandlung in der Halle für aktuelle Kunst / Bookshop, Hall for Contemporary Art
Tania-Maria Goos

Haus der Photographie / House of Photography

Gründungsdirektor / Founding director
F. C. Gundlach

Kurator / Curator
Ingo Taubhorn

Kuratorin der Sammlung F. C. Gundlach / Curator F. C. Gundlach Collection
Sabine Schnakenberg

Volontariat / Assistant
Linda Epp

Bibliothek F. C. Gundlach im Haus der Photographie / F. C. Gundlach Library, House of Photography
Anna Heibel

Buchhandlung im Haus der Photographie / Bookshop, House of Photography
Katrin Hiller

Kommunikation / Communications

Leitung Kommunikation / Head of communications
Angelika Leu-Barthel

Kommunikation Sammlung Falckenberg, Digitale Medien / Communications Falckenberg Collection, digital media
Matthias Schönebäumer

Volontariat / Assistant
Dominik Nürenberg

Kulturelle Bildung / Education

Leitung Kulturelle Bildung / Head of education
Birgit Hübner

Digitale Vermittlung / Digital education
Julia Schulze Darup

Volontariat / Assistant
Lilian Geyer, Sophie Künstler

Bundesfreiwilligendienst / Federal Volunteer Service
Rebecca Janko

Sponsoring, Marketing und Vermietung / Sponsoring, marketing and event spaces

Leitung Sponsoring, Marketing und Vermietung / Head of sponsoring, marketing and event spaces
Daniela Guhl

Vermietung Parkplatz / Letting of parking spaces
Mareile Hanke

Verwaltung / Administration

Finanzen, Rechnungswesen, Controlling / Finances, accounting, controlling
Ole Stark

Buchhaltung / Accounting
David Gatzen

Personal / Human resources
Claudia Herzer-Hendrischke

Personal Kassen- und Aufsichtsdienste / Museum desk and custodial staff
Mareile Hanke

Aufsichtsdienste / Custodial staff
René-Martin Kellmann

Technik / Technical staff

Technische Leitung / Head of technical staff
Henning Best, Ivo Schob

Architektur und Grafik / Architecture and graphic design
Jutta Wasser

Haus- und Medientechnik / Building services and media technology
Nils Handschuh

Haus- und Betriebstechnik / Building services and operations maintenance
Karsten Chmielewski

MUSÉES DE LA VILLE DE STRASBOURG

Museen der Stadt Straßburg / City of Strasbourg Museums

Direktor / Director: Paul Lang
Abteilung für die Sammlungen, Verwaltung und Restaurierung / Department for the collections, maintenance and restoration: Ludovic Chauwin, Cathie Meyer, Céline Godié, Léa Martin, Arnaud Umecker, Lucie Pieri, Margaux Bihin, Louise Guyaux, Léa Bruckert
Abteilung für Dokumentationsressourcen und Fotothek / Department for the documentary resources of the collections and photo library: Barbara Gatineau, Catherine Paulus, Mathieu Bertola, Gaëlle Giraud

Musée Tomi Ungerer – Centre international de l'Illustration / Tomi Ungerer Museum – International Illustration Centre

Direktorin / Director: Thérèse Willer
Kuratorische Assistenz / Curatorial assistants: Morgane Magnin, Joffrey Roubinet

Restaurierung und Montage der Werke / Restoration and mounting of the works

Atelier LAPAGE
Atelier d'encadrement des Bateliers
Atelier Marie Munhoven

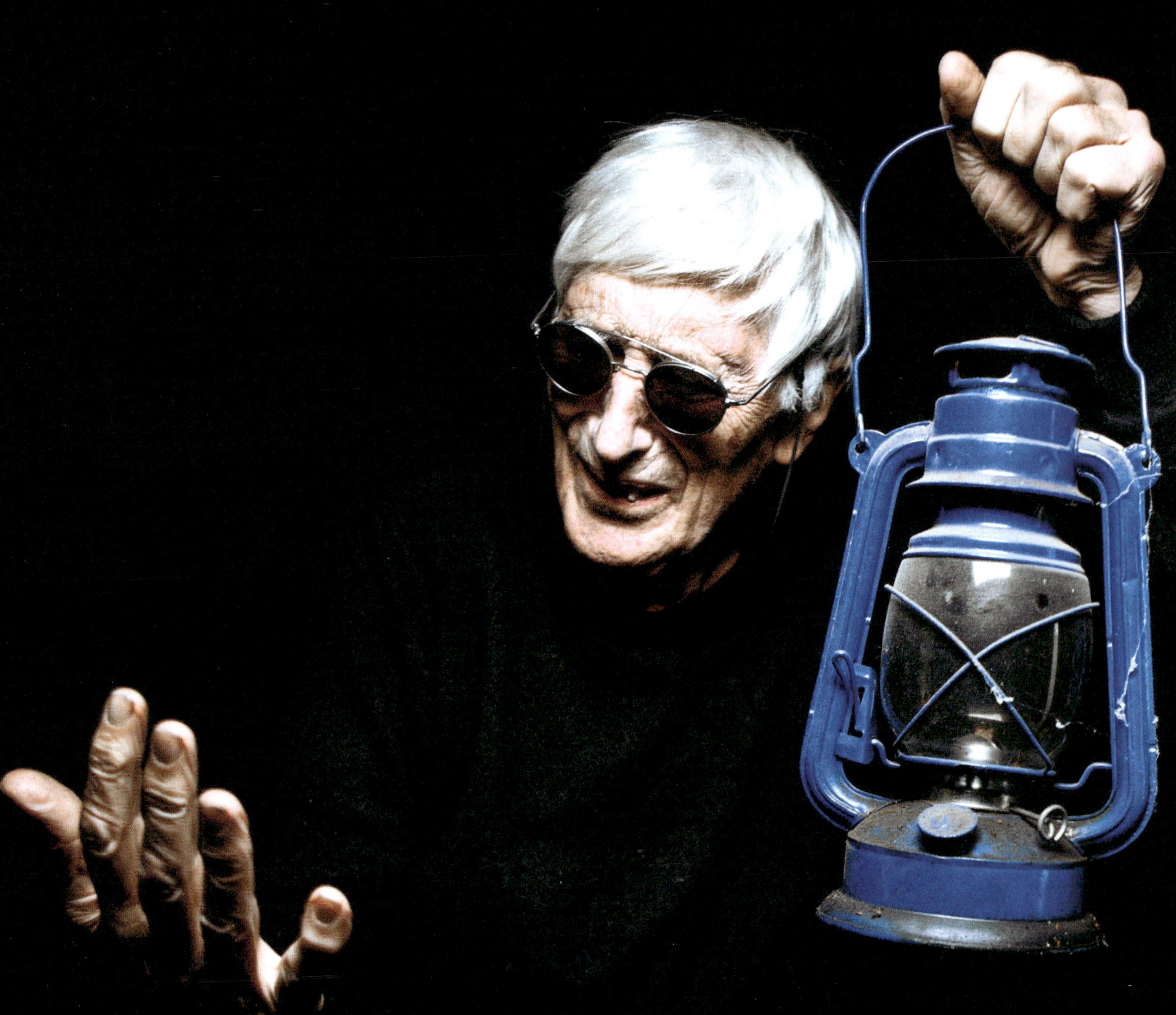